Financial Accounting

21世纪高等院校经济管理类规划教材

四川省“十二五”普通高等教育本科规划教材

中级财务会计

（第5版）

□ 吴学斌 主编

□ 黄增玉 张雪南 副主编

人 民 邮 电 出 版 社

北 京

图书在版编目（CIP）数据

中级财务会计 / 吴学斌主编. -- 5版. -- 北京 : 人民邮电出版社, 2022.1
21世纪高等院校经济管理类规划教材
ISBN 978-7-115-57304-9

Ⅰ. ①中… Ⅱ. ①吴… Ⅲ. ①财务会计－高等学校－教材 Ⅳ. ①F234.4

中国版本图书馆CIP数据核字(2021)第180971号

内 容 提 要

本书以最新企业会计准则、会计规范及税收政策为依据，紧跟会计发展的动态，深入浅出、循序渐进地阐述了财务会计的基本理论与实务。

本书共 13 章，涵盖中级财务会计的基本理论、财务会计实务、财务报表编制等三大板块的相关内容。各章均有学习目标、本章小结、复习思考和基本训练。基本训练中题型丰富，包括单选题、多选题、判断题、业务题和案例分析题，便于学生全面理解和掌握各章知识要点。

本书有配套的电子教案、教学大纲、电子课件、习题集、补充教学案例和模拟试卷及答案等教学资料（部分资料仅限用书教师下载），索取方式参见附录中的“更新勘误表和配套资料索取示意图”。

本书可作为高等院校会计学、财务管理等相关专业的教材，也可作为会计从业人员的业务参考书。

◆ 主　　编　吴学斌
　副 主 编　黄增玉　张雪南
　责任编辑　万国清
　责任印制　李　东　胡　南

◆ 人民邮电出版社出版发行　　北京市丰台区成寿寺路 11 号
　邮编　100164　　电子邮件　315@ptpress.com.cn
　网址　https://www.ptpress.com.cn
　固安县铭成印刷有限公司印刷

◆ 开本：787×1092　1/16
　印张：20.75　　　　　　2022 年 1 月第 5 版
　字数：507 千字　　　　　2025 年 1 月河北第 5 次印刷

定价：69.80 元

读者服务热线：(010)81055256　印装质量热线：(010)81055316
反盗版热线：(010)81055315
广告经营许可证：京东市监广登字 20170147 号

第 5 版前言

本书自 2011 年 2 月第 1 版出版以来，受到用书教师和同学们的广泛肯定和好评，为了更好地满足不同层次学生的学习需要和任课教师的教学需求，我们根据收集到的意见和建议已对原教材进行了三次修订。

2019 年 4 月 1 日起，制造业等行业的增值税税率由 16%降至 13%，交通运输业、建筑业等行业的增值税税率由 10%降至 9%，主要行业税负明显降低。为了紧跟税制改革的步伐，满足会计教学的需要，我们再次对本书进行了全面的修订。此次修订主要涉及以下几个方面。

（1）修订了各章中涉及增值税的内容。增值税税率的调整牵一发而动全身，我们对涉及税率变动的知识讲解、例题、章后习题等进行了全面的修订。

（2）增加并更新了书中部分拓展性知识，包括以二维码链接的内容。

（3）针对经济形势的发展和会计实务中出现的新情况、新问题，本版新增了部分案例，以提高教材的可读性并加强理论与实践的联系。

（4）对教材章后习题进行了全面的修订。

（5）对电子教案、电子课件、模拟试卷等配套教学资料进行了全面修订和更新。为方便教师教学，此次修订增加了更多的模拟试卷。本书配套教学资料的索取方式参见附录中的“更新勘误表和配套资料索取示意图”。

（6）对附录中以二维码链接的基本训练参考答案、自测试卷等辅助学习资料进行了全面更新。

为更好地落实立德树人这一根本任务，编者团队在深入学习党的二十大报告后，在本书重印时对局部内容进行了微调，新增了素质教育指引等配套教学资料。

本次修订中，吴学斌承担前言、第一章～第七章及其配套教学资料的修订工作，张雪南承担第八章～第十一章和第十三章及其配套教学资料、部分自测试卷的修订工作，邹燕承担第十二章的修订工作，黄增玉承担部分配套教学资料和案例的修订工作，全书由吴学斌统稿和审阅。

自本书出版以来，编者收到了不少使用本书的教师和同学们的具有建设性的意见和建议，在此，特向曾使用本书的教师和同学们表示衷心的感谢！

由于编者水平有限，此次修订难免存在疏漏之处，敬请读者批评指正并提出宝贵意见，以利于本书的持续改进（“更新勘误表和配套资料索取示意图”中有编辑的联系方式）。

编者

目　录

第一章 总 论

学习目标

通过本章的学习，应了解财务会计的含义和特征，明确财务会计的目标；了解企业会计准则产生与发展的基本背景；掌握会计基本前提与会计基础；明确会计信息的质量要求；掌握会计要素及其特征；了解会计确认的基本条件和会计计量属性。

第一节 财务会计及其目标

一、财务会计的含义和特征

财务会计是随着社会生产的发展和经济环境的变化而产生和发展起来的，并且在发展中不断地成熟和完善，已成为现代会计的一个重要分支。

早期的会计主要是对经济活动进行简单的计量和记录，反映财产的使用和分配情况。在企业出现后的相当长时间内，会计的工作也主要服务于企业主。

进入 20 世纪以后，随着经济的发展，股份有限公司逐渐发展成为西方国家主要的企业组织形式。在这种企业组织形式下，企业的所有权与经营权相分离，股东是企业的投资者和所有者，但股东通常并不直接从事企业的经营活动，他们通过董事会或股东大会聘用经理人员对企业的生产经营活动进行组织和管理，这样就形成了以投资者、债权人等为主的企业外部利益集团。企业的投资者关心企业的管理层对受托资产的使用和保管情况，关心企业的赢利水平和投资回报；企业的债权人关心企业的赢利能力和偿债能力，以及有关债权的安全性。企业的这些外部利益集团都迫切需要企业会计提供关于企业经营活动的有关财务会计信息，以便他们作出有效的投资和经营决策。这时，会计应考虑企业外部利益集团的需要，满足他们对财务会计信息的需求。为适应这种需求，传统会计逐步演变为以对外提供财务会计信息为主的财务会计。

财务会计是为了满足对外提供会计信息的需要而产生的，因此，为了使企业提供的会计信息具有客观性和公正性，财务会计需要接受社会公认的会计原则的约束和指导，使提供的会计信息能够取信于企业外部利益集团，从而保护投资者和债权人的利益。财务会计的形成，也使得会计核算的内容和方法得到了较大的发展，即从原来简单的计量和记录行为，发展成为对企业的所得与所耗进行计量与比较的行为，以全面地反映和监督企业的财务状况、经营成果和现金流量状况。

综上所述，财务会计是对企业生产经营过程中所发生的经济业务进行确认、计量、记录和报告，向企业的外部信息使用者提供有关企业财务状况、经营成果和现金流量的信息，以使其作出合理、有效的经济决策的一种经济管理活动。

财务会计是在传统会计的基础上发展起来的一门独立的会计学科，是现代企业会计的一个重要分支。它的基本特征表现在以下几个方面。

（1）财务会计以企业外部信息使用者为主要服务对象。企业财务会计信息的使用者既包括企业外部的使用者，又包括企业内部的使用者，但财务会计信息主要面向企业外部的信息使用者，如投资者、债权人、政府税务部门、证券监管部门以及社会公众等，作为他们进行投资决策、信贷决策、征税决策、证券上市许可和证券交易管理决策以及其他经济决策的依据。

（2）财务会计以提供财务报告作为信息传递的手段。财务会计提供财务信息的主要形式和对外传递信息的主要手段是财务报告，包括财务报表和其他应当在财务报告中披露的相关信息和资料。财务报表是财务报告的核心，主要提供企业的财务状况、经营业绩和现金流动信息。虽然企业外部会计信息使用者众多，其决策需求各不相同，对企业会计信息的要求也不一样，但是财务会计不是针对某个具体外部使用者的决策需求来提供财务报告，而是根据各个利益集团的共同需要综合提供一套财务报告，即定期编制通用的财务报告，以满足所有外部会计信息使用者的共同决策需要。

（3）财务会计采用特定的会计处理程序和方法。财务会计有自己特定的、严密的会计处理程序。这些程序主要由确认、计量、记录和报告等环节构成，它们既各司其职又相互配合，形成一个有机的整体，对日常发生的经济业务进行分类记录、加工、汇总和编制财务报表，以便产生条理化和系统化的会计信息。

（4）财务会计以公认的会计原则为指导。财务会计的服务对象主要是企业外部信息使用者，他们与企业管理当局有着不同的利益和信息需求。为了维护企业所有利害关系人的利益，保证财务会计信息的真实与公允、相关与可比，财务会计的处理程序和财务报表的编制按照公认的会计原则来进行。在我国，财务会计的规范是企业会计准则，企业财务会计的数据处理过程和财务报表的编制都必须符合企业会计准则的要求。

二、财务会计的目标

财务会计的目标是指进行财务会计工作所要达到的境界或目的。财务会计理论体系和会计实务都建立在财务会计目标的基础之上。我国企业财务会计的目标是向财务会计信息使用者提供与企业的财务状况、经营成果和现金流量等有关的会计信息，以反映企业管理层的受托责任的履行情况，有助于财务会计信息使用者作出经济决策。具体来说，财务会计的目标主要包括以下两个方面的内容。

1. 向财务会计信息使用者提供对决策有用的信息

财务会计的主要目的是满足财务会计信息使用者的需要，这有助于其作出更合理的经济决策。财务会计信息的使用者包括投资者、债权人、政府部门以及社会公众等，企业要为外部各方了解其财务状况、经营成果和现金流量提供相关信息。

企业的投资者为企业提供了经济资源，为了自身的利益，关心企业的管理层对受托资产的使用和保管情况，关心企业的赢利水平和投资回报；企业的债权人出于自身债权安全的考虑，关心企业的赢利能力和偿债能力；政府部门为了维护正常的经济秩序、加强对企业的监督以及进行税收征管，需要了解企业的会计信息，以作为制定有关政策的依据；社会公众作为企业潜在的投资者，会关注企业的财务状况、经营成果和赢利能力，以便作出是否对其投资的决策。由于这些财务会计信息使用者不能直接参与企业的生产经营活动，他们对企业财务会计信息的了解只能通过企业对外提供的财务报告来获取，因此，向财务会计信息使用者提供对决策有用的信息是财务会计的基本目标。

2. 反映企业管理层受托责任的履行情况

由于现代企业制度下所有权和经营权的分离，企业管理层受委托人之托经营管理企业的各项资产，所以企业管理层负有受托责任。企业管理层经营管理的资产均为投资者投入的或向债权人借入的，投资者和债权人作为委托方将资产委托给了企业管理层，企业管理层作为受托方就有责任妥善保管和有效地运用这些资产，并向委托人报告其受托责任履行的情况，以便委托方评价企业管理层的经营业绩和责任履行情况，以决定是否需要调整投资和信贷政策，是否需要更换企业管理层等。同时，企业经营管理的好坏直接影响企业的经济效益以及企业在市场上的竞争力，甚至事关企业的前途和命运。因此，财务会计应该为企业管理层提供有关企业财务状况、经营成果和现金流动情况的信息，以便企业经营管理者进行合理、有效的决策，加强企业的经营管理，确保受托经济资源得到保值和增值。

视野拓展

关于会计目标的两大观点

20 世纪 70 年代以来，西方会计学界关于会计目标的研究，形成了两种代表性的观点，即受托责任观和决策有用观。

受托责任观产生的经济背景是企业所有权与经营权相分离，并且投资者与经营者之间有明确的委托与受托关系。这种观点认为，任何个人和单位只要接受了委托人提供的经济资源，就负有受托责任，应尽最大努力运用和管理好委托人交付的各种经济资源，确保它们得到保值和增值，并如实向委托人报告受托责任的履行过程和结果。

决策有用观是在证券市场日益扩大化和规范化的历史背景下形成的观点。决策有用观认为，会计的目标就是向投资者、债权人以及其他会计信息使用者提供对他们作出决策有用的信息。

我国新的企业会计准则对财务会计目标的定义结合采用了以上两种观点。

第二节　企业会计准则的产生与发展背景

财务会计以企业外部信息使用者为主要服务对象，为他们提供决策所需的信息。为了使企业提供的会计信息具有客观性和公正性，迫切需要一套社会公认的、统一的会计原则来规范其行为。在这种情况下，企业会计准则应运而生。

会计准则最早于 20 世纪 30 年代出现在美国。当时，美国正经历经济大危机。这次经济危机之后，美国公众对企业公布的会计报表普遍产生了不信任感，纷纷指责会计处理的随意性。因此，为了加强企业会计核算的规范化，提高会计信息的质量，美国制定了公认会计原则。

1973 年 6 月，来自澳大利亚、加拿大、法国、联邦德国、日本、墨西哥、荷兰、英国、爱尔兰以及美国的 16 个职业会计师团体，在英国伦敦成立了国际会计准则委员会（International Accounting Standards Committee，IASC）。自 1983 年起，作为国际会计师联合会（International Federation of Accountants，IFAC）成员的所有会计职业团体均已成为国际会计准则委员会的成员。我国于 1998 年 5 月正式加入国际会计准则委员会和国际会计师联合会。国际会计准则委员会从成立以来，陆续制定、颁布了一系列国际会计准则，为促进国际会计的协调作出了重要贡献。

国际会计准则的制定是一个国际协调的过程，并随着世界经济一体化而不断改进和发展。由于国际会计准则委员会是一个民间机构，所以它所制定的国际会计准则并没有强制约束力，国际会计准则委员会必须寻求各国的支持，特别是会计职业界和证券监管机构的支持。国际会计准则委员会在最初制定会计准则时，由于要兼顾各国会计法规、经济环境和法律体系等方面的差异，会计协调比较困难，准则几乎包含了各国会计实务，允许在多种备选方案中选择方案解决会计问题。到了 20 世纪 80 年代末，世界经济一体化发展对国际会计协调的需求明显增加，国际会计准则在会计政策选择上的多样性问题变得非常突出，从而遭到国际社会非议。为此，国际会计准则委员会于 1989—1993 年实施了增进财务报表可比性项目，对 10 项争议较大的准则进行了改进。在某些情况下，准则对同类交易或事项允许两种处理方法，即基准处理方法和允许选用的处理方法。这一项目的完成有助于提高财务信息的可比性，但是，这套准则没有为国际证监会组织（International Organization of Securities Commissions，IOSCO）所接受。1995 年，情况有了改变，国际证监会组织与国际会计准则委员会达成协议，要求国际会计准则委员会完成一套核心准则，该核心准则由国际证监会组织审核通过后，作为跨境上市和筹资时编制财务报表的依据。到 2000 年，核心准则项目已基本完成。

经过国际会计准则委员会多年的努力，国际会计准则越来越广泛地被各国接受。目前，一些国家，如澳大利亚、新加坡，只对国际会计准则稍做改动，即将其作为本国的会计准则；一些新兴市场国家或转型经济国家，如包括我国在内的很多亚洲国家、中欧和东欧国家，兼顾国际会计准则和本国国情，制定本国的会计准则；一些国家，如法国、德国、澳大利亚等的证券交易所及监管机构已允许外国和本地公司按国际会计准则报送财务报表；同时，越来越多的跨国公司采用国际会计准则编制财务报表。但是，世界经济形势发展对国际会计准则委员会这一国际会计准则制定机构提出了更高的要求，即对国际会计准则委员会实施重大重组。

对国际会计准则委员会及国际会计准则的地位与发展来说，美国具有重大影响。美国拥有世界非常发达的资本市场、非常强的经济实力，如何协调国际会计准则与美国的关系成为突出问题。事实上，美国虽然是国际会计准则委员会的发起国，但一直不看重国际会计准则，但这样一来就使不少上市公司转向欧洲市场等其他资本市场筹资，这又是美国所不愿看到的。世界经济一体化发展使美国不得不切实地考虑国际会计准则应有的地位，因为不可能让世界各国都按美国会计准则编报财务报表。从而，在国际会计准则委员会将要完成核心准则项目和机构重组进入实质性阶段时，美国由不关心改为主动介入，从而对国际会计准则委员会的重组方向产生了巨大影响。

国际会计准则委员会自 1997 年开始进行全面重组，并于 2001 年年初基本完成历时 4 年的重大重组，改为国际会计准则理事会（International Accounting Standards Board，IASB）。重组前颁布的准则称为国际会计准则（International Accounting Standards，IAS），重组后颁布的准则称为国际财务报告准则（International Financial Reporting Standards，IFRS）。

提示与说明

常见会计机构和会计名词中英文及缩写如下。

1. 国际会计准则委员会　　IASC　　International Accounting Standards Committee

2. 国际会计准则理事会	IASB	International Accounting Standards Board
3. 国际会计准则	IAS	International Accounting Standards
4. 国际财务报告准则	IFRS	International Financial Reporting Standards
5. 中国会计准则	CAS	Chinese Accounting Standards
6. 企业会计准则	ASBE	Accounting Standards for Business Enterprises
7. 中国注册会计师协会	CICPA	The Chinese Institute of Certified Public Accountants
8. 注册会计师	CPA	Certified Public Accountant

我国自 1988 年起开始研究起草企业会计准则，在 1992 年 11 月正式颁布了《企业会计准则》，并于 1993 年 7 月 1 日起施行。之后，为适应我国市场经济发展和经济全球化的需要，财政部对上述准则进行了系统的修改，并制定了一系列新的准则。2006 年 2 月 15 日，我国形成了包括《企业会计准则——基本准则》（以下称《基本准则》）和 38 项具体准则在内的企业会计准则体系，上述准则自 2007 年 1 月 1 日起施行，从而实现了我国会计准则与国际财务报告准则的实质性趋同。

国际财务报告准则由编报财务报表的框架、国际财务报告准则和解释公告三部分构成，这与我国企业会计准则体系的整体架构一致。

我国企业会计准则体系由基本准则、具体准则、企业会计准则应用指南和解释等组成。其中：基本准则类似于国际财务报告准则中“编报财务报表的框架”，在整个企业会计准则体系中起着统驭作用，是具体准则的制定依据；具体准则是在基本准则的基础上对具体交易或事项进行会计处理的规范；应用指南是对具体准则的一些重点难点问题作出的操作性规定；解释是随着企业会计准则的贯彻实施，就实务中遇到的实施问题而对准则作出的具体解释。

我国企业会计准则各项具体准则规范的内容与有关国际财务报告准则/国际会计准则的内容基本一致。

为适应社会主义市场经济发展，进一步完善我国企业会计准则体系，提高财务报表列报质量和会计信息透明度，保持我国企业会计准则与国际财务报告准则的持续趋同，财政部在 2014 年初对企业会计准则进行了大规模修订，相继修订五项企业会计准则，发布三项新准则，并规定于 2014 年 7 月 1 日起在所有执行企业会计准则的企业范围内施行，鼓励在境外上市的企业提前执行。

继 2014 年财政部对企业会计准则进行大规模修订以后，2016—2017 年，财政部又对企业会计准则进行了第二次大规模的修订和增补，修订或新增了七项企业会计准则，发布了六项企业会计准则解释。2018—2021 年，财政部又修订了三项企业会计准则，发布了两项企业会计准则解释。这些新准则基本与相关国际财务报告准则/国际会计准则一致，保持了持续趋同。

视野拓展

2014 年修订的五项企业会计准则：《企业会计准则第 2 号——长期股权投资》（以下称《长期股权投资准则》，其余具体准则以下均直接简称《××准则》）《职工薪酬准则》《财务报表列报准则》《合并财务报表准则》《金融工具列报准则》。

2014 年发布的三项企业会计准则：《公允价值计量准则》《合营安排准则》《在其他主体中权益的披露准则》。

2017 年修订的六项企业会计准则：《金融工具确认和计量准则》《金融资产转移准则》《套期会计准则》《金融工具列报准则》《政府补助准则》《收入准则》。

2017 年发布的企业会计准则：《持有待售的非流动资产、处置组和终止经营准则》。

2018 年修订的企业会计准则：《租赁》。

2019 年修订的企业会计准则：《非货币性资产交换》《债务重组》。

2017—2019 年，财政部连续发布了关于修订印发一般企业财务报表格式以及合并财务报表格式的通知。

由于篇幅所限，本书不会涉及许多会计法规条文，而且也不可能及时反映法规的变动，如需查询法规条文或更新动态，推荐使用以下几种方法。

（1）便捷查询。在百度百科（或其他百科网站）以法规名称为关键词搜索相关词条查询，读者需注意百度百科可能更新较慢，也可能有差错。

（2）新变化查询。对法规新变化宜直接查询法规颁发者网站，如《企业会计准则》由财政部公布，财政部会计司官网“政策发布”“政策解读”两栏目会有新的信息。

（3）法规库查询。财政部会计司网站相关栏目下的资料繁多，一一查询甚是不便，中国会计学会网站“资料库”栏目、中国会计网“财税法规”栏目对相关法规进行了归类，使用比较方便。需要注意的是资料可能陈旧，还可能有过期法规。

第三节　会计基本前提与会计基础

一、会计基本前提

会计基本前提也称会计假设，它是对会计核算所处的时间、空间等环境而进行的合理设定，是进行会计工作所必须具备的前提条件。会计基本前提包括会计主体、持续经营、会计分期和货币计量。

1. 会计主体

会计主体是指会计为之服务的特定单位，它规范了会计确认、计量和报告的空间范围。要开展会计工作，首先要明确会计主体，会计人员只为其特定的会计主体服务。在确定会计主体的前提下，会计核算应当以其实际发生的交易或事项为核算对象，进行会计确认、计量和报告。只有明确了会计主体，才能划定会计所要处理的交易或事项的范围，把握会计处理的立场，以便区分会计主体和其他主体的经济活动，以及会计主体和主体所有者的经济活动。

会计主体不同于法律主体。一般来说，法律主体必然是会计主体，但会计主体并不一定就是法律主体。任何企业，无论是独资、合伙还是公司制企业，都是会计主体。在企业规模较大的情况下，为了便于掌握其分支机构的生产经营活动及收支情况，可以将其分支机构作为一个会计主体，要求其定期编制、报送会计报表。此外，在控股经营的情况下，母公司及其控制的子公司均为独立的法律主体，且各为会计主体，但为了全面反映企业集团整体财务状况、经营成果和现金流量，可将母公司及其子公司这些独立的法律主体组成的企业集团视为一个会计主体，编制合并会计报表。

【例 1.1】 黄河基金公司共管理了五只证券投资基金，对于黄河基金公司而言，其拥有法人资格，既是法律主体，又是会计主体，需要以公司为主体进行会计核算，对外提供会计报表。黄河基金公司所管理的各只基金，不具有独立的法人资格，不属于法律主体，但因各自拥有独立的资金，需要单独进行会计核算，并向基金持有人定期披露基金的财务状况和经营成果等，因此，每只基金都是独立的会计主体。

2. 持续经营

持续经营是指会计主体的生产经营活动将无限期地延续，在可以预见的未来，会计主体不会面临破产、清算。持续经营要求会计人员以会计主体持续、正常的经营活动为前提，在此前提下选择并确定会计程序及会计处理方法，进行会计核算。

财务会计所使用的一系列会计处理方法都是建立在会计主体持续经营的基础上的。例如，企业的资产按历史成本计价，机器设备、厂房等固定资产按使用年限计提折旧，无形资产的价值按有效期进行摊销，企业所负担的债务按照原先规定的年限和条件偿还等。如果没有规定持续经营这一前提，这些原则和方法就失去了存在的基础。因此，只有在持续经营的前提下，会计核算中所使用的会计处理方法才能保持稳定。

在现实生活中，企业不能持续经营的风险总是存在的。一旦判定企业不再具备持续经营的前提条件，已经面临停业或破产清算，会计人员就应当改变会计核算的程序和方法，并在企业财务会计报告中做相应披露。

3. 会计分期

会计分期又称会计期间，是指将会计主体持续不断的经营活动划分成若干连续的、长短相同的区间。会计分期的目的在于及时结算账目，编制会计报表，提供会计信息，以满足企业内部加强经营管理及其他有关各方进行决策的需要。

在持续经营的情况下，从理论上来说，要想最终确定企业的经营成果，只有等到会计主体所有的生产经营活动结束时，才能通过收入和费用的归集与比较，计算会计主体的盈亏。但是，这样做实际上是行不通的，也是不允许的。因为企业的经营管理者以及投资者、债权人都需要及时了解会计信息，以便进行相关决策。因此，有必要将持续不断的经营活动划分成一个个相等的会计期间，分期进行会计核算，提供会计报表。

会计期间通常分为年度和中期。在我国，年度和中期起讫日期依据公历日期。中期是指短于一个完整的会计年度的报告期间，半年度、季度和月度均称为会计中期。

会计期间的划分对会计核算意义重大。由于有了会计分期，才产生了本期与非本期的区别；由于有了本期与非本期的区别，才产生了权责发生制和收付实现制两种记账基础，进而出现了折旧、摊销等会计处理方法。在采用权责发生制的基础上，产生了应收、应付、预收、预付、待摊、预提等特殊的会计处理方法。

4. 货币计量

货币计量是指会计主体在进行会计确认、计量和报告时采用货币作为统一的计量单位，记录和报告会计主体的经营情况。

在商品经济条件下，货币是衡量商品价值的共同尺度。它可以把劳动量度、实物量度等不同的计量单位换算成统一的计量单位。只有在货币计量的前提下，才能综合、全面地反映企业的财务状况和经营成果。

货币计量以币值不变为条件。因为只有在币值稳定或相对稳定的情况下，不同时期的资产价值才具有可比性，收入和费用才能进行比较，才能计算确定经营成果。但在现实经济社会，币值变动时有发生，甚至可能出现恶性通货膨胀，这使得货币计量这一假设具有一定的局限性。

二、会计基础

在财务会计工作中，由于会计期间的划分，应如何确定每个期间的收入和费用，从而正确计算各期的损益，会计面临两种选择：其一是直接根据账簿中所记录的本期实际发生的收入和费用来计算当期损益；其二是按照收入和费用的归属期来计算当期损益。两种选择代表

> **提示与说明**
>
> 目前，我国的行政单位会计核算采用收付实现制。事业单位会计除经营业务可以采用权责发生制外，其他大部分业务采用收付实现制。

了两种不同的会计记账基础，即收付实现制与权责发生制。

收付实现制是以款项的实际收付为标准来确定本期收入和费用的方法。在收付实现制下，凡是本期收到的收入和付出的费用，无论是否属于本期，都应作为本期的收入和费用；凡是不在本期收到的收入和付出的费用，即使应该属于本期，也不作为本期的收入和费用。

权责发生制是以应收、应付为标准来确定本期收入和费用的方法。在权责发生制下，凡是应该属于本期的收入和费用，无论款项是否实际收到或付出，都作为本期的收入和费用；凡是不属于本期的收入和费用，即使款项已在本期实际收到或付出，也不应当作为本期的收入和费用。

为了更加真实、公允地反映特定会计期间的财务状况和经营成果，我国《基本准则》明确规定，企业的会计确认、计量和报告应当采用权责发生制作为会计基础。

第四节　会计信息的质量要求

财务会计的基本目标就是要为会计信息使用者提供决策所需的信息。为了保证会计信息的质量，必须规范会计确认、计量和报告的行为，明确会计信息的质量要求。根据我国《基本准则》的规定，会计信息的质量要求包括可靠性、相关性、可理解性、可比性、实质重于形式、重要性、谨慎性、及时性等。

一、可靠性

可靠性是指企业应当以实际发生的交易或者事项为依据进行确认、计量和报告，如实反映符合确认和计量要求的各项会计要素及其他相关信息，保证会计信息真实可靠、内容完整。

可靠性是对会计核算工作的基本要求。会计信息是国家宏观经济管理部门、企业管理层以及投资者、债权人等有关各方进行经济决策的依据。如果会计数据不能真实、客观地反映企业经济活动的实际情况，就无法满足有关各方了解企业经营情况、进行经济决策的需要，甚至可能导致错误的决策。

可靠性通常包括三层含义：一是会计核算应当以实际发生的交易或者事项为依据，真实反映企业的财务状况、经营成果和现金流量，保证会计信息的真实性；二是在符合重要性和成本效益原则的前提下，保证会计信息的完整性；三是在财务报告中的会计信息应当是中立的、无偏的。

二、相关性

相关性是指企业提供的会计信息应当与投资者等财务报告使用者的经济决策需要相关，有助于财务报告使用者对企业过去、现在或者未来的情况作出评价或者预测。

会计信息是否有用，是否具有价值，关键是看其与使用者的决策需要是否相关，是否有助于决策或者提高决策水平。相关的会计信息应当能够有助于使用者评价企业过去的决策，证实或者修正过去的相关预测，因而具有反馈价值。相关的会计信息还应当具有预测价值，有助于使用者根据财务报告提供的会计信息预测企业未来的财务状况、经营成果和现金流量。

会计信息质量的相关性要求需要企业在确认、计量和报告会计信息的过程中，充分考虑使用者的决策模式和信息需要。相关性是以可靠性为基础的。会计信息在可靠性前提下，尽可能做到相关性，以满足财务报告使用者决策需要。

三、可理解性

可理解性是指企业提供的会计信息应当清晰明了，便于投资者等财务报告使用者理解和使用。

提供会计信息的目的在于使用，要使用会计信息首先必须了解会计信息的内涵，弄懂会计信息的内容。这就要求提供的会计信息应当简明、易懂，能够清晰、明了地反映企业的财务状况、经营成果和现金流量，并容易为人们所理解。随着我国证券市场的发展，会计信息的使用者也越来越广泛，国家宏观经济管理部门、企业内部管理层、企业的投资者和债权人等会计信息的使用者对会计信息的可理解性提出了越来越高的要求。

四、可比性

企业提供的会计信息应当具有可比性。

可比性主要包括两层含义：一是同一企业不同时期发生的相同或者相似的交易或事项应当采用一致的会计政策，不得随意变更。确需变更的，应当在附注中说明。二是不同企业发生的相同或相似的交易或事项应当采用规定的会计政策，确保会计信息口径一致、相互可比。

按照可比性的要求，应当按照国家统一规定的会计处理程序和方法进行会计核算，使所有企业的会计核算资料和数据能够相互比较，便于分析、汇总，以满足国民经济宏观管理和调控的需要。

在会计核算中坚持可比性，既可以提高会计信息的相关性，又可以制约和防止会计主体通过会计处理程序和方法的变更在会计核算中弄虚作假，从而保证会计信息的客观性。

五、实质重于形式

实质重于形式是指企业应当按照交易或者事项的经济实质进行会计确认、计量和报告，不应仅以交易或事项的法律形式为依据。

在实际工作中，交易或事项的外在法律形式并不总能完全反映其实质内容。为了使会计信息能够更加真实地反映其客观情况，必须依据交易或事项的实质而非外在形式进行会计核算。

> **视野拓展**
>
> 各网络百科的“会计信息的质量要求”词条可供读者参考。

【例 1.2】 A 企业以融资租赁方式租入一台大型固定资产投入生产经营，租期 10 年，该固定资产的使用寿命为 12 年。从法律形式来看，在租期未满以前该固定资产的所有权尚不属于承租企业，但由于租赁合同中规定的租赁期相当长，接近于该固定资产的使用寿命，在租赁期内该固定资产受承租企业实际控制，因此，从其经济实质来看，A 企业能够控制其创造的未来经济利益，故会计核算上应当将该固定资产视为承租企业的资产。

如果仅仅按照交易或事项的法律形式进行会计核算，而其法律形式又没有反映其经济实质，那么，其结果不仅不会有利于会计信息使用者的决策，反而会误导会计信息使用者。

六、重要性

重要性是指企业提供的会计信息应当反映与企业财务状况、经营成果和现金流量有关的所有重要交易或事项。

按照重要性的要求，企业相对重要的经济业务或会计事项应分别核算、分项反映，力求全面准确，并在会计报告中做重点说明；而对于那些次要的经济业务或会计事项，在不影响会计信息真实性的前提下，则可适当简化会计核算程序，采用简便的会计处理方法进行处理，在账户和会计报告中一并反映。

从核算效益来看，对会计事项的处理，如果不分轻重主次和繁简详略，采取完全相同的处理方法，则必将耗费过多的人力、物力和财力，增加许多不必要的工作量，影响会计核算工作效率。同时，还有可能降低会计信息的使用价值，甚至影响决策。

重要性原则的运用涉及对经济业务或会计事项重要性的判断问题。对于不同的会计主体、经济业务或会计事项来说，重要与不重要是相对的。某项会计事项的重要性，在很大程度上取决于会计人员的职业判断。

七、谨慎性

谨慎性又称稳健性，是指企业对交易或者事项进行会计确认、计量和报告应当保持应有的谨慎，不应高估资产或收益、低估负债或费用。

会计核算中的谨慎性针对经济活动中的不确定性因素，要求人们在会计处理上保持小心谨慎的态度，要充分估计可能发生的风险和损失，既不高估资产或者收益，也不低估负债或者费用。例如，在会计核算中对应收账款估计可能发生的坏账损失、计提坏账准备，对期末存货的计价采用成本与可变现净值孰低法等都体现了谨慎性的要求。

从谨慎性原则的运用来看，通过会计核算提供反映企业经营风险的信息，不仅有利于企业作出准确的经营决策，也有利于保护投资者和债权人的利益。

谨慎性原则并不意味着企业可以设置秘密准备。因此，我国在规定谨慎性原则的同时，还对谨慎性原则的具体运用作出规定，不能由企业漫无边际、任意使用或歪曲使用谨慎性原则；否则，将不符合会计信息的可靠性和相关性要求，损害会计信息质量、扭曲企业实际的财务状况和经营成果，从而对使用者的决策产生误导，这是不符合企业会计准则要求的。

八、及时性

及时性是指企业对已经发生的交易或者事项应当及时进行确认、计量和报告，不得提前或者延后。

及时性要求会计核算工作讲求时效，会计处理及时进行，以便会计信息的及时利用。会计信息不仅要真实可靠，而且必须保证时效，及时将信息提供给使用者。特别是在市场经济条件下，企业竞争日趋激烈，市场瞬息万变，会计信息的及时性越发显得重要。在会计核算中坚持及时性：一是要求及时收集会计信息，在经济业务发生后，会计人员要及时收集整理各种原始凭证；二是要求及时对会计信息进行加工处理，即根据收集的原始凭证及时编制记账凭证、登记账簿和编制财务报表；三是要求及时传递会计信息，将编制出的财务报表传递给报表使用者。

思考与讨论

为什么企业提供会计信息必须遵循会计信息的质量要求？

第五节　会计要素及其确认与计量

一、会计要素

会计要素是对会计核算对象按其经济特征所做的基本分类，是进行会计核算和编制会计报表的基本要素。我国《基本准则》将会计要素划分为资产、负债、所有者权益、收入、费用和利润。这六大会计要素可以划分为两大类：一类是反映财务状况的会计要素，也称为资产负债表要素，包括资产、负债和所有者权益；另一类是反映经营成果的会计要素，也称为利润表要素，包括收入、费用和利润。

1. 资产

资产是指由企业过去的交易或事项形成的、由企业拥有或者控制的、预期会给企业带来经济利益的资源。根据资产的定义，它具有以下基本特征。

（1）资产是由过去的交易或事项所形成的。企业的资产必须是现实的资产，而不能是预期的资产，是由过去已经发生的交易或事项所形成的结果。企业过去的交易或事项包括购买、生产、建造以及其他交易或事项，预期在未来发生的交易或者事项不形成资产。例如，企业已经购入的机器设备形成企业的资产，但企业将要购入的机器设备则不属于现在的资产，不得作为资产确认。

（2）资产是企业拥有或者控制的。一项资源是否是企业的资产，通常要看企业是否对其拥有所有权。有些资源虽然其所有权不为企业所拥有，但企业能够对其实施实际控制，也应将其视为企业资产予以确认。例如，企业以融资租赁方式租入的固定资产就应视为企业的资产。

（3）资产能够直接或间接地给企业带来经济利益。资产最重要的特征就在于其能够为企业带来经济利益，即能够直接或间接地导致现金和现金等价物流入企业。如果某项资源不能给企业带来经济利益，就不能确认为企业的资产。

资产导致经济利益流入企业的方式是多种多样的，可以单独或与其他资产组合为企业带来经济利益，也可以用资产交换其他资产，或以资产抵偿债务等。

资产按其流动性分为流动资产和非流动资产。流动资产是指可以在一年或者超过一年的一个营业周期内变现或者耗用的资产，主要包括库存现金、银行存款、其他货币资金、交易性金融资产、应收款项和存货等。非流动资产是指不可以在一年或者超过一年的一个营业周期内变现或者耗用的资产，主要包括债权投资、其他债权投资、其他权益工具投资、长期股权投资、投资性房地产、固定资产、在建工程、无形资产、长期待摊费用等。

> **思考与讨论**
>
> A企业20××年年末的“固定资产”账户余额为2 800万元，其中包括一条已淘汰的生产线，价值为100万元。这条生产线是否还能作为A企业的固定资产？

2. 负债

负债是指由企业过去的交易或事项形成的、预期会导致经济利益流出企业的现时义务。负债具有以下特征。

（1）负债由过去的交易或事项所形成。过去的交易或事项包括购买货物、接受银行贷款等。只有已经发生的交易或事项才会形成负债，而企业预期在将来发生的交易或事项则不形成现实的负债。

（2）负债是企业承担的现时义务。现时义务是指企业在现行条件下已承担的义务。未来发生的交易或事项形成的义务不属于现时义务，不应当确认为负债。

现时义务既可以是法定义务，也可以是推定义务。法定义务是指具有约束力的合同或者法律、法规规定的义务，通常在法律意义上需要强制执行。推定义务是指根据企业的习惯做法，公开的承诺或公开宣布的政策而导致企业将承担的责任和义务。

【例 1.3】 A 企业对其销售的产品制定了一项销售政策，即提供两年的产品售后保修服务。A 企业在销售产品以后，预计可能发生保修服务费属于推定义务，应当将其确认为一项负债。

（3）负债预期会导致经济利益流出企业。导致经济利益流出企业也是负债的一个本质特征。当企业在履行偿债义务时会导致经济利益流出企业的，才符合负债的定义，如果不会导致企业经济利益流出，就不符合负债的定义。清偿负债导致经济利益流出企业的方式多种多样，可以用现金、实物资产偿还，也可以通过提供劳务来偿还，还可以通过将债务转为股本的方式来偿还。

负债按其偿还期的长短分为流动负债和长期负债。流动负债是指将在一年或者超过一年的一个营业周期内偿还的债务，主要包括短期借款、交易性金融负债、应付票据、应付账款、应付职工薪酬、应交税费、应付利息、应付股利等。长期负债是指偿还期在一年或者超过一个营业周期的负债，主要包括长期借款、应付债券、长期应付款等。

3. 所有者权益

所有者权益是指企业资产扣除负债后由所有者享有的剩余权益。它代表企业投资者（所有者）对企业净资产的所有权。公司的所有者权益又称为股东权益。

企业的所有者权益最初表现为所有者的投入资本。随着企业生产经营活动的开展，投入资本逐渐增值，增值部分形成盈余公积和未分配利润，这部分增值的资金归企业所有者，与投入资本一起构成了企业的所有者权益。具体来说，所有者权益包括所有者的投入资本、直接计入所有者权益的利得和损失、留存收益等。

投入资本是指企业所有者实际投入企业的资本部分。它既包括构成企业注册资本或者股本的金额，又包括投入资本超过注册资本或者股本的金额，即资本溢价或者股本溢价部分。

直接计入所有者权益的利得和损失是指不应计入当期损益、会导致所有者权益发生增减变动、与所有者投入资本或者向所有者分配利润无关的利得或者损失。其中，利得是指由企业非日常活动所形成的、会导致所有者权益增加的、与所有者投入资本无关的经济利益的流入。损失是指由企业非日常活动所发生的、会导致所有者权益减少的、与向所有者分配利润无关的经济利益的流出。

留存收益是企业历年实现的净利润留存于企业的部分，主要包括累计计提的盈余公积和未分配利润。

4. 收入

收入是指企业在日常活动中所形成的、会导致所有者权益增加的、与所有者投入资本无关的经济利益的总流入。它具有以下特征。

（1）收入是企业在日常活动中形成的。所谓日常活动，是指企业为完成其经营目标而从事的经常性活动以及与之相关的活动。例如，工业企业制造并销售产品、商业企业购入并销售商品、金融企业发放贷款等活动。明确界定日常活动是为了将收入与利得相区分：只有在日常活动中所形成的经济利益的流入，才确认为收入；在非日常活动中所形成的经济利益的流入不能确认为收入，而应当计入利得。例如，工业企业出售固定资产取得的净收益，虽然形成了经济利益的流入，但出售固定资产的活动不是企业的日常活动，所以，其流入的经济利益只能作为利得，而不是收入。

（2）收入会导致所有者权益的增加。收入是引起利润增加的因素，而利润则会成为所有者权益的增加额，因此，与收入相关的经济利益的流入会导致所有者权益的增加。

【例 1.4】 乙企业本月向银行贷款 200 万元，该笔贷款引起经济利益流入企业，但这种流入并没有导致企业所有者权益的增加，反而使企业承担了一笔现实的义务，因此，企业不应将其确认为收入，而应当确认为负债。

（3）收入是与所有者投入资本无关的经济利益的总流入。收入的获取能导致经济利益流入企业。在实务中，所有者投入企业的资本也导致了经济利益流入企业，但是所有者投入的资本属于企业所有者权益的增加，不应当确认为企业获取的收入。

收入按其性质分为销售商品收入、提供劳务收入和让渡资产使用权取得的收入。

5. 费用

费用是指企业在日常活动中发生的、会导致所有者权益减少的、与向所有者分配利润无关的经济利益的总流出。它具有以下特征。

（1）费用是企业在日常活动中形成的。将费用界定为日常活动所形成的，目的是将其与损失相区分。只有在日常活动中所形成的经济利益的流出，才确认为费用；在非日常活动中所形成的经济利益的流出不能确认为费用，而应当计入损失。

（2）费用会导致所有者权益的减少。收入会导致所有者权益的增加，而费用是为取得收入付出的代价，是收入的抵减项目，因此，与费用相关的经济利益的流出会导致所有者权益的减少。

【例 1.5】 乙企业本月用银行存款偿还了一笔 100 万元的银行贷款，该笔贷款的偿还引起经济利益流出企业，但这种流出并没有导致企业所有者权益的减少，而是使企业减少了一笔现实的义务，因此，企业不应将其确认为费用。

（3）费用是与向所有者分配利润无关的经济利益的总流出。费用的发生会导致经济利益流出企业，从而导致资产的减少或者负债的增加（最终也会导致资产的减少）。在实务中，向所有者分配利润也会导致经济利益流出企业，但是向所有者分配利润引起所有者权益的减少，不应当确认为发生的费用。

企业的费用主要包括营业成本、税金及附加、销售费用、管理费用、财务费用、资产减值损失等。

6. 利润

利润是指企业在一定会计期间的经营成果。利润包括收入减去费用后的净额以及直接计入当期利润的利得和损失等。其中，收入减去费用后的净额反映的是企业日常活动的业绩，直接计入当期利润的利得和损失反映的是企业非日常活动的业绩。

企业的利润总额由营业收入（主营业务收入、其他业务收入）减去营业成本、税金及附加、销售费用、管理费用、财务费用、资产减值损失，加上公允价值变动收益（减损失）、投资收益（减损失）之后的金额，再加上营业外收入，减去营业外支出构成。

以上六个会计要素之间的关系如下。

资产=负债+所有者权益

归纳总结

收入与利得、费用与损失的联系和区别

这一会计等式表明企业在某一特定时点所拥有的资产，以及债权人和投资者对企业资产要求权的财务状况。它表明企业的资产、负债和所有者权益之间的基本关系，是编制资产负债表的基础。

收入−费用=利润

这一会计等式表明企业在一定期间所实现的经营成果与该期间的收入和费用之间的关系，是编制利润表的基础。

资产=负债+所有者权益+(收入−费用)

这一会计等式表明企业财务状况和经营成果之间的关系。财务状况反映了企业某一特定日期资产的存量，而经营成果则反映了企业一定期间资产的增量或减量。企业的经营成果最终会影响企业的财务状况。企业实现利润，会使企业资产增加；企业发生亏损，会使企业资产减少。

二、会计确认

会计确认是指依据一定的标准，辨认和确定某一经济事项是否能作为会计要素进行正式记录，并列入财务报表的过程。会计确认包括用文字和金额表述某个项目，并将其金额列入资产负债表或利润表中。

按照对经济事项确认的时间顺序，会计确认可以分为初始确认和再次确认两个环节。初始确认是决定哪些经济事项可以纳入会计系统予以记录和核算；再次确认是决定如何将它们列入财务报表之中。

要将某一交易或事项作为会计要素予以确认，并列入资产负债表或利润表，除了要符合会计要素的定义以外，还应当满足以下两个基本条件：①与该项目有关的经济利益很可能流入或流出企业；②与该项目有关的经济利益能够可靠地计量。

对于资产要素的确认，除了必须符合资产的定义以外，还应当评估其能为企业带来经济利益流入的可能性的大小，只有当其很可能带来经济利益流入，且流入的经济利益能够可靠计量时，才能予以确认。

【例 1.6】 M公司是一家出国留学中介公司，公司人力资源丰富，拥有多位高素质的留学咨询专家，每一位专家都能为公司带来经济利益。但是由于人力资源的成本或价值往往无法可靠地计量，因此，在现行会计系统中，人力资源通常不确认为企业的资产。

同样，对于负债要素的确认，除了必须符合负债的定义以外，还应判断其是否很可能导致经济利益流出企业，且流出的经济利益是否能够可靠计量。对于所有者权益要素的确认，由于所有者权益是企业资产减去负债后的余额，因此，所有者权益的确认需要依赖于资产和负债的确认，资产和负债的确认标准就是所有者权益的确认标准。

收入和费用要素的确认，如同资产和负债要素的确认。对于收入要素的确认，除了必须符合相关的定义以外，还必须判断收入所带来的经济利益是否很可能流入企业，从而导致企业资产增加或者负债减少，且经济利益的流入额是否能够可靠计量。同样，对于费用要素的确认，除了必须符合相关的定义以外，还必须判断费用所带来的经济利益是否很可能流出企业，从而导致企业资产减少或者负债增加，且经济利益的流出额能够可靠计量。对于利润要素的确认，由于利润是企业收入减去费用后的余额，因此，利润的确认只能依赖于收入和费用的确认，收入和费用的确认标准就是利润的确认标准。

三、会计计量

会计计量是为了将符合确认条件的会计要素登记入账，并列报于财务报表中而确定其金额的过程。会计计量涉及计量属性的选择。计量属性是指对会计要素计量时采用的标准。企业应当按照规定的计量属性对会计要素进行计量，确定相关要素的金额。《基本准则》规定的计量属性包括历史成本、重置成本、可变现净值、现值和公允价值。

（1）历史成本，也称实际成本，是指企业取得或制造某项财产物资时所实际支付的现金及其他等价物的金额。在历史成本计量下，资产按照其购置时支付的现金或者现金等价物的金额，或者按照购置资产时所付出的对价的公允价值计量。负债按照其因承担现时义务而实际收到的款项或者资产的金额，或者承担现时义务的合同金额，或者按照日常活动中为偿还负债预期需要支付的现金或者现金等价物的金额计量。

（2）重置成本，也称现行成本，是指按照当前市场条件，重新取得同样一项资产所需支付的现金或现金等价物的金额。在重置成本计量下，资产按照现在购买相同或者相似资产所需支付的现金或者现金等价物的金额计量，负债按照现在偿付该项债务所需支付的现金或者现金等价物的金额计量。

（3）可变现净值是指在正常生产经营过程中，以预计售价减去进一步加工成本、预计销售费用以及相关税费后的净值。在可变现净值计量下，资产按照其正常对外销售所能收到现金或者现金等价物的金额扣减该资产至完工时估计将要发生的成本、估计的销售费用以及相关税费后的金额计量。

（4）现值是指对未来现金流量以恰当的折现率进行折现后的价值，是考虑货币时间价值因素的一种计量属性。在现值计量下，资产按照预计从其持续使用和最终处置中所产生的未来净现金流入量的折现金额计量，负债按照预计期限内需要偿还的未来净现金流出量的折现金额计量。

（5）公允价值是指市场参与者在计量日发生的有序交易中，出售一项资产所能收到或者转移一项负债所需支付的价格。

在各种计量属性中，历史成本计量属性通常反映的是资产或者负债过去的价值，而重置成本、可变现净值、现值以及公允价值通常反映的是资产或者负债的现时成本或者现时价值。另外，公允价值相对于历史成本而言具有很强的时间性，当前环境下的某项资产或者负债的历史成本可能是过去环境下的该项资产或者负债的公允价值，而当前环境下的某项资产或者负债的公允价值可能是未来环境下的该项资产或者负债的历史成本。

企业在对会计要素进行计量时，一般应当采用历史成本计量属性，如果要采用其他几种计量属性计量，应当保证所确定的会计要素金额能够取得并可靠计量。

视野拓展

2006 年 2 月 15 日，我国颁布的《基本准则》明确将公允价值作为会计计量属性之一，并在金融工具、投资性房地产、债务重组、资产减值、租赁和套期保值等 17 个具体会计准则中不同程度地运用了该计量属性。2014 年 1 月，我国又颁布了《公允价值计量准则》。公允价值的广泛运用，意味着我国传统意义上单一的历史成本计量模式被历史成本、公允价值等多重计量属性并存的计量模式取代。

引入公允价值计量能够适应金融创新的需要，提高财务信息的相关性。但是，美国 2008 年次贷危机引发的全球金融风暴令世界经济遭受重创，也让我们认识到公允价值计量的缺陷和不足。

值得一提的是，我国引入公允价值是适度、谨慎和有条件的。因此，只有在公允价值能够取得并可靠计量的情况下，企业才能采用公允价值计量。

本章小结

财务会计是依据会计准则，对企业生产经营过程中所发生的经济业务进行确认、计量、记录和报告，向企业的外部信息使用者提供有关企业财务状况、经营成果和现金流量的信息，以使其作出合理、有效的经济决策的一种经济管理活动。

财务会计的目标是指进行财务会计工作所要达到的境界或目的。具体包括以下三个方面：①为国家宏观经济管理和调控提供信息；②为企业外部利益关系集团作出有关经济决策提供信息；③为企业的经营管理者提供经营管理所需的信息。

我国企业会计准则体系由基本准则、具体准则、企业会计准则应用指南和解释等组成。其中，基本准则在整个企业会计准则体系中起着统驭作用，具体准则是在基本准则的基础上对具体交易或事项进行会计处理的规范，应用指南是对具体准则的一些重点难点问题作出的操作性规定，解释是就实务中遇到的实施问题而对准则作出的具体解释。

会计基本前提也称会计假设，它是对会计核算所处的时间、空间等环境所做的合理设定，是进行会计工作所必须具备的前提条件。会计基本前提包括会计主体、持续经营、会计分期和货币计量。

企业的会计确认、计量和报告应当采用权责发生制作为会计基础。权责发生制是以应收应付为标准来确定本期收入和支出的方法。

为了保证会计信息的质量，必须规范会计确认、计量和报告的行为，明确会计信息的质量要求。会计信息的质量要求包括可靠性、相关性、可理解性、可比性、实质重于形式、重要性、谨慎性、及时性等。

会计要素是对会计核算对象按其经济特征所做的基本分类，是进行会计核算和编制财务报表的基本要素。会计要素分为资产、负债、所有者权益、收入、费用和利润。这六大会计要素可以划分为两大类：一类是反映财务状况的会计要素，也称为资产负债表要素，包括资产、负债和所有者权益；另一类是反映经营成果的会计要素，也称为利润表要素，包括收入、费用和利润。

会计确认是指依据一定的标准，辨认和确定某一经济事项是否能作为会计要素进行正式记录，并列入财务报表的过程。要将某一交易或事项作为会计要素予以确认，除了要符合会计要素的定义以外，还应当满足以下两个基本条件：①与该项目有关的经济利益很可能流入或流出企业；②与该项目有关的经济利益能够可靠地计量。

会计计量是为了将符合确认条件的会计要素登记入账，并列报于财务报表中而确定其金额的过程。会计计量涉及计量属性的选择。计量属性是指对会计要素计量时采用的标准。我国《基本准则》规定的计量属性包括历史成本、重置成本、可变现净值、现值和公允价值。

复习思考

1. 财务会计是在什么样的背景下产生的？
2. 财务会计有哪些基本特征？
3. 财务会计的目标是什么？
4. 我国企业会计准则体系由哪些内容构成？
5. 持续经营与会计分期是什么关系？
6. 会计信息的质量要求有哪些？
7. 为什么在会计核算中要运用谨慎性原则？
8. 什么是会计要素？各会计要素之间有何联系？
9. 会计计量属性有哪些？

基本训练

一、单选题

1. 下列项目中，符合资产定义的是（　　）。

A. 购入的某项专利权　　B. 经营租入的设备

C. 待处理的财产损失　　D. 计划购买的某项设备

2. 下列各项中，属于反映企业财务状况的会计要素是（　　）。

A. 收入　　B. 所有者权益　　C. 费用　　D. 利润

3. 关于收入，下列说法中错误的是（　　）。

A. 收入是指企业在日常活动中形成的、会导致所有者权益增加的、与所有者投入资本无关的经济利益的总流入

B. 收入只有在经济利益很可能流入从而导致企业资产增加或者负债减少，且经济利益的流入额能够可靠计量时才能予以确认

C. 符合收入定义和收入确认条件的项目，应当列入利润表

D. 收入是指企业日常活动中形成的、会导致所有者权益或者负债增加的、与所有者投入资本无关的经济利益的总流入

4. 关于费用，下列说法中错误的是（　　）。

A. 费用是指企业在日常活动中发生的、会导致所有者权益减少的、与向所有者分配利润无关的经济利益的总流出

B. 费用的发生会导致企业资产减少或者负债增加

C. 费用会导致经济利益的流出，该流出不包括向所有者分配的利润

D. 符合费用定义和费用确认条件的项目，应当列入资产负债表

5. 关于利润，下列说法中错误的是（　　）。

A. 利润是指企业在一定会计期间的经营成果

B. 直接计入当期利润的利得和损失是指应当计入当期损益、会导致所有者权益发生增减变动的、与所有者投入资本或者向所有者分配利润无关的利得或者损失

C. 利润项目应当列入利润表

D. 利润金额取决于收入和费用的计量，不涉及利得和损失金额的计量

6. 下列项目中，使负债增加的是（　　）。

A. 发行公司债券　　B. 用银行存款购买公司债券

C. 发行股票　　D. 支付现金股利

7. 下列经济业务中，不引起所有者权益变动的是（　　）。

A. 所有者投入资金偿还欠款　　B. 所有者向企业投入设备

C. 企业向所有者分配利润　　D. 企业提取盈余公积

8. 下列经济业务中，不会引起资产或者负债总额发生变动的经济业务是（　　）。

A. 以银行存款偿还前欠货款　　B. 向银行借款并存入银行

C. 从某企业赊购材料　　D. 用资本公积转增资本

9. 下列对会计基本前提的表述中恰当的是（　　）。

A. 持续经营和会计分期确定了会计核算的空间范围

B. 一个会计主体必然是一个法律主体

C. 货币计量为会计核算提供了必要的手段

D. 会计主体确立了会计核算的时间范围

10. 企业提供的会计信息应当反映与企业财务状况、经营成果和现金流量等有关的所有重要交易或事项，这一要求反映的是会计信息质量要求中的（　　）。

A. 重要性　　B. 实质重于形式　　C. 谨慎性　　D. 及时性

11. 我国企业会计准则规定，企业的会计核算应当以（　　）为基础。

A. 永续盘存制　　B. 实地盘存制

C. 权责发生制　　D. 收付实现制

12. 企业对交易或事项进行会计确认、计量和报告应当保持应有的谨慎，不应高估资产或收益、低估负债或费用，体现了会计信息质量要求中的（　　）要求。

A. 可比性　　B. 相关性　　C. 重要性　　D. 谨慎性

13. 企业对已经发生的交易或事项应当及时进行会计确认、计量和报告，不得提前或者延后，所反映的是会计信息质量要求中的（　　）要求。

A. 重要性　　B. 实质重于形式　　C. 谨慎性　　D. 及时性

二、多选题

1. 下列选项中，属于资产的基本特征的有（　　）。

A. 资产是由于过去的交易或事项所形成的

B. 资产必须是投资者投入或向债权人借入的

C. 资产是企业拥有或者控制的

D. 资产预期能够给企业带来经济利益

2. 下列资产中，属于本企业资产的有（　　）。

A. 融资租入的设备　　B. 以经营方式租出的设备

C. 发出的商品　　D. 以经营方式租入的设备

3. 关于资产，下列说法中正确的有（　　）。

A. 企业过去的交易或者事项包括购买、生产、建造行为或者其他交易或事项

B. 由企业拥有或者控制是指企业享有某项资源的所有权，或者虽然不享有某项资源的所有权，但该资源能被企业控制

C. 符合资产定义和资产确认条件的项目，应当列入资产负债表；符合资产定义，但不符合资产确认条件的项目，不应当列入资产负债表

D. 预期在未来发生的交易或者事项也会形成资产

4. 下列各项资产中，可以列入企业资产范围的有（　　）。

A. 融资租入的设备　　B. 以经营方式租出的设备

C. 委托加工的物资　　D. 土地使用权

5. 关于所有者权益，下列说法中正确的有（　　）。

A. 所有者权益是指企业资产扣除负债后由所有者享受的剩余权益

B. 直接计入所有者权益的利得和损失属于所有者权益

C. 所有者权益金额应单独计量，不取决于资产和负债的计量

D. 所有者权益项目应当列入资产负债表

6. 下列项目中，属于所有者权益项目的有（　　）。

A. 所有者投入的资本　　B. 直接计入所有者权益的利得和损失

C. 留存收益　　D. 应付职工薪酬

7. 下列各项中，属于反映企业经营成果的会计要素有（　　）。

A. 收入　　B. 费用　　C. 负债　　D. 利润

8. 下列各项中，企业能够确认为资产的有（　　）。

A. 融资租入的设备

B. 经营租入的设备

C. 已收到发票，但尚未到达企业的原材料

D. 近期将要购入的债券

9. 企业在取得收入时可能会影响的会计要素有（　　）。

A. 资产　　B. 负债　　C. 所有者权益　　D. 费用

10. 下列经济业务中引起资产和负债同时增加的有（　　）。

A. 赊购材料　　B. 从银行提取现金

C. 用银行存款购入各种材料　　D. 向银行借款并存入银行

11. 下列做法中，符合谨慎性要求的有（　　）。

A. 被投资企业当年发生严重亏损，投资企业对此项长期投资计提减值准备

B. 在物价上涨时对存货计价采用先进先出法

C. 对应收账款计提坏账准备

D. 对固定资产计提折旧

三、判断题

1. 资产是指由过去的交易或事项形成的，由企业拥有或控制的经济资源。（　　）

2. 企业因固定资产盘亏造成的待处理固定资产净损失属于企业的资产。（　　）

3. 收入不包括为第三方或者客户代收的款项，也不包括处置固定资产净收益和出售无形资产净收益。（　　）

4. 符合资产定义和资产确认条件的项目，应当列入资产负债表；符合资产定义，但不符合资产确认条件的项目，不应当列入资产负债表。（　　）

5. 未来发生的交易或者事项形成的义务，不属于现时义务，但若符合负债的确认条件，就应当将其确认为负债。（　　）

6. 接受投资者投入实物能引起资产和所有者权益同时发生变化。（　　）

7. 费用和损失是指企业在日常活动中发生的、会导致所有者权益减少的、与向所有者分配利润无关的经济利益的总流出。（　　）

8. 直接计入当期利润的利得和损失是指应当计入当期损益、不会导致所有者权益发生增减变动的、与所有者投入资本或者向所有者分配利润无关的利得或者损失。（　　）

9. 如果某项资产不能再为企业带来经济利益，即使是由企业拥有或者控制的，也不能作为企业的资产在资产负债表中列示。（　　）

10. 某一会计事项是否具有重要性，在很大程度上取决于会计人员的职业判断。某一会计事项在某一企业具有重要性，在另一企业则不一定具有重要性。（　　）

四、案例分析题

甲软件股份有限公司（以下称“甲软件公司”）是一家上市公司，近期陷入了财务危机，只有获得大量的银行贷款才能使公司摆脱现有困境。假设现在是20×3年11月28日，你是甲软件公司的总裁。你同多家银行进行了协商，但他们一致要求看公司20×3年的会计报表，而这些报表要在当年12月31日（会计年末）才能编报好，并且要经过会计师事务所审计才

能对外报出。为了寻找解决问题的最佳方案，你同公司其他几位领导就目前局势进行讨论。他们提出了下面的建议。

第一，我们计划在 12 月支付 500 万元的现金收购乙软件公司。乙软件公司的股东并不急于在近期内完成这笔交易，因此我们有可能将此项并购推迟到 20×4 年 1 月执行。这样一来，我们在 20×3 年年末就可以多出 500 万元的现金，这会使我们的偿付能力看上去更强一些。

第二，到 20×3 年年末，我们的应付账款账面余额大概会有 1 200 万元。我们可以在资产负债表中只列示该项负债的一半数额，即 600 万元，没有人会看出其中的差异。我们可以将另外的 600 万元列入股东权益，这样我们的财务状况就好得多。

第三，我们欠丙开发公司 300 万元，这笔债务在 90 天后到期。我们和丙开发公司关系较好，如果我们与该公司签订一项协议并答应支付 12%利息，则该公司允许我们推迟一年或更长的时间来偿还这笔债务。

第四，我们有一项投资当时只支付了 200 万元，但是今天已经价值 600 万元。我们可以在资产负债表中以 600 万元列示这笔投资，我们的资产和股东权益都可以增加 400 万元。

要求：试分别评价上述四项提案。你的评价要综合考虑法律、道德和会计处理等因素。你有什么好的意见?

第二章　货币资金

学习目标

通过本章的学习，应了解货币资金的概念、内容和内部控制制度；了解现金的日常管理，掌握现金的会计处理；了解银行存款的管理和银行结算方式，掌握银行存款的会计处理以及清查核对的方法；了解其他货币资金的内容，掌握其他货币资金的会计处理。

第一节　货币资金概述

一、货币资金的概念和内容

货币资金是指企业生产经营过程中处于货币形态的资产。根据存放地点以及用途的不同，货币资金分为库存现金、银行存款和其他货币资金。

货币资金是企业资产中流动性最强的一种资产，是可以立即投入流通的交换媒介，具有普遍的可接受性。企业可以随时用货币资金购买所需的物资、支付各项费用、偿还债务或进行投资等。任何企业要进行生产经营活动都必须拥有货币资金，持有货币资金是进行生产经营活动的基本条件，货币资金的拥有量通常也是分析和判断企业支付能力与偿债能力的重要指标。

在企业的经济活动中，由于货币资金收支频繁，容易发生差错和意外损失，容易成为不法人员贪污、挪用和盗窃的重要目标，具有很高的控制风险。因此，企业加强货币资金的控制与核算，对于保护货币资金的安全完整、提高资金周转速度和使用效益具有重要意义。

二、货币资金的内部控制制度

内部控制制度是指企业为保证经营管理合法合规，保护其资产的安全完整和有效运用，保证会计信息的真实可靠，提高经营管理水平和效益，促进企业实现发展战略，按照企业内部分工负责的原则而建立的相互联系、相互制约的一系列组织规则、业务处理程序以及其他调节方法和措施的总称。

要加强对货币资金的内部控制应当结合企业生产经营特点，建立相应的货币资金内部控制制度。企业建立的货币资金内部控制制度的具体内容因企业规模的大小和货币收支量的多少而有所不同，但至少应当强化对以下关键方面或者关键环节的风险控制，并采取相应的控制措施。

1. 实行职责分工与授权审批制度

企业应当建立货币资金业务的岗位责任制，明确相关部门和岗位的职责权限，确保办理货币资金业务的不相容岗位相互分离、制约和监督。企业不得由一人办理货币资金业务的全过程。出纳人员不得兼任稽核、会计档案保管和收入、支出、费用、债权债务账目的登记工作。企业应当配备合格的人员办理货币资金业务，并对办理货币资金业务的人员定期进行岗位轮换。建立货币资金授权和审批制度，并按照规定的权限和程序办理货币资金支付业务。

严禁未经授权的部门或人员办理货币资金业务或直接接触货币资金。

2. 加强对现金、银行存款的控制

企业应当加强现金库存限额的管理，超过库存限额的现金应当及时存入开户银行。企业应当根据国务院颁布的《中华人民共和国现金管理暂行条例》(以下称《现金管理暂行条例》)的规定，结合本企业的实际情况，确定本企业的现金开支范围和现金支付限额。不属于现金开支范围或超过现金开支限额的业务应当通过银行办理转账结算。现金收入应当及时存入银行，不得坐支现金。企业取得的货币资金必须及时入账，不得账外设账，严禁收款不入账。应当定期和不定期地进行现金盘点，确保现金账面余额与实际库存相符。

企业应当严格按照中国人民银行发布的《支付结算办法》等有关规定，加强对银行账户的管理，严格按照规定开立账户，办理存款、取款和结算。企业应当指定专人定期核对银行账户，每月至少核对一次，编制银行存款余额调节表，确定银行存款账面余额与银行对账单余额是否相符。实行网上交易、电子支付等方式办理货币资金支付业务的企业，应当与承办银行签订网上银行操作协议，明确双方在资金安全方面的责任与义务、交易范围等。

3. 强化票据及有关印章的管理

企业应当加强与货币资金相关的票据的管理，明确各种票据的购买、保管、领用、背书转让、注销等环节的职责权限和处理程序，并专设登记簿进行记录，防止空白票据的遗失和被盗用。企业应当加强银行预留印鉴的管理。财务专用章应当由专人保管，个人名章应当由本人或其授权人员保管，不得由一个人保管支付款项所需的全部印章。按规定需要由有关负责人签字或盖章的经济业务与事项，必须严格履行签字或盖章手续。

4. 实施监督检查

企业应当建立对货币资金业务的监督检查制度，明确监督检查机构或人员的职责权限，定期和不定期地进行检查。

相关案例

【案例1】 某集团上海有限公司总经理胡某为了归还巨额赌债，在两年时间里，利用手中的公司公章、财务专用章、合同专用章保管权，以及公司资金进出全凭自己“一支笔”的职务便利，以虚构公司业务资金、截留公司外借款等方式挪用公款1 639.5万元。

【案例2】 儋州××财政所所长吴某，对本所惠农资金疏于管理，长期将该所的公章和出纳个人私章交给市财政局委派该所的会计吴×英一人保管使用，致使吴×英在2010年1月至2011年4月，利用职务之便，采取自己填写现金支票，加盖由其保管的财政所公章和出纳私章的方法，挪用各类专项农业补助款1 588 340.9元人民币、贪污公款153 000元人民币进行赌博等非法活动和其他营利活动并潜逃。大量农户粮食种植补贴款无法及时发放到位引发数起群体性上访事件，严重影响当地社会稳定。

（根据相关新闻报道整理）

上述两个案例中的相关涉案人都受到了法律的严惩。但究其案发原因，就是相关单位缺乏有效的货币资金内部控制制度和监督机制、印鉴的管理存在漏洞、未按照规定的权限和程序办理货币资金支付业务。

第二节 库存现金

现金的概念有广义和狭义之分。我国会计核算上的现金是狭义的概念，它仅指库存现金，即存放于企业财会部门、用于日常零星开支的货币。在西方会计中，现金通常采用广义的概念，即除了库存现金以外，还包括银行存款和其他符合现金定义的票证，如支票、本票、汇票等。

一、现金的管理

国家为了加强对现金的管理，对现金的使用和管理作了明确规定。根据《现金管理暂行条例》的规定，现金管理制度主要包括规定现金的使用范围、核定现金的库存限额、加强现金收支管理。

1. 现金的使用范围

企业可以在下列范围内使用现金：①职工工资、津贴；②个人劳务报酬；③根据国家规定颁发给个人的科学技术、文化艺术、体育等各种奖金；④各种劳保、福利费用以及国家规定对个人的其他支出；⑤向个人收购农副产品和其他物资的款项；⑥出差人员必须随身携带的差旅费；⑦结算起点（1 000 元人民币）以下的零星开支；⑧中国人民银行确定需要支付现金的其他支出。除上述情况可以用现金支付外，其他款项的支付应通过银行办理结算。

2. 现金的库存限额

现金的库存限额是指为了保证企业日常零星开支的需要，允许企业留存现金的最高数额。这一限额由开户银行根据企业规模的大小、日常现金开支的多少、企业距离银行的远近以及交通是否便利等实际情况来核定。库存现金限额一般为 3 ~ 5 天的日常零星开支需要量，边远地区和交通不便地区可适当多保留，但不能超过企业 15 天零星开支所需。企业应严格遵守核定后的库存限额规定，超过部分应于当日终了前及时送存银行，库存现金低于限额时可向银行提取现金补足。

3. 现金的收支管理

企业收入的现金应及时送存开户银行。当日送存确有困难的，由开户银行确定送存时间。企业支付现金时，可以从本企业的库存现金限额中支付，也可从银行存款账户中提取现金支付，但不能用经营业务收入的现金直接支付，即不得“坐支”现金。因特殊情况需要坐支现金的，应事先报经有关部门审查批准，并在核定的范围和限额内支付。企业从开户银行提取现金时，应如实写明提取现金的用途，由本企业财会部门负责人签字盖章，并经开户银行审查批准后予以支付。

此外，企业不准用不符合财务制度的凭证顶替库存现金，即不得“白条顶库”；不准谎报用途套取现金；不准用银行账户代其他单位和个人存入或支取现金；不准将企业收入的现金以个人名义存入储蓄，不准保留账外公款，即不得“公款私存”，不得设置小金库等。银行对于违反上述规定的企业，将按照违规金额的一定比例予以处罚。

二、现金的核算

为了总括反映企业库存现金的收入、支出和结存情况，应当设置“库存现金”总分类账户，由会计人员负责登记。该账户的借方记录企业库存现金的增加，贷方记录库存现金的减少，余额在借方，表示企业实际持有的库存现金的金额。

为了加强企业库存现金的管理，及时反映库存现金收入、支出和结存的情况，企业应当设置现金日记账，由出纳人员根据收、付款凭证，按照经济业务发生的先后顺序逐日逐笔登记。每日终了，应当计算当日的现金收入合计、支出合计和结余数，并将结余数与现金实际库存数核对，做到账款相符。

月度终了，企业应将现金日记账的余额与现金总账的余额核对，做到账账相符。

三、现金的清查

企业应当对现金进行定期或不定期清查，以保证现金的安全完整。

现金的清查主要采用实地盘点的方法。清查时，出纳员必须在场。通过实地盘点确定现金实际库存数，并将其与现金日记账的余额核对。对于现金清查的结果应填制库存现金盘点报告表，由清查人员和出纳员共同签章方能生效。

对清查中发现的有待查明原因的现金短缺或溢余，应通过“待处理财产损溢”账户核算。

属于现金短缺，应该按照实际短缺的金额借记“待处理财产损溢”账户，贷记“库存现金”账户；属于现金溢余，应该按照实际溢余的金额，借记“库存现金”账户，贷记“待处理财产损溢”账户。

查明原因后，对发生的现金短缺应做以下处理：属于应由责任人赔偿的部分，借记“其他应收款——××责任人”账户或“库存现金”账户；属于应由保险公司赔偿的部分，借记“其他应收款——应收保险赔款”账户；属于无法查明的其他原因，经过批准后，借记“管理费用——现金短缺”账户。做上述处理的同时，贷记“待处理财产损溢”账户。

对发生的现金溢余应做以下处理：属于应支付给有关人员或单位的，贷记“其他应付款——××个人或单位”账户；属于无法查明的其他原因的现金溢余，经过批准后，贷记“营业外收入——现金溢余”账户。做上述处理的同时，借记“待处理财产损溢”账户。

【例 2.1】 长江公司在现金清查中发现短缺 180 元，经检查系出纳人员责任，应由其赔偿。

发现短缺时，编制会计分录如下：

借：待处理财产损溢　　180

　　贷：库存现金　　180

查明原因后，编制会计分录如下：

借：其他应收款——出纳人员　　180

　　贷：待处理财产损溢　　180

第三节　银行存款

一、银行存款的管理

银行存款是指企业存放在银行或其他金融机构的货币资金。按照国家有关规定，凡是独立核算的单位都必须在当地银行开设账户。

企业在银行开设的账户依据用途的不同可以分为基本存款账户、一般存款账户、临时存款账户和专用存款账户。基本存款账户是企业办理日常结算和现金收付的账户。企业的工资、奖金等现金的支取只能通过基本存款账户办理。一家企业只能选择一家银行的一个营业机构开设一个基本存款账户。一般存款账户是企业在基本存款账户以外的银行借款转存、与基本存款账户的企业不在同一地点的附属非独立核算单位的账户，企业可通过此账户办理转账结算和现金缴存，但不能办理现金的支取。企业不得在同一家银行的几个分支机构开设一般存款账户。临时存款账户是企业因临时经营活动需要而开设的账户，企业可通过本账户办理转账结算和根据国家现金管理的规定办理现金收付。专用存款账户是企业因特定用途需要而开设的账户。

企业的一切货币资金收支，除了在规定的范围内可以用现金收支以外，其余一律通过银行账户办理转账结算。

企业通过银行办理转账结算时，应遵守中国人民银行《支付结算办法》的有关规定，不准签发没有资金保证的票据和远期支票，套取银行信用；不准签发、取得和转让没有真实交易和债权债务的票据，套取银行和他人资金；不准无理拒绝付款，任意占用他人资金；不准违反规定开立和使用账户。

视野拓展

国家为了加强对货币资金的宏观管理，先后发布了一系列法律法规，对货币资金的使用和管理作出了明确的规定，这些相关法律法规主要有以下几项：①国务院颁布的《现金管理暂行条例》；②中国人民银行发布的《支付结算办法》；③中国人民银行发布的《人民币银行结算账户管理办法》；④财政部发布的《内部会计控制规范——货币资金（试行）》；⑤财政部发布的《企业内部控制基本规范》。

二、银行结算方式

根据中国人民银行《支付结算办法》的有关规定，现行银行转账结算方式主要包括银行汇票、商业汇票、银行本票、支票、信用卡、汇兑、托收承付、委托收款和信用证 9 种。

1. 银行汇票

银行汇票是汇款人将款项交存当地出票银行，由出票银行签发的，由其在见票时按照实际结算金额无条件支付给收款人或者持票人的票据。

银行汇票具有使用灵活、票随人到、兑现性强等特点，适用于先收款后发货或钱货两清的商品交易。单位和个人各种款项结算均可使用银行汇票。

银行汇票可以用于转账，填明“现金”字样的银行汇票也可以用于支取现金。银行汇票的提示付款期限自出票日起 1 个月。持票人超过提示付款期限提示付款的，代理付款人不予受理。

付款单位支付货款等款项时，应向出票银行填写银行汇票申请书，填明收款人名称、汇票金额、申请人名称、申请日期等事项并签章，签章为其预留银行的签章。银行受理银行汇票申请书，收妥款项后签发银行汇票。申请人取得银行汇票后，即可持银行汇票向填明的收款人办理结算。收款人在收到付款单位交付的银行汇票时，应在出票金额以内，根据实际需要的款项办理结算，并将实际结算金额和多余金额准确、清晰地填入银行汇票和解讫通知的有关栏内。银行汇票的实际结算金额低于出票金额的，其多余金额由出票银行退交申请人。

收款人可以将银行汇票背书转让给被背书人。背书转让以不超过出票金额的实际结算金额为准。

2. 商业汇票

商业汇票是出票人签发的，委托付款人在指定日期无条件支付确定的金额给收款人或者持票人的票据。在银行开立存款账户的法人以及其他组织之间必须具有真实的交易关系或债权债务关系才能使用商业汇票。

商业汇票分为商业承兑汇票和银行承兑汇票。商业汇票的付款期限由双方商定，纸质商业汇票最长不得超过 6 个月，电子商业汇票不超过 1 年。商业汇票的付款人为承兑人。

商业承兑汇票由银行以外的付款人承兑。商业承兑汇票按交易双方约定，可以由付款人签发并承兑，也可以由收款人签发交由付款人承兑。商业承兑汇票到期时，付款人开户银行凭票将票款划给收款人或贴现银行。商业汇票的提示付款期限为自汇票到期日起 10 日。持票人应在提示付款期限内通过开户银行委托收款或直接向付款人提示付款。持票人超过提示付款期限提示付款的，持票人开户银行不予受理。

银行承兑汇票由银行承兑。银行承兑汇票应由在承兑银行开立存款账户的存款人签发。承兑银行应按票面金额向出票人收取万分之五的手续费。银行承兑汇票的出票人应于汇票到期前将票款足额交存其开户银行，以备承兑银行在汇票到期日或到期日后的见票当日支付票款。如果银行承兑汇票的出票人于汇票到期日未能足额交存票款，则承兑银行除凭票向持票人无条件付款外，对出票人尚未支付的汇票金额按照每天万分之五的利率计收利息。

采用商业汇票结算方式可以使企业之间债权、债务关系表现为外在的票据形式，使商业信用票据化，加强约束力，有利于维护和发展社会主义市场经济。对于购货企业来说，由于可以延期付款，便可在资金暂时不足的情况下及时购进商品，使商品流转活动顺利进行。对于销售企业来说，该方式有利于疏通商品渠道，扩大销售，加速资金周转。汇票经过承兑，信用较高，持票人可以按期收回货款，防止拖欠。在需要资金时，还可以向银行申请贴现，融通资金。

3. 银行本票

银行本票是银行签发的，承诺自己在见票时无条件支付确定的金额给收款人或者持票人的票据。

银行本票由银行签发并保证兑付，而且见票即付，具有信誉高、支付功能强等特点。用银行本票购买材料物资，销货方可以见票付货，购货方可以凭票提货；债权债务双方可以凭票清偿；收款人将本票交存银行，银行即可为其入账。无论是单位还是个人，在同一票据交换区域需要支付各种款项时均可以使用银行本票。

银行本票分为不定额本票和定额本票两种。定额银行本票面额有 1 000 元、5 000 元、1 万元和 5 万元。银行本票的提示付款期限自出票日起最长不超过 2 个月。银行本票可以用于转账，注明“现金”字样的银行本票可以用于支取现金。

申请人使用银行本票应填写银行本票申请书，填明收款人名称、申请人名称、支付金额、申请日期等事项并签章。申请人或收款人为单位的，不得申请签发现金银行本票。

申请人取得银行本票后，即可向填明的收款单位办理结算。收款单位可以根据需要在票据交换区域内背书转让银行本票。

4. 支票

支票是出票人签发的，委托办理支票存款业务的银行在见票时无条件支付确定的金额给收款人或者持票人的票据。

支票结算是同城结算中应用比较广泛的一种方式。单位和个人在同一票据交换区域的各种款项结算均可以使用支票。

支票上印有“现金”字样的为现金支票，现金支票只能用于支取现金。支票上印有“转账”字样的为转账支票，转账支票只能用于转账。支票上未印有“现金”或“转账”字样的为普通支票，普通支票可以用于支取现金，也可以用于转账。普通支票左上角有两条平行线的为划线支票，划线支票只能用于转账，不得支取现金。

支票的提示付款期限是自出票日起 10 日，但中国人民银行另有规定的除外。超过提示付款期限的，持票人开户银行不予受理，付款人不予付款。

在签发支票之前，出纳人员应该认真查明银行存款的账面余额，防止签发超过存款余额的空头支票。

5. 信用卡

信用卡是指商业银行向个人和单位发行的，以向特约单位购物、消费和向银行存取现金，且具有消费信用的特制载体卡片。

信用卡按使用对象分为单位卡和个人卡，按信誉等级分为金卡和普通卡。凡在我国境内金融机构开立基本存款账户的单位均可申领单位卡。单位卡可申领若干张，持卡人资格由申领单位法定代表人或其委托的代理人书面指定和注销。单位卡账户的资金一律从其基本存款账户转账存入，不得交存现金，不得将销货收入的款项存入其账户。持卡人可持信用卡在特约单位购物、消费。单位卡不得用于10万元以上的商品交易、劳务供应等款项的结算。单位卡一律不得支取现金。

信用卡在规定的限额和期限内允许善意透支，但不允许恶意透支。恶意透支指超过规定限额和期限，并经发卡银行催收无效的透支行为。

6. 汇兑

汇兑是汇款人委托银行将其款项支付给收款人的结算方式。

单位和个人的各种款项的结算均可使用汇兑结算方式。汇兑结算方式适用于异地之间的各种款项结算。这种结算方式划拨款项简便、灵活。

汇兑分为信汇、电汇两种，由汇款人选择使用。

汇出银行受理汇款人签发的汇兑凭证，经审查无误后，应及时向汇入银行办理汇款。汇入银行对开立存款账户的收款人，应将汇给其的款项直接转入收款人账户，并向其发出收账通知。未在银行开立存款账户的收款人，凭信汇、电汇的取款通知向汇入银行支取款项。

7. 托收承付

托收承付是根据购销合同由收款人发货后委托银行向异地付款人收取款项，由付款人向银行承认付款的结算方式。

使用托收承付结算方式的收款单位和付款单位必须是国有企业、供销合作社，以及经营管理较好并经开户银行审查同意的城乡集体所有制工业企业。办理托收承付结算的款项必须是商品交易，以及因商品交易而产生的劳务供应的款项。托收承付结算每笔的金额起点为1万元。新华书店系统每笔的金额起点为1 000元。

收款人按照签订的购销合同发货后，应将托收凭证附发运证件或其他符合托收承付结算的有关证明和交易单证送交银行，委托银行办理托收。收款人开户银行接到托收凭证及其附件后，应当按照托收的范围、条件和托收凭证记载的要求认真进行审查，凡不符合要求或违反购销合同发货的，不能办理。

付款人开户银行收到托收凭证及其附件后，应当及时通知付款人。付款人应在承付期内审查核对，安排资金。验单付款的承付期为3天，从付款人开户银行发出承付通知的次日算起（承付期内遇法定节假日顺延）。验货付款的承付期为10天，从运输部门向付款人发出提货通知的次日算起。付款人在承付期内未向银行表示拒绝付款，银行即视作承付，并在承付期满的次日（法定节假日顺延）将款项主动从付款人的账户内付出，划给收款人。

在符合规定的情况下，付款人在承付期内可向银行提出全部或部分拒绝付款。付款人提出拒绝付款时，必须填写拒绝付款理由书并签章，注明拒绝付款理由：涉及合同的应引证合同的有关条款；属于商品质量问题的，需要提供商品检验部门的检验证明；属于商品数量问题的，需要提供数量问题的证明及其有关数量的记录；属于外贸部门进口商品的，应当提供国家商品检验或运输等部门出具的证明。开户银行必须认真审查拒绝付款理由，查验合同。对于付款人提供的拒绝付款的手续不全、依据不足、理由不符合规定的，以及超过承付期拒付和应当部分拒付提为全部拒付的，银行均不得受理，应实行强制扣款。

付款人开户银行对付款人逾期支付的款项，应当根据逾期付款金额和逾期天数，按每天万分之五的利率计算逾期付款赔偿金。逾期付款天数从承付期满日算起。

8. 委托收款

委托收款是收款人委托银行向付款人收取款项的结算方式，分为邮寄和电报划回两种。单位和个人凭已承兑商业汇票、债券、存单等付款人债务证明办理款项的结算均可以使用委托收款结算方式。委托收款还适用于收取电费、电话费等公用事业费。

收款人办理委托收款应向银行提交委托收款凭证和有关的债务证明。银行接到委托收款凭证及债务证明，审查无误后办理付款。以银行为付款人的，银行应在当日将款项主动支付给收款人。以单位为付款人的，银行应及时通知付款人。付款人在接到通知的次日起 3 日内未通知银行付款的，视同付款人同意付款，银行应于付款人接到通知日的次日起第 4 日上午开始营业时，将款项划给收款人。

9. 信用证

信用证是指开证银行依照申请人的申请开出的，凭符合信用证条款的单据支付款项的付款承诺。

信用证起源于国际贸易结算。在国际贸易中，有时会发生进口商不愿意先支付货款、出口商也不愿意先发货的情况。在这种情况下，银行充当进出口商之间的中间人和保证人，并代为融通资金，由此产生了信用证结算方式。它的出现不仅在一定程度上解决了买卖双方之间互不信任的矛盾，而且能使双方在使用信用证结算货款的过程中获得银行资金融通的便利，从而促进了国际贸易的发展。因此，该方式被广泛应用于国际贸易之中，成为当今国际贸易中的一种主要的结算方式。为了适应国内贸易的需要，经中国人民银行批准经营结算业务的商业银行总行，以及经商业银行总行批准开办信用证结算业务的分支机构，都可以办理国内企业之间的信用证结算业务。

采用信用证结算方式，付款人首先向开证银行申请办理开证业务。开证行在决定受理该项业务时，应向申请人收取不低于开证金额 20%的保证金。信用证开立后，通知收款方银行转告收款人。收款人按照合同和信用证规定的条件发货以后，将有关发票账单连同运输单据和信用证送交银行，办理付款。

相关案例

会计何以挪用公款数百万元

综合媒体报道　2007 年 10 月，张某到佐村镇中心卫生院担任会计。她平时热衷于购物，但每月的工资难以满足其日常消费，于是在 2007 年 12 月至 2016 年 6 月，利用职务之便，贪污 5 万多元，挪用公款 400 余万元，至案发尚有 260 余万元公款未归还。2017 年 8 月，张某被判处有期徒刑 8 年 3 个月，并处罚金 10 万元。

张某重大贪污挪用案件的背后，是制度的疏漏、监管的缺失，更是法纪意识的淡薄。佐村镇中心卫生院财务疏于管理，未形成完善的财务管理内部控制制度，造成出纳、会计并未相互牵制，本该由会计、出纳分开保管的银行印鉴、转账支票却由张某一人保管。甚至在医药公司数次向其催要药款时，单位仍未采取有效措施追查原因。出纳金某未全面履行出纳职责，将本该由自己保管的U盾推给张某保管，并且对银行存款日记账未做全面登记，也不核对会计账和银行对账单，甚至在发现卫生院资金可能出现问题后，也未及时向院领导反映。2018年10月30日，佐村镇中心卫生院院长杜某、出纳金某受到开除党籍和开除公职处分，其涉嫌犯罪问题移送检察机关依法审查提起公诉。

三、银行存款的核算

为了总括反映企业银行存款的增加、减少和结存情况，应该设置“银行存款”总分类账户进行核算。在各种支付结算方式下，存入或转入款项时，借记“银行存款”账户，贷记有关账户；提取或支付在银行的存款时，借记有关账户，贷记“银行存款”账户；该账户期末余额在借方，表示企业期末银行存款的实际结余数。

企业应加强对银行存款的核算和管理，及时掌握银行存款收付动态以及结存情况，应当设置银行存款日记账进行银行存款的序时核算。银行存款日记账由企业出纳人员根据收付款凭证，按照经济业务发生的先后顺序逐日逐笔登记，并随时结出余额。应定期核对银行存款日记账与银行对账单。月份终了时，银行存款日记账余额必须与银行存款总账余额核对相符。

四、银行存款的清查

为了保证企业银行存款账目的正确性，企业必须对银行存款进行定期清查。银行存款的清查采用与开户银行核对账目的方法，即将企业登记的银行存款日记账与开户银行送来的对账单逐笔进行核对，至少每月核对一次。通过核对，若双方余额相符，则说明基本正确；若发现双方余额不相符，其原因一般有两种：一是双方各自的记账过程出现错误；二是存在未达账项。

未达账项是指企业与银行对同一笔收付款业务，由于结算凭证在传递时间上的差异，使得一方先得到结算凭证已经入账，另一方尚未取得结算凭证而未入账的项目。未达账项的情况有以下四种：①企业已经收款入账，而银行尚未收款入账；②企业已经付款入账，而银行尚未付款入账；③银行已经收款入账，而企业尚未收款入账；④银行已经付款入账，而企业尚未付款入账。

企业在将银行存款日记账与开户银行的对账单进行核对时，若发现未达账项，则可以通过编制银行存款余额调节表对双方的余额进行调节，即将核对中发现的未达账项填制在银行存款余额调节表内。若调节后双方余额一致，则表明记账正确；若调节后双方余额仍不相符，则说明双方记账过程可能存在错误，需要进一步查明错误所在，加以更正。

下面为银行存款余额调节表的编制方法举例。

【例2.2】 20×3年9月30日，长江公司银行存款日记账的账面余额为834 028元，开户银行对账单余额为841 250元。经逐笔核对，发现有下列未达账项：

（1）公司收到客户支付货款11 500元的转账支票，银行尚未入账；

（2）银行已代公司支付到期货款10 028元，公司尚未入账；

（3）银行已收到外单位汇来的26 000元产品货款，公司尚未入账；

（4）公司开出转账支票，支付咨询费2 750元，持票人尚未到银行办理转账手续。

根据上述资料编制银行存款余额调节表，具体如表2.1所示。

相关案例

财务人员腐败案例

表 2.1　银行存款余额调节表

20×3 年 9 月 30 日　　（单位：元）

项　目	金　额	项　目	金　额
公司银行存款日记账余额	834 028	银行对账单余额	841 250
加：银行已收，企业未收	26 000	加：企业已收，银行未收	11 500
减：银行已付，企业未付	10 028	减：企业已付，银行未付	2 750
调节后余额	850 000	调节后余额	850 000

需要说明的是，银行存款余额调节表只能用来与开户银行的对账单余额进行核对，检查其账户记录是否一致，不能据此来更改企业银行存款日记账或开户银行对账单的记录。对于未达账项的入账只有当结算凭证到达并具有相关的记账凭证后才能进行。

第四节　其他货币资金

一、其他货币资金的内容

其他货币资金是指企业除库存现金、银行存款以外的各种货币资金，包括外埠存款、银行汇票存款、银行本票存款、信用卡存款、信用证保证金存款、存出投资款等。

外埠存款是指企业到外地进行临时或零星采购时，汇往采购地银行开立采购专户的款项。银行汇票存款是指企业为取得银行汇票按规定存入银行的款项。银行本票存款是指企业为取得银行本票按规定存入银行的款项。信用卡存款是指企业为取得信用卡按规定存入银行信用卡专户的款项。信用证保证金存款是指采用信用证结算方式的企业为开具信用证而存入银行信用证保证金专户的款项。存出投资款是指企业已经存入证券公司但尚未进行投资的资金。

二、其他货币资金的核算

为了核算其他货币资金的增减变化和结存情况，应当设置“其他货币资金”账户进行总分类核算，同时，按照其他货币资金反映的内容分别设置“外埠存款”“银行汇票”“银行本票”“信用卡”“信用证保证金”“存出投资款”等明细分类账户进行明细分类核算。

【例 2.3】 20×3 年 1 月 1 日，长江公司委托当地开户银行将款项 400 000 元汇往采购地银行开立采购专户。数日后，采购员交来购料发票，材料价款为 240 000 元，增值税税额为 31 200 元。采购完毕，剩余款项转回本地开户银行。

（1）开立采购专户时，根据有关凭证编制会计分录如下：

借：其他货币资金——外埠存款	400 000	
贷：银行存款		400 000

（2）收到采购员交来的购料凭证时，编制会计分录如下：

借：原材料	240 000	
应交税费——应交增值税（进项税额）	31 200	
贷：其他货币资金——外埠存款		271 200

（3）采购结束，根据银行的收账通知等编制会计分录如下：

借：银行存款	128 800	
贷：其他货币资金——外埠存款		128 800

提示与说明

增值税是就货物或劳务的增值部分征收的一种流转税，也是一种价外税。从计税原理而言，增值税是对商品生产和流通中各环节的新增价值或商品附加值进行征税，所以称为“增值税”。但在实际操作当中，商品新增价值或附加值在生产和流通过程中很难准确计算，因此，我国也采用国际上普遍采用的税款抵扣的办法，即企业购入货物或接受应税劳务支付的增值税（进项税额），可以从销售货物或提供劳务收取的增值税（销项税额）中抵扣，抵扣进项税额后的余额为纳税人实际缴纳的增值税税额。这种计算方法体现了按增值因素计税的原则。公式为

应交增值税=当期销项税额-当期进项税额

【例 2.4】 20×3 年 2 月 1 日，长江公司申请办理银行汇票，向银行填送银行汇票申请书，并交存款项 30 000 元。取得银行汇票后，根据银行盖章的申请书存根联，做以下会计处理：

借：其他货币资金——银行汇票	30 000	
贷：银行存款		30 000

2 月 5 日，长江公司用银行汇票支付采购的材料货款 25 000 元，增值税 3 250 元，材料已验收入库，编制会计分录如下：

借：原材料	25 000	
应交税费——应交增值税（进项税额）	3 250	
贷：其他货币资金——银行汇票		28 250

2 月 6 日，长江公司收到银行退回的多余款收账通知，编制会计分录如下：

借：银行存款	1 750	
贷：其他货币资金——银行汇票		1 750

【例 2.5】 20×3 年 2 月 10 日，长江公司向银行申领了一张单位信用卡，并将银行存款 50 000 元存入卡中，该信用卡由公司总经理张云持有，编制会计分录如下：

借：其他货币资金——信用卡	50 000	
贷：银行存款		50 000

2 月 11 日，张云用信用卡支付业务招待费 1 200 元，编制会计分录如下：

借：管理费用	1 200	
贷：其他货币资金——信用卡		1 200

思考与讨论

企业应当如何加强货币资金的内部控制？

银行本票与信用证保证金的会计处理与银行汇票业务的会计处理相似，故不再举例。

本章小结

货币资金是指企业生产经营过程中处于货币形态的资产，包括库存现金、银行存款和其他货币资金。货币资金是企业资产中流动性最强的一种资产，持有货币资金是进行生产经营活动的基本条件。

货币资金的特殊性决定了企业应对其建立完善的内部控制制度。企业应通过岗位分离、授权核准等手段保证货币资金的账实相符。

现金应在规定的范围内使用，超过库存限额的现金必须及时送存银行。现金的核算应当设置库存现金总账和现金日记账，由会计人员和出纳人员分别登记，以形成内部牵制。企业应对现金进行清查，以保证现金的安全完整。对清查中发现的现金短缺或溢余，应通过“待处理财产损溢”账户进行核算。

凡是独立核算的单位都必须开设银行账户。企业的一切货币收支除了在规定的范围内可以用现金收支以外，其余一律通过银行账户办理转账结算。现行银行转账结算方式主要包括银行汇票、商业汇票、银行本票、支票、信用卡、汇兑、托收承付、委托收款和信用证 9 种。

企业必须定期对银行存款进行清查，清查的方法是将企业的银行存款日记账与银行的对账单逐笔核对，发现未达账项时，可以通过编制银行存款余额调节表进行调节。

其他货币资金是指企业除库存现金、银行存款以外的各种货币资金，包括外埠存款、银行汇票存款、银行本票存款、信用卡存款、信用证保证金存款、存出投资款等，应分别设明细账进行核算。

复习思考

1. 货币资金的内部控制制度一般包括哪些内容？
2. 企业在哪些情况下可以使用现金？
3. 什么是坐支？为什么企业不能坐支？
4. 企业在银行可以开立哪些账户？每个账户的用途是什么？
5. 商业汇票与银行汇票有何不同？
6. 什么是未达账项？企业对未达账项如何调整？

基本训练

一、单选题

1. 下列项目中，不属于货币资金的是（　　）。

A. 库存现金　　B. 银行存款　　C. 其他货币资金　　D. 其他应收款

2. 对于银行已经收款而企业尚未入账的未达账项，企业应做的会计处理为（　　）。

A. 以银行对账单为原始记录将该业务入账

B. 根据银行存款余额调节表和银行对账单自制原始凭证入账

C. 在编制银行存款余额调节表的同时入账

D. 待有关结算凭证到达后入账

3. 企业采购人员持银行汇票到外地办理款项支付结算后，根据有关凭证单报销时，应借记有关科目，贷记（　　）。

A. “其他货币资金”科目　　B. “应付票据——商业承兑汇票”科目

C. “应付票据——银行承兑汇票”科目　　D. “银行存款”科目

4. 企业现金清查中，经检查仍无法查明原因的现金短缺，经批准后应计入（　　）。

A. 财务费用　　B. 管理费用　　C. 销售费用　　D. 营业外支出

5. 企业存放在银行的信用卡存款应通过（　　）科目进行核算。

A. “其他货币资金”　　B. “银行存款”

C. “在途货币资金”　　D. “库存现金”

6. 企业进行现金清查时，查出现金溢余，并将溢余数记入“待处理财产损溢”科目。经进一步核查，无法查明原因，经批准后，对该现金溢余正确的会计处理方法是（　　）。

A. 将其从“待处理财产损溢”科目转入“管理费用”科目

B. 将其从“待处理财产损溢”科目转入“营业外收入”科目

C. 将其从“待处理财产损溢”科目转入“其他应付款”科目

D. 将其从“待处理财产损溢”科目转入“其他应收款”科目

7. 下列各项中，不通过“其他货币资金”科目核算的是（　　）。

A. 外埠存款　　B. 存出投资款　　C. 备用金　　D. 信用卡存款

8. 下列支付结算方式中，只适用于商品交易以及因商品交易产生的劳务供应款项的是（　　）。

A. 支票　　B. 银行汇票　　C. 汇兑　　D. 托收承付

9. 企业将款项汇往外地开立采购专用账户时，应借记的会计科目是（　　）。

A. “物资采购”　B. “其他货币资金”　C. “预付账款”　D. “在途物资”

10. 纸质商业汇票的付款期限由交易双方商定，但不得超过（　　）。

A. 三个月　B. 六个月　C. 九个月　D. 一年

11. 关于银行预留印鉴的管理，下列说法中错误的是（　　）。

A. 财务专用章应由专人保管

B. 个人名章必须由本人或其授权人员保管

C. 严禁一人保管支付款项所需的全部印章

D. 单位负责人的印章必须由其本人保管

二、多选题

1. 下列行为会产生未达账项的有（　　）。

A. 企业已开出支票但银行尚未兑付

B. 企业已收款入账，但银行尚未收款入账

C. 银行收到委托款项但尚未通知企业

D. 银行划付电话费但未将其通知单送达企业

2. 下列项目中，属于其他货币资金的有（　　）。

A. 银行承兑汇票　B. 信用卡存款　C. 支票　D. 银行汇票存款

3. 下列各项中，通过“其他货币资金”账户核算的有（　　）。

A. 银行汇票　B. 商业承兑汇票　C. 银行本票　D. 银行承兑汇票

4. 货币资金的管理和控制应当遵循的原则有（　　）。

A. 严格职责分工　B. 实施定期轮岗

C. 实施内部稽核　D. 实行不相容岗位相互分离

5. 下列符合企业银行存款开户的有关规定的有（　　）。

A. 一般存款账户可以办理工资、奖金等现金的支取

B. 临时存款账户可以办理转账结算，但不能办理现金收付

C. 一个企业只能选择一家银行的一个营业机构开立一个基本存款账户

D. 不得在同一家银行的几个分支机构开立一般存款账户

E. 一般存款账户可以办理转账结算和现金缴存，但不能办理现金支取

6. 按照《现金管理暂行条例》的规定，下列事项中，开户单位可以使用现金的有（　　）。

A. 个人劳务报酬　B. 向农民收购农副产品

C. 出差人员必备差旅费　D. 购置设备

7. 下列各项中，不能通过“应收票据”“应付票据”科目核算的票据包括（　　）。

A. 银行汇票　B. 银行承兑汇票　C. 银行本票　D. 商业承兑汇票

8. 下列各项中，应确认为企业其他货币资金的有（　　）。

A. 企业持有的三个月内到期的债券投资

B. 企业为购买股票向证券公司划出的资金

C. 企业汇往外地建立临时采购专户的资金

D. 企业向银行申请银行本票时拨付的资金

9. 下列各项中，违背有关货币资金内部控制要求的有（　　）。

A. 采购人员超过授权限额采购原材料

B. 未经授权的机构或人员直接接触企业资金

C. 出纳人员长期保管办理付款业务所使用的全部印章

D. 出纳人员兼任会计档案保管工作和债权债务登记工作

E. 主管财务的副总经理授权财务部经理办理资金支付业务

三、判断题

1. 银行存款余额调节表是调整企业银行存款账面余额的原始凭证。（　　）

2. 企业的现金清查小组应当在出纳人员不在场的情况下对企业库存现金进行定期或不定期清查。（　　）

3. “库存现金”账户反映企业的库存现金，包括企业内部各部门周转使用、由各部门保管的定额备用金。（　　）

4. 企业清查现金发生的短缺或溢余，属于无法查明原因的，经批准均计入管理费用。（　　）

5. 银行汇票分为银行承兑汇票和商业承兑汇票两种。（　　）

6. 企业的一般存款账户是指企业办理日常转账结算和现金收付的账户，企业的工资、资金等现金的支取，也通过该账户办理。（　　）

7. 企业职工预借的差旅费应作为备用金处理。（　　）

8. 企业的各种存款都应当通过“银行存款”科目核算。（　　）

9. 商业承兑汇票到期后，如承兑人账户存款不足支付票款，银行将汇票退给收款人，由其自行处理，同时，银行对付款人处以罚款。（　　）

10. 现金和银行存款的总分类账可以根据现金和银行存款的收、付款凭证分别汇总登记。（　　）

四、业务题

1. 练习银行存款的清查。

资料：华安公司20×3年9月30日的银行存款日记账上的余额为257 000元，而开户银行的对账单上的余额为275 600元。华安公司9月24日以后银行送来的对账单见表2.2，银行存款日记账见表2.3。（假定9月24日以前的记录全部正确）

表2.2　银行对账单

户名：华安公司　　　　账号：0156731　（单位：元）

20×3年		结算凭证			借方发生额	贷方发生额	余　额
月	日	现金支票	转账支票	其他			
9	24			托收		40 000	300 000
	25		50170#		48 000		252 000
	26		50171#		2 000		250 000
	27	40293#			40 360		209 640
	27		50172#		1 440		208 200
	28			托收		74 000	282 200
	28			电汇		22 400	304 600
	30			托收	29 000		275 600

表 2.3　银行存款日记账　　第　页　（单位：元）

20×3 年		记账凭证		摘　　要	结算凭证		借方	贷方	借或贷	余额
月	日	收	付		种类	号数				
9	25	银 8		产品销售收入	托收	4321#	40 000		借	300 000
	25		银 11	采购 A 产品	转	50170#		48 000	借	252 000
	26		银 12	采购 A 产品	转	50171#		2 000	借	250 000
	27		银 13	提取现金	现	40293#		40 360	借	209 640
	27		银 14	付电话费	转	50172#		1 440	借	208 200
	28	银 9		收回欠款	电汇		22 400		借	230 600
	29	银 10		销售乙产品	转	6588#	43 200		借	273 800
	30		银 15	支付保险费	现	40294#		16 800	借	257 000

要求：根据资料核对账目并编制银行存款余额调节表。

2. 练习其他货币资金的核算。

资料：20×3 年 3 月，中兴公司发生的与其他货币资金有关的事项如下。

（1）3 月 5 日，汇出 500 000 元到上海的开户银行开立采购专户。

（2）3 月 12 日，收到采购员寄来的发票及有关凭证，材料价款 400 000 元，增值税 52 000 元，材料尚未验收入库。

（3）3 月 20 日，外埠采购结束，将外埠账户清户，收到银行收账通知，余款已收妥入账。

（4）3 月 21 日，将银行存款 50 000 元存入由刘经理持有的单位信用卡。

（5）3 月 23 日，刘经理用信用卡支付业务招待费 1 600 元。

（6）3 月 30 日，将银行存款 200 000 元划入某证券公司资金账户准备进行短期投资。

要求：根据资料编制相关会计分录。

五、案例分析题

【案例 1】

兴发公司的会计为外聘的兼职会计，平时不在公司上班，日常事务均由出纳张某办理，所有票据和印章也均由张某保管。一天，有顾客持金额为 1 万元的购货发票要求退货，正与张某争执时，被经理李某碰到，经查该款系 3 个月前的销货款，并未入账。

兴发公司所实行的销售与收款的内部控制流程如下。

（1）销售部门收到顾客的订单后，由销售经理 A 对品种、规格、数量、价格、付款条件、结算方式等详细审核后签章，交仓库办理发货手续。

（2）仓库在商品出库和发运时，均必须由仓库管理员 B 根据经批准的订单，填制一式四联的销货单，在各联上签章后：第一联作为发运单，由工作人员配货并随货交给顾客；第二联送会计部；第三联送应收账款管理员 C；第四联由仓库管理员 B 按编号顺序连同订单一并归档保存，作为盘存的依据。

（3）会计部收到销货单后，根据销货单中所列资料，开具统一的销售发票，将顾客联寄送顾客，将销售联交应收账款管理员 C，作为记账和收款的凭证。

（4）应收账款管理员 C 收到发票后，将发票与销货单核对，如无错误，据以登记应收账款明细账，并将发票和销货单按顾客下单顺序归档保存。

要求：分析并指出兴发公司在销售与收款内部控制中存在的缺陷。

【案例 2】

王某是江苏镇江某房地产开发公司会计人员，从事出纳工作。因公司主办会计离职，从 2014 年 12 月开始，他同时担任主办会计、出纳，并负责保管公司法人章和财务章。以公司法人名义申请的银行卡也放在王某身上，但在取钱的时候需要另一个人提供密码。2015 年 9 月，在工作之余他第一次接触直播平台，很快便迷上观看直播并经常“打赏”。随着时间推移，王某微薄的薪水与打赏频率和礼物数量相比，早已是杯水车薪，于是他动起了挪用公司资金的念头。自 2015 年 10 月到 2017 年 2 月，王某通过多种形式将公司资金 930 多万元取出予以挥霍。他先后在各个直播平台共充值 766 万元左右，其他的钱用来自己消费以及借给别人。

2018 年 5 月 15 日，镇江市京口区人民法院开庭审理王某挪用公款案。庭审中，公诉人问王某为什么在直播平台上花费这么多钱。他回答：“当时就是感觉无聊，玩那个东西玩着玩着就入迷了，就不停地投钱，一开始用得少觉得可以还，后面用着用着就没什么感觉了，然后就无所谓了。”人民法院当庭作出一审判决，因犯职务侵占罪，王某被判处有期徒刑 7 年，并处没收财产 20 万元，责令退赔房地产开发公司 930 万元。

要求：根据以上案例，分析该房地产开发公司资金管理中存在的问题。

第三章　应收款项

学习目标

通过本章的学习，应了解应收票据的概念和种类，掌握应收票据取得、到期、转让和贴现的核算；了解应收账款的概念和范围，掌握应收账款的计价和核算；了解预付账款和其他应收款核算的内容；理解应收款项减值的确认，掌握应收款项减值的会计处理方法；了解应收债权融资业务。

第一节　应收票据

一、应收票据概述

应收票据是指企业因销售商品、提供劳务等收到的尚未到期兑现的商业汇票。应收票据是企业未来收取货款的权利。这种权利和将来应收取的货款金额以书面文件形式约定下来，因此它受到法律的保护，具有法律上的约束力。

1. 应收票据的种类

票据包括支票、本票和汇票。在我国会计实务中，支票、银行本票和银行汇票均为见票即付的即期票据，不作为应收票据核算，只有属于远期票据的商业汇票才作为应收票据核算。

商业汇票按其承兑人不同分为商业承兑汇票和银行承兑汇票。商业承兑汇票是由付款人签发并承兑，也可以由收款人签发交由付款人承兑的汇票。银行承兑汇票是由在承兑银行开立存款账户的存款人（出票人）签发，由承兑银行承兑的汇票。

商业汇票按是否计息分为带息商业汇票和不带息商业汇票。带息商业汇票是指票据上注明了利率，持票人到期除按票据面额收款外，还要收取利息的商业汇票。不带息商业汇票是指票据上没有注明利率，票据到期时持票人只能按面额收回款项的商业汇票。

提示与说明

即期票据和远期票据

按能否立即兑付，票据可分为即期票据和远期票据。即期票据见票即付，远期票据则须等到指定的付款日期到期时才兑付。

有关短期债权项目的说明

按照《金融工具确认和计量准则》的定义和分类，应收账款、应收票据以及其他应收款均属于企业的金融资产，在金融资产中通常分类为以摊余成本计量的金融资产。但是，企业初始确认的应收账款等短期债权只要未包含《收入准则》所定义的重大融资成分或合同中虽含有融资成分但支付价款时间不超过一年的，应当按照资产的交易价格进行初始计量。所以本章所涉及的前述几项短期债权项目均按资产的交易价格进行初始计量。

2. 应收票据的计价

应收票据的计价就是确定应收票据的入账价值。应收票据入账价值的确定有两种方法：一种是按照票据的面值确定，另一种是按照票据的未来可收回金额的现值确定。从理论上讲，考虑到货币的时间价值因素，采用现值计价是比较科学和合理的，但由于我国目前允许使用的商业汇票的期限最长为6个月，利息金额相对来说不大，现值和面值的差异也较小，为了简化核算，应收票据一般按其面值计价入账。

3. 应收票据利息及到期日的确定

应收票据利息的计算公式为

票据利息=票据面值×利率×期限

在计算票据利息时，利率和期限要一致。利率一般以年利率表示。期限如果是以月或日表示的，计算利息时应将年利率换算成月利率（年利率÷12）或日利率（年利率÷360）。

票据期限有按月表示和按日表示两种。如果票据期限是按月表示的，则应以到期月份中与出票日同日的那一天为到期日。比如，5月10日签发的两月期票据，则其到期日为7月10日。月末签发的票据，应以到期月份的月末为到期日。比如，5月31日签发的一月期票据，则其到期日为6月30日。

如果票据期限按日表示，则应从出票日起按实际经历天数计算，出票日和到期日只能计算其中一天，通常"算尾不算头"。比如，5月10日签发的60天票据的到期日为7月9日（5月10日出票日不算，5月21天，6月30天，7月9日到期日要算，7月9天，共60天）。

二、应收票据取得和到期的核算

为了反映企业的应收票据的取得和款项收回等情况，企业应设置"应收票据"账户。该账户的借方登记企业因销售商品、提供劳务等收到的商业汇票的面值；贷方登记商业汇票到期收回、背书转让以及贴现的金额；借方余额表示尚未收回的票据价值。

（一）带息商业汇票

1. 收到带息票据的会计处理

企业因销售商品、提供劳务等收到带息商业汇票时，按应收票据的面值，借记"应收票据"账户；按实现的营业收入，贷记"主营业务收入"等账户；按涉及的增值税销项税，贷记"应交税费——应交增值税（销项税额）"账户。

2. 带息票据期末计息的会计处理

对于带息商业汇票，在票据到期之前，尽管利息尚未实际收到，但企业已取得收取利息的权利，因此，期末应按权责发生制的要求计算并提取票据利息。至于是在月末、季末还是在年末提取，应根据利息金额的大小以及对企业财务信息的影响而定。计算应提取的利息时，借记"应收利息"账户，贷记"财务费用"账户。

3. 带息票据到期的会计处理

带息商业汇票到期时，其到期值为票据面值加上到期利息。

带息商业汇票到期，收到承兑人兑付的票款时，按实际收到的金额，借记"银行存款"账户；按应收票据的面值，贷记"应收票据"账户；按已计提的利息，贷记"应收利息"账户；按未计提的利息部分，贷记"财务费用"账户。

如果带息的商业承兑汇票到期，承兑人无力兑付票款，则企业在收到银行退回的商业承兑汇票时，应将票据面值与应计未收利息之和一并转为应收账款，借记"应收账款"账户，贷记"应收票据""应收利息""财务费用"账户。

商业汇票中的银行承兑汇票，因其承兑银行负有票据到期无条件付款的责任，所以该种汇票到期无款兑付的可能性极小。

下面举例说明带息商业承兑汇票的会计处理。

【例 3.1】 长江公司于 20×3 年 9 月 1 日销售一批商品给 D 企业，货已发出，增值税专用发票上注明的商品价款为 100 000 元，增值税销项税额为 13 000 元，当日收到 D 企业签发的带息商业承兑汇票一张，期限为 6 个月，票面年利率为 6%。

（1）收到票据时，编制会计分录如下：

借：应收票据——D 企业	113 000	
贷：主营业务收入		100 000
应交税费——应交增值税（销项税额）		13 000

（2）年末计提票据利息时，

票据利息=113 000×6%÷12×4=2 260（元）

编制会计分录如下：

借：应收利息	2 260	
贷：财务费用		2 260

（3）票据到期收回票款时，

收款金额=113 000×(1+6%÷12×6)=116 390（元）

编制会计分录如下：

借：银行存款	116 390	
贷：应收票据——D 企业		113 000
应收利息		2 260
财务费用		1 130

（4）假如票据到期承兑人无力兑付票款，则编制会计分录如下：

借：应收账款	116 390	
贷：应收票据——D 企业		113 000
应收利息		2 260
财务费用		1 130

（二）不带息商业汇票

不带息商业汇票的到期值为其票面价值。不带息商业汇票的会计处理，在收到票据时与带息商业汇票的处理相同。由于不带有利率，故期末不用计息，也就不用进行计息相关的会计处理。不带息票据到期只按面值收回款项，不计利息，除此之外与带息票据的会计处理相似，故不再举例。

三、应收票据转让和贴现的核算

（一）应收票据的转让

应收票据转让是指持票人将未到期的商业汇票背书后转让给其他单位或个人的行为。背书是指持票人在票据背面签字，将票据的收款权利转让给被背书人。票据背书以后，背书人对票据的到期付款负连带责任。

企业可以将自己持有的商业汇票背书转让，以取得所需物资或偿还债务。转让时，按所取得物资的价值或偿还债务的金额，借记“材料采购”“原材料”“应付账款”等账户；按涉及的增值税进项税，借记“应交税费——应交增值税（进项税额）”账户；按应收票据的面值，贷记“应收票据”账户；如借贷方有差额，借记或贷记“银行存款”等账户。

【例 3.2】 长江公司于20×3年9月从A公司采购了一批材料，货款总计226 000元，其中，材料价款200 000元，增值税26 000元。长江公司现将持有的一张面值240 000元的不带息银行承兑汇票背书后转让给A公司以抵付货款，同时将收到的差额款14 000元存入银行。编制会计分录如下：

借：原材料	200 000	
应交税费——应交增值税（进项税额）	26 000	
银行存款	14 000	
贷：应收票据		240 000

（二）应收票据的贴现

1. 应收票据贴现的性质

应收票据在到期前，如果企业急需资金，则可持票向银行申请贴现，以及时获得所需资金。应收票据贴现是指持票人将未到期的票据在背书后转让给银行，银行受理后，从票据到期值中扣除按银行贴现率计算的贴现利息后，将余款付给持票人的行为。贴现实质上是融通资金的一种形式。

应收票据的贴现一般有两种情形：一种是带有追索权，另一种是不带追索权。所谓追索权，是指企业在转让票据的情况下，受让方在不获兑付时，有向转让方索取票款的权利。不带追索权的情况下，票据一经贴现，企业就将应收票据上的风险和未来经济利益全部转让给了银行，企业对到期不获兑付的票据不承担连带责任，贴现以后即可冲销"应收票据"账户。带有追索权的情况下，贴现企业因背书而在法律上负有连带付款责任，如果贴现的票据到期不获兑付，则企业有责任将票款兑付给银行，因此，贴现以后暂不冲销"应收票据"账户，先作为短期借款增加，待票据到期付款方兑付票款以后再进行冲销。

在我国，由于银行承兑汇票到期不获兑付的可能性极小，故一般将银行承兑汇票贴现视为不带追索权的票据贴现业务，而商业承兑汇票贴现则是一种典型的带追索权的票据贴现业务。

2. 应收票据贴现的计算

应收票据贴现的计算步骤如下：①计算票据到期值。不带息票据到期值等于其面值。带息票据到期值为面值加上利息。②计算贴现期。贴现期是指从贴现日起至票据到期日止实际经过的天数。③计算贴现利息。贴现利息=票据到期值×贴现率×贴现期。④计算贴现净额。贴现净额=票据到期值−贴现利息。

下面举例说明应收票据贴现的计算方法。

【例 3.3】 黄河公司于20×3年4月1日将一张出票日为1月1日、面值为10 000元、年利率为10%、到期日为6月30日的带息应收票据向银行贴现，银行贴现率为12%，该票据不带有追索权。

该票据的贴现净额计算如下：

票据到期值=10 000×(1+10%×180/360)=10 500（元）

贴现利息=10 500×12%×90÷360=315（元）

贴现净额=10 500−315=10 185（元）

3. 应收票据贴现的账务处理

企业持未到期的应收票据向银行贴现时，如果是不带息的票据，那么，企业应在贴现后，按实际收到的金额，借记"银行存款"账户；按支付的贴息，借记"财务费用"账户；按应收票据的面值，贷记"应收票据"账户（不带追索权的情况）或"短期借款"账户（带有追索权的情况）。

如果是带息的票据，那么，企业应在贴现后，按实际收到的金额，借记"银行存款"账户；按应收票据的面值，贷记"应收票据"账户（不带追索权的情况）或"短期借款"账户

（带有追索权的情况）；按借贷方的差额，借记或贷记“财务费用”账户。

【例 3.4】 沿用例 3.3，黄河公司将其持有的不带追索权的商业汇票向银行办理贴现以后，在收到贴现款时编制会计分录如下：

借：银行存款　　10 185

　　贷：应收票据　　10 000

　　　　财务费用　　185

第二节　应 收 账 款

一、应收账款概述

（一）应收账款的概念及范围

应收账款是指企业因销售商品、提供劳务等而应向购货单位或接受劳务单位收取的款项，主要包括企业因销售活动应向购买方收取的价款和增值税税款，以及代购货方垫付的运杂费等，但不包括其他应收的非销售活动款项，如应收职工欠款、应收利息等。

在现代经济社会，商业信用得到广泛认可和应用，越来越多的商业活动建立在买卖双方信用的基础上，由此而产生的应收账款也与日俱增。应收账款是由赊销形成的，赊销虽然能使企业扩大销售，减少库存，增加产品销售收入，但同时也存在着货款不能收回的风险。因此，在应收账款的管理上，解决这一矛盾，是企业应收账款管理的重要内容。

（二）应收账款的计价

应收账款作为一种在未来能够收取的债权，理论上来说，可以按照未来可收回金额的现值入账，但由于应收账款转化为现金的期限一般在一年以内，其现值和交易发生时的金额不会有很大差别，因此在实际工作中，应收账款一般都是以交易日的实际发生额计价入账。

在确定应收账款的入账价值时，应注意商业折扣和现金折扣。

1. 商业折扣

商业折扣是指企业为了促销而在商品标价上给予的折扣优惠。商业折扣通常用百分比来表示，如折扣 5%、10%和 15%等，也可以用金额或其他方式表示，如一些企业和商场所采取的“买 5 件送 1 件”或“满 100 元送 10 元”等优惠方式。企业销售商品在规定了商业折扣的条件下，从商品标价中扣减商业折扣后的净额才是实际销售价格，即发票金额。因此，企业应收账款的入账金额应按扣除商业折扣以后的实际售价加以确认。

2. 现金折扣

现金折扣是指企业为了鼓励客户在一定时期内早日付款而给予的一种折扣优惠。现金折扣一般用“折扣/付款期限”来表示，如 2/10、1/20、*n*/30，其含义分别为 10 天内付款给予 2%的折扣，20 天内付款给予 1%的折扣，30 天内付款无折扣。

在有现金折扣的情况下，应收账款入账价值的确定通常有两种方法：一种是总价法，另一种是净价法。

总价法是将未扣除现金折扣前的金额作为应收账款的入账价值。现金折扣只有当顾客在折扣期内支付货款时才予以确认。这种方法下，销售方把给予顾客的现金折扣视为一种理财费用，会计上作为财务费用处理。

净价法则是将扣除最大现金折扣后的金额作为应收账款的入账价值。这种方法假设顾客一般都会得到现金折扣，如果顾客超过折扣期付款而丧失了现金折扣，则视为企业的理财收入，冲减财务费用。

在我国会计实务中，对现金折扣通常采用的是总价法。但按照《收入准则》的规定，企业销售的商品如果附有现金折扣条件，则应将其对价视为可变对价，企业应根据最可能收取的金额确认营业收入。关于现金折扣的会计处理见本书第十二章。

二、应收账款的核算

企业应设置“应收账款”账户对应收账业务进行核算。企业因销售商品、提供劳务等而发生应收账款时，应按应收的货款和增值税税款金额，借记“应收账款”账户（如果销售过程中有为购货单位代垫的运杂费等，也一并记入该账户借方）；按实现的营业收入，贷记“主营业务收入”等账户；按涉及的增值税销项税，贷记“应交税费——应交增值税（销项税额）”账户。

【例 3.5】 长江公司销售一批产品给 E 公司，商品价目表标明的价格为 30 000 元。由于是成批销售，公司给予购货方 10%的商业折扣，适用增值税税率为 13%，产品已发出并已开出增值税专用发票，货款尚未收到。

发出货物时，编制会计分录如下：

借：应收账款——E 公司	30 510	
贷：主营业务收入		27 000
应交税费——应交增值税（销项税额）		3 510

收到货款时，编制会计分录如下：

借：银行存款	30 510	
贷：应收账款——E 公司		30 510

【例 3.6】 黄河公司销售一批产品给 F 公司，价值 200 000 元，适用的增值税税率为 13%；代购货单位垫付运杂费 10 000 元（假设运费不考虑增值税），产品已发运并办妥托收手续。10 天后，黄河公司收到开户银行的收账通知，款项已全部收到。

（1）销售实现时，编制会计分录如下：

借：应收账款——F 公司	236 000	
贷：主营业务收入		200 000
应交税费——应交增值税（销项税额）		26 000
银行存款		10 000

（2）收到款项时，编制会计分录如下：

借：银行存款	236 000	
贷：应收账款——F 公司		236 000

第三节　预付账款及其他应收款

一、预付账款

预付账款是指企业因购买原材料、商品或接受劳务供应而按照购货合同规定预付给供应单位的款项。预付账款和应收账款性质一样，都属于企业的短期债权，但两者有以下两点区别：①形成的原因不同，应收账款是企业对外销货或提供劳务产生的，而预付账款是企业购货或接受劳务而产生的；②债权收回的方式不同，应收账款是等待购买方支付货款，而预付账款则是等待供应方提供货物或劳务。

为了反映预付账款的增减变动情况，企业应设置“预付账款”账户进行核算。该账户是资产类账户，借方登记预付的款项和补付的款项，贷方登记收到所购货物时结转的预付账款，期末余额一般在借方，反映企业已预付但尚未结算的款项。如果期末余额出现在贷方，反映的则是应付账款的金额。

预付账款不多的企业，也可以不设置“预付账款”账户，而将预付的款项直接记入“应付账款”账户的借方。如果“应付账款”账户的期末余额出现在借方，则反映的是预付账款的金额。编制资产负债表时，预付账款和应付账款合并报告。

【例 3.7】 长江公司于 20×3 年 3 月 1 日向 C 公司订购一批甲材料，按合同规定预付 50 000 元货款，待验收货物以后再补付余款。3 月 25 日收到甲材料，增值税专用发票中注明价款 80 000 元、增值税税款 10 400 元，材料已验收入库，3 月 26 日向 C 公司补付余款。

（1）3 月 1 日预付货款时，编制会计分录如下：

借：预付账款——C 公司	50 000	
贷：银行存款		50 000

（2）3 月 25 日收到甲材料时，编制会计分录如下：

借：原材料	80 000	
应交税费——应交增值税（进项税额）	10 400	
贷：预付账款		90 400

（3）3 月 26 日补付余款时，编制会计分录如下：

借：预付账款——C 公司	40 400	
贷：银行存款		40 400

二、其他应收款

其他应收款是企业除应收票据、应收账款、预付账款等以外的各种应收及暂付款项，其主要内容包括应收的各种赔款和罚款、应收的出租包装物租金、应向职工收取的各种垫付款项、存出保证金（如租入包装物暂付的押金）、备用金以及其他各种应收、暂付款项。

企业应设置“其他应收款”账户核算上述业务，该账户是资产类账户，借方登记各种其他应收款项的发生，贷方登记各种其他应收款项的收回，期末借方余额反映已经发生但尚未收回的其他应收款项。

在其他应收款业务中，特别需要指出的是备用金的核算。备用金是企业预付给职工和内部单位备作差旅费和零星开支等用后需报销的款项。企业的备用金事项可以通过单独设置“备用金”账户进行核算，也可以在“其他应收款”账户下面设置的“备用金”明细账中进行核算。备用金的管理方式有非定额备用金制度和定额备用金制度，两种制度下的核算方法不同。

1. 非定额备用金制度

非定额备用金制度是企业内部用款单位和个人根据实际需要，向财会部门预借备用金，使用后凭票据报销，预借资金多退少补、一次结清的管理方式。下面举例说明。

【例 3.8】 A 企业总务科向财会部门预借备用金 1 000 元，当月采购办公用品支付 800 元，凭票据报销。

预付备用金时，编制会计分录如下：

借：其他应收款——备用金（总务科）	1 000	
贷：库存现金		1 000

凭据报销时，编制会计分录如下：

借：管理费用　　800
　　库存现金　　200
　　贷：其他应收款——备用金（总务科）　　1 000

2. 定额备用金制度

定额备用金制度是企业财会部门对经常使用备用金的内部用款单位和个人，根据实际需要核定定额并预付备用金，使用后凭据报销并补足定额的管理方式。下面举例说明。

【例 3.9】A 企业财会部门签发现金支票为总务科建立定额备用金 5 000 元，总务科累计使用 4 800 元以后，凭票据向财会部门报销，财会部门审核后，同意报销并付现金补足定额。

建立定额备用金时，编制会计分录如下：

借：其他应收款——备用金（总务科）　　5 000
　　贷：银行存款　　5 000

凭据报销时，编制会计分录如下：

借：管理费用　　4 800
　　贷：库存现金　　4 800

第四节　应收款项的减值

一、应收款项减值概述

在市场经济环境下，由于商业信用的广泛应用，企业的经营活动存在着大量风险，应收款项在未来是否能够收回存在着不确定性。企业无法收回的应收款项在会计上称为坏账。由于发生坏账而给企业造成的损失称为坏账损失，即应收款项的减值。

根据我国现行会计制度的规定，企业的应收款项符合下列条件之一的，应确认为坏账：①因债务人死亡，以其遗产清偿后仍然无法收回；②因债务人破产，以其破产财产清偿后仍然无法收回；③债务人较长时期内（通常指 3 年以上）未履行偿债义务，并有足够的证据表明无法收回或收回的可能性极小。

企业应在期末对应收款项进行检查，如有客观证据表明应收款项发生减值，则应当确认减值损失，计提坏账（减值）准备。

按照企业现行会计制度的规定，企业计提坏账准备的方法由企业自行确定。企业应当制定计提坏账准备的政策，明确计提坏账准备的范围、提取方法、账龄的划分和提取比例。在确定坏账准备的计提比例时，企业应当根据以往的经验、债务单位的实际财务状况和现金流量等相关信息予以合理估计。除有确凿证据表明该项应收款项不能够收回或收回的可能性不大外（如债务单位已撤销、破产、资不抵债、现金流量严重不足、发生严重的自然灾害等导致停产而在短时间内无法偿付债务，以及 3 年以上的应收款项等），下列各种情况不能全额计提坏账准备：①当年发生的应收款项；②计划对应收款项进行重组；③与关联方发生的应收款项；④其他已逾期，但无确凿证据表明不能收回的应收款项。

二、应收款项减值的会计处理

应收款项减值的会计处理就是要确认坏账损失并进行核算。对于坏账损失的会计处理，会计上有直接转销法和备抵法两种。应收账款属于金融资产，根据《金融工具确认和计量准则》的应用指南，金融资产减值准备所形成的预期信用损失应通过“信用减值损失”账户核算。

（一）直接转销法

直接转销法是指某项应收款项实际发生坏账时，确认坏账损失，计入当期损益，同时转销该笔应收款项的会计处理方法。

在直接转销法下，当确认发生坏账时，借记“信用减值损失”账户，贷记“应收账款”“应收票据”“预付账款”“其他应收款”等账户。如果已经确认的坏账由于债务人经济情况好转等又收回，为了通过“应收账款”“应收票据”等账户反映客户的信用情况，可以先冲销发生坏账时的会计分录，再按正常程序反映应收款项的收回。

【例 3.10】 黄河公司应收 C 公司的一笔 20 000 元货款长期无法收回，已确认为坏账。编制会计分录如下：

借：信用减值损失	20 000	
贷：应收账款——C 公司		20 000

假如该笔已冲销的应收账款以后又收回，应编制会计分录如下：

借：应收账款——C 公司	20 000	
贷：信用减值损失		20 000
借：银行存款	20 000	
贷：应收账款——C 公司		20 000

直接转销法的优点是账务处理简单。但是在这种方法下，企业必须等到坏账实际发生时才能将坏账确认为当期的损失，忽视了坏账损失与赊销业务的联系，使得收入和与之相关的坏账损失不相配比，会导致各期收益的不实。另外，采用该方法，期末资产负债表上列示的应收账款金额中隐含了可能发生的坏账，这在一定程度上夸大了企业资产，不符合谨慎性原则的要求，因此，我国企业会计准则不允许采用此种方法。

（二）备抵法

备抵法是按期估计坏账损失并计入当期损益，同时提取坏账准备，待确认发生坏账时，将其金额冲减坏账准备并冲销相应的应收款项的方法。企业如有确凿证据证明应收账款、应收票据、预付账款、其他应收款等不能收回或收回的可能性极小，则应计提坏账准备。

备抵法的优点是将预计不能收回的应收款项作为坏账损失及时计入当期损益，避免企业虚增利润。此外，采用备抵法在资产负债表上应收款项是按扣除坏账以后的可望收回的净额列示，能够避免虚增资产，较为真实地反映企业的财务状况。因此，企业会计准则规定采用备抵法核算。

采用备抵法，企业应当设置“坏账准备”账户，核算坏账准备的计提、冲销等情况。该账户是资产类账户，但它是“应收账款”“应收票据”“预付账款”“其他应收款”等账户的备抵调整账户，在结构上与资产类账户相反。“坏账准备”账户贷方反映坏账准备的提取，借方反映实际发生坏账时冲销的坏账准备，贷方余额反映已提取但尚未冲销的坏账准备。

在备抵法下，企业应当采用合理的方法按期估计坏账损失。常见的估计坏账损失的方法有余额百分比法、账龄分析法、赊销百分比法。下面主要以应收账款为例说明坏账损失的会计处理。

1. 余额百分比法

余额百分比法是按照期末应收款项的余额和预测的坏账率，估计坏账损失，提取坏账准备的方法。

采用余额百分比法计提坏账准备，可按以下公式计算：

本期应提坏账准备=应收款项年末余额×计提比例

本期实提坏账准备=本期应提坏账准备－“坏账准备”账户本期计提前的贷方余额

（或+“坏账准备”账户本期计提前的借方余额）

【例 3.11】 长江公司对应收账款按照余额百分比法计提坏账准备，20×7 年年末，应收账款的余额为 2 500 万元。20×8 年，应收账款中所包含的 A 客户所欠的 30 万元货款无法收回，确认为坏账，年末应收账款的余额为 3 000 万元。20×9 年，上年已冲销的 A 客户应收账款因客户经济情况好转又收回 10 万元，年末应收账款余额为 5 000 万元。假设长江公司的坏账准备计提比例均为 1%。有关会计处理如下（单位为万元）：

20×7 年年末应提坏账准备=2 500×1%=25（万元）

编制会计分录如下：

借：信用减值损失　　25

　　贷：坏账准备　　25

20×8 年冲销坏账，编制会计分录如下：

借：坏账准备　　30

　　贷：应收账款——A 客户　　30

20×8 年年末应提坏账准备=3 000×1%=30（万元）

但由于 20×8 年年末在计提坏账准备前，“坏账准备”账户为借方余额 5（25−30）万元，因此需补提 5 万元，才能达到当年的坏账准备金额，故：

20×8 年年末实际提取坏账准备=30+5=35（万元）

编制会计分录如下：

借：信用减值损失　　35

　　贷：坏账准备　　35

20×9 年收回上年已冲销的坏账 10 万元，编制会计分录如下：

借：应收账款——A 客户　　10

　　贷：坏账准备　　10

借：银行存款　　10

　　贷：应收账款——A 客户　　10

20×9 年年末应提坏账准备=5 000×1%=50（万元）

20×9 年年末计提坏账准备前，“坏账准备”账户为贷方余额 40（30+10）万元，因此需要再提 10 万元才可达到当年的坏账准备金额。故：

20×9 年年末实际提取坏账准备=50−40=10（万元）

编制会计分录如下：

借：信用减值损失　　10

　　贷：坏账准备　　10

2. 账龄分析法

账龄分析法是根据应收款项入账时间的长短来估计坏账损失的方法。虽然应收款项能否收回以及能收回多少不一定取决于账龄的长短，但从理论上来说，应收账款被拖欠的时间越长，发生坏账的可能性就越大。

采用账龄分析法应将企业的应收款项按账龄长短进行分组，编制账龄分析表；然后估计各账龄组的坏账损失率，以此计算各账龄组的坏账损失额，各账龄组的坏账损失额之和即为当期估计的坏账损失金额。

【例 3.12】 黄河公司 20×8 年 12 月 31 日的应收账款账龄及估计坏账损失分别如表 3.1 和表 3.2 所示。

表 3.1　应收账款账龄分析表

20×8 年 12 月 31 日　　　　（单位：元）

客户名称	账面余额	账龄					
		未到期	过期 1 个月	过期 2 个月	过期 6 个月	过期 1 年	已宣告破产
A	7 200	7 200					
B	3 000						3 000
C	19 200	14 400	4 800				
D	15 600	9 600	6 000				
E	12 600			9 600	3 000		
F	9 300				1 800	7 500	
合　计	66 900	31 200	10 800	9 600	4 800	7 500	3 000

根据以上计算，黄河公司 20×8 年年末按照估计的坏账损失，应提取的坏账准备金额为 8 418 元。假设黄河公司在提取坏账准备前，“坏账准备”账户有贷方余额 400 元，则 20×8 年年末实际提取的坏账准备为 8 018（8 418−400）元。编制会计分录如下：

借：信用减值损失　　　　8 018

　贷：坏账准备　　　　　　8 018

表 3.2　坏账损失估计表

20×8 年 12 月 31 日

账　龄	应收账款金额（元）	估计坏账损失（%）	估计损失金额（元）
未到期	31 200	1	312
过期 1 个月	10 800	2	216
过期 2 个月	9 600	5	480
过期 6 个月	4 800	20	960
过期 1 年	7 500	50	3 750
已宣告破产	3 000	90	2 700
合　计	66 900		8 418

3. 赊销百分比法

赊销百分比法是根据当期赊销金额的一定百分比估计坏账损失的方法。企业可以根据过去的经验和当前的具体情况，按赊销金额中平均发生坏账损失的比例对百分比加以确定。采用赊销百分比法计提坏账损失时，不用考虑上年坏账准备的余额。

思考与讨论

赊销时供货商的财务账上相应产生了应收账款，请读者思考并讨论赊销对企业的利与弊。

【例 3.13】 黄河公司 20×8 年全年赊销金额为 800 000 元，根据以往的资料和经验，估计坏账损失率为 1%。

20×8 年年末估计坏账损失=800 000×1%=8 000（元）

编制会计分录如下：

借：信用减值损失　　　　8 000

　贷：坏账准备　　　　　　8 000

采用赊销百分比法估计的坏账损失百分比可能由于企业生产经营情况的不断变化而不相适应，因此，企业需要经常检查坏账损失百分比是否足以反映坏账损失的实际情况，如发现过高或过低，则应及时调整百分比。

相关案例

加强应收账款的管理对企业有多重要？发生坏账会给企业造成怎样的损失？“四川长虹应收账款事件”能给你一定的启示。

1996 年之后的六七年间，四川长虹的应收账款迅速增加，从 1995 年的 1 900 万元增长到 2003 年的近 50 亿元，应收账款占资产总额的比例从 1995 年的 0.3%上升到 2003 年的 23.3%。2004 年，四川长虹计提坏账准备 3.1 亿美元，截至 2005 年第一季度，四川长虹的应收账款为 27.75 亿元，占资产总额的 18.6%。

是谁欠了四川长虹这么多的债？最后发现，美国 APEX 公司是四川长虹的最大债务人，其应收账款欠款金额达到 38.38 亿元，占四川长虹当时应收账款总额的 96.4%。这一事件在社会上引起了巨大反响。

2004 年年末，四川长虹在美国对 APEX 公司发起诉讼，虽然 2006 年双方和解，但事件久拖未决。直到 2011 年，四川长虹大股东以 4 亿元收购其债权，才算摆脱 APEX 公司遗留的债务问题。

此事件后四川长虹在财务管理上进行了反思，推荐读者扫描二维码进一步了解本案件。

第五节　应收债权融资

在商业信用广泛应用的今天，企业在出现暂时的资金紧缺且又不能及时从银行取得借款的情况下，可以利用应收债权融资来筹措所需资金。这种业务在西方国家较为盛行。常见的应收债权融资业务主要有应收债权质押借款和应收债权出售。

一、应收债权质押借款

应收债权质押借款就是企业将按照销售商品、提供劳务的销售合同所产生的应收债权提供给银行，作为其向银行借款的质押，从银行借入资金并同时按借入资金额确认为对银行的一项负债，将该负债作为短期借款进行核算。拟通过应收债权质押借款的企业，应与银行等金融机构签订协议，在规定的期限内，以应收债权为担保品，按其一定比例取得借款。借款比例应视借款人的信誉而定，一般在 80%左右。当旧的应收债权收回后，新的应收债权继续充当质押。如果已经质押借款的应收债权中某些款项成为坏账，则提供贷款方有权向借款企业追索。

【例 3.14】 20×8 年 6 月 1 日，长江公司因急需流动资金，而将一笔应收 D 公司的 200 000 元货款作为质押，向银行以 80%的比例借得资金 160 000 元，期限为 3 个月，年利率为 6%，每月月末偿付利息。有关账务处理如下。

（1）6 月 1 日取得借款时：

借：银行存款	160 000	
贷：短期借款		160 000

（2）6 月 30 日偿付利息时：

借：财务费用	800	
贷：银行存款		800

（3）借款到期时偿付本金和最后一期利息：

借：财务费用	800	
短期借款	160 000	
贷：银行存款		160 800

相关案例

A 企业是一家服装出口企业，其客户主要是一些国外大买家。A 企业原来一直使用信用证和国外买家进行货款结算。但近年来，一些国外的买家经常不愿开具信用证，而要求赊销。面对这类要求，A 企业又不愿流失买家，但经常赊销会给 A 企业的资金流转带来很大的影响。

为了帮助企业解决这一难题，汇丰银行建议采用应收账款融资。具体做法是 A 企业和某个国外大买家签订一笔服装出口大单，A 企业在服装发运出去以后，立刻可以凭运输单据、发票等相关资料向银行申请融资，提前“收回”货款。这期间，银行拥有了这笔货物的所有权，银行也会代这位客户向国外买家催收账款。这样，A 企业不仅可以提前拿到一笔资金，马上用于企业资金周转，还免去了许多索要货款的麻烦。

应收账款融资其实就是指企业以自己的应收账款作为质押向银行申请贷款，可以使企业解锁应收账款，加速资金流转，规避赊销风险。

二、应收债权出售

应收债权出售是企业将其按照销售商品、提供劳务的销售合同所产生的应收债权出售给银行等金融机构以融通资金。根据企业、债权人及银行等金融机构之间的协议，在所出售的应收债权到期无法收回时，银行等金融机构不能够向出售应收债权的企业追索的，称为不附追索权的应收债权出售。在这种情况下，企业应将所售应收债权予以转销，结转计提的相关坏账准备，按协议约定预计将发生的销售退回、销售折让、现金折扣等确认出售损益。

在所出售的应收债权到期无法收回时，银行等金融机构有权向出售应收债权的企业追索的，称为附有追索权的应收债权出售。在这种情况下，企业有义务按照约定金额从银行等金融机构回购部分应收债权，应收债权的坏账风险由出售应收债权的企业负担，而在核算上，企业应按照以应收债权为质押取得借款的核算原则进行会计处理。

本章小结

应收票据是指企业因销售商品、提供劳务等收到的、尚未到期兑现的商业汇票。商业汇票按承兑人的不同，可分为商业承兑汇票和银行承兑汇票；按是否计息，可分为带息商业汇票和不带息商业汇票。

取得应收票据时，均按其面值计价入账。到期时，不带息票据的到期值为其票面价值，带息票据的到期值为面值加上到期利息。企业可以将自己持有的商业汇票背书转让，以取得所需物资或偿还债务。应收票据在到期前，如果企业急需资金，则可持票向银行申请贴现，以及时获得所需资金。

应收账款是指企业因销售商品、提供劳务等而向购货单位或接受劳务单位收取的款项。应收账款通常以交易日的实际发生额计价入账。在确定应收账款的入账价值时，应注意商业折扣和现金折扣。

预付账款是指企业因购买原材料、商品或接受劳务供应而按照购货合同规定预付给供应单位的款项。预付账款和应收账款性质一样，都属于企业的短期债权，两者的区别是：①形成的原因不同；②债权收回的方式不同。

其他应收款是企业除应收票据、应收账款、预付账款等以外的各种应收及暂付款项。在其他应收款业务中，备用金的核算有其特点，应注意理解。

商业信用的广泛应用造成企业无法收回的应收款项在会计上称为坏账。发生坏账给企业造成的损失称为坏账损失，即应收款项的减值。企业应在期末对应收款项进行检查，如有客观证据表明应收款项发生减值的，应当确认减值损失，计提坏账（减值）准备。

坏账损失核算的方法有直接转销法和备抵法两种，其中，备抵法包括余额百分比法、账龄分析法、赊销百分比法等。

企业在经营活动中可以利用应收债权融资来筹措所需资金，应收债权融资业务主要有应收债权质押借款和应收债权出售。

复习思考

1. 如何确定应收票据的贴现所得？
2. 带有追索权与不带追索权的应收票据贴现，其账务处理有何区别？
3. 在有商业折扣的条件下，应收账款的入账价值如何确定？
4. 在有现金折扣的条件下，总价法和净价法在账务处理上有何不同？
5. 预付账款与应收账款的主要区别是什么？
6. 备用金的定额和非定额两种制度在核算上有何区别？
7. 应收款项确认为坏账的条件是什么？
8. 核算坏账损失的直接转销法和备抵法有何区别？
9. 应收债权质押借款和应收债权出售两种方式的本质区别是什么？

基本训练

一、单选题

1. 企业销售商品时代垫的运杂费应记入（　　）科目。

A. “应收账款”　B. “预付账款”　C. “其他应收款”　D. “应付账款”

2. 预付货款不多的企业，可以将预付的货款直接记入（　　）的借方，而不单独设置“预付账款”账户。

A. “应收账款”账户　B. “其他应收款”账户

C. “应付账款”账户　D. “应收票据”账户

3. 企业对基本生产车间所需备用金采用定额备用金制度，当基本生产车间报销日常管理支出而补足其备用金定额时，应借记的会计科目是（　　）。

A. “其他应收款”　B. “其他应付款”　C. “制造费用”　D. “生产成本”

4. 甲公司采取应收账款余额百分比法提取坏账准备，坏账提取比例为应收账款的15%，甲公司20×8年年初应收账款余额为1 000万元，已提坏账准备150万元，当年发生与应收款项有关的四笔业务：①新增赊销额200万元；②收回应收账款300万元；③发生坏账90万元；④收回以前的坏账123万元。则20×8年甲公司应（　　）。

A. 计提坏账准备121.5万元　B. 计提坏账准备181.5万元

C. 反冲坏账准备61.5万元　D. 反冲坏账准备121.5万元

5. 下列票据中应作为应收票据核算的是（　　）。

A. 支票　B. 银行本票　C. 银行汇票　D. 商业汇票

6. 下列应收、暂付款中，不通过“其他应收款”科目核算的是（　　）。

A. 预付给企业内部各单位的备用金　B. 应向运输部门索赔的物资短缺款

C. 应向职工收取的各种垫付款项　D. 应向购货方收取的代垫运杂费

7. 某企业按赊销百分比法计提坏账准备，20×9年赊销金额为50万元，根据以往经验和资料，估计坏账损失率为6%，企业在计提坏账准备前“坏账准备”账户有借方金额5 000元，则该企业20×9年提取的坏账准备金额为（　　）万元。

A. 3　B. 3.5　C. 0　D. 2.5

8. 下列各项应记入“预付账款”账户借方的是（　　）。

A. 收到货物验收入库　B. 预付购货款

C. 收到购货款　D. 发出商品

9. 在以应收账款余额的一定比例计提坏账准备的情况下，已确认的坏账又收回时，应借记“应收账款”科目，贷记（　　）科目。

A. “营业外收入”　B. “银行存款”

C. “信用减值损失”　D. “坏账准备”

10. 企业已贴现的带息商业承兑汇票，由于承兑人的银行账户不足支付，银行将商业汇票退还给企业，并从贴现企业的银行账户中扣款，银行扣款的金额中包括（　　）。

A. 票据票面金额　B. 票据到期值

C. 票据贴现净值　D. 票据票面金额加贴现利息

二、多选题

1. 企业将未到期的商业汇票向银行申请贴现，可能会导致的情形有（　　）。

A. 应收票据减少　B. 货币资金增加　C. 财务费用增加

D. 财务费用减少　E. 应收账款增加

2. 下列各项中，应记入“坏账准备”科目贷方的有（　　）。

A. 提取坏账准备　B. 冲回多提坏账准备

C. 收回以前确认并转销的坏账　D. 实际发生坏账

3. 应收账款入账金额包括（　　）。

A. 应收的销项税额　B. 应收的销货款

C. 应收的代垫运杂费　D. 商业折扣

4. 下列各项应记入“坏账准备”科目借方的有（　　）。

A. 已发生的坏账损失　B. 坏账收回

C. 冲回多计提的坏账准备　D. 提取坏账准备

5. 应收票据贴现时，影响贴现净额的因素有（　　）。

A. 票据面值　B. 票据期限　C. 票面利率　D. 贴现期限

6. 下列项目中应记入“坏账准备”科目贷方的有（　　）。

A. 经批准转销的坏账

B. 收回过去已经确认并转销的坏账

C. 年末按应收账款余额的一定比例计算应提的坏账准备

D. 年末实际提取的坏账准备

7. 下列各项中，会导致企业应收账款账面价值减少的有（　　）。

A. 转销无法收回备抵法核算的应收账款　B. 收回应收账款

C. 计提应收账款坏账准备　D. 收回已转销的应收账款

8. 采用应收账款余额百分比法影响坏账准备提取额的因素有（　　）。

A. “应收账款”科目年末余额　B. “应收票据”科目年末余额

C. “其他应收款”科目年末余额　D. “坏账准备”当前已有余额

9. 下列说法正确的有（　　）。

A. 核算坏账损失的直接转销法不符合权责发生制要求

B. 用备抵法核算坏账损失能更好地贯彻权责发生制

C. 坏账损失采用备抵法核算体现的是谨慎性原则

D. 坏账损失采用备抵法核算更能体现重要性原则

10. 采用备抵法，企业发生坏账损失时，应（　　）。

A. 借记“信用减值损失”科目　B. 贷记“应收账款”科目

C. 借记“坏账准备”科目　D. 贷记“管理费用”科目

三、判断题

1. 采用定额备用金制度核算备用金的企业，备用金使用部门日常凭单据报销费用时，会计部门应按报销金额冲减“其他应收款”科目。（　　）

2. “坏账准备”账户期末余额在贷方，在资产负债表上列示时，应列示于流动负债项

目中。(　　)

3. 在备抵法下，已确认并已冲销的坏账损失，以后又收回的，仍然应通过“应收账款”账户核算，并贷记“信用减值损失”账户。(　　)

4. 已确认为坏账的应收账款，并不意味着企业放弃了其追索权，一旦重新收回，应及时入账。(　　)

5. 企业持未到期应收票据向银行贴现，应按扣除其贴现利息后的净额，借记“银行存款”科目，按贴现利息部分，借记“财务费用”科目，按应收票据的面值，贷记“应收票据”科目。(　　)

6. 商业折扣对应收账款的入账价值有影响，应做相关账务处理。(　　)

7. 采用应收账款余额百分比法计提坏账准备时，每年年末均应做的会计分录是借记“信用减值损失”科目，贷记“坏账准备”科目。(　　)

8. 由于企业应收及预付账款均属于债权，所以应按一定比例计提坏账准备。(　　)

9. 商业汇票贴现的净值就是用票据的面值减去贴现利息。(　　)

10. 持应收票据到银行贴现时，支付给银行的贴现利息应该计入财务费用的借方。(　　)

四、业务题

1. 练习应收账款的核算。

资料：企业×月1日向甲单位销售A产品1 000件，每件售价200元（未含税），增值税税率为13%，企业代垫运费20 000元（假设运费不考虑增值税），产品已发运，10日，甲单位用银行汇票办理了款项支付。

要求：对上述业务进行相关会计处理。

2. 练习应收账款坏账的核算。

资料：某企业在20×1年年末的应收M客户账款余额为100万元；20×2年8月，确认M客户所欠账款5万元为坏账，当年年末应收账款余额为200万元；20×3年5月，M客户经济情况好转偿还所欠账款3万元，当年年末应收账款余额为300万元。假设企业对M客户每年坏账的提取比例为5‰。

要求：对上述有关坏账业务进行会计处理。

3. 练习应收票据的核算。

资料（1）：A企业于20×3年5月23日持一张当年3月23日签发的面值为20 000元、年利率为6.5%，且在9月20日到期的商业汇票向银行贴现，银行年贴现率为7%。企业已收存银行。该票据不带有追索权。

资料（2）：B公司于20×3年10月1日销售一批商品给C公司，货款为100万元，增值税税率为13%，当天收到C公司开出的四个月期的商业汇票一张，票面金额为113万元，票面利率为6%；20×3年，B公司在年终结算时按权责发生制计算出属于本年度的利息；B公司到期收回票款。

要求：根据以上资料进行计算并做相关会计分录。

4. **资料**：某公司20×5年年末和20×6年年末应收款项账龄分析如表3.3所示。20×5年

表3.3　账龄分析表

账　龄	应收款项余额（万元）		估计坏账损失（%）
	20×5年	20×6年	
未过期	500	800	1
过期两个月	50	40	2
过期四个月	20	10	3
过期半年以上	10	5	4
合　计	580	855	

该公司发生坏账损失 8 万元，20×6 年收回已冲销的坏账 5 万元。

要求：采用账龄分析法计算该公司 20×5 年和 20×6 年应提取的坏账准备金额。

五、案例分析题

【案例 1】

某市某钢化玻璃厂主要从事大型建筑、工程用玻璃和家具用玻璃的磨边、钢化以及生产业务。该厂注册资本为 500 万元，所有资金均系自有资金。该厂的销售对象主要是玻璃公司、装饰工程公司、建筑安装公司，每年的销售额是 1 500 万元。该厂平时按订单生产，收到客户订货合同后就安排生产，货物发出后并不立即收款，应收账款占总资产的比例一般控制在 15%以内，占用时间为 1 个月。该厂采用信用收款的方式，原因在于客户都是合作了多年的老客户，对这些客户的基本情况比较熟悉，相互之间的交易常常建立在信任基础之上，而且彼此之间存在着某些利益关系，大多数情况下，客户能够遵守付款原则。一般在月底该厂派人对账，然后分两三次收回当月货款。但是有时一些客户由于自身的资金周转不好，就会出现拖欠货款三四个月甚至更长时间的情况，导致到年底时，一般会有 200 多万元的应收账款，该厂经常加派人员出去催款。如果此时遇到销售旺季需要大量资金购买原材料，就会出现资金短缺，影响生产。

要求：根据上述资料完成以下两题。

（1）试对该厂应收账款的收款方式进行评价。

（2）你对该厂应收账款的管理有何建议。

【案例 2】

某公司在近 6 年的时间中采用信用销售方式销售公司产品，该公司销售政策规定，对那些在规定信用期内提前付款的客户，公司将在销售价格上给予 10%的现金折扣。

但该公司对在信用期内客户提前付款的会计处理，近 6 年都是按原设定销售价格的 90%计算的销售总额记入“银行存款”科目，同时贷方也按照这个数字冲销“应收账款”科目，而 10%的现金折扣并未进行“财务费用”支出处理。

要求：根据上述资料完成以下两题。

（1）如果你是一名会计从业人员，那么你觉得针对上述问题应进行怎样的调整。

（2）上述资料中提前支付款项的会计处理方法对资产负债表和利润表有何影响？违背了哪些会计核算质量要求？

第四章　存　　货

学习目标

通过本章的学习，应理解存货的性质、分类和范围；掌握存货取得和发出的计量方法；掌握存货采用实际成本计价和计划成本计价的核算方法；理解周转材料的内容和核算；掌握存货的期末计量方法以及存货跌价准备的会计处理；掌握存货清查的核算。

第一节　存货概述

一、存货的性质与分类

（一）存货的性质

存货是指企业在日常活动中持有的以备出售的产成品或商品、处在生产过程中的在产品、在生产过程或提供劳务过程中耗用的材料和物料等。存货包括各类材料、在产品、半成品、产成品、商品、包装物、低值易耗品和委托代销商品等。

存货通常在一年或超过一年的一个营业周期内被消耗，或经出售转换为库存现金、银行存款或应收账款等，具有明显的流动性，属于流动资产。在不少企业中，存货在流动资产中占有很大的比重，是流动资产的重要组成部分。随着企业生产经营过程的进行，有的存货被耗用后形成了在产品成本、产成品成本，有的存货被销售后形成产品或商品的销售成本，有的存货以管理费用或销售费用的形式被耗用，有的存货仍以原有形态存在。因此，存货所生成的会计信息是否真实、可靠，不仅影响到资产的价值是否准确，也影响到损益的确定是否正确。

（二）存货的分类

为了加强存货的管理，企业应科学合理地对存货进行分类。存货可以从不同角度分类，一般情况下，存货可以按照其经济内容、存放地点等分类，还可以按照行业进行分类。

1. 存货按其经济内容进行分类

存货按其经济内容可分为原材料、在产品、半成品、产成品、包装物、低值易耗品、商品等。

（1）原材料是指经加工后构成产品主要实体以及虽不构成产品主要实体但有助于产品形成的各种原料及主要材料、外购半成品、辅助材料、修理用备件以及燃料等。主要原材料的含义及举例见表 4.1。

表 4.1　主要原材料含义及举例

序号	类别	含　义	举　例
1	原料	指购入的采掘业的自然资源和农副业的产品	炼铁用的铁矿石，纺纱用的棉花
2	主要材料	指购入的经过其他企业加工后的产品	机器制造用的钢铁，织布厂用的棉纱
3	辅助材料	指在企业生产过程中起辅助作用，与最终产品只是间接有关或不构成产品主要实体的各种材料	化工厂使用的催化剂，生产设备用的润滑油，照明用的灯泡

续表

序号	类别	含　义	举　例
4	外购半成品	指从其他企业购入的现成的零件、部件或已经完成一定生产程序的半成品。这些零件、部件和半成品经过继续加工处理就是构成产品的主要实体	汽车制造厂购入的发动机、蓄电池
5	修理用备件	指为修理本企业机器设备和运输工具所专用的各种设备	为修理设备准备的轴承、齿轮
6	燃料	指通过燃烧发热而提供热能的各项物质，包括固体燃料、液体燃料和气体燃料	（1）为产品的生产工艺过程所消耗，如炼钢使用的焦炭。 （2）提供生产动力，如内燃机使用的柴油。 （3）创造正常的生产环境，如取暖所使用的煤

（2）在产品是指企业正在加工制造尚未完工的在制品，包括正在各个工序加工的产品和已加工完毕但尚未检验入库的产品。

（3）半成品是指经过一定的生产过程并已检验合格交付半成品仓库保管，但尚未制造完工仍需进一步加工的中间产品。

（4）产成品是指企业已经完成全部生产过程并检验入库，可以按照合同规定的条件送交订货单位，或者可以作为商品对外销售的产品。企业接受来料加工制造的代制品和为外单位加工修理的代修品，制造和修理完工入库后也视同企业的产成品。

（5）包装物是指为了包装本企业的商品而储备的各种包装容器，如桶、箱、瓶、坛、袋等，其主要作用是盛装、装潢产品或商品。

（6）低值易耗品是指不能作为固定资产核算的各种用具和物品，如各种工具、玻璃器皿、劳动保护用品，以及在经营中周转使用的容器等，其特点是单位价值较低，使用期限相对于固定资产较短，也可以多次服务于生产经营过程而不改变原有的实物形态，但由于其品种多、易于损坏，一般视同存货进行管理和核算。

（7）商品是指商品流通企业购入的准备对外销售的各种劳动产品。

2. 存货按其存放地点进行分类

存货按其存放地点分为库存存货、在途存货、加工中的存货、委托代销存货等。

（1）库存存货是指已验收合格并入库的各种存货。

（2）在途存货是指货款已经支付、正在运输途中的存货以及已经运达企业但尚未验收入库的存货。

（3）加工中的存货是指本企业正在加工的存货和委托其他单位加工的存货。

（4）委托代销存货是指本企业委托其他单位代为销售的存货。

3. 存货按行业进行分类

存货按行业分为制造业存货、商品流通企业存货、其他行业存货等。

（1）制造业存货指企业购进后直接用于生产制造，并构成产品实体的材料物资。这类存货的特点是：在出售前，需要经过企业的生产加工过程，改变其原有实物形态或使用功能。这类存货主要存在于工业企业之中，包括原材料、委托加工材料、包装物和低值易耗品、库存商品及自制半成品、在产品等。

（2）商品流通企业存货指企业购进以供直接销售的商品物资。这类存货的特点是在出售之前，这些商品物资的原有实物形态一般保持不变。这类存货主要指商品流通企业所购销的商品、委托加工物资等。

（3）其他行业存货指企业购进后为近期的生产活动所耗用的物料和服务性行业未完工的修理物品。这类存货的主要特点是满足企业的各种消耗性需要，而不是将其直接销售或加工制成产品后再出售。这类存货主要存在于服务业企业，如旅行社、饭店、宾馆、游乐场所、美容美发店、照相馆等，这类企业既不生产产品也不经销产品。

二、存货的范围

存货范围的认定一般应以产权的归属为标准。在资产负债表日，凡是企业拥有法定所有权的一切存货物资，不论其存放何处，都应作为企业的存货；反之，凡法定所有权不属于企业的存货物资，即使存放在本企业，也不应在本企业的存货范围之内。在判断一项存货的归属时，不能以其所处的空间位置来确定，而应以其法定产权的归属来确定。

确定存货的范围时应从以下两方面入手。

1. 视其目的和用途而定

确定一项资产是否属于企业的存货，应视其目的和用途而定。应看它用作什么，而不能只看它是什么。存货必须是准备销售或耗用的资产。以汽车为例：对于汽车制造企业来说，它所生产的准备对外销售的汽车属于本企业库存商品存货；对于从汽车制造企业购进汽车用于运输的企业来说，汽车属于该企业的固定资产而不是存货；对于从汽车制造企业购进汽车准备对外销售的商业企业来讲，这些汽车则属于该企业库存商品存货。

2. 视其是否为企业所拥有或控制而定

确定一项资产是否属于企业的存货，应看它是否为该企业所拥有或控制，而不能只看它是否存放于该企业。

（1）存放于企业的物品不一定是本企业的存货。例如，企业开出销售发票出售商品，已将商品所有权上的主要风险和报酬转移给买方，实物虽仍暂时存放于本企业，但已不属于本企业的存货；又如，企业受托加工的物品等，由于企业对其不具有所有权，因此其不属于本企业的存货。

（2）未存放于企业的物品也可能是本企业的存货。例如，企业购进材料、商品，货款已付，商品所有权上的主要风险和报酬已转移给企业，但材料、商品尚在运输途中，其应属于本企业存货；又如，企业委托代销的商品、未出售的外出展销存货等，如果商品所有权上的主要风险和报酬还没有转移给买方，即使该存货未存放于本企业，也属于本企业的存货。

在编制资产负债表时，企业的所有存货应以统一的“存货”项目列示。

三、存货的确认条件

存货只有在同时满足以下两个条件时，才能加以确认并计价入账：①该存货包含的经济利益很可能流入企业；②该存货的成本能够可靠地计量。

四、存货的盘存方法

存货的盘存方法主要有实地盘存制和永续盘存制两种。

1. 实地盘存制

实地盘存制又称定期盘存制，是在期末通过对存货的盘点来确定期末存货结存数量，并据以推算出本期发出存货数量的一种方法。这一方法也称为“以存计耗”或“以存计销”。计算公式为

本期耗用或减少数=期初结存数+本期增加数-期末结存数

采用实地盘存制的企业，平时对存货的增减变动只在账簿上登记其购进或收入的数量和金额，不登记存货发出或减少的数量和金额。期末通过实地盘点确定结存存货的实际数量，倒挤出本期发出或减少存货的数量，并乘以确定的单价，进而计算出本期发出存货成本。期末实地盘点的主要目的是确定期末存货的实际结存数。

实地盘存制一般适用于交易频繁、品种多、价值低的零售的鲜活商品，以及数量大、价值低、收发频繁的存货。

实地盘存制的优点是：平时账面上只记收入不记发出，因而核算工作较简便。缺点是：手续不够严密；不能在账面上随时反映存货的收、发、结存情况；不能及时提供存货管理所需的各种信息；可能出现物资毁损、盗窃、丢失等情况，但无法在账面上反映，而全部隐藏在本期的发出数内，不利于存货的管理，影响成本计算的正确性。

2. 永续盘存制

永续盘存制也称账面盘存制，是通过设置存货明细账，对日常发生的存货增减根据会计凭证在账簿中进行连续登记，并随时在账面上结算各项存货的结存数的方法。

采用永续盘存制，平时应在存货明细账上逐日、逐笔登记每一存货的收、发、结存数量和金额。在永续盘存制下，对存货仍需定期或不定期地进行实地盘点，以保证账实相符。

永续盘存制的优点是：在存货明细账中，可以随时反映每种存货的收入、发出和结存的数量和金额，有利于加强对存货的管理；明细账的结存数量可以通过盘点与实存数量进行核对，当发生库存溢余或短缺时，可以查明原因及时纠正；明细账上的结存数可以随时与预定的最高和最低库存限额进行比较，取得库存积压或不足的资料，有利于加强对存货的控制。缺点是：明细核算工作量大，核算成本较高。

第二节　存货取得和发出的计量

存货的计量包括取得的计量（也称初始计量）、发出的计量和期末计量。存货的期末计量将在本章第五节讲述。

一、存货取得的计量

企业取得存货应按照成本进行初始计量。存货成本包括采购成本、加工成本和使存货达到目前场所和状态所发生的其他成本。

（一）存货的采购成本

原材料、商品、低值易耗品等通过购买取得的存货的采购成本主要包括购买价款，相关税金，运输费、装卸费、保险费等其他可归属于存货采购成本的费用。

1. 购买价款

购买价款是指企业购入材料或商品的发票上列明的价款，但不包括按规定可以抵扣的增值税进项税额等。

2. 相关税金

相关税金是指企业购买、自制或委托加工存货所发生的关税、消费税、资源税和不能从增值税销项税额中抵扣的进项税额等。图 4.1 所示为相关税金计入成本的说明。

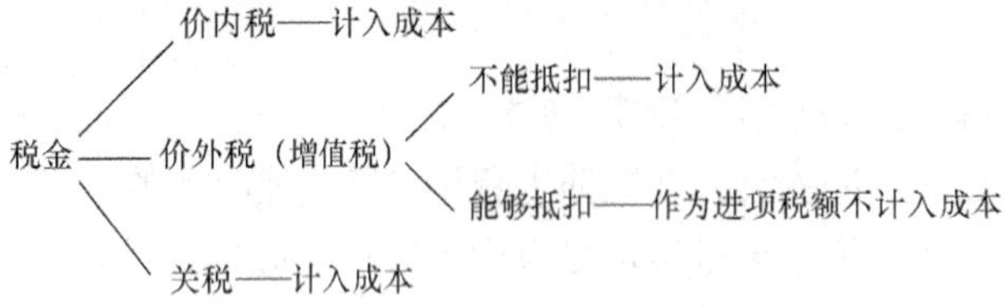

图 4.1　相关税金计入成本的说明

3. 其他采购费用

其他采购费用是指存货采购过程中发生的运输费、装卸费、保险费，以及可归属于存货采购成本的费用，如在存货采购过程中发生的包装费、转运过程中的仓储费、运输途中的合理损耗、入库前的挑选整理费等。

提示与说明

我国于 2016 年 5 月 1 日起全面推开营改增试点，所有企业取消营业税，试行增值税。自 2018 年 6 月 1 日起，纳税人的增值税税率原适用 17%和 11%税率的，分别调整为 16%、10%。2019 年 4 月 1 日起，制造业等行业 16%的税率降至 13%，交通运输业、建筑业等 10%的税率降至 9%。

4. 不应计入存货采购成本的费用

对于采购过程中发生的物资损毁、短缺等，除合理的损耗应作为存货的“其他可归属于存货采购成本的费用”计入采购成本外，下列费用不应计入存货采购成本，而应区别不同情况进行会计处理：①从供货单位、外部运输机构等收回的物资短缺或其他赔款，应冲减所购物资的采购成本。②采购过程中取得规范发票的运输费，可作为进项税额抵扣。③存货入库以后的仓储费用计入管理费用。④因遭受意外灾害发生的损失和尚待查明原因的途中损耗，暂作为待处理财产损溢进行核算，查明原因后再进行相应的会计处理。⑤商品流通企业在采购过程中发生的运输费、装卸费、保险费和其他可归属于存货采购成本的费用等应当计入采购成本，也可以先进行归集，期末再根据所购商品的存销情况进行分摊。

（二）存货的加工成本

存货的加工成本是指在存货加工过程中发生的追加费用，其实质是企业在进一步加工存货的过程中追加发生的生产成本，不包括直接由材料存货转移来的价值，包括直接人工费及按照一定方法分配的制造费用。存货在加工过程中发生的直接人工和制造费用，能够直接计入有关的成本核算对象的则直接计入；否则，按照一定方法分配并计入有关成本核算对象。

（三）存货的其他成本

存货的其他成本是指除采购成本、加工成本以外的使存货达到目前场所和状态所发生的其他支出，如为特定客户设计产品所发生的设计费用等。企业设计产品所发生的设计费用通常应计入当期损益，但是为特定客户设计产品所发生的、可以直接确定的设计费用应计入存货成本。

存货的来源不同，其成本的构成内容也不同：原材料、商品、包装物和低值易耗品等通过购买取得的存货成本由采购成本构成；产成品、在产品、半成品等自制或需委托外单位加工完成的存货的成本由采购成本、加工成本及使存货达到目前场所和状态所发生的其他支出构成。

（四）其他方式取得存货的成本

除了通过以上方式取得存货之外，企业还可能从以下渠道取得存货，相关存货成本的确定也有所区别。

（1）投资者投入。其存货成本应当按照投资合同或协议约定的价值确定，但约定价值不公允的除外。

（2）通过非货币性资产交换取得。其存货成本应当按照《非货币性资产交换准则》的规定确定。

（3）通过债务重组取得。其存货成本应当按照《债务重组准则》的规定确定。

（4）接受捐赠。其存货成本应当分别按以下情况确定：①捐赠方提供了有关凭据的，按凭据上标明的金额加上应支付的相关税费确定。②捐赠方没有提供有关凭据的，应当由参照同类或类似存货的市场价格估计的金额，加上应支付的相关税费确定。

（5）盘盈。其存货成本应按重置成本确定。

二、存货发出的计量

存货发出的计量，其实质是将存货的取得成本在本期发出存货和期末存货之间进行分配。虽然在取得存货时已经确定了存货的取得成本，但由于在实际工作中，同一批发出的存货往往是分次分批从不同的渠道购入的，或是分批加工完成的，因此，每次入库的存货的单位成本都有可能不同。这样，企业在发出存货时必须采用一定的方法计算确定发出存货的成本。在日常工作中，企业发出存货的成本可以按实际成本核算，也可以按计划成本核算。如果采用计划成本核算，则会计期末应调整为实际成本。企业应当根据各类存货的实物流转方式、企业管理要求、存货本身的特点等实际情况，合理地确定发出存货成本的计算方法，以便正确确定当期发出存货的实际成本。在实际成本核算的方式下，企业可以采用的存货发出计价方法包括个别计价法、加权平均法（包括月末一次加权平均法和移动加权平均法）、先进先出法、毛利率法等。

1. 个别计价法

个别计价法也称个别认定法、具体辨认法等，是以每批（次）收入存货的实际成本作为计算该批（次）发出存货成本的依据的方法。

【例 4.1】 A 公司本月存货收入、发出、结存的情况如表 4.2 所示。

表 4.2　A 公司存货明细账（资料）　（金额单位：元；数量单位：件）

日期 20×3 年	摘要	收入			发出			结存		
		数量	单价	金额	数量	单价	金额	数量	单价	金额
8 月 1 日	期初							1 000	150	150 000
8 月 5 日	购货	2 000	160	320 000						
8 月 10 日	发出				2 000					
8 月 15 日	购货	3 000	170	510 000						
8 月 25 日	发出				1 500					
8 月 31 日	合计	5 000		830 000	3 500			2 500		

根据表 4.2 中的资料，采用个别计价法对 A 公司本月的发出存货和期末存货的成本的计算如下：企业 8 月 10 日发出的 2 000 件存货中，经个别辨认有 500 件是单价 150 元的，其余 1 500 件是单价 160 元的；8 月 25 日发出的 1 500 件存货中，经个别辨认有 500 件是单价 150 元的，其余 1 000 件是单价 170 元的。计算结果如下：

本月发出存货成本=(150×500+160×1 500)+(150×500+170×1 000)=560 000（元）

本月月末库存存货成本=150 000+830 000−560 000=420 000（元）

采用个别计价法计算发出存货和期末存货的成本比较准确和合理，符合实际情况，但实务操作的工作量繁重，成本分辨工作量大。个别计价法一般适用于特定项目的存货和劳务，比如房产、船舶、珠宝、名画等贵重物品。

2. 月末一次加权平均法

月末一次加权平均法，是指以月初存货数量和本月收入存货数量之和为权数，一次计算月初结存存货和本月收入存货的加权平均单位成本，以此为基础计算本月发出存货的成本和期末库存存货成本的一种方法。计算公式如下：

$$\text{加权平均单位成本}=\frac{\text{月初库存存货成本}+\text{本月收入存货成本}}{\text{月初库存存货数量}+\text{本月收入存货数量}}$$

本月发出存货成本=本月发出存货数量×加权平均单位成本

月末库存存货成本=月末库存存货数量×加权平均单位成本

或

月末库存存货成本=月初库存存货成本+本月收入存货成本

−本月发出存货成本

【例 4.2】 根据表 4.2 中的资料，采用月末一次加权平均法对 A 公司本月发出存货和期末存货的成本进行计算如下：

$$\text{加权平均单位成本}=\frac{1\,000\times150+2\,000\times160+3\,000\times170}{1\,000+2\,000+3\,000}$$

$$=980\,000\div6\,000=163.33\text{（元）}$$

本月发出存货成本=3 500×163.33=571 655（元）

本月月末库存存货成本=980 000−571 655=408 345（元）

采用月末一次加权平均法计算加权平均单价，较为简单，按此方法分摊的成本比较折中，但是这种方法平时无法从账面上提供发出和结存存货的单价和金额，不利于存货管理。它是加权平均法在实地盘存制下的具体运用。

3. 移动加权平均法

移动加权平均法是指以每次收入存货的成本加上原有存货成本，除以每次收入存货数量和原有存货数量之和，据以计算出加权平均单位成本，并以此计算下一次发出存货成本的方法。计算公式如下：

$$\text{存货单位成本}=\frac{\text{原有库存存货实际成本}+\text{本次进货的实际成本}}{\text{原有库存存货数量}+\text{本次进货数量}}$$

本次发出存货的成本=本次发出存货的数量×存货单位成本

本月月末库存存货成本=月末库存存货数量×本月月末存货单位成本

【例 4.3】 根据表 4.2 中的资料，采用移动加权平均法对 A 公司本月的发出存货和期末存货的成本进行计算，结果如表 4.3 所示。

表 4.3 A 公司存货明细账（移动加权平均法） （金额单位：元；数量单位：件）

日期 20×3 年	摘要	收入			发出			结存		
		数量	单价	金额	数量	单价	金额	数量	单价	金额
8 月 1 日	期初							1 000	150	150 000
8 月 5 日	购货	2 000	160	320 000				3 000	156.67	470 000
8 月 10 日	发出				2 000	156.67	313 340	1 000	156.67	156 660
8 月 15 日	购货	3 000	170	510 000				4 000	166.665	666 660
8 月 25 日	发出				1 500	166.665	249 997.5	2 500	166.665	416 662.5
8 月 31 日	合计	5 000		830 000	3 500		563 337.5	2 500	166.665	416 662.5

8 月 5 日购货后的单位成本=(150 000+320 000)÷(1 000+2 000)=156.67（元）
8 月 10 日发出存货的成本=2 000×156.67=313 340（元）
8 月 15 日购货后的单位成本=(156 660+510 000)÷(1 000+3 000)=166.665（元）
8 月 25 日发出存货成本=1 500×166.665=249 997.5（元）
本月发出存货成本=313 340+249 997.5=563 337.5（元）
本月月末库存存货成本=2 500×166.665=416 662.5（元）

采用移动加权平均法能够使管理当局及时了解存货的结存情况，计算的平均单位成本以及发出和结存的存货成本较为客观，并能随时提供存货的收、发、存情况，满足管理的需要。但采用该方法每收一次货都要计算一次加权平均单位成本，核算工作量较大。它是加权平均法在永续盘存制下的具体运用。

4. 先进先出法

先进先出法是以先购进的存货先发出的实物流转假设为前提，对发出存货进行计价的一种方法。采用这种方法，先购入的存货成本在后购入的存货成本之前转出，据此确定发出存货和期末存货的成本。

【例 4.4】 根据表 4.2 中的资料，采用先进先出法对 A 公司本月发出存货和期末存货成本进行计算，结果如表 4.4 所示。

表 4.4 A 公司存货明细账（先进先出法） （金额单位：元；数量单位：件）

日期 20×3 年	摘要	收入			发出			结存		
		数量	单价	金额	数量	单价	金额	数量	单价	金额
8 月 1 日	期初							1 000	150	150 000
8 月 5 日	购货	2 000	160	320 000				1 000 2 000	150 160	150 000 320 000
8 月 10 日	发出				1 000 1 000	150 160	150 000 160 000	1 000	160	160 000
8 月 15 日	购货	3 000	170	510 000				1 000 3 000	160 170	160 000 510 000
8 月 25 日	发出				1 000 500	160 170	160 000 85 000	2 500	170	425 000
8 月 31 日	合计	5 000		830 000	3 500		555 000	2 500	170	425 000

本期发出存货成本=1 000×150+1 000×160+1 000×160+500×170=555 000（元）
期末结存存货成本=150 000+830 000−555 000=425 000（元）

先进先出法在永续盘存制和实地盘存制下均可使用。

采用先进先出法，期末存货成本是按最近购入的存货价值确定的，比较接近市场价值，其优点是企业不能随意挑选存货计价以调整当期利润，缺点是工作比较烦琐，特别是对于存货进出频繁的企业更是如此。另外，在物价上涨的情况下这种方法会高估企业当期利润和库存存货的价值；在物价下跌的情况下，这种方法会低估企业库存存货价值和当期利润。

5. 毛利率法

毛利率法是指根据本期销售额乘以上期实际（或本期计划）毛利率匡算销售毛利，并据以计算发出商品和期末库存商品成本的一种方法。这种方法通常由商品流通企业中的批发业采用。由于商品流通企业经营的商品品种繁多，所以，如果按品种计算商品成本，则会大大增加工作量。一般来说，商品流通企业同类商品的毛利率大致相同，采用毛利率法既能减轻工作量，又能满足对库存商品管理的要求。相关计算公式为

毛利率=销售毛利÷销售净额×100%

销售净额=商品销售收入−销售退回与折让

销售毛利=销售净额×毛利率

销售成本=销售净额−销售毛利

【例 4.5】 某大型商场 20×3 年 7 月初的家电类商品存货 2 430 万元，本月购进 4 600 万元，7 月销售收入 5 100 万元，假设无销售退回与折让，上季度该类商品的销售毛利率为 18%，则 7 月已销售商品和月末库存商品的成本的计算如下：

销售毛利=5 100×18%=918（万元）

本月销售成本=5 100−918=4 182（万元）

期末库存商品成本=2 430+4 600−4 182=2 848（万元）

提示与说明

改进后的《国际会计准则第 2 号》取消了存货发出的后进先出法。2006 年 2 月 15 日，我国颁布修订后的《存货准则》，在存货发出的计价方法中也取消了后进先出法，主要原因是后进先出法不能真实反映存货的实物流转。

第三节　原材料的核算

原材料是指经加工后构成产品主要实体以及虽不构成产品主要实体但有助于产品形成的各种原料及主要材料、外购半成品、辅助材料、修理用备件及燃料等。

企业可根据自身生产经营特点及管理要求，对原材料采用不同的方法进行核算。在我国会计实务中，原材料的核算方法主要有两种：一是按实际成本计价核算，二是按计划成本计价核算。

一、原材料按实际成本计价核算

原材料采用实际成本计价核算时，无论是总分类核算还是明细分类核算，材料的收入、发出及结存均应按照实际成本计价。

（一）账户的设置

在对原材料按实际成本进行核算时，企业应设置“原材料”“在途物资”等账户，并按材料的品种、规格等设置明细账，进行明细核算。

“原材料”账户：用于核算库存的各种原材料的收入、发出和结存情况。在原材料按实际成本核算时，该账户借方登记入库材料的实际成本，贷方登记发出材料的实际成本，期末余

额在借方，表示库存材料的实际成本。

“在途物资”账户：用于核算企业货款已付或已签发商业汇票但尚未验收入库的各种物资的实际成本。借方登记已付款或已签发商业汇票但尚未到达或已到达但尚未验收入库的在途物资的实际成本；贷方登记已验收入库的在途物资的实际成本；期末余额在借方，反映月末尚未验收入库的在途物资的实际成本。

（二）购入原材料的核算

企业外购的原材料，由于货款的结算凭证通过银行传递，而材料由运输部门运输，所以结算凭证的到达和材料的验收入库在时间上可能出现不一致，具体来说有三种情况：①结算凭证到达，材料同时验收入库；②结算凭证先到，材料后到；③材料先到，结算凭证后到。企业还可以预付货款购进原材料。不同情况下，会计核算上有所区别，下面分别举例说明。

1. 结算凭证到达，材料同时验收入库

【例 4.6】 A 公司购进甲材料一批，增值税专用发票上注明货款 360 000 元，增值税税率为 13%，进项税额为 46 800 元。支付运输公司运输费 2 000 元，取得的增值税专用发票上注明增值税税率为 9%，进项税额为 180 元，发生包装费 1 000 元，全部费用已用银行存款支付，材料已验收入库。编制会计分录如下：

借：原材料——甲材料	363 000	
应交税费——应交增值税（进项税额）	46 980	
贷：银行存款		409 980

【例 4.7】 A 公司持银行汇票 1 133 000 元购进乙材料一批，增值税专用发票上注明货款 1 000 000 元，增值税进项税额为 130 000 元，对方代垫保险费 3 000 元，材料已验收入库。编制会计分录如下：

借：原材料——乙材料	1 003 000	
应交税费——应交增值税（进项税额）	130 000	
贷：其他货币资金——银行汇票		1 133 000

2. 结算凭证先到，材料后到

【例 4.8】 A 公司采用汇兑结算方式购入甲材料一批，结算单证已经收到，增值税专用发票上注明货款 200 000 元，增值税进项税额为 26 000 元，途中保险费为 3 000 元，材料尚未到达。编制会计分录如下：

借：在途物资	203 000	
应交税费——应交增值税（进项税额）	26 000	
贷：银行存款		229 000

【例 4.9】 承例 4.8，17 天以后购入的甲材料收到，并已验收入库。编制会计分录如下：

借：原材料——甲材料	203 000	
贷：在途物资		203 000

3. 材料先到，结算凭证后到

在材料先到、结算凭证后到的情况下，由于材料到达时企业未收到有关结算凭证，无法确定材料实际成本及采购费用，因此，这类业务一般先暂不做账务处理，在月内可等待凭证到达后再做账务处理。但如果会计期末凭证仍未到达，为了正确反映企业实存原材料的情况，应按暂估价入账，并在下一会计期初冲回，以便结算单证到达时，按正常的方式进行核算。

【例 4.10】 5 月 13 日，A 公司购入乙材料，材料已验收入库，结算单证未到，5 月 31 日按暂估价 180 000 元入账。6 月 10 日，结算单证到达，增值税专用发票上注明货款 180 000 元，增

值税进项税额为 23 400 元，入库前的挑选整理费为 800 元，全部费用已用银行存款支付。

5 月 31 日按暂估价 180 000 元入账，编制会计分录如下：

借：原材料——乙材料　180 000
　　贷：应付账款——暂估应付账款　180 000

6 月 1 日做相反的会计分录予以冲销，编制会计分录如下：

借：应付账款——暂估应付账款　180 000
　　贷：原材料——乙材料　180 000

或者采用红字凭证进行冲销，编制会计分录如下：

借：原材料——乙材料　[180 000]
　　贷：应付账款——暂估应付账款　[180 000]

6 月 10 日结算单证到达，编制会计分录如下：

借：原材料——乙材料　180 800
　　应交税费——应交增值税（进项税额）　23 400
　　贷：银行存款　204 200

4. 预付货款购进材料

【例 4.11】 A 公司与某工厂签订的购销合同规定，为购买丙材料向某工厂预付 120 000 元货款的 70%，A 公司已经采用汇兑方式汇出货款。会计处理如下：

借：预付账款　84 000
　　贷：银行存款　84 000

【例 4.12】 承接例 4.11，A 公司收到某工厂发运来的丙材料并已经验收入库。发票账单上记载货款 120 000 元，增值税进项税额为 15 600 元，对方代垫运输费 2 000 元，增值税税率为 9%，运输途中合理损耗 600 元，不足货款已用银行存款补付。会计处理如下：

借：原材料　122 000
　　应交税费——应交增值税（进项税额）　15 780
　　贷：预付账款　84 000
　　　　银行存款　53 780

（三）委托加工取得原材料的核算

委托加工原材料是指企业提供原料及主要材料，委托其他单位代为加工或改制为企业所需的原材料，包括委托加工材料、委托加工半成品等。委托外单位加工完成的存货，以实际耗用的原材料或者半成品、加工费、运输费等费用以及按规定应当计入成本的税金作为实际成本。在会计处理上主要包括拨付加工物资、支付加工费用和税金、收回加工物资等几个环节。

提示与说明

增值税一般纳税人在采购农副产品时，往往不能取得增值税专用发票，税法对有农产品收购业务的纳税人，允许其自行开具由税务机关提供的收购凭证，并允许按买价 9%的扣除率计算进项税额予以抵扣。纳税人购进用于生产或者委托加工 13%税率货物的农产品，按照 10%的扣除率计算进项税额。

企业通过委托加工取得原材料应设置“委托加工物资”账户进行核算。该账户是资产类账户，借方反映委托加工物资的实际成本、支付的加工费和相关税费、运杂费等，贷方反映加工完成验收入库物资的成本，借方余额反映尚未完成加工的委托加工物资的实际成本。

【例 4.13】 A 公司发出实际成本为 280 万元的原材料，委托 B 企业加工成生产产品所需的乙材料。A 公司和 B 企业均为增值税一般纳税人，双方适用的增值税税率均为 13%。A 公司根据 B 企业开具的增值税专用发票向其支付加工费 8 万元和增值税 1.04 万元。假定不考虑其他相关税费，则有关账务处理如下。

（1）发出委托加工材料时：

借：委托加工物资　　2 800 000
　　贷：原材料　　2 800 000

（2）支付加工费用和税金时：

借：委托加工物资　　80 000
　　应交税费——应交增值税（进项税额）　　10 400
　　贷：银行存款　　90 400

（3）加工完成收回委托加工材料时：

借：原材料　　2 880 000
　　贷：委托加工物资　　2 880 000

（四）发出原材料的核算

如果企业各生产单位及相关部门领发材料的种类多，业务频繁，为了简化核算手续，可以在月末根据领料单或者限额领料单中有关领料的单位、部门进行归类，按期编制发出材料汇总表，据以编制记账凭证，按材料的用途分别记入“生产成本”“制造费用”“管理费用”等账户。发出材料实际成本的确定方法，可由企业从个别计价法、先进先出法、月末一次加权平均法和移动加权平均法等方法中进行选择。存货计价方法一经确定，不得随意变更，如需变更，则应在附注中予以说明。

【例 4.14】 A 公司根据发出材料汇总表的记录，9 月基本生产车间领用甲材料 560 000 元、乙材料 930 000 元，辅助生产车间领用甲材料 37 000 元，车间管理部门领用甲材料 13 000 元，企业行政管理部门领用甲材料 24 000 元，销售部门领用乙材料 30 000 元。会计处理如下：

借：生产成本——基本生产成本　　1 490 000
　　　　　　——辅助生产成本　　37 000
　　制造费用　　13 000
　　管理费用　　24 000
　　销售费用　　30 000
　　贷：原材料——甲材料　　634 000
　　　　　　　——乙材料　　960 000

二、原材料按计划成本计价核算

采用计划成本计价核算原材料时，无论是总分类核算，还是明细分类核算，材料的收入、发出及结存均应按照计划成本计价。

（一）账户的设置

在对原材料按计划成本进行核算时，企业应设置“原材料”“材料采购”“材料成本差异”等账户。该方式下，不再设置“在途物资”账户，“材料采购”账户的期末借方余额即为期末尚未入库的在途物资；原材料的总账和明细账都要按计划成本进行登记，而原材料的实际成本和计划成本之间的差异则作为材料成本差异核算。

“原材料”账户：用于核算库存的各种原材料的收入、发出和结存情况。在原材料按计划成本核算时，该账户借方登记入库材料的计划成本，贷方登记发出材料的计划成本，期末余额在借方，表示库存材料的计划成本。

“材料采购”账户：借方登记采购材料的实际成本，贷方登记入库材料的计划成本。借方大于贷方表明实际成本大于计划成本，为超支差异，从本账户的贷方转入“材料成本差异”账户的借方；贷方大于借方表示实际成本小于计划成本，为节约差异，从本账户的借方转入“材料成本差异”账户的贷方；期末借方余额，表示在途材料的采购成本。

"材料成本差异"账户：反映两个主要内容，一是收入材料时实际成本与计划成本之间的差异，二是结转发出材料应负担的差异额。该账户借方登记收入材料时出现的超支差异；贷方登记收入材料时出现的节约差异以及结转发出材料应负担的超支差异或节约差异，超支差异用蓝字结转，节约差异用红字结转；期末如为借方余额，反映库存材料的超支差异；期末如为贷方余额，反映库存材料的节约差异。

（二）购入原材料的核算

在计划成本计价核算方式下，企业外购原材料时，无论材料是否入库，都要通过"材料采购"账户进行核算。

1. 结算凭证到达，材料同时验收入库

【例4.15】 甲公司购买K材料，增值税专用发票上注明货款200 000元、增值税进项税额26 000元，对方代垫保险费2 790元，全部款项已用银行存款支付。材料的计划成本为210 000元，材料已验收入库。编制会计分录如下：

借：材料采购——K材料	202 790	
应交税费——应交增值税（进项税额）	26 000	
贷：银行存款		228 790

一般来说，材料采用计划成本计价核算时：①按实际成本付款；②按计划成本入库；③结转入库材料的成本差异。为了简化核算，材料入库和结转成本差异的账务处理往往集中到月末进行。

【例4.16】 甲公司采用商业承兑汇票结算方式购买一批K材料，发票账单已经收到，增值税专用发票上注明货款450 000元、增值税进项税额58 500元。材料的计划成本为452 000元，材料已经验收入库。编制会计分录如下：

借：材料采购——K材料	450 000	
应交税费——应交增值税（进项税额）	58 500	
贷：应付票据		508 500

2. 结算凭证先到，材料后到

【例4.17】 甲公司采用汇兑结算方式购买一批K材料，发票账单已经收到，增值税专用发票上注明货款300 000元、增值税进项税额39 000元，材料尚未收到，材料的计划成本为293 000元。编制会计分录如下：

借：材料采购——K材料	300 000	
应交税费——应交增值税（进项税额）	39 000	
贷：银行存款		339 000

3. 材料先到，结算凭证后到

这种情况和材料按实际成本计价一样，暂不进行账务处理，在月内可等待凭证到达后再做账务处理。月末如果凭证仍未到达，则应按暂估价入账，并在下一会计期初冲回，等结算单证到达时，再按正常的方式进行核算。

【例4.18】 甲公司购买一批T材料，材料已验收入库，发票账单尚未收到。月末按照计划成本432 000元暂估入账，编制会计分录如下：

借：原材料——T材料	432 000	
贷：应付账款——暂估应付账款		432 000

下月初用相反的会计分录予以冲回：

借：应付账款——暂估应付账款	432 000	
贷：原材料——T材料		432 000

【例 4.19】 承例 4.15 和例 4.16，月末计算出甲公司汇总本月已付款或已经开出并承兑商业汇票的入库 K 材料的计划成本为 662 000（210 000+452 000）元，做按计划成本入库和结转材料成本差异的账务处理。

借：原材料——K 材料　　662 000
　　贷：材料采购——K 材料　　662 000

本月入库 K 材料的实际成本为 652 790（202 790+450 000）元，计划成本为 662 000 元，成本差异为节约 9 210（662 000−652 790）元，编制会计分录如下：

借：材料采购——K 材料　　9 210
　　贷：材料成本差异——K 材料　　9 210

（三）发出原材料的核算

月末企业应根据领料单等编制发出材料汇总表，并根据材料的用途，按计划成本分别记入“生产成本”“制造费用”“管理费用”“销售费用”等账户。但是企业在生产经营过程中耗用的原材料最终应按实际成本而不是计划成本反映，因此，月末必须将发出原材料的计划成本调整为实际成本。调整的方法是，将材料成本差异总额在发出材料和期末库存材料之间进行分配。调整时，首先计算出材料成本差异率，其计算公式如下。

$$\text{本期材料成本差异率}=\frac{\text{期初结存材料的成本差异}+\text{本期验收入库材料的成本差异}}{\text{期初结存材料的计划成本}+\text{本期验收入库材料的计划成本}}\times 100\%$$

本期发出材料应负担的成本差异=发出材料的计划成本×材料成本差异率

本期发出材料的实际成本=发出材料的计划成本+（或−）本期发出材料应负担的成本差异

【例 4.20】 承例 4.19，甲公司的发出材料汇总表的记录为：10 月，基本生产车间领用 K 材料 600 000 元，辅助生产车间领用 K 材料 73 000 元，车间管理部门领用 K 材料 34 000 元，企业行政管理部门领用 K 材料 56 000 元，销售部门领用 K 材料 50 000 元。甲公司 10 月初结存 K 材料的计划成本为 1 200 000 元，成本差异为节约 37 340 元。

（1）材料按计划成本发出，编制会计分录如下：

借：生产成本——基本生产成本　　600 000
　　　　　　——辅助生产成本　　73 000
　　制造费用　　34 000
　　管理费用　　56 000
　　销售费用　　50 000
　　贷：原材料——K 材料　　813 000

本期 K 材料成本差异率=[−37 340+(−9 210)]÷(1 200 000+662 000)×100%=−2.5%

（2）结转本期发出材料应负担的成本差异，编制会计分录如下：

借：生产成本——基本生产成本　　15 000
　　　　　　——辅助生产成本　　1 825
　　制造费用　　850
　　管理费用　　1 400
　　销售费用　　1 250
　　贷：材料成本差异　　20 325

第四节　周转材料的核算

周转材料是企业能够多次使用、其价值逐渐转移但仍保持原有实物形态、不确认为固定资产的材料。企业的周转材料主要包括低值易耗品、包装物等。

一、低值易耗品的核算

低值易耗品是指单位价值较低或使用期限较短，不能作为固定资产核算的劳动资料，如工具器具，管理用具，玻璃器皿，劳保用品，以及建筑企业的钢模板、木模板、脚手架等。

低值易耗品通常视同为存货，作为流动资产进行核算和管理。企业既可以设置“周转材料——低值易耗品”账户，也可以单独设置“低值易耗品”账户进行低值易耗品的核算。低值易耗品价值的摊销方法可以采用一次转销法、五五摊销法和分次摊销法，以下介绍前两种。

1. 一次转销法

采用一次转销法摊销低值易耗品，在领用低值易耗品时，将其价值一次全部计入有关资产或者当期损益。这种摊销方法适用于价值较低、容易损坏的低值易耗品。

【例 4.21】 甲公司基本生产车间领用一批专用工具，实际成本 32 300 元，全部计入当期的制造费用；甲公司的低值易耗品采用实际成本核算。编制会计分录如下：

借：制造费用	32 300	
贷：周转材料——低值易耗品		32 300

2. 五五摊销法

采用五五摊销法核算低值易耗品，低值易耗品在领用时摊销 50%的价值，报废时再摊销剩余 50%的价值。五五摊销法通常适用于价值较低、使用期限较短的低值易耗品，也适用于每期领用和报废数量大致相等的低值易耗品。采用五五摊销法时，企业需要分别设置“在库”“在用”“摊销”三个明细账户进行低值易耗品的明细核算。“在用”和“摊销”两个明细账户相结合可以揭示在用低值易耗品的摊余价值。

【例 4.22】 甲公司基本生产车间本月领用一批专用工具，实际成本 120 000 元，采用五五摊销法进行摊销。本月报废一般工具一批，实际成本 85 000 元，残料出售收回现金 500 元。

（1）领用专用工具时，编制会计分录如下：

借：周转材料——低值易耗品——在用	120 000	
贷：周转材料——低值易耗品——在库		120 000

（2）领用时摊销 50%的价值，编制会计分录如下：

借：制造费用	60 000	
贷：周转材料——低值易耗品——摊销		60 000

（3）报废时摊销另外一半成本，编制会计分录如下：

借：制造费用	60 000	
贷：周转材料——低值易耗品——摊销		60 000

同时：

借：库存现金	500	
周转材料——低值易耗品——摊销	84 500	
贷：周转材料——低值易耗品——在用		85 000

二、包装物的核算

包装物是指为了包装本企业的商品而储备的各种包装容器，如桶、箱、瓶、坛、袋等，其主要作用是盛装、装潢产品或商品。企业的包装物包括生产过程中用于包装产品作为产品组成部分的包装物，随同商品出售而不单独计价的包装物，随同商品出售而单独计价的包装物，出租或出借给购买单位使用的包装物。

包装物的核算既可以设置“周转材料——包装物”科目，又可以单独设置“包装物”科目。包装物价值的摊销方法也可以采用一次转销法和五五摊销法。多次使用的包装物可根据使用次数分次进行摊销。

（一）生产领用包装物

企业生产部门领用的用于包装产品的包装物构成了产品的组成部分，因此，应将包装物的成本计入产品生产成本，借记“生产成本”科目，贷记“周转材料——包装物”科目。如果存货采用计划成本计价，则还应结转成本差异。

【例 4.23】 甲公司对包装物采用计划成本核算，某月生产产品领用包装物的计划成本为 120 000 元，材料成本差异率为−2%。编制会计分录如下：

借：生产成本	120 000	
贷：周转材料——包装物		120 000
借：生产成本	2 400	
贷：材料成本差异		2 400

（二）随同商品出售的包装物

1. 随同商品出售但不单独计价的包装物

随同商品出售但不单独计价的包装物，应在包装物发出时，按其实际成本计入销售费用中，借记“销售费用”科目，贷记“周转材料——包装物”科目。

【例 4.24】 甲公司某月销售商品领用不单独计价的包装物的实际成本为 70 000 元，编制会计分录如下：

借：销售费用	70 000	
贷：周转材料——包装物		70 000

2. 随同商品出售单独计价的包装物

随同商品出售单独计价的包装物应视同销售材料处理，一方面应反映销售收入，计入其他业务收入；另一方面还需反映销售成本，计入其他业务成本。

【例 4.25】 甲公司某月销售商品领用单独计价的包装物一批，计划成本为 90 000 元，销售收入为 112 000 元，增值税税率为 13%，材料成本差异率为 2%。包装物的款项已收到存入银行。

（1）出售单独计价的包装物，编制会计分录如下：

借：银行存款	126 560	
贷：其他业务收入		112 000
应交税费——应交增值税（销项税额）		14 560

（2）结转单独计价的包装物成本，编制会计分录如下：

借：其他业务成本	91 800	
贷：周转材料——包装物		90 000
材料成本差异		1 800

（三）出租、出借包装物

企业可以周转使用的包装物，一般采取出租或出借的方式向客户提供必要的配套服务。以出租方式提供包装物时，要求客户支付包装物租金，包装物租金收入属于企业让渡资产使用权给他人取得的收入，应作为企业的其他业务收入；以出借方式提供包装物，实际上是无偿提供给客户使用。为了确保周转使用包装物的安全完好和按期归还，无论是出租还是出借包装物都要向客户收取押金。周转使用的包装物在出租、出借的过程中价值会逐渐减少直至消失，因此，应核算出租、出借包装物的价值摊销，可采用的摊销方法有一次转销法和五五摊销法。

1. 出借包装物

【例 4.26】 甲公司本月销售产品出借一批包装物给 A 客户，合同约定 1 个月之内归还。包装物实际成本 500 元，向 A 客户收取押金 600 元。包装物价值采用一次转销法核算。

收取押金时，编制会计分录如下：

借：库存现金	600	
贷：其他应付款		600

出借包装物时，编制会计分录如下：

借：销售费用	500	
贷：周转材料——包装物		500

例 4.26 中，如果客户按期归还了包装物，则企业应退还押金，并做与收取押金时借贷相反的会计分录。收回的包装物入库时，如果采用一次转销法进行包装物价值摊销核算，则收回时只需在备查账簿中登记，不做收回的账务处理。

如果客户逾期未归还包装物，则企业可按合同规定没收其押金，扣除按规定应交的增值税后，将其差额作为其他业务收入。

【例 4.27】 续例 4.26，假设 A 客户逾期未归还包装物，则甲公司应做以下账务处理：

借：其他应付款	600	
贷：应交税费——应交增值税（销项税额）		78
其他业务收入		522

2. 出租包装物

【例 4.28】 甲公司本月出租一批新包装物给客户，租期 3 个月，每月不含税租金 400 元。包装物实际成本 3 000 元，向客户收取押金 4 000 元。包装物价值采用五五摊销法核算，甲公司适用的增值税税率为 13%。

（1）收取押金时，编制会计分录如下：

借：库存现金	4 000	
贷：其他应付款		4 000

（2）发出包装物时，编制会计分录如下：

借：周转材料——包装物——在用	3 000	
贷：周转材料——包装物——在库		3 000

（3）收到租金时，编制会计分录如下：

借：银行存款	452	
贷：其他业务收入		400
应交税费——应交增值税（销项税额）		52

（4）领用时摊销 50%的价值，编制会计分录如下：

借：其他业务成本	1 500	
贷：周转材料——包装物——摊销		1 500

第五节　存货的期末计量

一、存货期末计量的原则

在资产负债表日，为了客观地反映企业期末存货的实际价值，应当对存货按照成本与可变现净值孰低进行计量。

所谓“成本与可变现净值孰低”，是指对期末存货按照成本与可变现净值两者之中较低者进行计价的方法。当成本低于可变现净值时，存货按成本计价；当可变现净值低于成本时，存货按可变现净值计价。这里的“成本”是指存货的历史成本，即实际成本，如果企业在存货日常核算中采用计划成本计价，则应调整为实际成本。“可变现净值”是指在日常活动中，存货的估计售价减去至完工时估计将要发生的成本、估计的销售费用以及相关税费后的金额。

成本与可变现净值孰低计量的理论基础主要是使存货符合资产的定义。存货的可变现净值低于成本，表明存货能给企业带来的未来经济利益低于账面成本，即存货已发生了跌价损失，因而应将这部分损失从资产价值中扣除，计入当期损益。如果仍然以成本计量，就会出现虚计资产的情况。成本与可变现净值孰低法是对历史成本计价的修正，充分体现了会计核算谨慎性的原则。

二、存货可变现净值的确定

1. 确定存货可变现净值应考虑的因素

存货期末计量的关键是要正确确定存货的可变现净值。存货可变现净值的确定应当以取得的确凿证据为基础，并且考虑持有存货的目的以及资产负债表日后事项的影响等因素。

（1）确定存货可变现净值的确凿证据。企业确定可变现净值时，应当以取得的可靠证据为基础，如产品的市场销售价格、与企业产品相同或者类似商品的市场销售价格、供货方提供的有关资料、生产成本资料等。

（2）持有存货的目的。一般来说，企业持有存货的目的有两个：一是持有以备出售，如产成品、商品；二是持有以备耗用，如原材料等。由于企业持有存货的目的不同，所以确定存货可变现净值的计算方法也不一样。

（3）资产负债表日后事项的影响。企业在确定资产负债表日存货的可变现净值时，不仅要考虑资产负债表日与该存货相关的价格与成本波动，还应考虑未来的相关事项影响。也就是说，不仅要考虑财务报告报出日之前发生的相关价格与成本波动，还应考虑以后期间发生的相关事项。

2. 确定存货可变现净值应注意的问题

（1）可变现净值是指未来净现金流入，而不是指存货的售价或合同价。企业预计销售存货取得的现金流入，并不完全等于存货的可变现净值。存货在销售过程中可能发生相关税费和销售费用，以及为达到预定可销售状态还可能发生进一步的加工成本。这些相关税费、销售费用和成本支出均构成存货销售产生现金流入的抵减项目，只有在扣除这些抵减项目后，才能确定存货的可变现净值。

（2）不同存货可变现净值的确定不同。①产成品、商品和用于出售的材料等直接用于出售的存货，应以该存货的估计售价减去估计的销售费用和相关税费后的金额确定其可变现净值。②需要经过加工的材料、在产品或自制半成品等存货，应当以所生产的产成品的估计售价减去至完工时估计将要发生的成本、估计的销售费用以及相关税费后的金额确定其可变现净值。

3. 不同情况下存货可变现净值的确定

（1）产成品、商品等（不包括用于出售的材料）直接用于出售且没有销售合同约定的存货，其可变现净值应当以产成品、商品的市场销售价格减去销售费用和相关税费等后的金额确定。

【例 4.29】 20×8 年 12 月 31 日，甲公司生产的 B1 型设备账面成本为 500 万元，数量为 10 台，成本为 50 万元/台。20×8 年 12 月 31 日，B1 型设备的市场销售价格为 53 万元/台，预计还会发生相关税费 2 万元/台。

由于甲公司没有就 B1 型设备签订销售合同，所以，计算 B1 型设备的可变现净值时应以一般销售价格总额 510[(53−2)×10]万元作为计算基础。

（2）为执行销售合同或者劳务合同而持有的存货，应当以产成品和商品的合同价格作为其可变现净值的计算基础。

【例 4.30】 20×8 年 9 月 27 日，甲公司与丙公司签订了一份不可撤销的销售合同，双方约定 20×9 年 1 月 27 日，甲公司按 52 万元/台价格向丙公司提供 B1 型设备 10 台。20×8 年 12 月 31 日，甲公司库存有 B1 型设备 10 台，生产成本为 47 万元/台。20×8 年 12 月 31 日，B1 型设备市场销售价格为 53 万元/台。

根据甲公司与丙公司签订的销售合同，该批 B1 型设备的价格应由销售合同约定，并且其库存数量等于销售合同规定的数量，因此，在这种情况下，计算 B1 型设备的可变现净值应以销售合同约定的价格 520（52×10）万元为计算基础。

如果企业持有的同一项存货数量多于销售合同订购的数量，则应分别确定其可变现净值：在合同订购数量之内的按合同价格计算，超出合同部分的存货，应当以市场销售价格为基础计算。

（3）用于出售的材料等，应当以市场价格作为其可变现净值的计算基础。这里的市场价格是指材料等的市场销售价格。

【例 4.31】 20×9 年年末，根据市场需求的变化，甲公司决定停止生产 B2 型设备。为了减少损失，该公司准备把专门用于生产 B2 型设备的 K 材料全部出售。20×9 年 12 月 31 日，K 材料的账面成本为 300 万元，数量为 20 吨。根据市场调查，该批材料的市场销售价格为 280 万元，同时销售该批材料还会发生销售费用及税金 6 万元。

在本例中，由于企业已决定停止生产 B2 型设备，所以，该批材料的可变现净值不能再以 B2 型设备的销售价格为计算基础，而应按材料本身的市场销售价格为计算基础。

该批 K 材料的可变现净值=280−6=274（万元）

（4）需要加工的材料存货，如原材料、在产品、委托加工材料等，由于持有该材料的目的是生产产品而不是出售，所以该材料的价值体现在用其生产的产成品上。在确定需要加工的材料存货的可变现净值时，需要用其生产的产成品的可变现净值与该产品的成本进行比较。如果该产品的可变现净值高于其成本，则该材料仍然应当按照成本计量。如果该产品的可变现净值低于成本，则该材料应当按照可变现净值计量。

【例 4.32】 20×9 年年末，甲公司库存的 K1 材料的账面成本为 560 万元，同时，该材料的市场销售价格为 537 万元，假定不发生其他的销售费用，用该材料生产的产成品——B3 设备的可变现净值高于设备的成本。

在本例中，虽然 K1 材料的可变现净值低于账面成本，似乎发生了减值损失，但是由于用其生产的 B3 设备的可变现净值高于设备成本，即用该材料生产的最终产品此时并没有发生价值减损。所以，在这种情况下，即使 K1 材料的账面成本已高于市场价格，也不应确认发生减值损失，仍按其原账面成本 560 万元列示在甲公司 20×9 年 12 月 31 日的资产负债表的存货项目之中。

三、存货成本与可变现净值的比较

按成本与可变现净值孰低法对期末存货计价时，有以下三种不同的比较方法可供选择，相关实例见表 4.5。

（1）单项比较法。对每一种存货的成本与可变现净值逐项进行比较，每项存货均取较低数确定存货的期末价值。

（2）分类比较法。对每一类存货的成本与可变现净值进行比较，每类存货均取较低数确定存货的期末价值。

（3）总额比较法。对全部存货的总成本与可变现净值总额进行比较，取较低数作为全部存货的期末价值。

在上述三种比较方法中，采用单项比较法确定的期末存货价值最低，最能充分地体现谨慎性原则，但在存货种类很多的情况下，核算工作量比较大。

《存货准则》规定，“企业通常应当按照单个存货项目计提存货跌价准备”。在一般情况下，企业应当按照单项比较法计提存货跌价准备。但是，该准则同时规定，对于数量繁多、单位价值比较低的存货，可以按照存货的类别比较成本与可变现净值，计提存货跌价准备。

表 4.5　存货成本与可变现净值比较表　（单位：元）

项　目	成本	可变现净值	存货成本与可变现净值孰低的选择金额		
			单项比较法	分类比较法	总额比较法
甲类存货：					
A 存货	2 000	3 000	2 000		
B 存货	8 000	6 000	6 000		
小　计	10 000	9 000		9 000	
乙类存货：					
C 存货	7 000	6 000	6 000		
D 存货	4 000	5 600	4 000		
小　计	11 000	11 600		11 000	
全部存货总计	21 000	20 600	18 000	20 000	20 600

四、存货跌价准备的核算

1. 存货减值迹象的判定

存货存在下列情形之一的，表明存货的可变现净值低于成本：①该存货的市场价格持续下跌，并且在可预见的未来无回升的希望；②企业使用该项原材料生产的产品的成本大于产品的销售价格；③企业因产品更新换代，原有库存原材料已不适应新产品的需要，而该原材料的市场价格又低于其账面成本；④因企业所提供的商品或劳务过时或消费者偏好改变而使市场需求发生变化，导致市场价格逐渐下跌；⑤其他足以证明该项存货实质上已经发生减值的情形。

存货存在下列情形之一的，表明存货的可变现净值为零：①已霉烂变质的存货；②已过期且无转让价值的存货；③生产中已不再需要，并且已无使用价值和转让价值的存货；④其他足以证明已无使用价值和转让价值的存货。

2. 存货跌价准备的账务处理

资产负债表日，企业存货采用成本与可变现净值孰低法计价时，如果期末存货的成本低于可变现净值，则不需做账务处理，资产负债表上按存货的成本列示。如果期末存货的成本高于可变现净值，则表明存货发生了跌价损失，应按成本高于可变现净值的差额计提存货跌价准备。

如果以前减计存货价值的影响因素已经消失，则减计的金额应当予以恢复，并在原已计提的存货跌价准备的金额内转回，转回的金额计入当期损益。

在核算存货跌价准备转回时，转回的存货跌价准备与计提该准备的存货项目或类别应存在直接对应关系，在原计提的存货跌价准备金额内转回，意味着转回的金额将以存货跌价准备的余额冲减至零为限。

企业应当设置“存货跌价准备”账户，用于核算存货跌价准备的计提、冲销等情况。该账户是资产类账户，但它是存货类账户的备抵调整账户，在结构上与资产类账户相反。该账户贷方反映存货跌价准备的提取，借方反映实际发生存货跌价时冲销的存货跌价准备，贷方余额反映已提取但尚未冲销的存货跌价准备。

下面举例说明存货跌价准备的核算。

【例 4.33】 20×6 年 12 月 31 日，甲公司 B1 型设备的账面成本为 640 万元，但由于 B1 型设备的市场价格下跌，预计可变现净值为 600 万元；20×7 年 12 月 31 日，假定 B1 型设备的账面成本仍为 640 万元，由于 B1 型设备市场价格有所上升，使得 B1 型设备预计可变现净值为 625 万元；20×8 年 12 月 31 日，B1 型设备的账面成本仍为 640 万元，由于 B1 型设备市场价格继续上升，使得 B1 型设备预计可变现净值为 660 万元。

（1）20×6 年年末，计提 B1 型设备的存货跌价准备：

$$640-600=40（万元）$$

编制会计分录如下：

借：资产减值损失——计提的存货跌价准备　　400 000

　　贷：存货跌价准备　　400 000

（2）20×7 年年末，B1 型设备的可变现净值部分恢复：

$$恢复金额=(640-625)-40=-25（万元）$$

编制会计分录如下：

借：存货跌价准备

　　贷：资产减值损失——计提的存货跌价准备

（3）20×8 年年末，B1 型设备的可变现净值全部恢复。B1 型设备的可变现净值 660 万元已经超过成本 640 万元，不仅不再计提存货跌价准备，且应将对 B1 型设备原计提的存货跌价准备余额冲减至零。编制会计分录如下：

借：存货跌价准备　　150 000

　　贷：资产减值损失——计提的存货跌价准备　　150 000

思考与讨论

存货的期末计价为什么要采用成本与可变现净值孰低法？

第六节　存货的清查

一、存货清查概述

存货清查是通过对存货的实物盘点，确定存货的实存数量并与账面记录核对，以保证账实相符，其对于真实反映存货的实际情况、保证存货的安全、加速存货周转、挖掘企业内部潜力等具有重要意义。

由于企业存货种类繁多，收发频繁，在日常收发过程中可能发生计量差错、计算差错、自然损耗，还可能发生损坏变质及被贪污、盗窃等情况，造成账实不符，形成存货的盘盈盘亏。为了客观、真实、准确地反映期末存货的实际价值，做到账实相符，企业应当定期或不定期地对存货进行清查。

为了反映在财产清查过程中各种存货的盘盈、盘亏或毁损，企业应当设置“待处理财产损溢”科目。该科目的借方登记盘亏或毁损存货的金额，以及经批准结转的盘盈存货的金额；贷方登记盘盈存货的金额，以及经批准结转的盘亏存货的金额。企业清查中发现的各种存货损溢，应在期末结账前处理完毕。期末处理后，本科目应无余额。

二、存货清查的核算

1. 存货盘盈的核算

企业发生存货盘盈，应借记“原材料”“库存商品”等科目，贷记“待处理财产损溢”科目；在按管理权限报经批准后，借记“待处理财产损溢”科目，贷记“管理费用”科目。

【例 4.34】 甲公司在财产清查中盘盈 K 材料 3 200 元，属于收发计量差错造成的，企业应做以下会计处理。

批准处理前：

借：原材料——K 材料　　3 200

　　贷：待处理财产损溢　　3 200

批准处理后：

借：待处理财产损溢　　3 200

　　贷：管理费用　　3 200

2. 存货盘亏及毁损的核算

企业发生存货盘亏及毁损，应借记“待处理财产损溢”科目，贷记“原材料”“库存商品”等科目。在按管理权限报经批准后，入库的残料价值记入“原材料”科目；对于应由保险公司赔偿部分和应由过失人赔款的部分记入“其他应收款”科目；扣除残料价值和应由保险公司、过失人赔偿部分后的净损失，属于一般经营损失部分，记入“管理费用”科目，属于自然灾害或意外事故造成的存货毁损，将净损失转作营业外支出。

【例 4.35】 甲公司在财产清查中盘亏 K1 材料 800 千克，实际单位成本 150 元，其中 500 千克属于一般经营损失，另外 300 千克属于材料保管员过失造成的损失，按规定由材料保管员赔偿 15 000 元，残料价值 3 500 元已办理入库。（假设不考虑税费）企业应做以下会计处理。

批准处理前：

借：待处理财产损溢　　120 000

　　贷：原材料——K1 材料　　120 000

批准处理后，对一般经营损失：

借：管理费用　　75 000

　　贷：待处理财产损溢　　75 000

批准处理后，对过失人赔偿部分：

借：其他应收款——材料保管员　　15 000

　　贷：待处理财产损溢　　15 000

批准处理后，对残料入库：

借：原材料　　3 500

　　贷：待处理财产损溢　　3 500

批准处理后，对材料盘亏净损失：

借：管理费用　　26 500

　　贷：待处理财产损溢　　26 500

【例 4.36】 由于遭受水灾甲公司一批 K2 材料毁损，价值 230 000 元，根据保险责任范围和保险合同规定，应由保险公司赔偿 164 450 元。企业应做以下会计处理。

（1）批准处理前：

借：待处理财产损溢　　230 000

　　贷：原材料——K2 材料　　230 000

（2）批准处理后：

借：其他应收款——保险公司　　164 450

　　营业外支出　　65 550

　　贷：待处理财产损溢　　230 000

本章小结

存货是指企业在日常活动中持有的以备出售的产成品或商品、处在生产过程中的在产品、在生产过程或提供劳务过程中耗用的材料和物料等。确认存货时，应以法定的所有权为标准，而不能以存货的存放地点为标准。

取得存货时，以实际成本入账。存货发出的计价方法有个别计价法、月末一次加权平均法、移动加权平均法、先进先出法等。应注意各种计价方法的优缺点、适用范围以及对会计信息的影响。

原材料的核算方法有按实际成本计价核算和按计划成本计价核算两种。原材料按实际成本计价需设置“原材料”“在途物资”等账户进行核算。原材料按计划成本计价需设置“原材料”“材料采购”“材料成本差异”等账户进行核算。原材料按计划成本计价核算时，原材料入库会产生材料成本差异，发出原材料应结转材料成本差异。材料成本差异率的正确计算直接影响发出和库存材料的实际成本。

企业的周转材料包括包装物和低值易耗品，注意理解低值易耗品的一次摊销法和五五摊销法。对于包装物，应明确生产过程中用于包装产品作为产品组成部分的包装物、随同商品出售而不单独计价的包装物、随同商品出售而单独计价的包装物、出租或出借给购买单位使用的包装物的核算。

资产负债表日，存货应当按照成本与可变现净值孰低计量。存货成本高于其可变现净值的，按其差额计提存货跌价准备，计入当期损益；存货成本低于其可变现净值的，按其成本计量，不计提存货跌价准备。如果以前减计存货价值的影响因素已经消失，则减计的金额应当予以恢复，并在原已计提的存货跌价准备的金额内转回，转回的金额计入当期损益。

存货清查是指通过对存货的实物盘点，确定存货的实存数量并与账面记录核对，存货发生的盘亏或盘盈应作为待处理财产损溢进行核算。按管理权限报经批准后，根据存货盘亏或盘盈的原因分别进行处理。

复习思考

1. 企业的存货包括哪些内容？
2. 采用实际成本核算存货时，可以采用哪些方法来确定发出存货的成本？
3. 存货采用计划成本核算时，如何计算发出存货的成本差异率？如何确定发出存货的实际成本？
4. 采用计划成本核算存货时，应如何进行会计处理？
5. 发生存货盘盈盘亏时，应如何进行会计处理？
6. 可变现净值的含义是什么？举例说明如何计算确定存货的可变现净值。
7. 怎样进行存货跌价准备的会计处理？

基本训练

一、单选题

1. 下列各项支出中，一般纳税人不应计入存货成本的是（　　）。

A. 购入存货时支付的增值税进项税额　　B. 入库前的挑选整理费

C. 购买存货发生的运杂费　　D. 购买存货发生的进口关税

2. 某企业月初结存材料的计划成本为 200 000 元，成本差异为节约 2 000 元；本月入库材料的计划成本为 200 000 元，成本差异为超支 800 元。当月生产车间领用材料的计划成本为 240 000 元。假定该企业按月末计算的材料成本差异率分配结转材料成本差异，则当月生产车间领用材料应负担的材料成本差异为（　　）元。

A. 720　　B. −720　　C. 840　　D. −840

3. 期末对存货采用成本与可变现净值孰低法计价时，其可变现净值的含义是（　　）。

A. 预计售价

B. 预计售价减去进一步加工成本和销售所必需的预计税金、费用

C. 现时重置成本

D. 现时重置成本加正常利润

4. H 企业在存货发出时，采用月末一次加权平均法核算，该企业 20×6 年 10 月初库存材料为 100 件，每件为 1 000 元。月中又购进两批：一批有 200 件，每件为 950 元；另一批有 200 件，每件为 1 040 元。月末该材料的加权平均单价为（　　）元/件。

A. 950　　B. 996　　C. 990　　D. 1 182

5. 下列原材料相关损失项目中，应计入营业外支出的是（　　）。

A. 计量差错引起的原材料盘亏　　B. 自然灾害造成的原材料净损失

C. 原材料运输途中发生的合理损耗　　D. 人为责任造成的原材料损失

6. 某企业为增值税一般纳税人，从外地购入原材料 5 000 吨，收到增值税专用发票上注明的售价为每吨 100 元、增值税税款为 65 000 元，另发生运输费 2 000 元（增值税税率为 9%），装卸费 1 000 元，途中保险费为 800 元。所购原材料到达后验收发现短缺 20%，其中合理损耗为 5%，另 15%的短缺尚待查明原因。该材料应计入存货的实际成本为（　　）元。

A. 478 610　　B. 403 040　　C. 503 800　　D. 428 230

7. 在采用先进先出法对存货计价的情况下，如果物价上涨，将会使企业（　　）。

A. 期末存货升高，当期利润减少　　B. 期末存货升高，当期利润增加

C. 期末存货降低，当期利润增加　　D. 期末存货降低，当期利润减少

8. 甲企业为小规模纳税人，从某一般纳税人企业购入原材料一批，增值税专用发票上注明货款为 100 000 元，增值税进项税额为 13 000 元，对方代垫的运杂费为 2 000 元（假设不考虑增值税），该原材料已验收入库，则购买该原材料的入账价值为（　　）元。

A. 117 000　　B. 100 000　　C. 115 000　　D. 102 000

9. 某企业采用先进先出法计算发出甲材料的成本，20×8 年 9 月 1 日，结存甲材料 200 千克，每千克实际成本 100 元；9 月 10 日购入甲材料 300 千克，每千克实际成本 110 元；9 月 15 日发出甲材料 400 千克。9 月末，库存甲材料的实际成本为（　　）元。

A. 10 000　　B. 10 500　　C. 11 000　　D. 10 600

10. 资产负债表日，存货应当按照成本与可变现净值孰低计量。这一做法体现了会计信息质量要求的（　　）要求。

A. 相关性　　B. 谨慎性　　C. 重要性　　D. 实质重于形式

11. 甲公司 20×8 年 12 月 31 日有库存配件 200 套，每套配件的账面成本为 10 万元，市场价格为 8 万元。该批配件可用于加工 200 件 A 产品，将每套配件加工成 A 产品尚需投入 20 万元。A 产品 20×8 年 12 月 31 日的市场价格为每件 30.5 万元，估计销售过程中每件将发生销售费用及相关税费 1 万元。该配件此前未计提存货跌价准备，甲公司在 20×8 年 12 月 31 日对该配件应计提的存货跌价准备为（　　）万元。

A. 0　　B. 50　　C. 100　　D. 200

12. 企业某种存货的期初实际成本为 200 万元，期初“存货跌价准备”账户贷方余额为 2.5 万元，本期购入该种存货实际成本为 45 万元，生产领用 150 万元，期末估计库存该种存货的可变现净值为 91 万元，则本期应计提存货跌价准备额为（　　）万元。

A. 1.5　　B. 2.5　　C. 4　　D. 9

二、多选题

1. “材料成本差异”科目贷方核算的内容有（　　）。

A. 入库材料成本超支差异　　B. 入库材料成本节约差异

C. 结转发出材料应负担的超支差异　　D. 结转发出材料应负担的节约差异

2. 下列费用中应计入企业存货采购成本的有（　　）。

A. 购入存货运输过程中的保险费用　　B. 存货储备保管费用

C. 采购人员工资费用　　D. 入库前的挑选整理费用

E. 购入存货发生的包装费

3. 一般纳税人的下列支出中构成存货采购成本的有（　　）。

A. 运输途中的合理损耗　　B. 装卸费

C. 支付的增值税　　D. 入库前的挑选整理费

E. 支付的进口关税

4. 在物价持续上涨的情况下，采用先进先出法结转存货成本，其特点有（　　）。

A. 高估期末存货成本　　B. 低估期末存货成本

C. 高估当期资产价值　　D. 高估当期利润

E. 低估当期利润

5. 下列关于周转材料的会计处理表述正确的有（　　）。

A. 多次使用的包装物可根据使用次数分次进行摊销

B. 低值易耗品金额较小的可在领用时一次计入成本费用

C. 随同商品销售出借的包装物的摊销额应计入管理费用

D. 随同商品出售单独计价的包装物取得的收入应计入其他业务收入

6. 企业原材料采用计划成本核算，应设置的账户有（　　）。

A. “原材料”　　B. “在途物资”　　C. “材料采购”

D. “库存商品”　　E. “材料成本差异”

7. 下列项目中，应作为存货核算的有（　　）。

A. 工程物资　　B. 原材料　　C. 低值易耗品

D. 在产品　　E. 委托加工材料

8. 存货的确认以取得法定产权为标志。下列属于企业存货的有（　　）。

A. 已经购入但未存放在本企业的货物　　B. 已售出但货物尚未运离本企业的存货

C. 已经运离企业但尚未售出的存货　　D. 未购入但存放在企业的存货

E. 已经确认销售收入但未收到货款的存货

9. 存货的盘存方法有（　　）。

A. 账目核对法　　B. 永续盘存制　　C. 实地盘存制　　D. 收付实现制

10. 企业存货发生盘盈或盘亏，应先记入“待处理财产损溢”科目，待报经批准后，分别转入（　　）。

A. 营业外支出　　B. 营业外收入　　C. 管理费用

D. 其他应收款　　E. 财务费用

11. 依据企业会计准则的规定，下列有关存货可变现净值的表述中，正确的有（　　）。

A. 为执行销售合同而持有的存货，通常应当以产成品或商品合同价格作为其可变现净值的计算基础

B. 持有存货的数量多于销售合同订购数量，超出部分的存货可变现净值应当以产成品或商品的合同价格作为计算基础

C. 没有销售合同约定的存货，应当以产成品或商品市场销售价格作为其可变现净值的计算基础

D. 用于出售的材料，通常应当以市场销售价格作为其可变现净值的计算基础

E. 用于生产产品的材料，确定其可变现净值时的估计售价为所生产产品的估计售价

三、判断题

1. 购入材料在运输途中发生的合理损耗应计入管理费用。(　　)

2. 存货的可变现净值等于企业预计销售存货取得的现金流量。(　　)

3. 企业采购材料运输途中发生的短缺和毁损，均应计入材料的采购成本。(　　)

4. 采用实地盘存制核算，由于倒挤成本，从而将存货短缺全部挤进耗用或销售成本之内，削弱了对存货的控制。(　　)

5. 企业发出存货的计价，在资产负债表日可以按实际成本核算，也可以按计划成本核算。(　　)

6. 小规模纳税人企业采购货物所支付的增值税一律计入所购货物的采购成本。(　　)

7. 企业购买的原材料，如果期末原材料已到达且已验收入库，但发票账单未到，则企业可以先不进行会计处理，等到下月发票账单到达以后再进行会计处理。(　　)

8. 为执行销售合同或者劳务合同而持有的存货，通常应当以产成品和商品的市场价格作为其可变现净值的计算基础。(　　)

9. 一般纳税人购进生产用原材料时，支付的外地运输费以及增值税应全部计入购进材料的采购成本。(　　)

10. 企业是否计提存货跌价准备都不会影响资产负债表中存货项目的金额。(　　)

四、业务题

1. 9月1日，大地公司结存A存货1 000件，单价50元。9月，该公司发生以下与A存货收入、发出相关的经济业务。

（1）9月5日，购进2 000件，单价48元。

（2）9月7日，发出2 200件。

（3）9月13日，购进1 500件，单价52元。

（4）9月15日，发出1 000件。

（5）9月20日，购进3 000件，单价53元。

（6）9月30日，发出3 500件。

要求：根据以上资料，采用先进先出法、加权平均法计算期末结存A存货的成本和本期发出A存货的成本。

2. 大地公司为增值税一般纳税人，适用的增值税税率为13%，存货按实际成本计价核算，20×8年4月发生下列相关业务。

（1）4月3日，采用银行本票结算方式购入K1材料一批，增值税专用发票上注明货款200 000元、增值税进项税26 000元。当日，另支付运输费2 000元，运输费增值税税率为9%，入库前的挑选整理费为300元，材料已验收入库。

（2）4月17日，从乙公司购买K2材料，增值税专用发票上注明K2材料的买价86 000元、增值税进项税11 180元。材料已验收入库，企业向乙公司开出3个月期限的商业承兑汇票。

（3）4月19日，从甲企业购入K3材料一批，增值税专用发票上注明货款100 000元、增值税进项税13 000元。该批材料途中保险费为500元。货款和途中保险费已用银行存款支

付，材料尚未到达。

（4）4 月 25 日收到 K3 材料，并已验收入库。

（5）4 月 26 日购入 K1 材料一批，材料已经验收入库，发票账单尚未收到。4 月 30 日发票账单仍未收到，将该批材料估价 80 000 元入账。

（6）5 月 5 日，收到 K1 材料的发票账单，增值税专用发票上注明货款 80 000 元、增值税进项税 10 400 元。企业用银行存款支付。

要求：根据上述经济业务编制会计分录。

3. 大地公司存货按计划成本计价核算，20×8 年 8 月初库存 A 材料的计划成本为 100 万元，材料成本差异率为 5%，当月发生以下经济业务。

（1）8 月 8 日，购买 A 材料一批，增值税专用发票上注明货款 60 万元、增值税进项税额 7.8 万元，运费为 2 万元，增值税税率为 9%，用银行存款支付全部款项，材料已验收入库，该批材料的计划成本为 63 万元。

（2）8 月 15 日，购买 A 材料一批，增值税专用发票上注明货款 20 万元、增值税进项税额 2.6 万元，货款尚未支付，材料尚未验收入库。

（3）8 月 20 日，在 8 月 15 日购买的 A 材料验收入库，该批材料的计划成本为 193 600 元。

（4）8 月 31 日，根据发出材料汇总表，本月发出材料计划成本为 120 万元，其中，生产产品耗用 100 万元，生产车间耗用 10 万元，企业行政管理部门耗用 10 万元。

要求：计算当月材料成本差异率；根据经济业务编制相关会计分录。

4. 甲公司期末存货采用成本与可变现净值孰低法计价。20×8 年 9 月 26 日，甲公司与乙企业签订销售合同：由甲公司于 20×9 年 3 月 6 日向乙企业销售 A 存货 10 000 台，每台 1.5 万元。20×8 年 12 月 31 日，甲公司库存存货 13 000 台，单位成本为 1.41 万元。20×8 年 12 月 31 日，A 存货的市场销售价格为每台 1.3 万元，预计销售费用为每台 0.05 万元。甲公司于 20×9 年 3 月 6 日向乙企业销售 A 存货 10 000 台，每台 1.5 万元。4 月 6 日，销售未签订销售合同的 A 存货 100 台，市场销售价格为每台 1.2 万元，货款均已收到。

要求：（1）编制 20×8 年年末计提存货跌价准备的会计分录并列示计算过程。

（2）编制 20×9 年有关销售业务的会计分录。

5. 清河工厂在 5 月发生下列周转材料业务。

（1）5 日，生产车间为生产产品领用包装物 400 000 元，包装物价值采用一次转销法核算。

（2）9 日，销售部门领用包装物 2 000 件，随同产品出售，不单独计价，该批包装物实际成本 60 000 元。

（3）生产车间本月领用低值易耗品一批，实际成本 86 000 元，采用五五摊销法摊销；本月报废一批专用工具，该批工具实际成本 34 000 元，报废时残料收回，作价 300 元，可作原材料使用。

要求：根据以上经济业务编制会计分录。

五、案例分析题

【案例 1】

（1）新光公司于 20×3 年 6 月与 B 企业签订了一项订货合同，合同要求公司为 B 企业加工乙产品 20 000 件，合同定价为 150 元/件。根据合同规定，公司应于 9 个月之内将产品运抵B企业指定的地点，并由B企业承担预计20 000元的运杂费，如果运杂费超过20 000元，则超过部分由新光公司承担。新光公司认为该产品有一定的市场，因此在B企业的订购数量外多加工了1 000件。公司加工的21 000件乙产品已于12月底全部完工，乙产品的成本为100元/件，总成本为2 100 000元。但新光公司在年末分析乙产品的可变现净值时，发现由于市场条件的变化，乙产品的市场价格已降至90元/件，并且销售乙产品还会发生预计10元/件的销售费用及相关税金，公司为此确定该批产品的可变现净值为1 680 000元，计提存货跌价准备420 000元。

（2）新光公司20×3年9月发生了一场火灾，材料损失超过80万元。保险公司的赔偿额为40万元。公司在预计了全年的收支情况后，明确了如果列报材料损失，则会使公司利润下降得更加严重。为保证利润指标的实现，公司领导要求财会部门不能在20×3年列报该毁损材料。

要求：根据上述材料回答下列问题。

（1）根据以上资料判断新光公司对期末存货的处理是否正确并说明理由。

（2）根据以上资料分析新光公司对材料损失的处理是否正确，这样处理对企业利润有何影响。

【案例2】

综合媒体报道　2019年7月5日，中国证券监督管理委员会（以下简称“证监会”）对嘉曼服饰采取出具警示函的行政监管措施，认为嘉曼服饰存在刷单与自买货行为、固定资产相关内控不健全、使用个人账户支付款项或费用、未能充分抵销内部交易的未实现利润、存货及其跌价计提存在瑕疵等问题。其中的存货跌价的问题如下。

在2015—2017年，嘉曼服饰的存货账面价值分别为1.91亿元、2.16亿元和2.47亿元，占各期末流动资产的比例分别为65.11%、67.17%和58.84%，占各期末资产总额的比例分别为52.30%、52.79%和47.48%。而在2017年，同行业可比上市公司存货占流动资产、总资产的比重平均值分别为30.71%和18.39%，存货占比明显低于嘉曼服饰。事实上，嘉曼服饰不仅比同行积压了更高比例的存货，对存货跌价准备的计提比例还明显偏低。2015—2018年上半年，嘉曼服饰分别计提存货跌价准备1 465.63万元、1 722.17万元、2 191.24万元和2 079.97万元，占各期存货账面余额的计提比例分别为7.14%、7.37%、8.15%和8.77%。然而，同行业可比上市公司存货跌价准备的平均计提比例分别为15.64%、16.96%、15.84%和15.97%，几乎是嘉曼服饰计提比例的两倍。

证监会认为，嘉曼服饰违反了《首次公开发行股票并上市管理办法》第二十三条、第二十四条的有关规定，即违反了“会计基础工作规范，财务报表的编制符合企业会计准则和相关会计制度的规定，在所有重大方面公允地反映了发行人的财务状况、经营成果和现金流量”，以及“编制财务报表应以实际发生的交易或者事项为依据；在进行会计确认、计量和报告时应当保持应有的谨慎；对相同或者相似的经济业务，应选用一致的会计政策，不得随意变更”。故对嘉曼服饰出具警示函。

要求：根据以上资料回答下列问题。

（1）存货跌价准备的多提和少提对企业利润有何影响？

（2）不充分计提存货跌价准备为什么会对未来业绩埋下隐患？

第五章　金 融 资 产

学习目标

通过本章的学习，了解金融资产的定义与分类；掌握债权投资的特点及核算；掌握其他债权投资和其他权益工具投资的性质和核算；掌握交易性金融资产的特点及核算；掌握长期股权投资的性质、分类及核算。

第一节　金融资产概述

一、金融资产的定义

按照《金融工具确认和计量准则》的界定，金融资产是指企业持有的现金、其他方的权益工具以及符合下列条件之一的资产：①从其他方收取现金或其他金融资产的合同权利。②在潜在有利条件下，与其他方交换金融资产或金融负债的合同权利。③将来须用或可用企业自身权益工具进行结算的非衍生工具合同，且企业根据该合同将收到可变数量的自身权益工具。④将来须用或可用企业自身权益工具进行结算的衍生工具合同，但以固定数量的自身权益工具交换固定金额的现金或其他金融资产的衍生工具合同除外。

金融资产主要包括库存现金、银行存款、应收账款、应收票据、应收利息、应收股利、其他应收款、贷款、债权投资、股权投资、基金投资、衍生金融资产等。

本章不涉及以下金融资产的会计处理：①货币资金（包括库存现金、银行存款和其他货币资金）类金融资产，该类金融资产的会计处理见本书第二章。②短期债权（包括应收账款、应收票据、其他应收款等）类金融资产，该类金融资产的会计处理见本书第三章。

二、金融资产的分类

按照《金融工具确认和计量准则》，企业应当根据其管理金融资产的业务模式和金融资产的合同现金流量特征，将金融资产划分为以下三类：①以摊余成本计量的金融资产；②以公允价值计量且其变动计入其他综合收益的金融资产；③以公允价值计量且其变动计入当期损益的金融资产。

企业管理金融资产的业务模式，是指企业如何管理其金融资产以产生现金流量。业务模式决定企业所管理金融资产现金流量的来源是收取合同现金流量、出售金融资产还是两者兼有，即是收利息还是赚差价，抑或两者兼而有之。

企业管理金融资产的业务模式，应当以企业关键管理人员决定的对金融资产进行管理的特定业务目标为基础进行确定，应当以客观事实为依据，而不能以按照合理预期不会发生的情形为基础确定。

金融资产的合同现金流量特征，是指金融资产合同约定的、反映相关金融资产经济特征的现金流量属性。例如，持有债券的合同现金流量是未来收到的本金和利息，持有股票的合同现金流量是未来收到的现金股利和转让价款。

（1）金融资产同时符合下列条件的，应当分类为以摊余成本计量的金融资产：①企业管理该金融资产的业务模式是以收取合同现金流量为目标；②该金融资产的合同条款规定，在特定日期产生的现金流量，仅为对本金和以未偿付本金金额为基础的利息的支付。以摊余成本计量的金融资产主要是收取合同本金和利息的债权类资产。

（2）金融资产同时符合下列条件的，应当分类为以公允价值计量且其变动计入其他综合收益的金融资产：①企业管理该金融资产的业务模式既以收取合同现金流量为目标又以出售该金融资产为目标；②该金融资产的合同条款规定，在特定日期产生的现金流量，仅为对本金和以未偿付本金金额为基础的利息的支付。以公允价值计量且其变动计入其他综合收益的金融资产主要指既可以收取合同本金和利息又可以赚差价的债权类金融资产，以及在初始确认时直接指定为以公允价值计量且其变动计入其他综合收益的股权类金融资产。

（3）金融资产符合下列条件的，应当将其分类为以公允价值计量且其变动计入当期损益的金融资产。

对于上述（1）和（2）分类之外的金融资产，企业应当将其分类为以公允价值计量且其变动计入当期损益的金融资产。

以公允价值计量且其变动计入当期损益的金融资产主要指交易性金融资产以及企业持有的直接指定为以公允价值计量且其变动计入当期损益的金融资产。企业在非同一控制下的企业合并中确认的或有对价构成的金融资产也归为该类。

三、金融资产的重分类

企业改变其管理金融资产的业务模式时，应当按照规定对所有受影响的相关金融资产进行重分类。所以，金融资产（主要指非衍生的债权资产）可以在以摊余成本计量、以公允价值计量且其变动计入其他综合收益和以公允价值计量且其变动计入当期损益之间进行重分类。需要说明的是，企业管理金融资产业务模式的变更是一种极其少见的情形。

企业对金融资产进行重分类，应当自重分类日起采用未来适用法进行相关会计处理，不得对以前已经确认的利得、损失（包括减值损失和利得）或利息进行追溯调整。按照规定对金融资产重分类进行处理的，企业应当根据该金融资产在重分类日的公允价值确定其实际利率，并将重分类日视为初始确认日。

视野拓展

目前，关于金融工具的规范包括《企业金融工具确认和计量准则》《金融资产转移准则》《套期会计准则》《金融工具列报准则》等四项会计准则，简称新金融工具准则。

有关金融工具确认和计量的政策文件

第二节　交易性金融资产

一、交易性金融资产概述

交易性金融资产在金融资产分类中是分类为以公允价值计量且其变动计入当期损益的金融资产。

以公允价值计量且其变动计入当期损益的金融资产主要指交易性金融资产以及企业持有

的直接指定为以公允价值计量且其变动计入当期损益的金融资产。企业在非同一控制下的企业合并中确认的或有对价构成的金融资产也归为该类。本节主要以交易性金融资产为例。

金融资产满足下列条件之一的，表明企业持有该金融资产的目的是交易。

（1）取得相关金融资产的目的，主要是近期出售或回购。如企业以赚取差价为目的从二级市场购入的股票、债券、基金等。

（2）相关金融资产在初始确认时属于集中管理的可辨认金融工具组合的一部分，且有客观证据表明近期实际存在短期获利模式。在这种情况下，即使组合中某个组成项目持有的期限稍长也符合为交易而持有的条件。

（3）相关金融资产属于衍生工具。如远期合同、期货合同、互换和期权等。但是，如果衍生工具被企业指定为有效套期工具或者属于财务担保合同的除外，对这类衍生工具应采用相应的方法进行处理。衍生工具通常存在活跃的交易市场，除非被企业指定为套期工具；否则，基本上都是为了从标的价格或衍生工具合约本身价格的波动中获利，符合为交易而持有的特征。

交易性金融资产是企业以进行交易为目的而持有的，在将其出售以前发生的公允价值变动会直接影响交易性金融资产的价值。因此，为了使企业的会计信息使用者了解企业交易性金融资产的现有价值，企业应当设置“交易性金融资产”“公允价值变动损益”“投资收益”等科目进行核算。

“交易性金融资产”账户核算分类为以公允价值计量且其变动计入当期损益的金融资产，包括企业为交易目的而持有的股票、债券、基金等交易性金融资产的公允价值及其增减变化。企业持有的直接指定为以公允价值计量且其变动计入当期损益的衍生金融资产也在该账户核算。该账户借方登记交易性金融资产的取得成本、资产负债表日其公允价值高于账面价值的差额，以及出售交易性金融资产时结转的原形成的公允价值变动损失；贷方登记资产负债表日其公允价值低于账面价值的差额，以及出售交易性金融资产时结转的成本和原形成的公允价值变动收益。该账户下面分别设置“成本”和“公允价值变动”两个明细科目进行核算。

“公允价值变动损益”科目核算企业交易性金融资产等因公允价值变动而形成的应计入当期损益的利得或损失。该科目贷方登记资产负债表日交易性金融资产公允价值高于账面价值的差额，以及出售交易性金融资产时结转的原形成的公允价值变动损失；借方登记资产负债表日交易性金融资产公允价值低于账面价值的差额，以及出售交易性金融资产时结转的原形成的公允价值变动收益。

“投资收益”科目核算企业持有交易性金融资产等的期间内取得的投资收益以及出售交易性金融资产等实现的投资收益或投资损失，借方登记企业取得交易性金融资产时支付的交易费用、出售交易性金融资产等发生的投资损失，贷方登记企业持有交易性金融资产等的期间内取得的投资收益以及出售交易性金融资产等实现的投资收益。

二、交易性金融资产的取得

交易性金融资产应当按照取得时的公允价值作为初始确认金额，相关的交易费用（如印花税、手续费、佣金等）在发生时计入当期损益直接冲减投资收益。如果实际支付的价款中包含已宣告但尚未发放的现金股利或已到付息期但尚未领取的债券利息，则应当单独确认为应收项目，不计入交易性金融资产的初始确认金额。

企业取得交易性金融资产时，按取得时的公允价值，借记“交易性金融资产——成本”

账户；按发生的交易费用，借记“投资收益”账户；按实际支付的价款中包含的已宣告但尚未发放的现金股利或已到付息期但尚未领取的利息，借记“应收股利”或“应收利息”账户；按实际支付的金额，贷记“银行存款”等账户。

【例 5.1】 20×9 年 3 月 1 日，长江公司从股票市场上购入 A 公司股票 20 000 股作为交易性金融资产，每股买价 10 元，另支付交易费用 1 000 元，款项以存入证券公司投资款支付。编制会计分录如下：

借：交易性金融资产——A 股票（成本）　200 000
　　投资收益　1 000
　　贷：其他货币资金——存出投资款　201 000

【例 5.2】 20×9 年 7 月 1 日，黄河公司从证券市场上以 258 万元的价格购入 B 公司于 20×9 年 1 月 1 日发行的面值 250 万元、期限 3 年、票面年利率 4%，每半年付息一次的公司债券作为交易性金融资产。支付的价款中包含已到付息期但尚未领取的利息 5 万元以及交易费用 3 万元，款项以存入证券公司投资款支付。20×9 年 7 月 5 日，黄河公司收到债券利息。

7 月 1 日，购入债券时编制会计分录如下：

借：交易性金融资产——B 债券（成本）　2 500 000
　　应收利息　50 000
　　投资收益　30 000
　　贷：其他货币资金——存出投资款　2 580 000

7 月 5 日，收到债券利息时编制会计分录如下：

借：银行存款　50 000
　　贷：应收利息　50 000

三、交易性金融资产持有期间的现金股利和利息

企业持有交易性金融资产期间，对被投资单位宣告发放的现金股利或企业在资产负债表日按债券票面利率计算的利息，应作为交易性金融资产持有期间的投资收益，借记“应收股利”或“应收利息”账户，贷记“投资收益”账户。

【例 5.3】 续例 5.1，A 公司于 5 月 1 日宣告发放现金股利，每股 0.5 元，长江公司持有 A 公司股票 20 000 股，应收股利 10 000 元，于 5 月 15 日实际收到存入银行。

5 月 1 日，A 公司宣告发放现金股利时编制会计分录如下：

借：应收股利　10 000
　　贷：投资收益　10 000

5 月 15 日，收到现金股利时编制会计分录如下：

借：银行存款　10 000
　　贷：应收股利　10 000

【例 5.4】 续例 5.2，20×9 年 12 月 31 日，黄河公司确认持有的 B 公司债券利息收入 50 000 元。编制会计分录如下：

借：应收利息　50 000
　　贷：投资收益　50 000

四、交易性金融资产的期末计量

交易性金融资产在最初取得时，按取得时的公允价值入账，反映了企业取得交易性金融资产时的实际成本。由于交易性金融资产大多是在证券市场上交易活跃的有价证券，其公允价值瞬息万变，为了使资产负债表上所报告的交易性金融资产的价值能够真实地反映其期末可变现价值，应将交易性金融资产资产负债表日的公允价值列示在报表上，并将公允价值的

变动计入当期损益。

在资产负债表日，应按编表日交易性金融资产的公允价值的变化对其账面价值进行调整，将二者之间的差额计入当期损益。交易性金融资产的公允价值高于其账面价值时，表明交易性金融资产因公允价值上升而增值并形成变动收益，故按其差额借记"交易性金融资产——公允价值变动"账户，贷记"公允价值变动损益"账户；交易性金融资产的公允价值低于其账面价值时，表明交易性金融资产因公允价值下降而贬值并形成变动损失，应按其差额做相反的会计分录。

【例 5.5】 续例 5.1，6 月 30 日，长江公司持有的 A 公司 20 000 股股票的期末市价为 160 000 元，编制会计分录如下：

借：公允价值变动损益　　40 000
　　贷：交易性金融资产——A 股票（公允价值变动）　　40 000

【例 5.6】 续例 5.2，12 月 31 日，黄河公司持有的 B 公司债券的期末市价为 2 510 000 元，编制会计分录如下：

借：交易性金融资产——B 债券（公允价值变动）　　10 000
　　贷：公允价值变动损益　　10 000

五、交易性金融资产的处置

企业以交易为目的而持有的股票、债券、基金等交易性金融资产，在市价上升或企业需要现金的情况下，企业可将其抛售出去。企业出售交易性金融资产时，应将出售以后实际收到的价款与交易性金融资产账面价值的差额作为损益处置。

处置交易性金融资产时，企业应按实际收到的金额借记"银行存款"等账户，按该交易性金融资产的账面价值贷记"交易性金融资产"账户，按出售收入大于（或小于）账面价值的差额贷记（或借记）"投资收益"账户。同时，将原计入该交易性金融资产的公允价值变动损益转出，借记（或贷记）"公允价值变动损益"账户，贷记（或借记）"投资收益"账户。

【例 5.7】 续例 5.1、例 5.5，7 月 5 日，长江公司将其持有的 20 000 股 A 公司股票出售，出售净收入为 210 000 元，款项已收存银行。编制会计分录如下：

借：银行存款　　210 000
　　交易性金融资产——A 股票（公允价值变动）　　40 000
　　贷：交易性金融资产——A 股票（成本）　　200 000
　　　　投资收益　　50 000

同时，将该交易性金融资产持有期间已确认的公允价值变动损益 40 000 元作为已实现的损益，转到"投资收益"账户。编制会计分录如下：

借：投资收益　　40 000
　　贷：公允价值变动损益　　40 000

六、交易性金融资产的重分类

根据《金融工具确认和计量准则》的规定，企业若改变其管理金融资产的业务模式，应当按规定对受影响的相关金融资产进行重分类。

企业可以将一项以公允价值计量且其变动计入当期损益的金融资产（主要指非衍生的债权资产），重分类为以摊余成本计量的金融资产，并以其在重分类日的公允价值作为新的账面余额和计算确定其实际利率。

企业将一项以公允价值计量且其变动计入当期损益的金融资产重分类为以公允价值计量且其变动计入其他综合收益的金融资产的，应当继续以公允价值计量该金融资产。

第三节 债权投资

一、债权投资概述

债权投资在金融资产分类中分类为以摊余成本计量的金融资产。

金融资产中分类为以摊余成本计量的金融资产，主要指以收取合同本金和利息为目标的金融资产，包括以收取利息为业务模式的银行贷款、企业持有的长期债券以及应收款项等债权类资产。企业应当相应设置“贷款”“债权投资”“应收账款”等科目核算分类为以摊余成本计量的金融资产。

由于贷款属于金融企业的主要业务，应收账款等短期债权类金融资产在本书第三章中专门讲述，因此本节仅涉及长期债券投资业务。

二、债权投资的取得

1. 债权投资的取得方式

企业购入其他方发行的长期债券，形成债权投资。企业购入的债券：有的是按债券面值购入的；有的是按高于债券面值的价格购入的，即溢价购入的；有的是按低于债券面值的价格购入的，即折价购入的。

债券的溢价和折价主要是债券的票面利率与金融市场利率不一致造成的。当债券票面利率高于市场利率时，债券通常溢价购入。这部分溢价差额，相当于债券购买者由于日后会多获利息而给予债券发行者的利息返还。反之，当债券票面利率低于市场利率时，债券通常折价购入，这部分折价差额，相当于债券发行者由于日后会少支付利息而给予债券购买者的利息补偿。

2. 债权投资取得的会计处理

为了反映债权投资的取得、收益、处置等情况，企业应设置“债权投资”账户。该账户下面分别设置“成本”“利息调整”“应计利息”等明细科目进行核算。

取得债权投资时，应当按取得时的公允价值与相关交易费用之和作为初始确认金额。如果实际支付的价款中包含已到付息期但尚未领取的利息，则应将尚未领取的利息单独确认为应收项目。

当企业取得债权投资时，应按债券的面值，借记“债权投资——成本”账户；按实际支付的价款中包含的已到付息期但尚未领取的利息，借记“应收利息”账户；按实际支付的金额，贷记“银行存款”账户；按其差额，借记或贷记“债权投资——利息调整”账户。

【例 5.8】 蓝天公司于 20×5 年 1 月 1 日以 208 000 元的价格购入 C 公司当日发行的公司债券 2 000 张，每张面值 100 元，交易费用 8 000 元。该债券系 4 年期、每年 12 月 31 日付息、到期还本的债券，票面年利率为 9%。编制会计分录如下：

借：债权投资——C 债券（成本）	200 000	
——C 债券（利息调整）	8 000	
贷：银行存款		208 000

【例 5.9】 大地公司于 20×5 年 1 月 1 日以 389 250 元的价格（含交易费用）购入 A 公司当日发行的面值 400 000 元、期限 4 年、票面年利率 5%、到期一次还本付息的债券。编制会计分录如下：

借：债权投资——A 债券（成本）	400 000	
贷：银行存款		389 250
债权投资——A 债券（利息调整）		10 750

三、债权投资持有期间的收益

企业的债权投资在持有期间，无论是分期付息、到期还本，还是到期一次还本付息的债券，都应根据权责发生制按期确认利息收入。在债券溢价或折价购入的情况下，债券按面值和票面利率计算的应收利息与实际的利息收入（投资收益）是不一致的。企业应采用实际利率法，按债券期初的摊余成本与实际利率计算各期利息收入，确认投资收益，并进行溢、折价的摊销。

实际利率是将金融资产在预计存续期内的未来现金流量，折现为该金融资产当前账面价值所使用的利率，也就是将债权投资未来收回的本金和利息折现为取得时的账面价值所使用的利率。实际利率法是以债券的摊余成本和实际利率计算确定利息收入的方法。按实际利率法计算的实际利息收入（投资收益）与按票面利率计算的应收利息收入之间的差额即为当期溢价或折价摊销额。

债权投资如为分期付息、到期一次还本的债券，则企业应于资产负债表日按票面利率计算确定应收未收利息，借记“应收利息”账户；按债权投资摊余成本和实际利率计算确定利息收入，贷记“投资收益”账户；按其差额，借记或贷记“债权投资——利息调整”账户。

债权投资如为到期一次还本付息的债券，则企业应于资产负债表日按票面利率计算确定应收未收利息，借记“债权投资——应计利息”账户；按债权投资摊余成本和实际利率计算确定利息收入，贷记“投资收益”账户；按其差额，借记或贷记“债权投资——利息调整”账户。

【例 5.10】 续例 5.8，蓝天公司对持有的 C 公司债券于每年年末采用实际利率法确认利息收入，并进行溢价的摊销。

该债券的实际利率计算如下。

由于该债券为分期付息、到期还本的债券，故应根据公式“债券到期收回本金的现值+各期利息的现值=债券面值+债券溢价（或−债券折价）”计算。又由于该债券为溢价购入，实际利率应该低于票面利率，故先以 8%作为折现率测算。通过查复利现值系数表和年金现值系数表可知，4 期、8%的复利现值系数和年金现值系数分别为 0.735 和 3.312，得

$$200\ 000\times 0.735+200\ 000\times 9\%\times 3.312=206\ 616\ \text{（元）}<208\ 000\ \text{元}$$

上式计算结果小于取得 C 公司债券的实际成本，说明实际利率小于 8%。再以 7%作为折现率测算。通过查表可知，4 期、7%的复利现值系数和年金现值系数分别为 0.763 和 3.387，得

$$200\ 000\times 0.763+200\ 000\times 9\%\times 3.387=213\ 566\ \text{（元）}>208\ 000\ \text{元}$$

上式计算结果大于取得 C 公司债券的实际成本，说明实际利率大于 7%。因此，实际利率介于 7%和 8%之间。采用插值法计算的实际利率如下：

$$\text{实际利率}=7\%+(8\%-7\%)\times(213\ 566-208\ 000)\div(213\ 566-206\ 616)=7.8\%$$

蓝天公司持有 C 公司债券期间各期投资收益、溢价摊销和期末摊余成本见表 5.1。

表 5.1 债券溢价摊销表（实际利率法） （单位：元）

计息日期	应收利息	投资收益	溢价摊销	摊余成本
	①=面值×票面利率	②=上期④×实际利率	③=①−②	④=上期④−③
20×5-01-01				208 000
20×5-12-31	18 000	16 224	1 776	206 224
20×6-12-31	18 000	16 086	1 914	204 310
20×7-12-31	18 000	15 936	2 064	202 246
20×8-12-31	18 000	15 754*	2 246	200 000
合　计	72 000	64 000	8 000	—

注：* 含小数点尾差。

根据表 5.1 所示的计算结果，蓝天公司编制会计分录如下。

（1）20×5 年 12 月 31 日，确认利息收入和溢价摊销：

借：应收利息　　18 000
　　贷：投资收益　　16 224
　　　　债权投资——C 债券（利息调整）　　1 776

（2）20×6 年 1 月 1 日，收到利息：

借：银行存款　　18 000
　　贷：应收利息　　18 000

（20×6 年和 20×7 年年末，确认利息收入和溢价摊销、收取利息的会计分录以此类推，略）

（3）20×8 年 12 月 31 日，确认利息收入和溢价摊销：

借：应收利息　　18 000
　　贷：投资收益　　15 754
　　　　债权投资——C 债券（利息调整）　　2 246

（4）20×9 年 1 月 1 日，债券到期收回本金和最后一期利息：

借：银行存款　　218 000
　　贷：债权投资——C 债券（成本）　　200 000
　　　　应收利息　　18 000

【例 5.11】 续例 5.9，假设 A 公司债券的实际年利率为 5.78%。

大地公司持有 A 公司债券期间各期投资收益、折价摊销和期末摊余成本见表 5.2。

表 5.2　债券折价摊销情况（实际利率法）　　（单位：元）

计息日期	投资收益	应计利息	折价摊销	摊余成本
	①=上期④×实际利率	②=面值×票面利率	③=①−②	④=上期④+③
20×5-01-01				389 250
20×5-12-31	22 498	20 000	2 498	391 748
20×6-12-31	22 643	20 000	2 643	394 391
20×7-12-31	22 796	20 000	2 796	397 187
20×8-12-31	22 813*	20 000	2 813	400 000
合　计	90 750	80 000	10 750	—

注：* 含小数点尾差。

根据表 5.2 所示的计算结果，大地公司编制会计分录如下。

（1）20×5 年 12 月 31 日，确认利息收入和折价摊销：

借：债权投资——A 债券（应计利息）　　20 000
　　　　　　——A 债券（利息调整）　　2 498
　　贷：投资收益　　22 498

（以后各年确认利息收入和折价摊销的会计分录以此类推，略）

（2）20×9 年 1 月 1 日，债券到期收回本金和利息：

借：银行存款　　480 000
　　贷：债权投资——A 债券（成本）　　400 000
　　　　　　　　——A 债券（应计利息）　　80 000

思考与讨论

债券为何会有溢价和折价？确认债权投资收益时为何要进行溢、折价的摊销？

四、债权投资的减值

企业应当在资产负债表日对债权投资的信用风险进行评估，预计未来可能发生的信用减值，根据预计的减值金额确认减值损失，计提减值准备。如债券发行方发生了严重的财务困难，或债务人违反合同逾期不支付利息或本金等，即可认为该项投资发生了减值。

确认发生减值时，如果以摊余成本计量的债权投资账面价值大于其未来现金流量现值，该差额即为减值的金额。按减值的金额，借记“信用减值损失”账户，贷记“债权投资减值准备”账户。

债权投资计提减值准备后，如有客观证据表明该投资的价值已恢复，且客观上与确认该损失后发生的事项有关，则应在原计提的减值准备金额内按恢复的价值予以转回。

五、债权投资的重分类

企业因改变其管理金融资产的业务模式，使某项投资不再适合划分为债权投资，或因债权投资部分出售等，该投资的剩余部分不再适合作为债权投资的，应当按规定将其重分类为以公允价值计量且其变动计入当期损益的金融资产或以公允价值计量且其变动计入其他综合收益的金融资产，并以公允价值进行后续计量。重分类为以公允价值计量且其变动计入当期损益的，在重分类日，该投资的原账面价值与其公允价值之间的差额计入当期损益；重分类为以公允价值计量且其变动计入其他综合收益的，在重分类日，该投资的原账面价值与其公允价值之间的差额计入所有者权益。

重分类为交易性金融资产的，在重分类日，按债权投资的公允价值，借记“交易性金融资产——成本”账户；按其账面价值，贷记“债权投资——成本”“债权投资——应计利息”账户，贷记或借记“债权投资——利息调整”账户；按借贷方差额，贷记或借记“交易性金融资产——公允价值变动损益”账户。

重分类为其他债权投资的，在重分类日，按债权投资的公允价值，借记“其他债权投资——成本”账户；按其账面价值，贷记“债权投资——成本”“债权投资——应计利息”账户，贷记或借记“债权投资——利息调整”账户；按借贷方差额，贷记或借记“其他综合收益”账户。已提减值准备的，应同时结转减值准备。

【例 5.12】 20×8 年 5 月 1 日，由于利率调整和其他市场因素的影响，黄河公司将持有的原划分为债权投资的 E 公司债券重分类为以公允价值计量且其变动计入其他综合收益的其他债权投资。重分类时，该债券“成本”明细账户为 20 000 元，“利息调整”明细账户（借方）为 370 元，转换当日该债券公允价值为 21 000 元。编制会计分录如下：

借：其他债权投资——E 债券（成本）	21 000	
贷：债权投资——E 债券（成本）		20 000
——E 债券（利息调整）		370
其他综合收益		630

假设 5 月 20 日，黄河公司将持有的 E 公司债券全部出售，收取价款 22 000 元，则相关账务处理如下：

借：银行存款	22 000	
贷：其他债权投资——E 债券（成本）		21 000
投资收益		1 000

将之前计入其他综合收益的利得转出，计入投资收益。

借：其他综合收益	630	
贷：投资收益		630

视野拓展

关于其他综合收益

其他综合收益是指企业根据会计准则规定未在当期损益中确认的各项利得和损失，包括以后会计期间不能重分类进损益的其他综合收益和以后会计期间满足规定条件时将重分类进损益的其他综合收益两类。

（1）以后会计期间不能重分类进损益的其他综合收益项目，主要包括：重新计量设定受益计划变动额；权益法下不能转损益的其他综合收益；其他权益工具投资公允价值变动；企业自身信用风险公允价值变动等。

（2）以后会计期间在满足规定条件时将重分类进损益的其他综合收益项目，主要包括：权益法下可转损益的其他综合收益；其他债权投资公允价值变动；金融资产重分类计入其他综合收益的金额；其他债权投资信用减值准备；现金流量套期储备；外币财务报表折算差额；存货或自用房地产转换为以公允价值计量的投资性房地产形成的其他综合收益等。

第四节　其他债权投资和其他权益工具投资

一、概述

其他债权投资和其他权益工具投资在金融资产分类中属于以公允价值计量且其变动计入其他综合收益的金融资产。

以公允价值计量且其变动计入其他综合收益的金融资产主要指既可以收取合同本金和利息又可以赚差价的金融资产。例如，企业持有的长期债券的合同现金流量是到期收回本金和利息，如果企业管理该债券的业务模式是既以收取合同现金流量为目标又以出售该债券为目标，则该债券应当分类为以公允价值计量且其变动计入其他综合收益的金融资产。

另外，根据《金融工具确认和计量准则》的规定，在初始确认时，企业可以将非交易性权益工具投资直接指定为以公允价值计量且其变动计入其他综合收益的金融资产。该指定一经做出，不得撤销。例如，企业持有的限售股，因为有限售条件的限制，不能在短期内出售获利，故不应作为交易性金融资产；又因为股票的合同现金流量是收取股利以及获得清算收益，不是收取本金和利息，也不能作为以摊余成本计量的金融资产，所以，应将其直接指定为以公允价值计量且其变动计入其他综合收益的金融资产。

提示与说明

什么是限售股？读者可通过网络百科“限售股”词条了解我国限售股的形成和现状。

综上所述，以公允价值计量且其变动计入其他综合收益的金融资产包括债权类资产和股权类资产两部分。

企业应当设置“其他债权投资”账户核算分类为以公允价值计量且其变动计入其他综合收益的长期债权投资，该账户下面设置“成本”“利息调整”“应计利息”“公允价值变动”等明细账户分别进行核算；设置“其他权益工具投资”账户核算指定为以公允价值计量且其变动计入其他综合收益的非交易性权益工具投资，该账户下面设置“成本”“公允价值变动”等明细账户分别进行核算。

二、取得时的初始计量

以公允价值计量且其变动计入其他综合收益的金融资产，在取得时，应当按照公允价值和相关交易费用之和作为初始入账金额，实际支付的价款中包含的已宣告但尚未领取的现金股利或已到付息期尚未领取的债券利息，应单独确认为应收项目。

企业取得可供出售的长期债券时，应按债券的面值，借记“其他债权投资——成本”账户；按支付的价款中包含的已到付息期但尚未领取的利息，借记“应收利息”账户；按实际支付的金额，贷记“银行存款”等账户；按借贷方差额，借记或贷记“其他债权投资——利息调整”账户。

企业取得非交易性权益工具时，应按其公允价值与交易费用之和，借记“其他权益工具投资——成本”账户；按支付的价款中包含的已宣告但尚未发放的现金股利，借记“应收股利”账户；按实际支付的金额，贷记“银行存款”等账户。

【例 5.13】 大地公司于 20×8 年 1 月 1 日以 208 000 元的价格购入 C 公司当日发行的公司债券 2 000 张，每张面值为 100 元，另支付交易费用 8 000 元。该债券系 4 年期、每年 12 月 31 日付息、到期还本的债券，票面年利率为 9%，实际利率为 7.8%。大地公司根据其管理该债券的业务模式和该债券的合同现金流量特征，将该债券分类为以公允价值计量且其变动计入其他综合收益的金融资产。编制会计分录如下：

借：其他债权投资——C 债券（成本）	200 000	
——C 债券（利息调整）	8 000	
贷：银行存款		208 000

【例 5.14】 蓝天公司于 20×8 年 7 月 1 日购入 G 公司股票 100 000 股作为非交易性权益工具，每股市价 15.5 元，交易费用 20 000 元，股票买价中包含每股 0.5 元已宣告但尚未发放的现金股利，该现金股利于 7 月 15 日发放。

7 月 1 日，购入股票时编制会计分录如下：

借：其他权益工具投资——G 股票（成本）	1 520 000	
应收股利	50 000	
贷：银行存款		1 570 000

7 月 15 日，领取现金股利时编制会计分录如下：

借：银行存款	50 000	
贷：应收股利		50 000

三、持有期间的收益

企业取得其他权益工具投资以后，在持有期间获得的现金股利，应当计入投资收益。当被投资单位宣告发放现金股利时，借记“应收股利”账户，贷记“投资收益”账户。

企业持有其他债权投资期间，应按期根据债券票面利率计算应收利息，借记“应收利息”账户（分期付息、一次还本债券）或“其他债权投资——应计利息”账户（到期一次还本付息债券）；按可供出售债券的摊余成本和实际利率计算确定利息收入，贷记“投资收益”账户；按其差额，借记或贷记“其他债权投资——利息调整”账户。相关账务处理与债权投资持有期间收益的账务处理类似，此处不再详述。

四、期末计量

由于其他债权投资和其他权益工具投资都是企业持有准备适时出售的债券、股票等有价证券，为了能够真实地反映金融资产的现时价值，在资产负债表日，企业应按相关金融资产公允价值的变化对其账面价值进行调整。与交易性金融资产不同，其他债权投资和其他权益工具投资不以获取短期差价收益为目的，故其公允价值与账面价值的差额不是计入当期损益而是计入所有者权益的其他综合收益。

“其他综合收益”账户核算企业未在损益中确认的各项利得和损失。该账户贷方登记资产负债表日相关资产公允价值高于账面价值的差额，以及出售资产时结转的原形成的公允价值变动损失；借方登记资产负债表日相关资产公允价值低于账面价值的差额，以及出售资产时结转的原形成的公允价值变动收益。

期末编表日，其他债权投资和其他权益工具投资的公允价值高于其账面价值的差额，借记“其他债权投资——公允价值变动”或“其他权益工具投资——公允价值变动”账户，贷记“其他综合收益”账户；公允价值低于其账面价值的差额，编制相反的会计分录。

【例 5.15】 承接例 5.14，假设蓝天公司在 20×8 年 12 月 31 日仍持有该股票，当时的市价为每股 18 元。

1 800 000−1 520 000=280 000（元）

蓝天公司编制会计分录如下：

借：其他权益工具投资——G 股票（公允价值变动） 280 000

贷：其他综合收益 280 000

五、减值的会计处理

企业分类为以公允价值计量且其变动计入其他综合收益的金融资产预期发生信用减值时，企业应当在其他综合收益中确认其损失准备，并将减值损失计入当期损益，且不应减少该金融资产在资产负债表中列示的账面价值。

当企业确定持有的其他债权投资发生减值时，按应减计的金额，借记“信用减值损失”账户；同时，按应从其他综合收益中转出的累计损失，贷记“其他综合收益”账户；按其差额，贷记“其他债权投资”账户。

企业指定为以公允价值计量且其变动计入其他综合收益的非交易性权益工具投资不需计提减值准备。

六、处置的会计处理

当企业出售持有的其他债权投资或其他权益工具投资时，应进行终止确认的会计处理。

其他债权投资处置时，应将取得的价款与该金融资产账面价值之间的差额计入投资损益；同时，将之前计入其他综合收益的累计利得或损失转出，计入投资损益。

按实际收到的金额，借记“银行存款”等账户；按其账面价值，贷记“其他债权投资——成本、应计利息”账户，贷记或借记“其他债权投资——公允价值变动、利息调整”账户；按应从其他综合收益中转出的公允价值累计变动额，借记或贷记“其他综合收益”账户；按其差额，贷记或借记“投资收益”账户。

其他权益工具投资处置时，应将取得的价款与该金融资产账面价值之间的差额计入投资损益；同时，将之前计入其他综合收益的累计利得或损失转出，计入留存收益（利润分配、盈余公积）。

按实际收到的金额，借记“银行存款”等账户；按其账面价值，贷记“其他权益工具投资——成本”账户，贷记或借记“其他权益工具投资——公允价值变动”账户；按应从其他综合收益中转出的公允价值累计变动额，借记或贷记“其他综合收益”账户；按其差额，贷记或借记“利润分配”等账户。

【例 5.16】 W 公司于 20×8 年 7 月 1 日购入股票 100 000 股，每股市价为 15 元，交易费用为 20 000 元。企业将该股票指定为其他权益工具投资。W 公司至 20×8 年 12 月 31 日仍持有该股票，当时的市价为每股 18 元。20×9 年 1 月 21 日，W 公司因资金需要将该股票出售，售价为每股 13 元，另支付交易费用 10 000 元。

W 公司有关账务处理如下。

（1）20×8 年 7 月 1 日，购入股票：

借：其他权益工具投资——成本 1 520 000

贷：银行存款 1 520 000

思考与讨论

为何交易性金融资产期末公允价值的变动计入当期损益，而其他债权投资和其他权益工具投资期末公允价值的变动则计入所有者权益？

（2）20×8 年 12 月 31 日，期末计价：

借：其他权益工具投资——公允价值变动　　280 000

　　贷：其他综合收益　　280 000

（3）20×9 年 1 月 21 日，出售股票：

借：银行存款　　1 290 000

　　其他综合收益　　280 000

　　利润分配　　230 000

　　贷：其他权益工具投资——成本　　1 520 000

　　　　　　　　　　　　——公允价值变动　　280 000

七、重分类的会计处理

企业将一项以公允价值计量且其变动计入其他综合收益的金融资产重分类为以摊余成本计量的金融资产的，应当将之前计入其他综合收益的累计利得或损失转出，调整该金融资产在重分类日的公允价值，并以调整后的金额作为新的账面价值，即视同该金融资产一直以摊余成本计量。该金融资产重分类不影响其实际利率和预期信用损失的计量。

企业将一项以公允价值计量且其变动计入其他综合收益的金融资产重分类为以公允价值计量且其变动计入当期损益的金融资产的，应当继续以公允价值计量该金融资产。同时，企业应当将之前计入其他综合收益的累计利得或损失从其他综合收益转入当期损益。

需要说明的是，企业将以公允价值计量且其变动计入其他综合收益的金融资产进行重分类，主要适用于非衍生债权资产。对于在初始确认时，企业直接指定为以公允价值计量且其变动计入其他综合收益的非交易性权益工具，该指定一经作出，不得撤销。

第五节　长期股权投资

一、长期股权投资概述

（一）长期股权投资的性质与特点

长期股权投资是投资企业以长期持有为目的，通过让渡资产，取得被投资单位股权的权益性投资。企业进行长期股权投资的目的往往与其长期发展战略密切相关，例如，为了控制其他企业的经营活动，使之配合自身的经营，或为了建立长期稳固的供销关系等进行长期股权投资，投资后成为被投资单位的股东，从而具有参与被投资单位经营决策的权利。

长期股权投资具有以下主要特点：①持有时间较长，通常在一年以上；②投资金额一般较大；③投资方与被投资方形成所有权关系，这是股权投资与债券投资的最大区别；④按持股比例获取经济利益和承担经济责任。

（二）长期股权投资的分类

长期股权投资按照投资方与被投资方的关系，可以分为以下三种类型。

1. 对子公司的投资

投资企业能够对被投资单位实施控制的权益性投资，即为对子公司的投资。该种投资方式下，投资企业为母公司，被投资单位为其子公司，投资企业应将子公司纳入合并财务报表的范围。

控制是指有权决定一个企业的财务和经营政策，并能据以从该企业的经营活动中获取利益。一般来说，当投资企业直接或通过其子公司间接地持有被投资单位50%以上有表决权资本时，即视为对被投资单位有控制权。如果投资企业虽然未持有被投资单位50%以上有表决权资本，但具备下列情形之一的，也视为对其具有实质控制权：①根据章程或协议，投资企业有权控制被投资单位的财务和经营政策；②有权任免被投资单位董事会等类似权力机构的多数成员；③在董事会或类似权力机构会议上有半数以上投票权。

2. 对合营企业的投资

投资企业与其他合资方一同对被投资单位实施共同控制的权益性投资，即为对合营企业投资。该种投资方式下，被投资单位为投资方的合营企业。

共同控制是指按照合同约定对某项经济活动所共有的控制。共同控制通常存在于合营企业。一般来说，合营各方所持有的表决权资本比例相同，或虽然所持表决权资本比例不同，但均按合同约定对合营企业实施共同控制。合营企业的重要财务和经营政策必须由投资各方共同决定，任何一方都不能单方面作出决定。合营企业的合营各方均受到合营合同的限制和约束。

实务中，在确定是否构成共同控制时，一般可以考虑以下情况：①任何一个合营方均不能单独控制合营企业的生产经营活动；②涉及合营企业基本经营活动的决策需要各合营方一致同意；③各合营方可能通过合同或协议的形式任命其中的一个合营方对合营企业的日常活动进行管理，但其必须在各合营方已经一致同意的财务和经营政策范围内行使管理权。

3. 对联营企业的投资

投资企业对被投资单位具有重大影响的权益性投资，即为对联营企业投资。该种投资方式下，被投资单位为投资方的联营企业。

重大影响是指对一个企业的财务和经营政策有参与决策的权利，但并不能够控制或者与其他方一起共同控制这些政策的制定。当投资企业直接或通过子公司间接持有被投资单位20%或以上但低于50%的有表决权股份时，一般认为对被投资单位具有重大影响。如果投资企业虽然持有被投资单位20%以下的有表决权资本，但具备下列情形之一的，也应视为对其具有重大影响。

（1）在被投资单位的董事会或类似权力机构中派有代表。这种情况下，投资企业可以通过该代表参与被投资单位经营政策的制定，从而对被投资单位施加重大影响。

（2）参与被投资单位的政策制定，包括股利分配政策等的制定。在制定政策过程中可以为其自身利益提出建议和意见，从而对被投资单位施加重大影响。

（3）与被投资单位之间发生重要交易。有关的交易因对被投资单位的日常经营具有重要性，在一定程度上可以影响被投资单位的生产经营决策。

（4）向被投资单位派出管理人员。通过向被投资单位派出有权力负责被投资单位的财务和经营活动的管理人员，从而能够对被投资单位施加重大影响。

（5）向被投资单位提供关键技术资料。被投资单位的生产经营需要依赖投资企业的技术或资料，表明投资企业对被投资单位具有重大影响。

除上述形式以外，如果投资企业对被投资单位不具有控制、共同控制或重大影响，且在活跃市场中有报价、公允价值能够可靠计量的投资，应根据投资意图划分为交易性金融资产或其他权益工具投资，而不作为长期股权投资。

长期股权投资按照形成投资的方式，分为企业合并形成的长期股权投资和非企业合并形成的长期股权投资。本书主要讲述非企业合并形成的长期股权投资，有关企业合并形成的长期股权投资的内容见高级财务会计学教材，本书不涉及。

长期股权投资也具有金融资产的性质，但由于其核算的特殊性，其会计处理主要由《长期股权投资准则》规范。

相关案例

位列 2020 中国民营企业 500 强第 10 名的浙江吉利控股集团有限公司（以下称“吉利集团”）在发展壮大过程中多次收购国际知名汽车品牌，其中就包括沃尔沃和戴姆勒。收购沃尔沃对吉利集团的发展起到了关键性的作用。2010 年 3 月 28 日，吉利集团和沃尔沃在瑞典签署正式协议，收购沃尔沃轿车 100%的股权，这是当时我国民营企业最大的海外汽车收购案。2010 年 7 月，欧盟、美国和我国的监管机构先后批准了吉利集团收购沃尔沃；2010 年 8 月 2 日，美国福特公司正式向吉利集团移交沃尔沃的资产，自此吉利集团完全拥有了沃尔沃品牌，其资产包括沃尔沃轿车的 9 个系列产品、3 个新平台、2 000 多个遍布全球的网点及相关人才和重要的供应商体系。沃尔沃当时净资产超过 15 亿美元，品牌价值接近百亿美元。

实际上，企业并购成功率并不高，跨国并购失败的更多。如曾在功能手机时代与诺基亚并称双雄的摩托罗拉的移动业务在 2011 年 8 月 15 日被谷歌以 125 亿美元的价格收购，结果并不理想。2014 年 1 月 30 日摩托罗拉移动业务的核心部分被谷歌以 29 亿美元卖给了联想集团。从其后的发展来看，摩托罗拉成了联想集团沉重的包袱。

二、长期股权投资取得的核算

1. 以支付现金的方式取得长期股权投资

以支付现金取得的长期股权投资，其初始投资成本包括购买价款、与取得长期股权投资直接相关的费用、税金及其他必要支出，但所支付的价款中包含的被投资单位已宣告但尚未发放的现金股利或利润应作为应收项目核算，不构成长期股权投资的成本。

【例 5.17】 A 公司于 20×3 年 2 月 10 日自公开市场中买入乙公司 20%的股份，实际支付价款 1 000 万元。另外，在购买过程中支付手续费等相关费用 45 万元。A 公司取得该部分股权后能够对乙公司的生产经营决策施加重大影响。

A 公司取得长期股权投资时的账务处理如下：

借：长期股权投资——乙公司（成本）	10 450 000	
贷：银行存款		10 450 000

2. 以发行权益性证券方式取得长期股权投资

以发行权益性证券方式取得的长期股权投资，其成本为所发行的权益性证券的公允价值。为发行权益性证券支付给有关证券承销机构等的手续费、佣金等相关费用，不构成取得长期股权投资的成本。该部分费用应从权益性证券的溢价发行收入中扣除，溢价收入不足冲减的，应冲减盈余公积和未分配利润。

【例 5.18】 20×3 年 3 月，A 公司通过增发 5 000 万股本公司普通股（每股面值 1 元）取得 B 公司 20%的股权，按照增发前后的平均股价计算，该 5 000 万股股份的公允价值为 8 600 万元。为增发该部分股份，A 公司向证券承销机构等支付了 320 万元的佣金和手续费。假定 A 公司取得该部分股权后能够对 B 公司的生产经营决策产生重大影响。

A 公司应当以所发行股份的公允价值作为取得长期股权投资的成本，编制会计分录如下：

借：长期股权投资——B 公司（成本）	86 000 000	
贷：股本		50 000 000
资本公积——股本溢价		36 000 000

发行权益性证券过程中支付的佣金和手续费，应冲减溢价发行收入，编制会计分录如下：

借：资本公积——股本溢价　　3 200 000

　贷：银行存款　　3 200 000

3. 投资者投入的长期股权投资

投资者投入的长期股权投资是指投资者以其持有的对第三方的投资作为出资投入企业，接受投资的企业原则上应当按照投资各方在投资合同或协议中约定的价值作为取得投资的初始投资成本，但有明确证据表明合同或协议中约定的价值不公允的除外。

在确定投资者投入的长期股权投资的公允价值时，有关权益性投资存在活跃市场的，应当参照活跃市场中的市价确定其公允价值；不存在活跃市场且无法根据市场信息确定其公允价值的情况下，应当将按照一定的估值技术等合理的方法确定的价值作为其公允价值。

【例 5.19】 A 公司设立时，其主要出资方之一甲公司以其持有的对 B 公司的长期股权投资作为出资投入 A 公司。投资各方在投资合同中约定，作为出资的该项长期股权投资作价 4 000 万元。该作价是按照 B 公司股票的市价经考虑相关调整因素后确定的。A 公司注册资本为 16 000 万元。甲公司出资占 A 公司注册资本的 20%，取得该项投资后，A 公司根据其持股比例，能够派人参与 B 公司的财务和生产经营决策。

A 公司对于投资者投入的该项长期股权投资，应进行的会计处理如下：

借：长期股权投资——B 公司（成本）　　40 000 000

　贷：实收资本　　32 000 000

　　　资本公积——资本溢价　　8 000 000

三、长期股权投资核算的成本法

长期股权投资在持有期间，根据投资企业对被投资单位的影响程度等情况的不同，应当分别采用成本法和权益法进行核算。

1. 成本法的概念及适用范围

成本法是指长期股权投资按成本计价的方法。成本法的核算适用于投资企业能够对被投资单位实施控制的长期股权投资，即对子公司的投资。该方式下，投资企业是母公司，需要编制合并报表，因此，为了区分母公司的个别报表和集团合并报表，其长期股权投资按照成本计价，以免在编制合并报表时抵销过多的内部计算项目。但编制合并报表时需要按照权益法在合并工作底稿中进行调整。

2. 成本法的核算要点

成本法的核算要点：①初始投资或追加投资时，按照初始投资或追加投资的成本增加长期股权投资的账面价值。②被投资单位宣告分派现金股利或利润，投资企业应当按照享有被投资单位宣告发放的现金股利或利润确认为当期投资收益。③如果被投资单位不分派现金股利或利润，则不管其是赢利还是亏损，投资企业均不进行账务处理。

3. 成本法的核算

为了反映企业长期股权投资的取得、投资额的增减变动以及处置等情况，企业应设置“长期股权投资”账户。在成本法下，该账户按照被投资单位进行明细核算。

【例 5.20】 光华公司于 20×8 年 1 月 5 日购入 A 公司股份 500 000 股，每股价格 14.20 元，另支付相关税费 36 000 元，所支付的价款中含被投资单位已宣告但尚未发放的现金股利每股 0.40 元。2 月 26 日，收到现金股利。光华公司购入的股份占 A 公司有表决权股份的 60%，并能够对 A

公司实施控制。20×9 年 2 月 19 日，A 公司宣告分派 20×8 年度的现金股利，每股 0.30 元。

账务处理如下。

（1）计算初始投资成本：

成交价：	500 000×14.20=7 100 000（元）
减：已宣告但尚未发放的现金股利	500 000×0.40=200 000（元）
加：相关税费	36 000 元
初始投资成本	6 936 000 元

（2）1 月 5 日，购入时编制会计分录如下：

借：长期股权投资——A 公司　　6 936 000

　　应收股利　　200 000

　　贷：银行存款　　7 136 000

（3）2 月 26 日，收到现金股利时编制会计分录如下：

借：银行存款　　200 000

　　贷：应收股利　　200 000

（4）20×9 年 2 月 19 日，宣告分派 20×8 年度的现金股利时：

应分得的现金股利=0.30×500 000=150 000（元）

编制会计分录如下：

借：应收股利　　150 000

　　贷：投资收益　　150 000

提示与说明

财政部于 2009 年 6 月颁布的《企业会计准则解释第 3 号》规定，采用成本法核算的长期股权投资，除取得投资时实际支付的价款或对价中包含的已宣告但尚未发放的现金股利或利润外，投资企业应当按照享有被投资单位宣告发放的现金股利或利润确认投资收益，不再划分是否属于投资前和投资后被投资单位实现的净利润。

四、长期股权投资核算的权益法

权益法是指长期股权投资以初始投资成本计量后，在投资持有期间根据投资企业享有被投资单位所有者权益的份额的变动，对投资的账面价值进行调整的方法。

（一）权益法的适用范围和核算要点

投资企业对被投资单位具有共同控制或重大影响的长期股权投资，即对合营企业和联营企业的投资，应当采用权益法核算。在这两种投资方式下，投资企业不编制合并报表，但由于其在被投资单位的所有者权益中占有较大份额，因此，应采用权益法核算，以反映这种份额的增减变动情况。

利用权益法进行核算需要注意以下几个重点：①初始投资或追加投资时，按照初始投资或追加投资的成本增加长期股权投资的账面价值；②比较初始投资成本与投资时应享有被投资单位可辨认净资产公允价值的份额，确定其差额并做相应的会计处理；③持有投资期间，随着被投资单位所有者权益的变动，相应调整长期股权投资的账面价值；④被投资单位宣告分派利润或现金股利时，投资企业按持股比例计算应分得的部分，一般应冲减长期股权投资的账面价值。

（二）权益法的核算

在权益法下，“长期股权投资”账户下面按被投资单位分别以“投资成本”“损益调整”“其他权益变动”等账户进行明细核算。

1. 初始投资成本的确认和调整

在权益法下，长期股权投资初始投资成本的确认与成本法的核算相同，根据不同的取得方式确认其初始投资成本。但投资企业取得对联营企业或合营企业的投资以后，为了客观地反映在被投资单位所有者权益中享有的份额，应将初始投资成本按照被投资单位可辨认净资产公允价值和投资企业持股比例进行调整。可辨认净资产公允价值是指被投资单位可辨认资产的公允价值减去负债公允价值后的余额。

对于初始投资成本与应享有被投资单位可辨认净资产公允价值份额之间的差额，应区别以下情况处理：①初始投资成本大于投资时应享有被投资单位可辨认净资产公允价值份额的差额，其性质相当于商誉，无须进行调整，而是构成长期股权投资的成本；②初始投资成本小于投资时应享有被投资单位可辨认净资产公允价值份额的差额，其性质可视为双方在交易过程中被投资单位给予的让步，该部分经济利益流入应计入当期利得，同时调整增加长期股权投资的账面价值。

【例 5.21】 20×9 年 2 月 1 日，甲公司以银行存款 5 100 万元向乙公司投资，占乙公司有表决权资本的 30%，投资当日乙公司可辨认净资产公允价值为 16 000 万元（假定被投资单位各项可辨认资产、负债的公允价值与其账面价值相同）。

甲公司投资时编制会计分录如下：

借：长期股权投资——乙公司（投资成本）　　51 000 000

　　贷：银行存款　　51 000 000

长期股权投资的初始投资成本 5 100 万元大于取得投资时应享有被投资单位可辨认净资产公允价值的份额 4 800（16 000×30%）万元，故不调整长期股权投资的账面价值。

【例 5.22】 承例 5.21，假定甲公司以银行存款 4 200 万元向乙公司投资，占乙公司有表决权资本的 30%，初始投资成本 4 200 万元小于应享有被投资单位可辨认净资产公允价值份额 4 800 万元，之间的差额 600 万元应计入取得投资当期的营业外收入，同时相应调整增加长期股权投资的成本。有关账务处理如下：

借：长期股权投资——乙公司（投资成本）　　42 000 000

　　贷：银行存款　　42 000 000

同时，

借：长期股权投资——乙公司（投资成本）　　6 000 000

　　贷：营业外收入　　6 000 000

> **提示与说明**
>
> 初始投资成本调整应予关注的问题：该初始投资成本的调整仅适用于对联营企业和合营企业投资。对子公司投资采用成本法核算，取得时不需要对初始投资成本进行调整。

2. 投资损益的确认

权益法下，投资企业在持有投资期间，应当按照应享有或应分担的被投资单位净损益的份额确认投资损益，并调整长期股权投资的账面价值。分享利润时，借记“长期股权投资——损益调整”账户，贷记“投资收益”账户；承担亏损时，做相反的会计分录。

在确认应享有或应分担被投资单位净损益的份额时，不能完全以被投资单位账面的净利润为基础计算，而需要在被投资单位账面净利润的基础上经过适当调整后计算确定。调整时主要应考虑以下因素的影响。

（1）被投资单位采用的会计政策及会计期间与投资企业不一致的，应按投资企业的会计政策及会计期间对被投资单位的净利润进行调整，以调整后的净利润为基础计算确定投资收益。

因为在权益法下，将投资企业与被投资单位作为一个整体对待，其所产生的损益应当在一致的会计政策和相同的会计期间基础上确定。

（2）取得投资时被投资单位的各项资产、负债的公允价值与其账面价值不同的，投资企业在计算确认投资收益时，应以取得投资时被投资单位的各项可辨认资产的公允价值为基础，对被投资单位的净利润进行调整，以调整后的净利润为基础计算确定投资收益。

例如，以取得投资时被投资单位固定资产、无形资产的公允价值为基础计提的折旧额或摊销额，相对于被投资单位按账面价值已计提的折旧额、摊销额之间存在差额的，应按其差额对被投资单位净利润进行调整，以调整后的净利润为基础计算确定投资收益。

【例 5.23】光华公司于 20×3 年 1 月 5 日购入柳林公司 30%的股份，购买价款为 4 500 万元，并自取得投资之日起派人参与柳林公司的生产经营决策。取得投资当日，柳林公司可辨认净资产的公允价值为 12 000 万元，除表 5.3 所列项目外，柳林公司的其他资产、负债的公允价值与账面价值相同。

表 5.3　柳林公司相关资产　（单位：万元）

项　　目	账面原价	已提折旧或摊销	公允价值	柳林公司预计使用年限	光华公司取得投资后的剩余使用年限
存货	900		1 100		
固定资产	2 300	460	2 700	20	15
无形资产	1 200	170	1 320	10	8
合　　计	4 400	630	5 120		

假定柳林公司 20×3 年实现净利润 1 000 万元。其中，在光华公司取得投资时的账面存货中有 85%对外出售。光华公司与柳林公司的会计年度及采用的会计政策相同。固定资产、无形资产均按直线法提取折旧或摊销，预计净残值均为 0。

光华公司在确定其应享有的投资收益时，应在柳林公司实现净利润的基础上，根据取得投资时柳林公司有关资产的账面价值与其公允价值差额的影响进行调整（假定不考虑所得税的影响）。

存货公允价值与账面价值的差额应调减的利润=(1 100−900)×85%=170（万元）

固定资产公允价值与账面价值差额应调整增加的折旧额=2 700 ÷ 15−2 300 ÷ 20=65（万元）

无形资产公允价值与账面价值差额应调整增加的摊销额=1 320 ÷ 8−1 200 ÷ 10=45（万元）

调整后的净利润=1 000−170−65−45=720（万元）

光华公司应享有的份额=720×30%=216（万元）

光华公司确认投资收益的账务处理如下：

借：长期股权投资——柳林公司（损益调整）　　2 160 000

　　贷：投资收益　　2 160 000

3. 取得现金股利或利润的处理

投资企业自被投资单位取得的现金股利或利润，应冲减长期股权投资的账面价值。在被投资单位宣告分派现金股利或利润时，借记“应收股利”科目，贷记“长期股权投资——损益调整”科目。收到现金股利或利润时，借记“银行存款”科目，贷记“应收股利”科目。自被投资单位取得的现金股利或利润超过已确认损益调整的部分，应视同投资成本的收回，冲减长期股权投资的账面价值，贷记“长期股权投资——投资成本”科目。

4. 超额亏损的确认

投资企业确认的被投资单位发生的净亏损，应以长期股权投资的账面价值以及其他实质上构成长期权益的项目金额减计至零为限，投资企业负有承担额外损失义务的除外。

“其他实质上构成长期权益的项目”通常是指长期性的应收项目，如企业应收被投资单位的长期债权，该债权目前没有明确的清收计划且在可预见的未来期间也不准备收回的，实质上构成对被投资单位的长期权益。

投资企业在确认应分担被投资单位发生的亏损时，应当按照以下顺序进行处理：①冲减长期股权投资的账面价值；②在长期股权投资的账面价值减计至零的情况下，考虑是否有其他实质上构成长期权益的项目，如果有，则以该长期权益的账面价值为限，继续减计；③在上述长期权益项目的价值也减计至零的情况下，如果按照投资合同或协议约定，投资企业需要承担额外义务的，则需按预计将承担责任的金额确认相关的损失。如果除按上述顺序已确认的损失外仍有额外损失的，应在账外做备查登记，不再予以确认。

在确认了相关的投资损失以后，被投资单位于以后期间实现赢利的，应按以上相反顺序减记账外备查登记的金额和已确认的损失，恢复其他长期权益及长期股权投资的账面价值。

下面举例对长期股权投资权益法下初始投资成本的调整、现金股利及超额亏损的处理进行说明。

【例 5.24】 甲股份有限公司（以下简称“甲公司”）于20×6年1月从乙公司的原有股东中以4 200万元购买乙公司30%的普通股，对乙公司有重大影响。投资时，乙公司可辨认净资产公允价值为12 000万元。乙公司于20×6年3月5日宣告分派20×5年的现金股利800万元，支付日为5月15日。20×6年度，乙公司实现净利润1 000万元。20×7年3月2日，乙公司宣告分派20×6年度现金股利500万元，支付日为5月12日。20×7年度，乙公司实现净利润600万元，无其他所有者权益变动；20×8年度，发生亏损15 000万元；20×9年，乙公司实现净利润1 200万元，不考虑相关税费。

假定被投资单位采用的会计政策及会计期间与投资企业一致，投资时有关资产的公允价值与其账面价值也相同，没有任何调整事项。

（1）20×6年1月，投资时编制会计分录如下：

借：长期股权投资——乙公司（投资成本）	42 000 000	
贷：银行存款		42 000 000

应享有被投资单位可辨认净资产公允价值的份额=12 000×30%=3 600（万元）

甲公司投资后享有被投资单位可辨认净资产公允价值份额低于初始投资成本4 200万元，无须调整长期股权投资初始投资成本。

（2）20×6年3月5日，乙公司宣告分派现金股利，编制会计分录如下：

应分得的现金股利=800×30%=240（万元）

借：应收股利	2 400 000	
贷：长期股权投资——乙公司（损益调整）		2 400 000

（3）20×6年5月15日，收到现金股利，编制会计分录如下：

借：银行存款	2 400 000	
贷：应收股利		2 400 000

（4）20×6年年末确认投资收益：

应确认的投资收益=1 000×30%=300（万元）

编制会计分录如下：

借：长期股权投资——乙公司（损益调整）	3 000 000	
贷：投资收益		3 000 000

（5）20×7年3月2日，乙公司宣告分派现金股利：

应分得的现金股利=500×30%=150（万元）

编制会计分录如下：

借：应收股利	1 500 000	
贷：长期股权投资——乙公司（损益调整）		1 500 000

（6）20×7年5月12日，收到现金股利时，编制会计分录如下：

借：银行存款	1 500 000	
贷：应收股利		1 500 000

（7）确认20×7年度投资收益：

应确认的投资收益=600×30%=180（万元）

编制会计分录如下：

借：长期股权投资——乙公司（损益调整）	1 800 000	
贷：投资收益		1 800 000

（8）20×8 年，乙公司发生亏损 15 000 万元。

甲公司按持股比例计算应承担的亏损额为 4 500（15 000×30%）万元，但因“长期股权投资——乙公司”科目的账面价值为 4 290 万元，其中：

“长期股权投资——乙公司（投资成本）”科目账面余额=4 200（万元）

“长期股权投资——乙公司（损益调整）”科目账面余额=300−240−150+180=90（万元）

而长期股权投资的账面价值只能减至为零，因此，当期只能减少的“长期股权投资——乙公司”科目的账面价值金额为 4 290 万元，未确认的亏损分担额为 210（4 500−4 290）万元，该部分未确认的亏损分担额，应在备查账簿中进行登记。编制会计分录如下：

借：投资收益	42 900 000	
贷：长期股权投资——乙公司（损益调整）		42 900 000

（9）20×8 年 12 月 31 日，“长期股权投资——乙公司”科目的账面价值为零。

（10）20×9 年 12 月 31 日，乙公司实现净利润 1 200 万元，按持股比例计算甲公司应享有 360（1 200×30%）万元，按规定应享有的投资收益首先应当减去以前未确认的亏损分担额 210 万元，差额部分 150（360−210）万元，才为可恢复的长期股权投资的账面价值。

可恢复“长期股权投资——乙公司”科目的账面价值=1 200×30%−210=150（万元）

编制会计分录如下：

借：长期股权投资——乙公司（损益调整）	1 500 000	
贷：投资收益		1 500 000

假如甲公司对乙公司长期股权投资的账面价值减至零，应该承担的亏损额为 4 500 万元，未确认的亏损分担额为 210 万元，这时甲公司账面上仍有应收乙公司的长期应收款 300 万元，该款项从目前情况看，乙公司没有明确的清偿计划（并非产生于商品购销等日常活动），则甲公司应进行的账务处理如下：

借：投资收益	42 900 000	
贷：长期股权投资——乙公司（损益调整）		42 900 000
借：投资收益	2 100 000	
贷：长期应收款		2 100 000

20×9 年 12 月 31 日，乙公司实现净利润 1 200 万元，按持股比例计算甲公司应享有 360（1 200×30%）万元。

可恢复“长期股权投资——乙公司”科目的账面价值=1 200×30%−210=150（万元）

编制会计分录如下：

借：长期应收款	2 100 000	
长期股权投资——乙公司（损益调整）	1 500 000	
贷：投资收益		3 600 000

5. 被投资单位其他综合收益变动的处理

在权益法核算下，被投资单位确认的其他综合收益及其变动，也会影响被投资单位所有者权益总额，进而影响投资企业应享有被投资单位所有者权益的份额。因此，当被投资单位其他综合收益发生变动时，投资企业应当按照归属于本企业的部分，相应调整长期股权投资的账面价值，同时增加或减少其他综合收益。

【例 5.25】 B 公司持有 H 公司 30%的股份，当期 H 公司因持有其他权益工具投资公允价值的变动计入其他综合收益的金额为 600 万元，除该事项外，H 公司当期实现的净收益为 3 200 万元。

假定 B 公司与 H 公司适用的会计政策、会计期间相同，投资时有关资产的公允价值与其账面价值也相同。

B 公司的会计处理如下：

其他综合收益应享有部分=600×30%=180（万元）

损益调整应享有部分=3 200×30%=960（万元）

编制会计分录如下：

借：长期股权投资——H 公司（损益调整）	9 600 000	
——H 公司（其他综合收益）	1 800 000	
贷：投资收益		9 600 000
其他综合收益		1 800 000

6. 被投资单位所有者权益其他变动的处理

在权益法核算下，投资企业将被投资单位的所有者权益变动视为自身的所有者权益变动。被投资单位除净损益、其他综合收益以及利润分配以外，还可能发生引起所有者权益其他变动的事项，主要包括被投资单位接受其他股东的资本性投入、被投资单位发行可分离交易的可转换债券中包含的权益成分、以权益结算的股份支付等。对于被投资单位所有者权益的其他变动，投资企业应按照持股比例计算应享有或承担的份额，调整长期股权投资的账面价值，同时增加或减少资本公积——其他资本公积。

视野拓展

长期股权投资持有期间成本法核算与权益法核算的区别

7. 股票股利的处理

股票股利是企业用增发的股票代替现金股利派发给股东的股利。当企业实现净利润但现金不足时，为了满足股东的要求，通常派发股票股利。分派股票股利对企业有以下两个好处：一是不会使所有者权益总额发生变动，而仅仅是所有者权益各项目结构发生内部的调整；二是不需要企业拿出现金。从理论上讲，被投资单位派发股票股利，既没有使资产减少，又没有使所有者权益减少，但每股净资产降低了，表明股份稀释；投资企业既没有收到资产，又没有增加所有者权益，仅仅是股份的增加，股份的增加并未使持股比例增加，而是以更多的股份代表原持股比例，所享有的权益也未变化，表明每股应享有被投资单位净资产份额的减少，每股投资成本降低。

思考与讨论

为什么在会计核算中投资人收到现金股利要作为收益加以确认而收到股票股利却不作为收益加以确认？

因此，股票股利不能作为一种收益加以确认。被投资单位分派的股票股利，投资企业不进行账务处理，但应于除权日在备查账簿中注明所增加的股数，以反映股份的变化情况。

五、长期股权投资核算方法的转换

企业进行长期股权投资以后，如果发生追加投资或减少投资等，会引起投资企业对被投资单位的影响程度发生变化，有可能导致长期股权投资的核算方法由一种方法转换为另一种方法。

1. 成本法转换为权益法

投资企业因减持股份或处置投资导致对被投资单位的影响能力下降，由控制转为具有重大影响或共同控制的情况下，投资企业应将剩余的长期股权投资转为采用权益法核算，即将剩余的长期股权投资成本与按照剩余持股比例计算的原投资时应享有被投资单位可辨认净资产公允价值的份额进行比较，投资成本大于应享有被投资单位可辨认净资产公允价值份额的差额，其性质相当于商誉，无须调整长期股权投资的账面价值；投资成本小于应享有被投资单位可辨认净资产公允价值份额的差额，应调整增加长期股权投资的账面价值，同时调整留存收益。

2. 权益法或公允价值计量转换为成本法

投资企业因追加投资等原因导致对被投资单位由共同控制或重大影响变为控制时，投资企业的长期股权投资应转换为采用成本法核算，其长期股权投资账面价值的调整，应当按照本章关于对子公司投资初始计量的相关规定处理。

对于原采用公允价值计量且其变动计入当期损益的金融资产转换为采用成本法核算的对子公司投资的，应当按照转换时的公允价值确认为长期股权投资。

3. 公允价值计量转为权益法核算

投资企业原持有的对被投资单位的股权不具有控制、共同控制或重大影响的金融资产，因追加投资等原因导致持股比例增加，使其能够对被投资单位实施共同控制或重大影响，而应转按权益法核算，应在转换日按照原股权的公允价值，加上为取得新增投资而支付对价的公允价值作为改按权益法核算的初始投资成本。在此基础上，比较初始投资成本与获得被投资单位共同控制或重大影响时应享有被投资单位可辨认净资产公允价值份额之间的差额，前者大于后者的，不调整长期股权投资账面价值；前者小于后者的，调整长期股权投资账面价值，并计入当期营业外收入。

4. 权益法转为公允价值计量的金融资产

投资企业原持有的被投资单位的股权对其具有共同控制或重大影响，因部分处置等原因导致持股比例下降，不再具有共同控制或重大影响的，应于失去共同控制或重大影响时改按公允价值计量。对剩余股权在改按公允价值计量时，公允价值与其原账面价值之间的差额计入当期损益。同时，原采用权益法核算的相关其他综合收益，应当在终止权益法核算时，按规定做相应会计处理。

5. 成本法转为公允价值计量的金融资产

投资企业原持有被投资单位的股份能够对被投资单位实施控制，其后因部分处置等原因导致持股比例下降，不能再对被投资单位实施控制，同时对被投资单位也不具有共同控制或重大影响的，应将剩余股权改按公允价值计量的金融资产核算，并于丧失控制权日，将剩余股权按公允价值重新计量，公允价值与账面价值的差额计入当期损益。

六、长期股权投资的减值和处置

1. 长期股权投资的减值

长期股权投资在按规定进行核算确定其账面价值的基础上，如果存在减值迹象，则应当按照相关准则的规定计提减值准备。

投资企业对子公司、联营企业及合营企业的投资进行减值核算时，应当估计其可收回金额。这里的“可收回金额”是指长期股权投资的出售净价与其预计未来现金流量现值之间的较高者。长期股权投资可收回金额低于其账面价值的，应当将其账面价值减计至可收回金额，减计的金额确认为资产减值损失，计入当期损益，同时计提相应的资产减值准备。

长期股权投资计提减值准备后，在以后会计期间不得转回。

【例 5.26】 20×9 年 12 月 31 日，甲公司占乙公司有表决权股份的 70%，对乙公司构成控制。截至此时，长期股权投资的账面价值为 3 000 万元。由于没有公开市场价格且不能可靠计量其公允价值，按市场收益率计算，该项长期股权投资在 20×9 年 12 月 31 日预计未来现金流量现值为

2 480 万元。

根据上述资料，该长期股权投资减值 520（3 000−2 480）万元，其会计分录如下：

借：资产减值损失　　5 200 000

　　贷：长期股权投资减值准备　　5 200 000

2. 长期股权投资的处置

企业将持有的长期股权投资出售时，应相应结转与所售股权相对应的长期股权投资的账面价值，将出售所得的价款与所出售的长期股权投资账面价值的差额确认为处置损益。原计入"其他综合收益"（不能结转损益的除外）或"资本公积——其他资本公积"科目中的金额，在处置时亦应进行结转，将与所出售股权相对应的部分在处置时自"其他综合收益"或"资本公积"科目转入当期损益。

【例 5.27】 甲公司拥有乙公司有表决权股份的 30%，对乙公司有重大影响。20×9 年 12 月 31 日，甲公司出售乙公司的全部股权。所得价款 2 300 万元全部存入银行。截至 20×9 年 12 月 31 日，该项长期股权投资的账面价值为 2 000 万元，其中，投资成本为 1 500 万元，损益调整为 400 万元，其他权益变动为 100 万元，可转入损益的其他综合收益为 200 万元，长期股权投资减值准备为 200 万元。

假定不考虑相关税费，甲公司的会计分录如下：

借：银行存款　　23 000 000

　　长期股权投资减值准备　　2 000 000

　　贷：长期股权投资——乙公司（投资成本）　　15 000 000

　　　　　　　　　　——乙公司（损益调整）　　4 000 000

　　　　　　　　　　——乙公司（其他权益变动）　　1 000 000

　　　　　　　　　　——乙公司（其他综合收益）　　2 000 000

　　　　投资收益　　3 000 000

同时，将原计入其他综合收益和资本公积的金额转入投资收益，其会计分录如下：

借：资本公积——其他资本公积　　1 000 000

　　其他综合收益　　2 000 000

　　贷：投资收益　　3 000 000

本章小结

金融资产主要包括库存现金、银行存款、应收账款、应收票据、应收利息、应收股利、其他应收款、贷款、债权投资、股权投资、基金投资、衍生金融资产等。

企业应当根据其管理金融资产的业务模式和金融资产的合同现金流量特征，将金融资产划分为以下三类：①以摊余成本计量的金融资产；②以公允价值计量且其变动计入其他综合收益的金融资产；③以公允价值计量且其变动计入当期损益的金融资产。

企业改变其管理金融资产的业务模式时，应当按照规定对所有受影响的相关金融资产进行重分类。金融资产（主要指非衍生债权资产）可以在以摊余成本计量、以公允价值计量且其变动计入其他综合收益和以公允价值计量且其变动计入当期损益之间进行重分类。

交易性金融资产是分类为以公允价值计量且其变动计入当期损益的金融资产，是企业为了近期内出售获利而持有的金融资产以及衍生工具。交易性金融资产按取得时的公允价值作为初始确认金额。相关的交易费用在发生时冲减投资收益。如果实际支付的价款中包含已宣告但尚未发放的现金股利或已到付息期但尚未领取的债券利息，则现金股利或债券利息应当单独作为应收项目，不计入交易性金融资产的初始确认金额。

交易性金融资产持有期间获得的现金股利或债券利息应作为投资收益。期末，应按编表日交易性金融资产的公允价值进行期末计量，将公允价值的变动计入当期损益。

以摊余成本计量的金融资产，主要指以收取合同本金和利息为目标的金融资产，债权投资就属于这一类。债权投资是企业购入的长期债券，取得债权投资时，应当按取得时的公允价值与交易费用之和作为初始确认金额。如果实际支付的价款中包含已到付息期但尚未领取的利息，应当单独作为应收项目。债权投资在持有期间，应采用实际利率法，按债券期初的摊余成本和实际利率计算各期利息收入，确认投资收益，并进行溢、折价的摊销。债权投资如果预计可能发生信用减值，则应当确认减值损失，计提减值准备。企业因持有意图或能力发生改变，使某项投资不再适合划分为债权投资的，应当将其重分类为其他债权投资，并以公允价值进行后续计量。

以公允价值计量且其变动计入其他综合收益的金融资产主要指既可以收取合同本金和利息又可以赚差价的金融资产，以及直接指定为以公允价值计量且其变动计入其他综合收益的金融资产。以公允价值计量且其变动计入其他综合收益的金融资产包括其他债权投资和其他权益工具投资两部分。

企业取得其他债权投资和其他权益工具投资时，应当按照公允价值和相关交易费用之和作为初始入账金额，实际支付的价款中包含的已到付息期但尚未领取的债券利息或已宣告但尚未领取的现金股利，应单独确认为应收项目。持有期间获得的债券利息和现金股利应当计入投资收益。

在资产负债表日，其他债权投资和其他权益工具投资按公允价值进行期末计量，将公允价值的变动计入其他综合收益。企业的其他债权投资预期发生信用减值，应当在其他综合收益中确认其损失准备，并将减值损失计入当期损益。企业的其他权益工具投资不需计提减值准备。

处置其他债权投资时，应将取得的价款与该金融资产账面价值之间的差额计入投资损益；同时，将之前计入其他综合收益的累计利得或损失转出，计入投资损益。处置其他权益工具投资时，应将取得的价款与该金融资产账面价值之间的差额计入投资损益；同时，将之前计入其他综合收益的累计利得或损失转出，计入留存收益。

长期股权投资是投资企业以长期持有为目的，通过让渡资产，取得被投资单位股权的权益性投资。长期股权投资按照投资企业对被投资单位的影响程度，可分为控制、共同控制和重大影响三种类型。取得长期股权投资时，应确定其初始投资成本；在持有期间，根据投资企业对被投资单位的影响程度等情况的不同，应当分别采用成本法和权益法进行核算。

成本法是指长期股权投资按成本计价的方法。成本法的核算适用于投资企业对子公司的投资。

权益法是指长期股权投资以初始投资成本计量后，在投资持有期间根据投资企业享有被投资单位所有者权益份额的变动，对投资的账面价值进行调整的方法。权益法的核算适用于投资企业对合营企业和联营企业的投资，其核算内容主要有：①初始投资成本的确认和调整；②投资损益的确认；③取得现金股利或利润的处理；④超额亏损的确认；⑤被投资单位其他综合收益变动的处理；⑥被投资单位所有者权益其他变动的处理；⑦股票股利的处理等。

企业进行长期股权投资以后，减少投资或追加投资等因素会引起投资企业对被投资单位的影响程度发生相应变化，从而导致长期股权投资核算方法由一种方法转换为另一种方法，转换的形式有多种，应注意区分。

长期股权投资在按规定进行核算确定其账面价值的基础上，如果存在减值迹象，应当按照相关准则的规定计提减值准备。企业将持有的长期股权投资出售时，应相应结转长期股权投资的账面价值，将出售所得的价款与所出售的长期股权投资账面价值的差额确认为处置损益。

复习思考

1. 什么是交易性金融资产?
2. 以摊余成本计量的金融资产有何特征?
3. 以公允价值计量且其变动计入当期损益的金融资产与以公允价值计量且其变动计入其他综合收益的金融资产在会计处理上有何异同?
4. 如何确认债权投资的投资收益?
5. 为什么投资企业对被投资单位具有共同控制或重大影响时要采用权益法核算?
6. 成本法与权益法各自的适用范围是什么?
7. 成本法与权益法的会计处理主要区别是什么?

基本训练

一、单选题

1. 关于交易性金融资产的计量，下列说法中正确的是（　　）。

A. 应当按取得该金融资产的公允价值和相关交易费用之和作为初始确认金额

B. 应当按取得该金融资产的公允价值作为初始确认金额，相关交易费用在发生时计入当期损益

C. 资产负债表日，企业应将金融资产的公允价值变动计入当期所有者权益

D. 处置该金融资产时，其公允价值与初始入账金额之间的差额应确认为投资收益，不调整公允价值变动损益

2. A 公司于 20×3 年 4 月 5 日从证券市场上购入 B 公司发行在外的股票 100 万股作为交易性金融资产，每股支付价款 5 元（含已宣告但尚未发放的现金股利 1 元），另支付相关费用 8 万元，A 公司交易性金融资产取得时的入账价值为（　　）万元。

A. 408　　B. 400　　C. 500　　D. 508

3. A 公司于 20×3 年 11 月 5 日从证券市场上购入 B 公司发行在外的股票 200 万股作为交易性金融资产，每股支付价款 5 元，另支付相关费用 20 万元，20×3 年 12 月 31 日，这部分股票的公允价值为 1 050 万元，则 A 公司在 20×3 年 12 月 31 日应确认的公允价值变动损益为（　　）万元。

A. 损失 50　　B. 收益 50　　C. 收益 30　　D. 损失 30

4. 取得交易性金融资产所发生的相关交易费用应当在发生时计入（　　）。

A. 财务费用　　B. 投资收益

C. 管理费用　　D. 交易性金融资产——成本

5. 甲公司与乙公司共同出资设立丙公司。经甲、乙双方协议，丙公司的总经理由甲公司委派，董事长由乙公司委派，各方的出资比例均为 50%，股东按出资比例行使表决权。在这种情况下，（　　）。

A. 甲公司采用权益法核算该长期股权投资，乙公司采用成本法核算该长期股权投资

B. 甲公司采用成本法核算该长期股权投资，乙公司采用权益法核算该长期股权投资

C. 甲、乙公司均采用成本法核算该长期股权投资

D. 甲、乙公司均采用权益法核算该长期股权投资

6. 企业将购买的分期付息的债券作为债权投资时，实付价款中包含的已到期而尚未领取的债券利息，应记入的会计科目是（　　）。

A. “债权投资”　　B. “投资收益”　　C. “财务费用”　　D. “应收利息”

7. 采用成本法核算长期股权投资的情况下，被投资单位发生亏损时，投资企业应当（　　）。

A. 借记“投资收益”科目　　B. 借记“资本公积”科目

C. 贷记“长期股权投资”科目　　D. 不处理

8. 在长期股权投资采用权益法核算时，下列各项中应当确认投资收益的是（　　）。

A. 被投资单位实现净利润　　B. 被投资单位提取盈余公积

C. 收到被投资单位分配的现金股利　　D. 收到被投资单位分配的股票股利

9. A 公司以 2 200 万元取得 B 公司 30%的股权，取得投资时被投资单位可辨认净资产的公允价值为 8 000 万元。如 A 公司能够对 B 公司施加重大影响，则 A 公司计入长期股权投资的金额为（　　）万元。

A. 2 200　　B. 2 400　　C. 8 000　　D. 5 800

10. 甲公司于 20×8 年 1 月 5 日支付价款 2 000 万元购入乙公司 30%的股份，准备长期持有，另支付相关税费 20 万元，购入时乙公司可辨认净资产公允价值为 12 000 万元。甲公

司取得投资后对乙公司具有重大影响。假定不考虑其他因素，甲公司因确认投资而影响利润的金额为（　　）万元。

A. −20　　B. 0　　C. 1 580　　D. 1 600

11. 20×7 年 1 月 1 日，甲公司自证券市场购入面值总额为 2 000 万元的债券。购入时，实际支付价款 2 078.98 万元，另外支付交易费用 10 万元。该债券发行日为 20×7 年 1 月 1 日，系分期付息、到期还本债券，期限为 5 年，票面年利率为 5%，实际年利率为 4%，每年 12 月 31 日支付当年利息。甲公司将该债券作为债权投资核算。假定不考虑其他因素，该债权投资 20×7 年 12 月 31 日的账面价值为（　　）万元。

A. 2 062.14　　B. 2 068.98　　C. 2 072.54　　D. 2 083.43

12. 下列各项中，不影响当期损益的事项是（　　）。

A. 交易性金融资产在持有期间获得现金股利

B. 交易性金融资产在资产负债表日的公允价值大于账面价值的差额

C. 以摊余成本计量的金融资产在持有期间按摊余成本和实际利率计算确认的利息收入

D. 以公允价值计量且其变动计入其他综合收益的金融资产在资产负债表日的公允价值大于账面价值的差额

二、多选题

1. 下列说法中不正确的有（　　）。

A. 交易性金融资产主要是指企业为了近期内出售而持有的金融资产

B. 交易性金融资产是以公允价值计量且其变动计入当期损益的金融资产

C. 交易性金融资产是以公允价值计量且其变动计入当期成本的金融资产

D. 取得交易性金融资产时，以实际支付的买价和交易费用作为其初始确认金额

2. 在“交易性金融资产”科目借方登记的内容有（　　）。

A. 交易性金融资产的取得成本

B. 资产负债表日其公允价值高于账面价值的差额

C. 取得交易性金融资产所发生的交易费用

D. 资产负债表日其公允价值低于账面价值的差额

3. 企业取得的下列收入，应计入投资收益的有（　　）。

A. 转让股票的净收益　　B. 国库券的利息收入

C. 银行存款的利息收入　　D. 公司债券的利息收入

4. 长期股权投资采用权益法核算时，以下（　　）业务发生时，投资企业不需要进行会计处理。

A. 因被投资单位重大会计差错、会计政策变更而调整前期留存收益

B. 被投资单位提取法定盈余公积

C. 因被投资单位增加资本公积——其他资本公积

D. 因被投资单位以盈余公积转增资本，盈余公积弥补亏损

E. 被投资单位以税前利润补亏

5. 债权投资相比长期股权投资而言，（　　）。

A. 投资风险小　　B. 一般无权参与被投资单位的利润分配

C. 有到期收回本金和利息的权利　　　　D. 无经营管理权

6. 权益法的适用范围有（　　）。

A. 控制　　　　B. 共同控制　　　　C. 重大影响　　　　D. 无重大影响

7. 长期股权投资采用权益法核算，“长期股权投资”科目应当分别设置（　　）明细科目进行明细核算。

A. “其他权益变动”　B. “投资成本”　　　　C. “损益调整”

D. “其他综合收益”　　　　　　　　　　E. “投资收益”

8. 采用权益法核算长期股权投资的企业，出现（　　）情况时，投资企业长期股权投资的账面价值应作相应的调整。

A. 投资后被投资单位获得净利润

B. 被投资单位派发现金股利或利润

C. 被投资单位除净损益以外所有者权益产生其他变动

D. 被投资单位其他综合收益变动导致其所有者权益变动

E. 被投资单位派发股票股利

9. 企业采用权益法核算时，应记入“投资收益”科目的有（　　）。

A. 受资企业宣告分派现金股利　　　　B. 处置长期股权投资的损益

C. 受资企业发生亏损　　　　　　　　D. 受资企业实现净利润

10. 股票股利是企业用增发的股票代替现金股利派发给股东的股利，分派股票股利（　　）。

A. 会导致所有者权益总额发生减少

B. 仅仅是所有者权益各项目内部发生此增彼减

C. 不会使所有者权益总额发生变动

D. 会使每股净资产降低

11. 在金融资产的初始计量中，关于交易费用处理的叙述正确的有（　　）。

A. 交易性金融资产发生的相关交易费用直接计入当期损益

B. 以公允价值计量且其变动计入其他综合收益的金融资产发生的相关交易费用应当计入初始确认金额

C. 以摊余成本计量的金融资产发生的相关交易费用应当计入初始确认金额

D. 交易性金融资产发生的相关交易费用应当计入初始确认金额

12. 下列各项因素中，影响企业债权投资摊余成本的有（　　）。

A. 债权投资持有的剩余期限　　　　B. 债权投资的票面利率

C. 债权投资当期利息收入收到的时间　　D. 债权投资发生的减值损失

三、判断题

1. 以公允价值计量且其变动计入当期损益的金融资产，即交易性金融资产。（　　）

2. 资产负债表日，交易性金融资产公允价值与账面价值之间的差额记入“投资收益”科目。（　　）

3. 出售交易性金融资产时，应当将该金融资产出售时的公允价值与其账面价值之间的差额确认为投资收益，同时结转公允价值变动损益。（　　）

4. 取得交易性金融资产所支付价款中包含的已宣告但尚未发放的现金股利或已到付息

期但尚未领取的债券利息应记入“交易性金融资产——成本”科目。(　　)

5. 长期股权投资取得的成本包括实际支付的所有价款，但不包括买价中所包含的已宣告但尚未支付的现金股利。(　　)

6. 交易性金融资产和其他债权投资的相同点是都按公允价值进行后续计量，且公允价值变动均计入当期损益。(　　)

7. 采用成本法核算的长期股权投资，被投资单位宣告分派现金股利时，投资企业应当按照享有的现金股利确认为当期投资收益。(　　)

8. 现金股利和股票股利都是被投资单位给予投资企业的报酬，所以投资企业均应确认为投资收益。(　　)

9. 长期股权投资采用权益法核算时，长期股权投资的初始成本小于取得投资时应享有被投资单位可辨认净资产公允价值份额的，其差额应计入资本公积，同时调整长期股权投资的账面价值。(　　)

10. 采用权益法核算长期股权投资，如果被投资单位提取法定盈余公积，投资企业应按持股比例调减长期股权投资的账面价值。(　　)

11. 在实际利率法下，每期溢折价的摊销数额相等。(　　)

12. 债权投资应当按期计提利息，计提的利息按债券账面价值及适用的利率计算。(　　)

13. 将债权投资重分类为其他债权投资的，应在重分类日按其公允价值，借记“其他债权投资”科目；按其账面价值，贷记“债权投资”科目；按借贷方差额，贷记或借记“资本公积——其他资本公积”科目。(　　)

四、业务题

1. 20×7 年 5 月，甲公司以 480 万元购入乙公司 60 万股股票作为交易性金融资产，另支付手续费 10 万元。6 月 30 日，该股票市价为 7.5 元。8 月 10 日，乙公司宣告分派现金股利，每股 0.20 元，8 月 20 日，甲公司收到分派的现金股利。至 12 月 31 日，甲公司仍持有该股票，期末每股市价为 8.5 元。20×8 年 1 月 3 日，甲公司以 515 万元出售该股票。假定甲公司每年 6 月 30 日和 12 月 31 日对外提供财务报告。

要求：根据上述资料回答下列问题。

（1）编制上述经济业务的会计分录。

（2）计算该交易性金融资产的累计损益。

2. 20×6 年年初，甲公司购买了一项公司债券，作为债权投资，期限 5 年，债券本金 1 100 万元，买价 950 万元，交易费用 11 万元，每年 1 月 5 日按票面年利率 3%支付利息，实际利率为 6%。该债券在第 5 年兑付本金及最后一次利息。

要求：根据上述资料编制相关会计分录。

3. 大华实业有限公司于 20×7 年 3 月 1 日从证券市场上购入股票 400 000 股，每股市价为 10 元，相关税费为 30 000 元；公司将该股票作为其他权益工具投资进行核算和管理，假定不考虑其他因素。公司至 20×7 年 12 月 31 日仍持有该股票，该股票当时的市价为每股 16 元。

20×8 年 4 月 9 日，大华实业有限公司将该股票售出，售价为每股 9 元，另支付交易费用 28 000 元。

要求：根据上述资料，为大华实业有限公司编制相关会计分录。

4. 20×3 年 1 月 1 日，甲公司支付价款 1 000 万元（含交易费用）从证券交易所购入 A 公司同日发行的 5 年期公司债券 12 500 份，债券票面价值总额为 1 250 万元，票面年利率为 4.72%，于年末支付本年度债券利息（每年利息为 59 万元），本金在债券到期时一次性偿还。甲公司根据其管理该债券的业务模式和该债券的合同现金流量特征，将该债券分类为以公允价值计量且其变动计入其他综合收益的金融资产。

其他资料如下：①20×3 年 12 月 31 日，A 公司债券的公允价值为 1 200 万元（不含利息）。②20×4 年 12 月 31 日，A 公司债券的公允价值为 1 300 万元（不含利息）。③20×5 年 12 月 31 日，A 公司债券的公允价值为 1 250 万元（不含利息）。④20×6 年 12 月 31 日，A 公司债券的公允价值为 1 200 万元（不含利息）。⑤20×7 年 1 月 20 日，甲公司通过证券交易所出售了 A 公司债券 12 500 份，取得价款 1 260 万元。

采用插值法计算得出该债券的实际利率 r=10%。

要求：根据上述资料，为甲公司购入债券、持有期间每期实际利息收入、期末公允价值变动以及出售等业务编制相关会计分录。

5. 甲公司发生下列长期股权投资业务。

（1）20×7 年 1 月 3 日，购入乙公司股票 600 万股，占乙公司有表决权股份的 25%，对乙公司的财务和经营决策具有重大影响，甲公司将其作为长期股权投资核算。每股买入价为 8 元，每股价格中包含已宣告但尚未发放的现金股利 0.15 元，另支付相关税费 9 万元。款项均以银行存款支付。当日，乙公司所有者权益的账面价值（与其公允价值不存在差异）为 18 000 万元。

（2）20×7 年 3 月 16 日，收到乙公司宣告分派的现金股利。

（3）20×7 年度，乙公司实现净利润 3 400 万元。

（4）20×8 年 2 月 16 日，乙公司宣告分派 20×7 年度股利，每股分派现金股利 0.24 元。

（5）20×8 年 3 月 12 日，甲公司收到乙公司分派的 20×7 年度的现金股利。

（6）20×9 年 1 月 4 日，甲公司出售所持有的全部乙公司的股票，共取得价款 5 520 万元。（不考虑长期股权投资减值及相关税费）

要求：根据上述资料，编制甲公司长期股权投资的会计分录。（分录中的金额单位用万元表示）

五、案例分析题

【案例 1】

人们对雅戈尔公司的最初印象是它是从服装制造开始的，然而 2008 年之前的几年它因为在金融证券领域的成功投资而声名大噪。一时间，雅戈尔成了国内民营企业涉足金融投资领域的典范。然而股市突变，金融风暴席卷全球，从美洲、欧洲到亚洲，无一不受到波及。事实证明，金融风暴来袭，首当其冲的就是金融资产，其市场价值应声而落，惨不忍睹。2008 年年末，雅戈尔的金融资产已经从最高处的 200 亿元缩水至 100 亿元左右。雅戈尔股票本身的市值更是在 2008 年蒸发 385.65 亿元，位列浙江上市公司之首。

雅戈尔存在很多民营企业都有的“炒股”心态。雅戈尔公布的 2008 年第三季度季报显示，在 2008 年 11 月前，雅戈尔持有海通证券 2 亿股，买入价为每股 17.94 元，而在 2008 年年末，海通证券的每股股价只有 13 元左右，以此估算雅戈尔浮亏 10 亿元。此外，雅戈尔在金马股份上面的投资也存在近 7 000 万元浮亏。事实上，金融投资受挫的不仅仅是这两个超大项目，截至2008年年末，雅戈尔在双鹤药业、中国铁建、大秦铁路、攀钢钢钒（现为攀钢钒钛）上的投资均有折损，仅有中信证券、宁波银行等投资因持股较早、成本超低而获利。

要求：根据以上资料回答下列问题。

（1）什么是金融资产？金融资产有哪些分类？

（2）什么是金融资产的浮亏、浮盈？

（3）本案例中提到的股票可以划分为哪类金融资产？

【案例2】

据《投资时报》2021年3月18日报道（作者黄凤清）在股价创新低的19个交易日后，A股中市值数一数二的游戏公司浙江世纪华通集团股份有限公司（以下称世纪华通）抛出股权变更方案，涉及金额接近56亿元。

3月14日，世纪华通发布公告称，公司控股股东浙江华通控股集团有限公司（以下称华通控股）及其一致行动人绍兴市上虞鼎通投资合伙企业（以下称鼎通投资）与林芝腾讯科技有限公司（以下称林芝腾讯）于当日签署了《股份转让协议》，华通控股拟将其所持有的公司2.55%股份、鼎通投资拟将其所持有的公司2.45%股份通过协议转让的方式转让给林芝腾讯。同时，华通控股与华通控股大股东王苗通亦于同日与世纪华通CEO王佶签署了《股份转让协议》，华通控股拟将其所持有的公司4.78%股份、王苗通拟将其所持有的公司0.22%股份通过协议转让的方式转让给王佶。

股权巨变、腾讯加持后的世纪华通能否就此腾飞？目前仍是未知之数。当前，除了低迷的股价表现外，悬在该公司头上的还有其因收购而产生的巨额商誉。

由于近年来频繁投资与收购，世纪华通财务报表中存在巨额商誉。翻阅世纪华通过去几年的财报发现，其商誉规模在逐年上升，由2014年末的15亿元一路攀升至2020年上半年末的154.31亿元。其中，来自收购盛跃网络及其子公司的商誉余额高达71.58亿元，收购点点开曼产生的商誉余额达58.04亿元，收购无锡七酷、上海天游、厦门趣游等也均在2亿元以上。

截至2020年三季度末，世纪华通的商誉进一步向上突破，达到206.48亿元，较去年初增长近35%。同期，在全部A股上市公司中，商誉超过百亿元的只有14家，若从高至低排名，世纪华通位列第六。此商誉规模在世纪华通净资产中的占比达到了66.54%。

要求：根据世纪华通以上资料回答下列问题。

（1）什么是商誉？商誉是怎样形成的？

（2）过高的商誉会导致企业的真实负债率发生什么变化？

（3）当企业发生大额商誉减值时，会给企业带来什么样的后果？

第六章　固 定 资 产

学习目标

通过本章的学习，应了解固定资产的性质、分类和计价标准；掌握固定资产取得的核算；理解固定资产折旧的性质和影响折旧的因素；掌握固定资产折旧的计算方法和会计处理；理解和掌握固定资产后续支出以及处置和清查的会计处理。

第一节　固定资产概述

一、固定资产的性质

作为企业的重要生产要素之一，固定资产是企业生产经营过程中的重要劳动资料，在其使用过程中保持原有的实物形态，但其价值则由于损耗而逐渐减小，这部分减小的价值以折旧的形式，分期逐步转移到产品成本或费用中，并从销售收入中得到补偿。企业科学管理和正确核算固定资产，有利于促进企业正确评估固定资产的整体情况，提高资产使用效率，降低生产成本，保护固定资产的安全完整，实现资产的保值增值，增强企业的综合竞争力。

固定资产是指同时具有下列特征的有形资产：①为生产商品、提供劳务、出租或经营管理而持有；②使用寿命超过一个会计年度。

根据固定资产的定义，它应具有以下三个特征。

1. 固定资产是为了用于生产经营活动而不是为了出售

企业持有固定资产的目的是生产商品、提供劳务、出租或经营管理。这意味着企业持有的固定资产是企业的劳动工具或手段，而不是直接用于出售的产品。其中“出租”的固定资产是指企业以经营租赁方式出租的机器设备类固定资产，不包括以经营租赁方式出租的建筑物，后者属于企业的投资性房地产，不属于固定资产。

2. 固定资产的使用寿命超过一个会计年度

固定资产使用寿命超过一个会计年度意味着固定资产属于长期资产。这一特征使固定资产明显区别于流动资产。固定资产的使用寿命是指企业使用固定资产的预计期间，或者该固定资产所能生产产品或提供劳务的数量。通常情况下，固定资产的使用寿命是指使用固定资产的预计期间，如自用房屋建筑物的使用寿命按使用年限表示。对于某些机器设备或运输设备等固定资产，其使用寿命往往以该固定资产所能生产产品或提供劳务的数量来表示。例如，发电设备按其预计发电量估计使用寿命，汽车或飞机按其预计行驶或飞行里程估计使用寿命。

固定资产在长期的生产经营过程中，随着使用和磨损，其服务能力会逐渐丧失，直至报废，因此，必须在固定资产的有效使用期限内，通过计提折旧的方式实现对其价值的补偿。

> **提示与说明**
>
> 是否以经营使用为目的是区分固定资产和存货类物资的重要标准。有的存货单位价值很高，使用的年限也很长，但只要其被企业持有的目的是销售，就不能确认为固定资产。

3. 固定资产是有形资产

固定资产具有实物特征。这一特征将固定资产与无形资产区别开来。有些无形资产可能同时符合固定资产的其他特征，如无形资产为生产商品、提供劳务而持有，使用寿命超过一个会计年度，但由于其没有实物形态，所以不属于固定资产。

对于工业企业所持有的工具、用具、备品备件、维修设备等资产，企业应该根据实际情况(使用期限和单位价值等因素)，区分为固定资产和低值易耗品，分别核算和管理。

二、固定资产的分类

企业固定资产的种类繁多，为了正确进行固定资产核算，应按不同标准对固定资产进行分类。

1. 按经济用途分类

固定资产按经济用途进行分类可以分为生产经营用固定资产和非生产经营用固定资产。

生产经营用固定资产是指直接参加生产经营过程或直接服务于生产经营过程的各种房屋及建筑物、机器设备、运输设备、动力传导设备、工具器具和管理用具等。

非生产经营用固定资产是指不直接服务于生产经营过程的各种房屋、设备、器具等固定资产，如职工食堂、职工宿舍等。

2. 按使用情况分类

固定资产按使用情况分类可以分为使用中固定资产、未使用固定资产和不需用固定资产。

使用中固定资产是指正在使用的各种固定资产。

未使用固定资产是指尚未投入使用或者暂停使用的各种固定资产，如建造完工但尚未交付使用的固定资产，以及因进行改扩建等暂停使用的固定资产等。

不需用固定资产是指不适合本企业需要，准备出售处理的各种固定资产。

3. 按产权关系分类

固定资产按产权关系进行分类可以分为自有固定资产和融资租入固定资产。

自有固定资产是指企业拥有所有权的各种固定资产。

融资租入固定资产是指企业在租赁期间不拥有所有权但拥有实质控制权的各种固定资产。

4. 综合分类

在实际工作中，通常结合固定资产的经济用途、使用情况和产权关系等因素进行综合分类，将固定资产分为生产经营用固定资产、非生产经营用固定资产、租出固定资产、未使用固定资产、不需用固定资产、土地、融资租入固定资产七大类。

上述七大类中，土地主要是指已经估价单独入账的土地。因征地而支付的补偿费应计入与土地有关房屋、建筑物的价值，不单独作为土地价值入账。企业取得的土地使用权不能作为固定资产，而是作为无形资产或投资性房地产。

融资租入固定资产是指企业采取融资租赁方式租入的固定资产，在租赁期内应视同自有固定资产进行管理。

综合分类是会计实务中进行固定资产明细核算的主要依据。

三、固定资产的计价

固定资产计价是指以货币为计量单位来计量固定资产的价值。固定资产计价的正确与否，不仅关系到固定资产的管理和核算，而且关系到企业的收入与费用是否配比，经营成果的核算是否真实。为了正确反映固定资产价值的增减变动，应按一定的标准对固定资产进行计价。固定资产的计价标准一般有以下几种。

（1）原始价值也称原值或原价，是指购建固定资产并使之达到预定可使用状态前所发生的一切合理、必要的支出。企业新购建固定资产的计价、确定计提折旧的依据等均采用这种计价标准。该计价标准的主要优点是具有客观性和可验证性。按这种计价标准确定的价值均是实际发生并有凭据的支出，它成为固定资产的基本计价标准。

（2）重置价值也称重置完全价值，是指企业在当前条件下，重新购置同样的固定资产所需支付的金额。按重置完全价值计价，虽然可以比较真实地反映固定资产的现实价值，但也带来一系列的问题，如会计实务操作比较复杂。因此，这种标准目前仅在清查财产中确定盘盈固定资产的价值时使用，或在对报表进行补充、附注说明时采用。

（3）净值也称为折余价值，是指固定资产原值减去已提折旧后的余额。它可以反映企业实际占用固定资产的金额和固定资产的新旧程度。这种计价标准主要用于计算盘盈、盘亏、毁损固定资产的损益等。

四、固定资产核算的账户设置

为了反映固定资产的增减变动，应设置“固定资产”“累计折旧”“工程物资”“在建工程”账户。

（1）“固定资产”账户反映固定资产原值的增减变动和结存情况。该账户借方登记增加固定资产的原值，贷方登记减少固定资产的原值，借方余额表示企业实有固定资产的原值。企业应根据自身实际情况设置固定资产明细账户、明细账簿及固定资产卡片加强固定资产的核算和管理。

（2）“累计折旧”账户属于“固定资产”账户的抵减账户。该账户贷方登记计提的固定资产折旧，借方登记因出售、报废、毁损等减少的固定资产已提的折旧额，贷方余额表示企业固定资产已提折旧的累计数。

（3）“工程物资”账户反映为企业各项工程准备的物资的实际成本增减变动和结存情况。该账户借方登记验收入库的工程物资的实际成本，贷方登记出库的工程物资的实际成本，借方余额表示库存的工程物资的实际成本。“工程物资”账户应按工程物资的品种设置明细账。

（4）“在建工程”账户反映企业进行各项工程的实际成本的发生和结转情况，其借方登记各项工程发生的实际成本，贷方结转已完工程的实际成本，借方余额表示未完工程的实际成本。“在建工程”账户应按工程项目设置明细账。

第二节　固定资产的取得

企业通过购置或建造取得固定资产时，应对固定资产进行初始计量。固定资产的初始计量是指确定固定资产的取得成本。

固定资产的取得成本包括企业为购建某项固定资产并使之达到预定可使用状态前所发生的一切合理、必要的支出。在实务中，企业取得固定资产的方式是多种多样的，包括外购、自行建造、投资者投入、接受捐赠、盘盈以及非货币性资产交换、债务重组、企业合并等方式。取得的方式不同，相应成本的具体构成内容及确定方法也不尽相同。

一、外购固定资产

企业外购固定资产的成本包括购买价款、相关税费（不含可抵扣的增值税进项税额）、使固定资产达到预定可使用状态前所发生的可归属于该项资产的运输费、装卸费、安装费和专业人员服务费等。

从2009年1月1日起，企业购入机器设备类固定资产所发生的增值税进项税额准予抵扣，不计入固定资产成本。

企业购入的固定资产，有些不需要安装即可投入使用，有些则需要安装后才能使用。在结算方式上，可以采用现款交易结算方式，也可以采用赊购结算方式。企业应根据不同情况，分别采用不同的核算方法。

1. 购入不需安装的固定资产

企业购入不需安装的固定资产，按应计入固定资产成本的金额，借记“固定资产”科目，贷记“银行存款”“其他应付款”“应付票据”等科目。

【例6.1】 甲公司（一般纳税人）购入一台不需要安装的生产用设备，取得的增值税专用发票上注明的设备价款为1 000 000元，增值税进项税额为130 000元。取得的运输部门增值税专用发票上注明的运费为5 000元，增值税税额为450元，另支付保险费10 000元、包装费2 000元，款项全部付清。账务处理如下：

甲公司购置设备的成本=1 000 000+5 000+10 000+2 000=1 017 000（元）

借：固定资产——××设备	1 017 000	
应交税费——应交增值税（进项税额）	130 450	
贷：银行存款		1 147 450

企业采用赊购方式购入不需安装的固定资产应按其发票价格和支付（或应付）的包装运杂费，借记“固定资产”科目，贷记“应付账款”等科目。但如果发生超过正常信用条件购买固定资产的经济业务，如采用分期付款方式购买资产，且在合同中规定的付款期限比较长，超过了正常信用条件，则该项购货合同实质上具有融资性质，购入固定资产的成本不能按各期付款额之和确定，而应按各期付款额的现值之和确定，其会计处理参见长期应付款的会计处理。

在实际工作中，企业可能以一笔款项购入多项没有单独标价的资产。如果这些资产均符合固定资产的定义，并满足固定资产的确认条件，则应将各项资产单独确认为固定资产，并按各项固定资产公允价值的比例对总成本进行分配，分别确定各项固定资产的成本。

【例6.2】 20×8年2月1日，甲公司从乙公司一次购入三套不同型号且具有不同生产能力的设备A、B、C。甲公司为该批设备共支付货款1 000 000元，增值税税额为130 000元；运输费为3 400元，增值税税额为306元；保险费为600元。所有费用以银行存款转账支付；假定A、B、C设备分别满足固定资产确认条件，公允价值分别为312 000元、468 000元和260 000元。

甲公司的账务处理如下。

（1）确认计入固定资产成本的金额，包括购买价款、保险费、装卸费等，计算公式如下：

1 000 000+3 400+600=1 004 000（元）

（2）确定A、B、C的价值分配比例。A设备应分配的固定资产价值比例为

312 000÷(312 000+468 000+260 000)×100%=30%

B设备应分配的固定资产价值比例为

468 000÷(312 000+468 000+260 000)×100%=45%

C 设备应分配的固定资产价值比例为

$$260\ 000 \div (312\ 000+468\ 000+260\ 000)\times 100\%=25\%$$

（3）确定 A、B、C 设备各自的成本：

A 设备的成本=1 004 000×30%=301 200（元）

B 设备的成本=1 004 000×45%=451 800（元）

C 设备的成本=1 004 000×25%=251 000（元）

（4）根据计算结果编制会计分录如下：

借：固定资产——A 设备	301 200	
——B 设备	451 800	
——C 设备	251 000	
应交税费——应交增值税（进项税额）	130 306	
贷：银行存款		1 134 306

2. 购入需要安装的固定资产

企业购入需要安装的固定资产的取得成本是在不需安装的固定资产的成本基础上再加上安装调试成本等，其账务处理为按应计入固定资产成本的金额，先记入“在建工程”科目，安装完毕交付使用时再转入“固定资产”科目。

【例 6.3】甲公司为增值税一般纳税人企业，20×6 年 1 月 1 日购入一台需要安装的生产用机器设备，取得增值税专用发票上注明的设备价款为 5 万元，增值税进项税额为 6 500 元，款项已通过银行支付；安装设备时，领用公司原材料一批，价值 3 000 元，安装工人的工资为 490 元。假定不考虑其他税费，账务处理如下。

（1）支付设备价款、增值税，编制会计分录如下：

借：在建工程——××设备	50 000	
应交税费——应交增值税（进项税额）	6 500	
贷：银行存款		56 500

（2）领用原材料、结算安装工人工资，编制会计分录如下：

借：在建工程——××设备	3 490	
贷：原材料		3 000
应付职工薪酬		490

（3）设备安装完毕达到预定可使用状态，编制会计分录如下：

借：固定资产——××设备	53 490	
贷：在建工程——××设备		53 490

二、自行建造固定资产

自行建造固定资产是指企业利用自己的力量自营建造以及出包给他人建造的固定资产。自行建造固定资产的成本，无论是自营建造还是出包给他人建造，均由该项资产达到预定可使用状态前所发生的必要支出构成，包括工程物资成本、人工成本、缴纳的相关税费、应予资本化的借款费用以及应分摊的间接费用等。

自行建造固定资产，从开始建造到完工交付使用需经历较长的时间。为了归集建造过程中发生的各项支出，合理确定固定资产的建造成本，应通过“在建工程”科目进行核算。自建工程耗用的物资一般应通过“工程物资”科目核算。

自营建造和出包建造两种方式下，会计处理有所不同。

1. 自营方式建造固定资产

企业以自营方式建造固定资产是由企业自行组织工程物资采购、自行组织施工人员从事工程施工。自营方式建造的固定资产，其入账价值应由该项资产达到预定可使用状态前所发生的必要支出构成，具体包括建造固定资产领用的工程物资、原材料或库存商品的实际成本，工程应负担的职工薪酬，辅助生产部门为之提供的水、电、运输等劳务，以及其他必要支出等。

企业为建造固定资产准备的各种物资应当以实际支付的买价、运输费、保险费等相关税费作为实际成本。

企业以自营方式建造固定资产发生的工程成本应通过“在建工程”账户核算。工程完工达到预定可使用状态时，从“在建工程”账户转入“固定资产”账户。

【例 6.4】 甲企业为增值税一般纳税人，20×6 年 6 月 1 日，其为自行建造厂房购入一批工程物资，买价 300 000 元，增值税税额 39 000 元，保险费 30 000 元，包装费 20 000 元，均以银行存款支付，6 月 1 日，将所购工程物资全部投入工程建设。由于工程需要，领用本企业原材料一批，实际成本 2 925 元。工程中应付自营工程人员工资 118 000 元。辅助生产部门为工程提供的水、电、运输劳务等费用共 34 000 元。6 月底，工程完工达到预定可使用状态并交付使用。

甲企业的会计处理如下。

（1）购入为工程准备的物资：

借：工程物资	350 000	
应交税费——应交增值税（进项税额）	39 000	
贷：银行存款		389 000

（2）工程领用物资：

借：在建工程——厂房	350 000	
贷：工程物资		350 000

（3）工程领用原材料：

借：在建工程——厂房	2 925	
贷：原材料		2 925

（4）应付工程人员工资：

借：在建工程——厂房	118 000	
贷：应付职工薪酬		118 000

（5）分配并结转辅助生产部门提供的水、电、运输劳务等费用：

借：在建工程——厂房	34 000	
贷：生产成本——辅助生产成本		34 000

（6）完工转入固定资产：

借：固定资产	504 925	
贷：在建工程——厂房		504 925

2. 出包方式建造固定资产

企业以出包方式建造固定资产，企业要与建造承包商签订建造合同，由建造承包商（施工企业）组织工程项目施工。

以出包方式建造的固定资产，其成本由该项固定资产达到预定可使用状态前所发生的必要支出构成，包括发生的建筑工程支出、安装工程支出以及应分摊计入各固定资产价值的待摊支出。建筑工程、安装工程支出，如人工费、材料费、机械使用费等，由建造承包商核算，企业按照合同规定的结算方式和工程进度定期与建造承包商办理工程价款结算，结算的工程价款计入在建工程成本。待摊支出是指在建设期间发生的不能直接计入某项固定资产价值，而应由所建造固定资产共同负担的相关费用。

在出包方式下，“在建工程”账户主要是企业与建造承包商办理工程价款的结算账户，企业支付给建造承包商的工程价款作为工程成本，借记“在建工程——××工程”账户，贷记

"银行存款""预付账款"等账户。在建工程达到预定可使用状态时，借记"固定资产"账户，贷记"在建工程——××工程"账户。

【例 6.5】 20×9 年 3 月 10 日，甲企业将一幢厂房的建筑工程出包给丙公司承建，根据出包合同预付工程款 100 000 元；6 月 10 日，按合理估计的发包工程进度和合同规定向丙公司结算进度款 600 000 元；9 月 10 日，工程完工后，收到丙公司有关工程结算单据，补付工程款 400 000 元，工程完工并达到预定可使用状态。甲企业应做以下会计处理。

（1）按合同预付工程款：

借：预付账款——丙公司　　100 000

　　贷：银行存款　　100 000

（2）按发包工程进度和合同规定向丙公司结算进度款：

借：在建工程——建筑工程（厂房）　　600 000

　　贷：银行存款　　500 000

　　　　预付账款——丙公司　　100 000

（3）补付工程款：

借：在建工程——建筑工程（厂房）　　400 000

　　贷：银行存款　　400 000

（4）工程完工并达到预定可使用状态时：

借：固定资产　　1 000 000

　　贷：在建工程——建筑工程（厂房）　　1 000 000

三、其他方式取得的固定资产

1. 投资者投入的固定资产

投资者投入的固定资产应按投资合同或协议约定的价值确定固定资产价值（合同或协议约定价值不公允的除外），借记"固定资产"科目，贷记"股本"或"实收资本"科目。

【例 6.6】 甲公司于设立时收到乙公司作为资本投入的不需安装的设备一台，该设备的合同约定价值为 100 000 元，增值税进项税为 13 000 元，合同约定价值与公允价值相符。假设不考虑其他因素。

甲公司编制会计分录如下：

借：固定资产　　100 000

　　应交税费——应交增值税（进项税额）　　13 000

　　贷：实收资本　　113 000

2. 接受捐赠的固定资产

接受捐赠的固定资产应按以下规定确定其入账价值。

捐赠方提供了有关凭证的，按凭证上标明的金额加上应支付的相关税费作为入账价值。

捐赠方没有提供有关凭据的，按以下顺序确定其入账价值：①同类或类似固定资产存在活跃市场的，按同类或类似固定资产的市场价格估计的金额，加上应支付的相关税费作为入账价值；②同类或类似固定资产不存在活跃市场的，按该接受捐赠的固定资产的预计未来现金流量现值作为入账价值。

如受赠的是旧的固定资产，按照上述方法确认的价值，减去按该项资产的新旧程度估计的价值损耗后的余额作为入账价值。

3. 盘盈的固定资产

根据《固定资产准则》及其应用指南的有关规定，固定资产盘盈应作为前期差错记入"以前年度损益调整"科目，而原来的则作为当期损益。之所以新准则将固定资产盘盈作为前期差错进行会计处理，是因为固定资产出现企业无法控制的因素而造成盘盈的可能性极小，甚至是不可能的，企业出现了固定资产的盘盈必定是企业以前会计期间少计、漏计了，应当作为会计差错进行更正处理，这样也能在一定程度上降低人为地调节利润的可能性。

4. 通过非货币性资产交换、债务重组、企业合并等方式取得的固定资产

企业通过非货币性资产交换、债务重组、企业合并等方式取得的固定资产，其成本应当分别按照《非货币性资产交换准则》《债务重组准则》《企业合并准则》等的规定确定。

第三节　固定资产折旧

一、固定资产折旧的性质

企业的固定资产可以长期参加生产经营活动而仍保持其原有的实物形态，其价值是随着使用而逐渐转移到生产的产品中或构成企业费用，通过销售产品（商品）收回的货款弥补了成本费用，从而使这部分价值损耗得到补偿。这部分随着固定资产损耗而逐渐转移的价值即为固定资产的折旧。

固定资产的损耗分为有形损耗和无形损耗两种。有形损耗是指固定资产由使用和自然力的影响而引起的使用价值和价值的损失。例如，机器设备由于使用而发生的机械磨损和自然侵蚀产生的价值损失等。无形损耗则是指由科学技术进步等而引起的固定资产价值的损失。固定资产的有形损耗是显而易见的，但是，随着科学技术的日新月异，固定资产的无形损耗有时比有形损耗更为严重，对计算折旧的影响更大。

从本质上讲，折旧也是一种费用，只不过这一费用没有在计提折旧期间付出货币资金，但这种费用是固定资产在长期使用过程中已经发生的支出，而这种支出的收益在资产投入使用后的有效使用期内体现。无论是从权责发生制原则，还是从收入费用配比的原则来讲，计提折旧都是必需的，换言之，不提折旧或不正确地计提折旧都将对企业计算产品成本（或营业成本）及损益产生错误影响。

二、影响固定资产折旧的因素

要合理、正确地计提固定资产折旧，首先要了解影响折旧的因素。影响折旧的因素主要有以下几个方面。

1. 计提折旧基数

固定资产计提折旧的基数是指固定资产的取得成本，即原始价值。

2. 预计净残值

固定资产的预计净残值是指固定资产报废处置时预计可收回的残值收入扣除预计处置费用后的净额。

企业应根据固定资产的性质和使用情况，合理确定固定资产的使用寿命和预计净残值。在实务中，通常用固定资产原值的一定百分比来估算预计净残值。

3. 预计使用年限

固定资产预计使用年限直接关系到折旧率，从而影响企业各期应提折旧的数额。在确定

固定资产预计使用年限时，应当考虑固定资产的预计生产能力或实物产量，考虑有形损耗和无形损耗等对固定资产使用寿命的影响，合理地确定固定资产的预计使用年限。

在我国，各类固定资产预计使用年限的上下限通常由国家统一规定，企业应根据国家的有关规定，结合自身的具体情况，合理地确定固定资产的折旧年限。

4. 固定资产减值准备

固定资产减值准备是指固定资产已计提的减值准备累计金额。固定资产计提减值准备后，应当在剩余使用期限内根据调整后的固定资产账面价值（固定资产账面余额扣减累计折旧和累计减值准备后的金额）和预计净残值重新计算确定折旧率和折旧额。

固定资产的使用寿命、预计净残值和折旧方法一经确定，不得随意变更。但是，在固定资产使用过程中，由于其所处的经济环境、技术环境以及其他环境有可能对固定资产使用寿命和预计净残值产生较大影响，所以，企业至少应当于每年年度终了，对固定资产的使用寿命、预计净残值和折旧方法进行复核。如有确凿证据表明固定资产使用寿命预计数、预计净残值预计数与原先估计数有差异，则应当调整固定资产使用寿命和预计净残值。在使用过程中，与固定资产有关的经济利益预期实现方式有重大改变的，也应当相应改变固定资产折旧方法。

固定资产的使用寿命、预计净残值和折旧方法的改变按照会计估计变更的有关规定处理。

三、固定资产计提折旧的范围

计提折旧首先要明确哪些固定资产应计提折旧，哪些固定资产不计提折旧，即必须明确固定资产计提折旧的范围。按照《固定资产准则》的规定，企业应当对所有固定资产计提折旧。但是，已提足折旧仍继续使用的固定资产和单独计价入账的土地除外。

提示与说明

关于固定资产折旧的有关规定如下。

（1）固定资产应当按月计提折旧。当月增加的固定资产，当月不计提折旧，而应从下月起计提折旧；当月减少的固定资产，当月仍计提折旧，从下月起不计提折旧。

（2）固定资产提足折旧后，不论能否继续使用，均不再计提折旧；提前报废的固定资产，也不再补提折旧。提足折旧是指已经提足该项固定资产的应计折旧额。应计折旧额是指应当计提折旧的固定资产的原价扣除其预计净残值后的金额。已计提减值准备的固定资产，还应当扣除已计提的固定资产减值准备累计金额。

（3）已达到预定可使用状态但尚未办理竣工决算的固定资产，应当按照估计价值确定其成本，并计提折旧；待办理竣工决算后，再按实际成本调整原来的暂估价值，但不需要调整原已计提的折旧额。

——摘自《企业会计准则第 4 号——固定资产》应用指南

四、固定资产折旧方法

常用的固定资产折旧方法有年限平均法、工作量法、加速折旧法等。由于固定资产折旧方法的选用直接影响到企业成本、费用的计算，也影响到企业的利润和纳税，从而影响到国家的财政收入，所以，对固定资产折旧方法的选用我国历来有较严格的规定，企业应在国家规定的范围内，根据固定资产所含经济利益的预期实现方式选择折旧方法。

（一）年限平均法

年限平均法又称直线法，是将固定资产的应计折旧额均衡地分摊到固定资产的使用年限内的一种方法。采用这种方法计算的每期折旧额是相等的。年限平均法的计算公式为

$$年折旧额=\frac{固定资产原值-预计净残值}{预计折旧年限}$$

$$=\frac{固定资产原值\times(1-预计净残值率)}{预计折旧年限}$$

式中，预计净残值率是预计净残值占固定资产原值的百分比。

在日常核算中，固定资产的折旧额是按固定资产的折旧率来计算的。固定资产折旧率是折旧额占固定资产原值的百分比。固定资产折旧率通常是按年计算的。在按月计算折旧时，可将年折旧率除以 12，得出月折旧率，再与固定资产原值相乘。固定资产年限平均法的折旧率和折旧额的计算公式为

$$年折旧率=\frac{年折旧额}{固定资产原值}\times100\%$$

$$=\frac{固定资产原值\times(1-预计净残值率)}{预计折旧年限\times固定资产原值}\times100\%$$

$$=\frac{1-预计净残值率}{预计折旧年限}\times100\%$$

$$月折旧率=\frac{年折旧率}{12}$$

$$月折旧额=固定资产原值\times月折旧率$$

采用年限平均法计算固定资产折旧的优点是计算简便，但这种方法只注重固定资产使用时间的长短，而忽视了其实际利用程度，当固定资产在各期的负荷程度相同时，采用年限平均法计算折旧才显得合理。如果固定资产在各期的负荷程度不同，采用年限平均法计算折旧，所提取的折旧额与固定资产的实际损耗程度就不一致，也就不能合理反映固定资产的实际使用情况。因此，这种方法适用于各个时期使用程度和使用效率大致相同的固定资产。

【例 6.7】 甲公司有一台机器设备，原价 300 000 元，预计可使用 10 年，预计净残值率为 3%。该机器设备的折旧率和折旧额的计算如下：

$$年折旧额=\frac{300\,000-300\,000\times3\%}{10}=29\,100（元）$$

$$年折旧率=\frac{1-3\%}{10}\times100\%=9.7\%$$

$$月折旧率=9.7\%\div12=0.81\%$$

$$月折旧额=300\,000\times0.81\%=2\,430（元）$$

上述折旧率的计算以单项固定资产为基础，称为个别折旧率。此外，还有分类折旧率和综合折旧率。分类折旧率是某类固定资产折旧额与该类固定资产原值的比率。采用这种方法计算时，需先将固定资产按性质、结构和使用年限接近的固定资产归为一类，再按分类计算折旧率，然后用该类折旧率计算该类固定资产折旧额。综合折旧率是指某一期间企业全部固定资产折旧额与全部固定资产原值之比率。

个别折旧率是按单项固定资产计算的，采用其计算折旧准确性高，但工作量大；采用分类折旧率计算折旧的优点是计算简便，但准确性不如个别折旧率；与个别折旧率和分类折旧率相比，采用综合折旧率计算固定资产折旧的计算结果的准确性较差。在实务中，未使用电算化处理账务的企业多采用分类折旧率，采用电算化处理的企业更多选择个别折旧率。

（二）工作量法

工作量法是根据固定资产实际工作量计提折旧的一种方法。这种方法可以弥补年限平均法只注重固定资产的使用时间，不考虑其实际利用程度的缺陷。计算公式为

$$单位工作量折旧额=\frac{固定资产原值\times(1-预计净残值率)}{预计总工作量}$$

$$某项固定资产的月折旧额=该项固定资产当月工作量\times 单位工作量折旧额$$

【例 6.8】 甲公司有一辆汽车原值 200 000 元，预计行驶里程 600 000 千米，报废时预计残值收入 5 000 元，预计清理费用 800 元，本月行驶里程为 4 000 千米。

$$每千米折旧额=\frac{200\ 000-(5\ 000-800)}{600\ 000}=0.326\ 3（元）$$

$$本月折旧额=4\ 000\times 0.326\ 3=1\ 305.2（元）$$

工作量法的优点是，它能够使每期提取的折旧额与固定资产在当期实际的使用程度相一致，使用程度越高，工作量越大，提取的折旧费数额就越大。因此，这种方法较适用于磨损程度与完成工作量成正相关关系的固定资产，或在使用期限内不能均衡使用的固定资产。

（三）加速折旧法

加速折旧法又称快速折旧法，是指在固定资产的有效使用年限的前期多提折旧，后期少提折旧，折旧费用逐年递减的折旧方法。采用加速折旧法可相对加快折旧速度，从而使固定资产成本在有效使用年限内尽快得到补偿。加速折旧法有多种，常用的有双倍余额递减法和年数总和法两种。

1. 双倍余额递减法

双倍余额递减法是在不考虑固定资产预计净残值的情况下，根据每期期初固定资产原值减去累计折旧后的金额（固定资产净值）和双倍的直线法折旧率计算固定资产折旧的一种方法。采用双倍余额递减法，折旧率是固定不变的，而计提折旧的基数为逐年递减的固定资产净值，因此，计提的折旧额逐年递减。计算公式为

$$年折旧率=\frac{2}{预计的折旧年限}\times 100\%$$

$$年折旧额=固定资产期初净值\times 年折旧率$$

$$月折旧额=年折旧额\div 12$$

采用这种方法计算折旧时应注意，在计算时不能使固定资产的账面净值低于它的预计净残值。为此，在固定资产使用的后期，如果发现使用双倍余额递减法计算的折旧额小于采用直线法计算的折旧额，就可以改用直线法计提折旧。为了操作方便，采用双倍余额递减法计提折旧的固定资产，应当在固定资产折旧年限到期以前两年内，将固定资产净值扣除预计净残值后的余额平均摊销。

【例 6.9】 甲公司有一台机器原价 80 000 元，预计使用年限 5 年，预计净残值 2 000 元。按双倍余额递减法计提折旧，计算如下（见表 6.1）：

$$年折旧率=2\div 5\times 100\%=40\%$$

从第四年起改按年限平均法计提折旧。

第四、五年应提的折旧额=(17 280−2 000)÷2=7 640（元）。

表 6.1　双倍余额递减法折旧计算

年数	年初账面净值（元）	年折旧率（%）	年折旧额（元）	累计折旧额（元）	年末账面净值（元）
1	80 000	40	32 000	32 000	48 000
2	48 000	40	19 200	51 200	28 800
3	28 800	40	11 520	62 720	17 280
4	17 280		7 640	70 360	9 640
5	9 640		7 640	78 000	2 000

2. 年数总和法

年数总和法又称年限合计法，是将固定资产的原值减去预计净残值后的余额乘以一个逐年递减的分数计算每年的折旧额，其中，分数的分子为固定资产的尚可使用年数，分母为使用年数的逐年数字总和。年数总和法折旧率是逐年降低的，而计提折旧的基数为固定资产原值减去预计净残值后的余额（应计折旧总额），是固定不变的，因此，计提的折旧额也是逐年递减的。计算公式如下。

$$年折旧率=\frac{尚可使用年数}{预计使用年限的年数总和}$$

年折旧额=(固定资产原值−预计净残值)×年折旧率

月折旧额=年折旧额÷12

【例 6.10】 甲企业某项固定资产原价 60 000 元，预计使用年限 5 年，预计净残值 3 000 元。采用年数总和法计算各年折旧额，见表 6.2。

提示与说明

双倍余额递减法与年数总和法在计算折旧时的主要区别为：①双倍余额递减法每年折旧率不变，折旧基数逐年递减，计算的每年折旧额也逐年递减。②年数总和法每年折旧基数不变，折旧率逐年递减，计算的每年折旧额也逐年递减。

表 6.2　年数总和法折旧计算　（金额单位：元）

年数	尚可使用年限	原值−净残值	年折旧率	每年折旧额	累计折旧
1	5	57 000	5/15	19 000	19 000
2	4	57 000	4/15	15 200	34 200
3	3	57 000	3/15	11 400	45 600
4	2	57 000	2/15	7 600	53 200
5	1	57 000	1/15	3 800	57 000

加速折旧法弥补了直线法的不足。因为采用加速折旧法进行计算时，固定资产早期计提的折旧费较多而早期发生的维修费较少，后期计提的折旧费较少而维修费较多，从而保持了各个会计期间负担的固定资产使用成本的均衡性。此外，这种方法早期计提的折旧费较多，能够使固定资产投资在早期较多地收回，在税法允许将企业计提的折旧费作为税前费用扣除的前提下，还能够减少企业早期的所得税额，这对一些企业缓解资金紧张的情况是很有利的。

五、固定资产折旧的账务处理

对于固定资产计提折旧的核算，企业应根据月初应提折旧的固定资产原值和采用的计算方法编制固定资产折旧计算表。实务中，企业计提固定资产折旧时，可以在上月计提折旧额的基础上，根据上月固定资产增减情况进行调整后计算当月应计提的折旧额。其计算公式为

当月固定资产应提折旧额=上月固定资产计提的折旧额
+上月增加固定资产应计提的折旧额
−上月减少固定资产应计提的折旧额

企业计提的各期固定资产折旧费应根据固定资产用途进行分配，借记“制造费用”“管理费用”“销售费用”“研发支出”“其他业务成本”等账户，贷记“累计折旧”账户。

【例 6.11】 20×9 年 8 月，甲企业编制的固定资产计算表见表 6.3。

根据表 6.3 编制以下会计分录：

借：制造费用　　58 000

　　管理费用　　5 500

　　其他业务成本　　1 200

　　贷：累计折旧　　64 700

表 6.3　甲企业固定资产折旧计算表　　（单位：元）

使用部门	项目	上月折旧额	上月增加固定资产		上月减少固定资产		本月折旧额
			原价	折旧额	原价	折旧额	
一车间	厂房	7 200					7 200
	设备	19 200	300 000	3 600			22 800
	小计	26 400	300 000	3 600			30 000
二车间	厂房	6 400					6 400
	设备	24 000			200 000	2 400	21 600
	小计	30 400			200 000	2 400	28 000
管理部门	办公楼	3 400					3 400
	设备	2 100					2 100
	小计	5 500					5 500
租出设备		1 200					1 200
合　计		63 500	300 000	3 600	200 000	2 400	64 700

视野拓展

为引导企业加大设备、器具投资力度，促进产业升级、加快发展“中国智造”，提高产业国际竞争力，2018 年 5 月财政部、国家税务总局发布了《关于设备 器具扣除有关企业所得税政策的通知》（财税〔2018〕54 号），规定企业在 2018 年 1 月 1 日－2020 年 12 月 31 日（后延长至 2023 年 12 月 31 日）新购进的除房屋、建筑物以外的设备、器具固定资产，单位价值不超过 500 万元的，允许一次性计入当期成本费用，在计算应纳税所得额时扣除，不再分年度计算折旧；单位价值超过 500 万元的，仍按相关规定执行。十大行业（生物药品制造业，专用设备制造业，铁路、船舶、航空航天和其他运输设备制造业，计算机、通信和其他电子设备制造业，仪器仪表制造业，信息传输、软件和信息技术服务业，轻工，纺织，机械，汽车）新购进超过 500 万元的固定资产，可缩短折旧年限或采取加速折旧；其他行业新购进超过 500 万元的专门用于研发的仪器、设备，可缩短折旧年限或采取加速折旧。

相关政策通知原文

思考：为什么要对固定资产计提折旧？国家为什么要鼓励部分行业的企业采用加速折旧？

第四节　固定资产的后续支出与减值

一、固定资产的后续支出

固定资产在使用过程中还可能发生各种后续的支出。固定资产的后续支出是指固定资产在使用过程中发生的更新改造支出、修理费用等。其中，有的后续支出可以延长固定资产的使用寿命，有的后续支出可以提升固定资产的生产能力，而有的后续支出则是为了维护固定资产的正常使用状态。

固定资产后续支出的核算，其处理原则是：如果发生的后续支出使固定资产给企业带来的经济利益超过了原先的估计，比如，延长了固定资产的使用寿命，增强了固定资产的生产能力，使产品的质量实质性提高或使产品成本实质性降低，则符合资产的确认条件，应将后续支出资本化，计入固定资产的账面价值；否则，固定资产的后续支出应予以费用化，计入发生当期的损益。

与固定资产有关的改建、扩建、更新改造等后续支出，符合固定资产确认条件的，应当将其资本化计入固定资产成本，同时将被替换部分的账面价值扣除。固定资产发生的可资本化的后续支出通过“在建工程”科目核算。待固定资产发生的后续支出完工并达到预定可使用状态时，再从在建工程转为固定资产，并按重新确定的固定资产的原价、使用寿命、预计净残值和折旧方法计提折旧。

与固定资产有关的修理费用等后续支出，不符合固定资产确认条件的，应当根据不同情况分别在发生时计入当期管理费用或销售费用。

1. 资本化的后续支出

企业对固定资产进行改建、扩建或改良，符合资本化条件的，应停止计提折旧，并将该固定资产的原价、累计折旧和减值准备转销，将其账面价值转入在建工程，借记“在建工程”“累计折旧”“固定资产减值准备”科目，贷记“固定资产”科目；固定资产在改扩建过程中发生的支出，符合资本化条件的，借记“在建工程”科目，贷记“银行存款”等科目；在改扩建等工程完工并达到预定可使用状态时，借记“固定资产”科目，贷记“在建工程”科目，并按重新确定的使用寿命、预计净残值和折旧方法计提折旧。

【例 6.12】 甲公司于 20×9 年 8 月 20 日对以前年度购入的设备进行改良，该设备原值为 100 000 元，累计折旧 19 400 元。改良过程中，共发生支出 9 000 元，全部以银行存款支付。

（1）转入改良时编制会计分录如下：

借：在建工程	80 600	
累计折旧	19 400	
贷：固定资产		100 000

（2）支付改良支出时编制会计分录如下：

借：在建工程	9 000	
贷：银行存款		9 000

（3）结转完工固定资产时编制会计分录如下：

借：固定资产	89 600	
贷：在建工程		89 600

企业发生的某些固定资产后续支出可能涉及替换原固定资产的某组成部分，当发生的后续支出符合固定资产确认条件时，应将其计入固定资产成本，同时将被替换部分的账面价值扣除。这样可以避免将替换部分的成本和被替换部分的成本同时计入固定资产成本，导致固定资产成本虚高。

2. 费用化的后续支出

固定资产在使用过程中，由于各个组成部分的耐用程度不同或者使用的条件不同，往往会发生固定资产局部的损坏，为了保持固定资产的正常运转和使用，充分发挥其使用效能，必须对其进行必要的修理。一般情况下，固定资产的日常修理、大修理等只是确保固定资产的正常工作状况，这类维修一般范围较小、间隔时间较短、一次修理费用较少，不能改变固定资产的性能，不能增加固定资产的未来经济利益，不符合固定资产的确认条件，所以在发生时应直接计入当期损益。企业生产车间和行政管理部门发生的固定资产修理费用等后续支出记入“管理费用”科目；企业专设销售机构的，其发生的与专设销售机构相关的固定资产修理费用等后续支出记入“销售费用”科目。企业固定资产更新改造支出如果不满足固定资产确认条件，也应直接计入当期损益。

【例 6.13】 某企业对现有的一台生产用设备进行修理维护，修理过程中发生以下支出：领用库存原材料一批，价值 5 000 元，维修人员工资 2 000 元。假定不考虑其他因素，会计处理如下：

借：管理费用	7 000	
贷：原材料		5 000
应付职工薪酬——工资		2 000

二、固定资产的减值

固定资产发生损坏、技术陈旧或其他情况，导致其可收回金额低于其账面价值的，这种情况称为固定资产价值减值。企业应当在期末或者至少在每年年末，对固定资产逐项进行检查，如果发现固定资产预计可收回金额低于其账面价值，应按其差额计提固定资产减值准备，并计入当期损益。

企业可通过以下几种迹象判断固定资产是否发生减值。

（1）固定资产的市价在当期大幅度下跌，其跌幅大大高于因时间推移或正常使用而预计的下跌幅度，并且预计在近期内不可能恢复。

（2）企业经营所处的技术、市场、经济或法律等环境，或者固定资产所处的市场在当前或近期发生重大变化，对企业产生不利影响。

（3）市场利率或市场的其他投资回报率在当期已经提高，从而很可能影响企业计算固定资产预计未来现金流量现值的折现率，导致固定资产可收回金额大幅度降低。

（4）固定资产已经陈旧过时或发生实体损坏等。

（5）固定资产使用方式发生重大不利变化，如企业计划终止或重组该资产所属的经营业务、提前处置资产等情形，从而对企业产生负面影响。

（6）企业内部报告提供的证据表明，固定资产的经济绩效已经或将要比预期的差。

（7）其他表明固定资产可能已经发生减值的迹象。

根据客观性原则和谨慎性原则要求，对于已经发生的固定资产价值的减值应予确认。因此，每年年末企业应对固定资产的账面价值进行检查。如果固定资产可收回金额低于其账面价值，应将固定资产的账面价值减计至可收回金额，借记“资产减值损失”科目，贷记“固定资产减值准备”科目。固定资产减值损失一经确认，在以后会计期间不得转回。

【例 6.14】 甲公司有一台生产设备，账面价值 200 000 元，因市价持续下跌，预计可收回金额为 180 000 元，年末计提固定资产减值准备 20 000 元。

甲公司编制会计分录如下：

借：资产减值损失	20 000	
贷：固定资产减值准备		20 000

第五节　固定资产的处置和清查

一、固定资产的处置

固定资产的处置包括固定资产的出售、转让、报废或毁损、对外投资、非货币性资产交换、债务重组等情形。企业处于处置状态的固定资产不再用于生产商品、提供劳务、出租或经营管理，因此不再符合固定资产的定义和确认条件，应予以终止确认。

为了反映固定资产处置过程，企业应设置“固定资产清理”科目，用来核算企业因出售、报废和毁损等转入清理的固定资产净值，以及在清理过程中所发生的清理费用和清理收入。该科目的借方登记固定资产转入清理的净值和清理过程中发生的费用；贷方登记收回出售固定资产的价款、残料价值和变价收入；贷方余额表示清理后的净收益；借方余额表示清理后的净损失。

如果固定资产处置以后还具有商业价值，则将处置损益记入“资产处置损益”科目。比如，将固定资产出售、转让、对外投资、进行非货币性资产交换、债务重组等，这些经营行为是为了换取对价，具有一定的商业价值，则处置损益应记入“资产处置损益”科目。如果固定资产处置以后不再有商业价值，则将处置损益记入“营业外收入”或“营业外支出”科目。例如，固定资产毁损、报废。

固定资产处置的会计核算一般分为以下几个步骤。

（1）固定资产转入清理。固定资产转入清理时，按清理固定资产的账面价值，借记“固定资产清理”科目；按已计提的累计折旧，借记“累计折旧”科目；按已计提的减值准备，借记“固定资产减值准备”科目；按固定资产账面原价，贷记“固定资产”科目。

（2）发生的清理费用。在固定资产清理过程中，应按实际发生的清理费用以及应交的税金，借记“固定资产清理”科目，贷记“银行存款”“应交税费”等科目。

（3）出售收入和残料等的处理。企业收回出售固定资产的价款、报废固定资产的残料价值和变价收入等，应按实际发生额冲减清理支出，借记“银行存款”“原材料”等科目，贷记“固定资产清理”科目。

（4）保险赔偿的处理。企业计算或收到应由保险公司或过失人赔偿报废、毁损固定资产的损失时，应冲减清理支出，借记“银行存款”“其他应收款”等科目，贷记“固定资产清理”科目。

（5）清理净损益的处理。固定资产清理完成后的净损益，属于出售、转让等产生的利得或损失，借记或贷记“固定资产清理”科目，贷记或借记“资产处置损益”科目；属于已丧失使用功能正常报废所产生的利得，借记“固定资产清理”科目，贷记“营业外收入”科目；属于已丧失使用功能正常报废所产生的损失，借记“营业外支出”科目，贷记“固定资产清理”科目；属于自然灾害等非正常原因造成的损失，借记“营业外支出——非常损失”科目，贷记“固定资产清理”科目。

【例 6.15】 甲公司出售一套商住楼，原价 3 000 000 元，已提折旧 200 000 元，支付有关费用 10 000 元，出售取得收入 3 300 000 元，该公司对商住楼计提的减值准备为 50 000 元。（假设不考虑税费）甲公司编制以下会计分录。

（1）固定资产转入清理：
借：固定资产清理　2 750 000
　　固定资产减值准备　50 000
　　累计折旧　200 000
　　贷：固定资产　3 000 000
（2）支付清理费用：
借：固定资产清理　10 000
　　贷：银行存款　10 000
（3）收到出售价款：
借：银行存款　3 300 000
　　贷：固定资产清理　3 300 000
（4）结转固定资产清理净收益：

3 300 000−(2 750 000+10 000)=540 000（元）

借：固定资产清理　540 000
　　贷：资产处置损益　540 000

【例 6.16】 甲公司有一辆汽车发生交通事故而报废，原价 230 000 元，已提折旧 36 000 元，保险公司应赔偿 161 000 元，汽车残料变价收入 3 000 元，支付清理费用 1 000 元。甲公司编制以下会计分录。

（1）固定资产转入清理：
借：固定资产清理　194 000
　　累计折旧　36 000
　　贷：固定资产　230 000
（2）支付清理费用：
借：固定资产清理　1 000
　　贷：银行存款　1 000
（3）取得残料变价收入：
借：银行存款　3 000
　　贷：固定资产清理　3 000
（4）应收保险公司赔款：
借：其他应收款　161 000
　　贷：固定资产清理　161 000
（5）结转固定资产清理净损失：

194 000+1 000−3 000−161 000=31 000（元）

借：营业外支出——非常损失　31 000
　　贷：固定资产清理　31 000

二、固定资产的清查

固定资产清查是指从实物管理的角度对企业实际拥有的固定资产进行实物清查，并与固定资产账目进行核对。

为了保证固定资产核算的真实性，企业应经常对固定资产进行盘点清查。一般来说，每年至少应在编制会计决算报告之前对固定资产进行一次全面清查，平时可以根据需要进行局部清查。对清查过程中发现的盘盈、盘亏的固定资产应及时查明原因，并编制固定资产盘盈盘亏报告表，作为调整固定资产账簿的依据。

1. 固定资产盘盈

在固定资产清查过程中发现盘盈的固定资产，经查明确属企业所有，应确定固定资产重置价值，并为其开立固定资产卡片。

企业盘盈的固定资产一般是以前年度发生的会计差错，应根据重置价值借记“固定资产”科目，贷记“以前年度损益调整”科目。

2. 固定资产盘亏

企业盘亏的固定资产经过批准之后作为损益处理。在批准之前，企业只能调整固定资产的账面价值，作为待处理财产损溢，不能直接计入损益。为此，固定资产盘亏应通过“待处理财产损溢”科目进行核算。

盘亏的固定资产按其账面价值，借记“待处理财产损溢——待处理非流动资产损溢”科目；按该项资产已计提的累计折旧，借记“累计折旧”科目；按已计提的减值准备，借记“固定资产减值准备”科目；按固定资产账面原价，贷记“固定资产”科目。经批准后，将净损失转入营业外支出，借记“营业外支出”科目，贷记“待处理财产损溢——待处理非流动资产损溢”科目。

【例 6.17】 甲公司在年末财产清查中发现盘亏一台机器，原价 30 000 元，已计提的累计折旧为 8 500 元，已提减值准备 1 000 元。经批准，净损失转入营业外支出（假定不考虑相关税费）。

归纳总结

各种资产盘盈盘亏会计处理的总结

（1）固定资产盘亏，编制会计分录如下：

借：待处理财产损溢——待处理非流动资产损溢	20 500	
累计折旧	8 500	
固定资产减值准备	1 000	
贷：固定资产		30 000

（2）批准后，编制会计分录如下：

借：营业外支出	20 500	
贷：待处理财产损溢——待处理非流动资产损溢		20 500

本章小结

固定资产是指企业为生产商品、提供劳务、出租或经营管理而持有的，使用寿命超过一个会计年度，并在使用过程中保持其原有实物形态的劳动资料。

固定资产的计价标准一般有原始价值、重置价值和净值。原始价值也称原值或原价，是指购建固定资产并使之达到预定可使用状态前所发生的一切合理、必要的支出。重置价值也称重置完全价值，是指企业在当前条件下，重新购置同样的固定资产所需支付的金额。净值也称为折余价值，是指固定资产原值减去已提折旧后的余额。

为了反映固定资产的增减变动，应设置“固定资产”“累计折旧”“工程物资”“在建工程”等账户进行核算。

固定资产的取得成本包括企业为购建某项固定资产并使之达到预定可使用状态前所发生的一切合理、必要的支出。在实务中，企业取得固定资产的方式是多种多样的，包括外购、自行建造等，取得的方式不同，其成本的具体构成内容及确定方法也不尽相同。

固定资产折旧是指固定资产在使用过程中，逐渐损耗而转移到产品成本、费用中的那部分价值。影响固定资产折旧的因素有计提折旧基数、预计净残值、预计使用年限、固定资产减值准备。折旧的计提方法包括年限平均法、工作量法、双倍余额递减法、年数总和法。

固定资产的后续支出是指固定资产在使用过程中发生的更新改造支出、修理费用等。固定资产后续支出的处理原则是：符合固定资产确认条件的，应当计入固定资产成本，同时将被替换部分的账面价值扣除；不符合固定资产确认条件的，应当计入当期损益。

固定资产价值减值是指固定资产发生损坏、技术陈旧或其他情况，导致其可收回金额低于其账面价值。企业应当在期末或者至少在每年年末对固定资产逐项进行检查，如果发现固定资产预计可收回金额低于其账面价值，则企业应按其差额计提固定资产减值准备，并计入当期损益。

固定资产的处置包括固定资产的出售、转让、报废或毁损、对外投资、非货币性资产交换、债务重组等情形。为了反映固定资产处置过程情况，应设置“固定资产清理”账户进行核算。固定资产清查是指对企业实际拥有的固定资产进行实物清查盘点，以保证账实相符。固定资产盘盈盘亏应通过“待处理财产损溢”账户进行核算。

复习思考

1. 固定资产的计价标准有哪些？各有何作用？
2. 为什么要对固定资产计提折旧？固定资产折旧的方法有哪些？各自的特点是什么？
3. 固定资产折旧与减值有何不同？
4. 固定资产的修理与改良有何区别？
5. 固定资产减值如何处理？会计准则规定“固定资产减值损失一经确认，在以后会计期间不得转回”的出发点是什么？

基本训练

一、单选题

1. A企业于20×5年12月购入一项固定资产，原价为600万元，采用年限平均法计提折旧，使用寿命为10年，预计净残值为零。20×9年1月，该企业对该项固定资产的某一主要部件进行更换，发生支出合计400万元，符合固定资产确认条件，被更换的部件的原价为300万元。对该项固定资产进行更换后的原价为（　　）万元。

A. 210　　B. 1 000　　C. 820　　D. 610

2. 正常报废的固定资产在处理时应（　　）。

A. 通过“待处理财产损溢”科目核算　　B. 通过“固定资产清理”科目核算

C. 通过“在建工程”科目核算　　D. 通过“营业外支出”科目核算

3. A公司于20×9年6月19日购入需安装的设备一台，取得的增值税专用发票上注明的设备买价为100万元，增值税税额为13万元，支付的运输费为3万元，设备安装时领用的生产用材料价值20万元，支付安装人员薪酬3万元。该固定资产的成本为（　　）万元（假设运输费不考虑增值税）。

A. 123　　B. 126　　C. 129　　D. 142.6

4. 自然灾害等造成的在建工程报废或毁损，减去残料价值和过失人或保险公司等赔款后的净损失，应借记的会计科目是（　　）。

A. “在建工程”　　B. “待处理财产损溢”

C. “营业外支出”　　D. “固定资产清理”

5. 乙公司为一般纳税人企业，20×6年3月29日一次购入三种不同型号的机器设备A、B、C，增值税专用发票上注明设备的买价为900万元，增值税进项税额为117万元。购入设备时发生保险费15万元、包装费4万元，所有款项已用银行存款支付，假定A、B、C设备的公允价值分别为500万元、100万元和300万元，则C设备的入账价值应为（　　）万元。

A. 300　　B. 305.52　　C. 306.30　　D. 304

6. 下列固定资产中，应计提折旧的是（　　）。

A. 未提足折旧提前报废的设备　　B. 闲置的设备

C. 已提足折旧继续使用的设备　　D. 经营租赁租入的设备

7. 20×9年12月31日，S公司进行盘点，发现有一台使用中的机器设备未入账，该型号机器设备存在活跃市场，市场价格为750万元，该机器八成新，其正确的会计处理方法是(　　)。

A. 贷记“待处理财产损溢”科目750万元

B. 贷记“待处理财产损溢”科目1 350万元

C. 贷记“待处理财产损溢”科目600万元

D. 贷记“以前年度损益调整”科目600万元

8. S公司的一台机器设备采用工作量法计提折旧。原价为153万元，预计生产产品产量为450万件，预计净残值率为3%，本月生产产品7.65万件，则该台机器设备的月折旧额为(　　)万元。

A. 2.679 03　　B. 2.629 59　　C. 2.522 97　　D. 2.522 835

9. 20×7年1月1日，AS公司决定对现有生产线进行改扩建，以提升其生产能力。原值2 400万元，已计提折旧750万元。经过5个月的改扩建，完成了对这条生产线的改扩建工程，共发生支出1 200万元，符合固定资产确认条件。被更换的部件的原价为200万元，被更换的部件的折旧为50万元。对该项生产线进行更换后的原价为(　　)万元。

A. 3 450　　B. 2 700　　C. 3 600　　D. 3 000

10. 某企业20×6年6月期初固定资产的原值为10 500万元。6月，该企业增加了一项固定资产，入账价值为750万元，同时，6月减少了原值150万元的固定资产，则该企业在6月应计提折旧的固定资产原值为(　　)万元。

A. 11 100　　B. 10 650　　C. 10 500　　D. 10 350

二、多选题

1. “固定资产清理”账户的贷方登记的项目有(　　)。

A. 转入清理的固定资产的净值　　B. 残料变价收入

C. 结转的清理净收益　　D. 结转的清理净损失

E. 发生的清理费用

2. 下列固定资产应计提折旧的有(　　)。

A. 融资租入的固定资产　　B. 按规定单独估价作为固定资产入账的土地

C. 大修理停用的固定资产　　D. 未使用的机器设备、房屋及建筑物

3. 企业计算固定资产折旧的主要依据有(　　)。

A. 固定资产的预计使用年限　　B. 固定资产取得时的原始价值

C. 固定资产的净残值　　D. 固定资产的使用部门

4. 下列关于固定资产折旧方法的说法中，不正确的有(　　)。

A. 在采用年限平均法计提折旧时，不需要考虑预计净残值

B. 在采用年数总和法计提折旧时，折旧率是逐年递减的

C. 在采用双倍余额递减法计提折旧时，每年提取的折旧额是相等的

D. 在采用工作量法计提折旧时，需要根据预计使用年限来计算折旧率

5. 下列有关固定资产的特征和确认条件的描述，正确的有(　　)。

A. 为生产商品、提供劳务、出租、出售或经营管理而持有

B. 使用寿命超过一个会计年度

C. 固定资产是有形资产

D. 固定资产的成本能够可靠地计量是确认固定资产的一项基本条件

6. 下列项目中，构成固定资产入账价值的有（　　）。

A. 购买设备发生的运杂费

B. 接受投资者投入固定资产支付的增值税进项税额

C. 安装过程中发生的安装费

D. 固定资产达到预定可使用状态前发生的专门借款利息

7. 下列各项中，影响固定资产清理净收益的因素有（　　）。

A. 出售固定资产的价款　　B. 转让不动产应缴纳的增值税

C. 毁损固定资产取得的赔款　　D. 报废固定资产的原价

8. 计提固定资产折旧可能借记的会计科目有（　　）。

A. "制造费用"　B. "销售费用"　C. "管理费用"　D. "其他业务成本"

9. 期末发生的下列事项中，影响当年度利润表中营业利润的有（　　）。

A. 计提管理部门不需用固定资产的折旧费　　B. 计提固定资产减值损失

C. 购买固定资产支付的运杂费　　D. 管理部门设备发生的修理支出

E. 管理部门用固定资产发生的可资本化的改良支出

10. 下列固定资产中，不计提折旧的有（　　）。

A. 土地　　B. 当月增加的固定资产

C. 未提足折旧提前报废的固定资产　　D. 大修理停用的固定资产

E. 当月减少的固定资产

11. 按照《固定资产准则》规定，下列会计处理方法中正确的有（　　）。

A. 固定资产的各组成部分具有不同使用寿命或者以不同方式为企业提供经济利益，适用不同折旧率或折旧方法的，应当分别将各组成部分确认为单项固定资产

B. 经营租赁方式租入的固定资产发生的改良支出，应全部记入"经营租入固定资产改良"科目

C. 备品备件和维修设备通常确认为存货，但某些备品备件和维修设备需要与相关固定资产组合发挥效用，应当确认为固定资产

D. 生产车间发生的固定资产修理费用应记入"制造费用"科目，行政管理部门发生的固定资产修理费用应记入"管理费用"科目

E. 生产车间发生的固定资产修理费用应记入"管理费用"科目

三、判断题

1. 对于构成固定资产的各组成部分，如果各自具有不同的使用寿命或者以不同的方式为企业提供经济利益，则企业应将各组成部分单独确认为固定资产，并且采用不同的折旧率或者折旧方法计提折旧。（　　）

2. 企业购置的环保设备和安全设备等资产，由于它们不能直接为企业带来经济利益，所以企业不应将其确认为固定资产。（　　）

3. 在不考虑计提固定资产减值准备的情况下，某项固定资产期满报废时，无论是采用年限平均法还是加速折旧法折旧，其累计折旧额一定等于该项固定资产应计提折旧总额。（　　）

4. 经营租赁方式租入的固定资产发生的改良支出，应全部记入"经营租入固定资产改良"科目。（　　）

5. 固定资产的大修理费用和日常修理费用通常不符合固定资产确认条件，金额较小时应当在发生时计入当期管理费用，金额较大时采用预提或待摊方式处理。(　　)

6. 企业在财产清查中如果发现固定资产盘盈，在报经批准后，应按其重置价值转入“营业外收入”科目。(　　)

7. 固定资产提足折旧后，不管是否继续使用，均不再提取折旧；提前报废的固定资产还需补提折旧。(　　)

8. 固定资产发生的更新改造支出、房屋装修费用等，符合固定资产确认条件的，应当计入固定资产成本，同时将被替换部分的账面价值扣除。(　　)

9. 土地属于固定资产，企业取得的土地使用权可作为固定资产管理。(　　)

10. 采用双倍余额递减法计算固定资产折旧时，是用固定资产的净值乘以双倍的直线法折旧率。(　　)

四、业务题

1. 某企业为一般纳税人，于20×7年年初自行建造仓库一座，购入100 000元为工程准备的各种物资，支付的增值税税额为13 000元，实际领用工程物资100 000元；另外领用了企业生产用的原材料一批，实际成本为10 000元；工程人员工资费用40 000元，企业辅助生产车间为工程提供有关劳务支出3 000元。仓库于20×7年4月达到预定可使用状态并交付使用。

要求：根据上述资料，完成以下题目。

（1）计算工程完工交付使用时固定资产的入账价值。

（2）编制20×7年与工程物资和固定资产建造有关的会计分录。

2. 某企业为一般纳税人，其在某月发生以下经济业务。①购买设备一台，价款120万元，增值税税率13%，以银行存款支付，需进行安装。②安装过程中领用本企业材料17万元，全部用于安装工程。③应付安装工程人员工资23万元。④安装完毕交付生产车间使用。⑤该设备预计使用10年，预计净残值率5%，采用直线法计提折旧。⑥该设备于交付使用后第四年末报废，在清理中，支付清理费2 000元，收到残料变价收入款共计13 000元。

要求：编制上述业务的会计分录（金额单位用万元表示）。

3. 甲公司为增值税一般纳税人，增值税税率为13%，其于20×8年6月30日出售一台设备，原价100万元，已提折旧80万元，取得出售收入30万元，增值税税额3.9万元，已收存银行。出售中，发生相关费用1万元，已用银行存款支付。

要求：编制固定资产转入清理、支付清理费用、取得清理收入以及结转固定资产清理净损益的会计分录。

4. 某企业有一项固定资产，该固定资产原值为100 000元，预计使用年限为5年，预计净残值为2 000元。

要求：根据上述资料完成以下两题。

（1）计算采用双倍余额递减法计提折旧时各年的折旧率和折旧额。

（2）计算采用年数总和法计提折旧时各年的折旧率和折旧额。

五、案例分析题

【案例1】

方达公司是一家制造企业，固定资产折旧采用年限平均法，公司所得税税率为25%。以下是公司会计今年所进行的有关固定资产业务的会计处理：对公司今年通过经营租赁方式租入的一座仓库提取了折旧 50 000 元；对采用融资租赁方式租入的一套大型设备提取了折旧 80 000 元；对公司今年 1 月租出的一台机器设备停止提折旧，该设备每年折旧额为 10 000 元。

要求：根据以上资料回答下列问题。

（1）评价该公司会计对固定资产的账务处理是否正确。为什么？

（2）这样处理对公司的利润和所得税有无影响？

【案例 2】

据中国证券报 2014 年 8 月 26 日消息，河北钢铁 8 月 26 日晚间发布的 2014 年半年报显示，2014 年上半年，公司实现营业收入 506.76 亿元，同比下降 7.54%，实现归属于上市公司股东的净利润 3.33 亿元，同比增长 334.60%。

该公司指出，2014 年上半年，在钢铁行业产能过剩、供大于求的基本格局下，钢材价格持续低迷，资金等压力进一步推高钢铁企业生产成本，钢铁企业面临的经营形势异常艰难。在钢铁企业的“寒冬”之中，该公司业绩能实现如此大幅度的增长很大程度上在于“财技”帮忙。

3 月 15 日，河北钢铁发布公告，决定从 2014 年 1 月 1 日起调整固定资产折旧年限。调整后，公司固定资产折旧年限均不同程度延长。如房屋建筑物，此前的折旧年限为 25～30 年，调整后为 40～45 年，运输工具的折旧年限从 6～8 年调整为 10～15 年。对于此次会计变更对公司的影响，河北钢铁在公告中表示，经测算，本次会计估计变更后，预计 2014 年公司将减少固定资产折旧 20 亿元，所有者权益及净利润将增加 15 亿元。

这一调整在公司一季报中便有充分体现。长江证券指出，一季度市场需求进入淡季，钢价整体弱势下跌，同时预计该公司产量环比下降约 5.17%，量价齐跌或导致公司一季度营业收入和毛利率有所下滑。不过，该公司自 2014 年 1 月 1 日起调整折旧政策，相应增加一季度净利润约 3.75 亿元，保证了公司一季度最终实现净利润 1.63 亿元。

要求：根据以上资料回答下列问题。

（1）分析河北钢铁是怎样使其 2014 年上半年净利润同比增长 334.60%的。

（2）延长固定资产折旧年限对公司以后的生产经营有什么影响？

【案例 3】

2018 年 5 月，财政部、国家税务总局联合发布通知，规定企业在 2018 年 1 月 1 日后新购进的设备、器具固定资产，单位价值不超过 500 万元的，允许一次性计入当期成本费用，在计算应纳税所得额时扣除，不再分年度计算折旧。

黄河公司是一家高科技公司，2020 年两次购入用于研发的精密仪器，一台价格为 480 万元，4 月初购入；另一台价格为 500 万元，8 月底购入，两台设备购入即交付使用。两台设备的折旧年限都是 5 年，黄河公司固定资产折旧采用年限平均法，不考虑设备的净残值。两台精密仪器都是符合国家规定的一次性计入当期成本费用的固定资产。该企业所得税税率为 20%。

要求：根据以上资料回答下列问题。

（1）计算黄河公司 2020 年因为采用固定资产的优惠政策会增加多少费用。由于费用增加而减少缴纳的所得税是多少？（假定不考虑其他影响所得税的因素）

（2）你认为加速折旧新政策对企业生产经营有什么作用？

第七章　无形资产与其他资产

学习目标

通过本章的学习，应了解无形资产的概念、特征和内容；掌握无形资产取得、价值摊销和处置的会计处理方法；了解长期待摊费用的概念和会计处理；了解持有待售资产的分类原则和会计列报方法。

第一节　无形资产概述

一、无形资产的概念与特征

无形资产是指企业拥有或者控制的没有实物形态的可辨认的非货币性资产。无形资产通常包括专利权、非专利技术、商标权、著作权、特许权和土地使用权等。相对于其他资产，无形资产具有以下特征。

1．无形资产不具有实物形态

无形资产不是以实物形态存在的，看不见，摸不着，通常表现为某种权利、某项技术或某种获取超额利润的综合能力，比如，专利权、非专利技术等。不具有实物形态是无形资产区别于存货、固定资产等实物资产的特征之一。在确定一项包含有形和无形要素的资产是否属于无形资产时，需要通过判断来加以确定，通常以哪个要素更重要作为判断的依据。例如，计算机软件一般存储在光盘中，如果计算机软件不是相关硬件不可缺少的组成部分，则该软件应作为无形资产核算；但是，计算机控制的机械工具没有特定计算机软件就不能运行时，则说明该软件是相关硬件不可缺少的组成部分，则该软件应作为固定资产处理。

2．无形资产具有可辨认性

要作为无形资产核算，该资产必须能够区别于其他资产，可单独辨认，满足以下条件之一，并符合无形资产定义中的可辨认性标准：①能够从企业中分离或者划分出来，并能单独或者与相关合同、资产或负债一起，用于出售、转移、授权许可、租赁或者交换；②源自合同性权利或其他法定权利，无论这些权利是否可以从企业或其他权利和义务中转移或者分离。

商誉通常是与企业整体价值联系在一起的，无法与企业自身分离，不具有可辨认性，不属于本章所指的无形资产。

3．无形资产属于非货币性资产

非货币性资产是指企业持有的货币资金和将以固定或可确定的金额收取的资产以外的其他资产。无形资产在持有过程中为企业带来未来经济利益的情况不确定，不属于以固定或可确定的金额收取的资产，属于非货币性资产。

提示与说明

商誉、应收账款、石油天然气矿区权益等资产也是无形的，不具有实物形态，但它们不属于《无形资产准则》所定义的无形资产。

商誉的存在无法与企业自身相分离，不具有可辨认性。企业合并中形成的商誉，适用《企业合并准则》。应收账款也没有实物形态，它属于企业的债权资产，不属于无形资产。石油天然气矿区权益是指企业取得的在矿区内勘探、开发和生产油气的权利，可参见《石油天然气开采准则》。

二、无形资产的内容

无形资产包括以下内容。

（1）专利权，是指国家专利主管机关依法授予发明创造专利申请人，对其发明创造在法定期限内所享有的专有权利，包括发明专利权、实用新型专利权和外观设计专利权。专利权是允许其持有者独家使用或控制的权利，但它并不保证一定能给持有者带来经济效益。发明专利权的期限为20年，实用新型专利权和外观设计专利权的期限为10年，均自申请日起计算。

（2）非专利技术，又称专有技术，是指未经公开也未申请专利，但在生产经营活动中已采用的、不享有法律保护，但为发明人所垄断，具有实用价值的各种技术和经验。非专利技术采用自我保密的方式来维持其独占性，具有经济性、机密性、传授性和动态性的特点。非专利技术一般包括工业专有技术、商业贸易专有技术、管理专有技术等，如设计图纸、资料、技术规范、工艺流程、材料配方、管理制度和方法等。

（3）商标权。商标是用来辨认特定的商品或劳务的标记，包括商品商标、服务商标、集体商标和证明商标。商标权是商标专用权的简称，是指商标主管机关依法授予商标所有人对其注册商标受国家法律保护的专有权。

（4）著作权，又称为版权，是指自然人、法人或者其他组织对文学、艺术或科学作品依法享有的财产权利和人身权利的总称。著作权包括作品署名权、发表权、修改权、保护作品完整权、复制权、发行权等以及应当由著作权人享有的其他权利。

（5）特许权，又称专营权，是指企业在某一地区、一定时间内生产经营或销售某种特定商品的权利或一家企业接受另一家企业使用其商标、商号、技术秘密等的权利。特许权分为两种：一种是由政府机构授权，准许企业在一定地区享有经营某种业务的特权，如烟草专卖权和水、电、邮电通信等专营权等；另一种是指企业间依照签订的合同，有限期或无限期使用另一家企业的某些权利，如非专利技术使用权、商标使用权等。

（6）土地使用权，是指国家准许某企业在一定期间内对国有土地享有开发、利用、经营的权利。我国实行土地公有制，任何单位和个人只能拥有土地的使用权，而不拥有所有权。企业取得土地使用权的方式大致有以下几种：行政划拨取得、外购取得和投资者投资取得。通常情况下，通过缴纳土地出让金等方式外购的土地使用权、投资者投入等方式取得的土地使用权作为无形资产核算。但是，作为投资性房地产的土地使用权，适用《投资性房地产准则》，应作为投资性房地产核算；作为固定资产的土地，应按照固定资产核算。

第二节　无形资产的取得

一、无形资产取得的成本

无形资产通常是按实际成本计量的，即以取得无形资产并使之达到预定用途而发生的全部支出作为无形资产的成本。企业可以从外部取得无形资产，也可以自行进行研究开发。对于来源不同的无形资产，其成本构成不尽相同。

（1）外购的无形资产成本。外购的无形资产成本包括购买价款、相关税费以及直接归属于使该项资产达到预定用途所发生的其他支出。其中，直接归属于使该项资产达到预定用途所发生的其他支出包括使无形资产达到预定用途所发生的专业服务费用、测试无形资产是否能够正常发挥作用的费用等，但不包括为引入新产品进行宣传发生的广告费、管理费用及其他间接费用，也不包括在无形资产已经达到预定用途以后发生的费用。

（2）投资者投入的无形资产成本。投资者投入无形资产的成本应当按照投资合同或协议约定的价值确定。在投资合同或协议约定的价值不公允的情况下，应按无形资产的公允价值入账。

（3）研究开发取得的无形资产成本。企业通过自行研究开发取得的无形资产以其开发成本作为入账价值。对于企业自行研究开发的项目，《无形资产准则》要求区分为研究阶段与开发阶段两个部分进行核算。研究阶段的支出通常予以费用化计入当期损益；开发阶段中发生的支出符合无形资产确认条件的，计入无形资产成本，不符合资本化条件的计入当期损益。

（4）通过其他方式取得的无形资产成本。企业还可以通过非货币性资产交换、债务重组、政府补助和企业合并等方式取得无形资产。通过这些方式取得的无形资产，如果其公允价值能够可靠计量，一般来说采用公允价值计量其成本。

二、无形资产取得的核算

为了反映无形资产的取得情况，企业应设置“无形资产”和“研发支出”等账户。

“无形资产”账户用于核算企业持有的无形资产的成本。其借方记录取得无形资产的成本；贷方记录减少的无形资产成本；余额在借方，反映企业持有的无形资产成本。该账户可以按无形资产项目进行明细核算。

“研发支出”账户核算企业研究与开发无形资产过程中发生的各项支出。其借方记录企业自行研究开发无形资产发生的研发支出；贷方结转达到预定用途的研究开发项目已资本化的金额和期末结转的费用化金额；余额在借方，反映企业正在进行的无形资产研究开发项目所发生的支出。该账户应当按照研究开发项目，分别对“费用化支出”与“资本化支出”进行明细核算。

（一）外购的无形资产

外购的无形资产按应计入无形资产成本的金额，借记“无形资产”账户，贷记“银行存款”等账户。

【例 7.1】 20×9 年 3 月 1 日，长江公司购入一项专利权，所付费用总计为 20 000 元。根据有关凭证编制会计分录如下：

借：无形资产——专利权　　20 000
　　贷：银行存款　　20 000

（二）投资者投入的无形资产

投资者投入的无形资产的成本应当按照投资合同或协议约定的价值确定。如果投资合同或协议约定价值不公允，应按无形资产的公允价值作为无形资产的初始成本入账。

【例 7.2】 20×9 年 3 月 7 日，长江公司接受黄河公司投入专利权一项，双方协议约定该专利权作价 50 000 元，该专利权协议价与其公允价值相等。编制会计分录如下：

借：无形资产——专利权　　50 000
　　贷：实收资本　　50 000

（三）研究开发取得的无形资产

1. 研究阶段和开发阶段

对于企业自行进行的研究开发项目，应该区分研究阶段与开发阶段两个部分进行核算。企业需要根据研究与开发的实际情况加以判断。

研究阶段是指为获取新的技术和知识等进行的有计划的调查，具有计划性和探索性。研究阶段为进一步的开发活动进行资料及相关方面的准备，从已经进行的研究活动看，将来是否会转入开发、开发后是否会形成无形资产等具有较大的不确定性。研究活动包括意在获取知识而进行的活动，研究成果或其他知识的应用研究、评价和最终选择，材料、设备、产品、工序、系统或服务替代品的研究，以及新的或经改进的材料、设备、产品、工序、系统或服务的可能替代品的配制、设计、评价和最终选择。

开发阶段是指在进行商业性生产或使用前，将研究成果或其他知识应用于某项计划或设计，以生产出新的或具有实质性改进的材料、装置、产品等。开发阶段具有针对性并且形成成果的可能性较大，应当是完成了研究阶段的工作，在很大程度上形成一项新产品或新技术的基本条件已经具备。例如，生产前或使用前的原型和模型的设计、建造和测试，含有新技术的工具、模具和冲模的设计，不具有商业性生产经济规模的试生产设施的设计、建造和运营。

2. 研究与开发支出的确认和计量

《无形资产准则》规定，企业内部的研究开发项目在研究阶段的支出应当于发生时计入当期损益（管理费用）；开发阶段的支出满足资本化条件的，才能确认为无形资产。内部开发活动形成的无形资产，其成本通常包括开发该无形资产时耗费的材料、劳务成本、注册费、在开发该无形资产过程中使用的其他专利权和特许权的摊销、可以资本化的利息支出等。如果确实无法区分研究阶段的支出和开发阶段的支出，则应将其所发生的研发支出全部费用化，计入当期损益，见图 7.1。

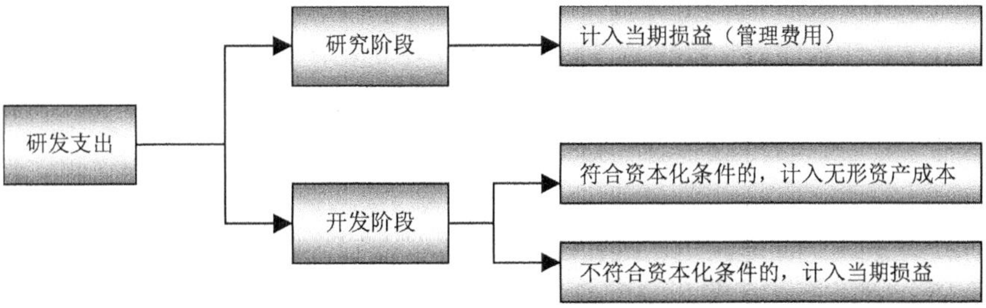

图 7.1　无形资产内部研究开发费用的会计处理

提示与说明

在企业内部研究开发项目的开发阶段，判断可以将有关支出资本化计入无形资产成本的条件如下：①完成该无形资产以使其能够使用或出售在技术上具有可行性。②具有完成该无形资产并使用或出售的意图。③无形资产产生经济利益的方式包括能够证明运用该无形资产生产的产品存在市场或无形资产自身存在市场；无形资产将在内部使用的，应当证明其有用性。④有足够的技术、财务资源和其他资源支持，以完成该无形资产的开发，并有能力使用或出售该无形资产。⑤归属于该无形资产开发阶段的支出能够可靠计量。

——摘自《企业会计准则讲解》

3. 内部研究开发费用的会计处理

内部研究开发费用的会计处理按以下方法进行。

（1）企业自行开发无形资产发生的研发支出未满足资本化条件的，借记“研发支出——费用化支出”科目；满足资本化条件的，借记“研发支出——资本化支出”科目，贷记“原材料”“银行存款”“应付职工薪酬”等科目。

（2）研究开发项目达到预定用途形成无形资产的，应按“研发支出——资本化支出”科目的余额，借记“无形资产”科目，贷记“研发支出——资本化支出”科目。

（3）期末，企业应将“研发支出——费用化支出”科目归集的费用化支出金额转入管理费用，借记“管理费用”科目，贷记“研发支出——费用化支出”科目。

【例 7.3】 20×6 年，长江公司开发某项专利技术，在研究开发过程中发生材料费 500 000 元、人工工资 200 000 元、其他费用 300 000 元，总计 1 000 000 元。其中，符合资本化条件的支出为 600 000 元，年末该专利技术已经达到预定用途。

发生相关费用时，编制会计分录如下：

借：研发支出——费用化支出	400 000	
——资本化支出	600 000	
贷：原材料		500 000
应付职工薪酬		200 000
银行存款		300 000

期末，将不符合资本化条件的研发支出转入当期管理费用，编制会计分录如下：

借：管理费用	400 000	
贷：研发支出——费用化支出		400 000

期末，该专利技术已经达到预定用途，将符合资本化条件的研发支出转入无形资产成本，编制会计分录如下：

借：无形资产——××专利	600 000	
贷：研发支出——资本化支出		600 000

（四）通过其他方式取得的无形资产

企业通过非货币性资产交换、债务重组、政府补助和企业合并等方式取得的无形资产，应当分别按照《非货币性资产交换准则》《债务重组准则》《政府补助准则》《企业合并准则》进行会计处理。

第三节　无形资产的价值摊销

一、无形资产的使用寿命

（一）无形资产价值摊销的原则

企业应当在取得无形资产时分析判断其使用寿命，根据使用寿命是否可确定，无形资产可以分为使用寿命有限的无形资产和使用寿命不确定的无形资产。使用寿命有限的无形资产是指无形资产的使用寿命是有限的或可以根据可靠证据确定的。无形资产的使用寿命如为有限的，应当估计该使用寿命的年限或者构成使用寿命的产量等类似计量单位数量。无法预见无形资产为企业带来未来经济利益期限的，应当视为使用寿命不确定的无形资产。

只有使用寿命有限的无形资产才需要在估计的使用寿命内采用系统、合理的方法进行摊销，使用寿命不确定的无形资产则不需要摊销。

（二）无形资产使用寿命的确定

1. 估计无形资产使用寿命应考虑的因素

无形资产的后续计量是以其使用寿命为基础的。无形资产的使用寿命包括经济寿命和法定寿命两个方面。经济寿命是指无形资产可以为企业带来经济利益的年限。有些无形资产的使用寿命受法律、规章或合同的限制，这类使用寿命即为法定寿命。比如，我国法律规定发明专利权有效期为 20 年，商标权的有效期为 10 年。有些无形资产如永久性特许经营权、非专利技术等的寿命则不受法律或合同的限制。

在估计无形资产使用寿命时，应当综合考虑各方面的影响，通常应该考虑以下因素：①运用该资产生产的产品通常的寿命周期、可获得的类似资产使用寿命的信息；②技术、工艺等方面的现实情况及对未来发展的估计；③以该资产生产的产品或服务的市场需求情况；④现在或潜在的竞争者预期将采取的行动；⑤为维持该资产带来经济利益的能力的预期维护支出，以及企业预计支付有关支出的能力；⑥对该资产控制期限的相关法律规定或类似限制，如特许使用期间、租赁期等；⑦与企业持有的其他资产使用寿命的关联性等。

2. 无形资产使用寿命的确定方法

（1）源自合同性权利或其他法定权利取得的无形资产，其使用寿命不应超过合同性权利或其他法定权利的期限。如果合同性权利或其他法定权利能够在到期时因续约等延续，则当有证据表明企业续约不需要付出重大成本时，续约期才能够包括在使用寿命的估计中。例如，我国法律规定发明专利权有效期为 20 年，企业取得了一项发明专利，估计该专利能在 10 年内给企业带来经济利益，则该项无形资产的使用寿命为 10 年。

（2）合同或者法律没有规定使用寿命的，企业应当综合各方面情况来确定无形资产为企业带来未来经济利益的期限。例如，与同行业的情况进行比较、参考历史经验，或者聘请相关专家进行论证等。

按照上述方法，仍然确实无法合理确定无形资产为企业带来经济利益期限的，应将其作为使用寿命不确定的无形资产。

二、使用寿命有限的无形资产的摊销

1. 摊销期和摊销方法

使用寿命有限的无形资产应在其预计的使用寿命内采用系统合理的方法对应摊销金额进行摊销。其中，应摊销金额是指无形资产的成本扣除预计净残值后的金额。

无形资产的摊销期自其可供使用时起，至不再作为无形资产确认时止。企业选择无形资产的摊销方法，应当反映与该项无形资产有关的经济利益的实现方式。这些方法包括直线法、生产总量法等。无法可靠确定预期实现方式的，应当采用直线法摊销。

使用寿命有限的无形资产，其残值应当视为零，除非有第三方承诺在无形资产使用寿命结束时购买该项无形资产，或者可以根据活跃市场得到预计净残值信息，并且该市场在无形资产使用寿命结束时很可能存在。

2. 摊销的会计处理

无形资产的摊销一般应计入当期损益。如果某项无形资产所包含的经济利益通过所生产的产品或其他资产实现，其摊销金额应当计入相关资产的成本。例如，某项无形资产专门用于生产某种产品，其所包含的经济利益通过转入所生产的产品来体现，则该无形资产的摊销费用应构成产品成本的一部分。

企业应当设置“累计摊销”科目，用于核算企业对使用寿命有限的无形资产计提的累计摊销额。本科目应按无形资产项目进行明细核算。企业计提无形资产摊销时，借记“管理费用”“其他业务成本”等科目，贷记“累计摊销”科目。该科目期末贷方余额，反映企业无形资产的累计摊销额。

企业至少应当于每年年度终了，对使用寿命有限的无形资产的使用寿命及摊销方法进行复核。如果有证据表明无形资产的使用寿命及摊销方法与以前估计不同，则应当改变摊销期和摊销方法。

【例 7.4】 20×6 年 1 月 1 日，长江公司从外单位购得一项商标权，支付价款 300 000 元，款项已支付。该项商标权的法律保护期为 10 年，公司预计在未来 5 年内其会给公司带来经济利益，预计净残值为零，并按直线法摊销。

公司取得无形资产时的账务处理如下：

借：无形资产——商标权　　300 000
　　贷：银行存款　　300 000

按月摊销时的摊销金额：

摊销金额=300 000÷5÷12=5 000（元）

编制会计分录如下：

借：管理费用　　5 000
　　贷：累计摊销　　5 000

思考与讨论

我国的企业会计准则为什么没有将商誉作为无形资产核算？你认为商誉应该作为无形资产核算吗？

三、使用寿命不确定的无形资产减值测试

按照《无形资产准则》的规定，对于使用寿命不确定的无形资产，在持有期间内不需要摊销，但至少应当在每年年度终了按照《资产减值准则》的有关规定进行减值测试。经减值测试表明已发生减值的无形资产，应该计提有关减值准备。企业应当在每个会计期间对使用寿命不确定的无形资产的使用寿命进行复核。如果有证据表明相关无形资产的使用寿命变为有限，则应当估计其使用寿命，并按规定进行会计处理。

第四节　无形资产的处置和报废

无形资产的处置主要是指无形资产出售、对外出租、对外捐赠等。无形资产的报废是指无形资产无法为企业带来未来经济利益时，应予转销并终止确认。

一、无形资产的出售

企业出售无形资产时，应将所取得的价款与该无形资产账面价值的差额作为资产处置损益。企业将无形资产出售表明企业转让无形资产的所有权，所以需要注销无形资产的账面价值，并确定无形资产处置利得或损失。

出售无形资产时，应按实际收到的金额，借记“银行存款”等科目；按已摊销的累计摊销额，借记“累计摊销”科目；原已计提减值准备的，借记“无形资产减值准备”科目；按

应支付的相关税费，贷记“应交税费”等科目；按其账面余额，贷记“无形资产”科目；按其差额，贷记或借记“资产处置损益”科目。

【例 7.5】 长江公司为增值税一般纳税人，20×5 年 12 月 1 日将拥有的一项专利权出售，增值税专用发票上注明价款 100 万元，增值税税率 6%，增值税税额 6 万元。款项 106 万元已收存银行。该专利权的成本为 160 万元，累计摊销额为 80 万元。编制会计分录如下：

借：银行存款	1 060 000	
累计摊销	800 000	
贷：无形资产——专利权		1 600 000
应交税费——应交增值税（销项税额）		60 000
资产处置损益		200 000

二、无形资产的出租

无形资产出租是指根据租赁合同或协议，企业允许他人使用本企业的无形资产，并收取使用费。企业出租无形资产转让的是使用权，收取的租金收入属于让渡资产使用权取得的收入，所以应属于其他业务收入。在满足《收入准则》规定的确认标准的情况下，应确认相关的收入及成本。

出租无形资产时，取得的租金收入，借记“银行存款”等科目，贷记“其他业务收入”等科目；摊销出租无形资产的成本和发生与转让有关的各种费用支出时，借记“其他业务成本”“税金及附加”科目，贷记“累计摊销”“应交税费”等科目。

【例 7.6】 20×7 年 1 月 1 日，长江公司将一项专利技术出租给另外一个企业使用，该专利技术账面余额为 500 000 元，摊销期限为 10 年，出租合同规定专利技术每年使用费为 100 000 元，租期为 5 年。假定不考虑其他相关税费。

（1）每年收取租金，编制会计分录如下：

借：银行存款	100 000	
贷：其他业务收入		100 000

（2）按年对该专利技术进行摊销，编制会计分录如下：

借：其他业务成本	50 000	
贷：累计摊销		50 000

三、无形资产的报废

如果无形资产预期不能为企业带来未来经济利益，则不再符合无形资产的定义，应将其转销。比如，该无形资产已被其他新技术替代，不能为企业带来经济利益。无形资产预期不能为企业带来经济利益的，应按已摊销的累计摊销额，借记“累计摊销”科目；原已计提减值准备的，借记“无形资产减值准备”科目；按其账面余额，贷记“无形资产”科目；按借贷方差额，借记“营业外支出”科目。

【例 7.7】 长江公司的一项专利技术，其账面余额为 600 万元，摊销期限为 10 年，采用直线法进行摊销，已摊销了 6 年，假定该专利技术的残值为 0，已累计计提的减值准备为 140 万元。目前用该专利技术生产的产品已没有市场，预期不能为企业带来经济利益，该专利技术应予报废。假定不考虑其他相关因素，其账务处理如下：

借：累计摊销	3 600 000	
无形资产减值准备	1 400 000	
营业外支出——处置无形资产损失	1 000 000	
贷：无形资产——专利权		6 000 000

第五节 其他资产

一、长期待摊费用

（一）长期待摊费用的定义和内容

长期待摊费用是指企业已经发生但应由本期和以后各期负担的分摊期限在 1 年以上的各项费用，如以经营租赁方式租入的固定资产发生的改良支出等。

长期待摊费用虽然也列为资产项目，但它与一般资产相比有很大的不同，主要表现在以下两方面。①长期待摊费用本身没有交换价值，不能转让，也不能用于清偿债务；而长期待摊费用以外的其他资产都具有交换价值，既可以转让，也可以用于清偿债务。②长期待摊费用本质上是一种费用，由于支出数额一般较大，对企业生产经营影响时间较长或支出的效益要期待于未来，若将其全部计入当期的费用中显然有违权责发生制原则的要求，因此，需要将其分期进行摊销。

（二）长期待摊费用的会计处理

企业应对发生的长期待摊费用设置“长期待摊费用”科目进行总分类核算。该科目应按费用项目进行明细核算。企业发生长期待摊费用时，借记“长期待摊费用”科目，贷记“银行存款”等科目。摊销长期待摊费用时，借记“管理费用”“销售费用”等科目，贷记“长期待摊费用”科目。该科目期末借方余额，反映企业尚未摊销完毕的长期待摊费用的摊余价值。

以经营租赁方式租入的固定资产发生的改良支出应通过“长期待摊费用”科目核算，并在剩余租赁期与租赁资产尚可使用年限两者中较短的期间内，采用合理的方法进行摊销。

【例 7.8】 20×6 年 4 月 1 日，长江公司以经营租赁方式租入一项固定资产，租赁期限为 5 年。该项固定资产尚可使用年限为 10 年。该企业于购进时对该租赁资产进行了改良，并支出了 60 000 元的改良费用。

发生改良支出时，编制会计分录如下：

借：长期待摊费用	60 000	
贷：银行存款		60 000

每月摊销时的摊销金额：

$$摊销金额=60\ 000÷5÷12=1\ 000（元）$$

编制会计分录如下：

借：管理费用	1 000	
贷：长期待摊费用		1 000

二、持有待售资产

2017 年 4 月，财政部制定颁布的《持有待售的非流动资产、处置组和终止经营准则》，对持有待售资产的会计处理作出了规范。

（一）持有待售资产的分类原则

若企业主要通过出售而非持续使用一项非流动资产或处置组收回其账面价值的，则应当将其划分为持有待售类别。

处置组是指在一项交易中作为整体通过出售或其他方式一并处置的一组资产，以及在该交易中转让的与这些资产直接相关的负债。处置组中可能包含企业的任何资产和负债，如流动资产、流动负债、非流动资产和非流动负债。如果处置组所属的资产组或资产组组合分摊了企业合并中取得的商誉，则该处置组应当包含分摊至处置组的商誉。

非流动资产或处置组划分为持有待售类别，应当同时满足以下两个条件。

（1）可立即出售。可立即出售是指根据类似交易中出售此类资产或处置组的惯例，在当前状况下即可立即出售。为满足该条件，企业应当具有在当前状态下出售该非流动资产或处置组的意图和能力。此处所指的“出售”包括具有商业实质的非货币性资产交换。

（2）出售极可能发生。出售极可能发生，即企业已经就一项出售计划作出决议且获得确定的购买承诺，预计出售将在一年内完成。有关规定要求企业相关权力机构或者监管部门批准后方可出售的，应当已经获得批准。

企业不应当将拟结束使用而非出售的非流动资产或处置组划分为持有待售类别，原因是企业对该非流动资产或处置组的使用实质上几乎贯穿了其整个经济使用寿命期，其账面价值并非主要通过出售收回，而是主要通过持续使用收回。例如，因已经使用至经济寿命期结束而将某机器设备报废并收回少量残值，该设备就不应当被划分为持有待售类别。

（二）持有待售资产的列报

企业应当设置“持有待售资产”科目，正确记录和反映持有待售的非流动资产和处置组的相关交易或事项；设置“持有待售资产减值准备”科目，核算持有待售的非流动资产和持有待售的处置组中资产计提的减值准备；设置“资产处置损益”科目，核算企业出售划分为持有待售的非流动资产（金融工具、长期股权投资和投资性房地产除外）或处置组（子公司业务除外）时确认的处置利得或损失，以及处置未划分为持有待售的固定资产、在建工程、生产性生物资产及无形资产而产生的处置利得或损失。

企业应当在资产负债表中区别于其他资产单独列示持有待售的非流动资产或持有待售的处置组中的资产，区别于其他负债单独列示持有待售的处置组中的负债。持有待售的非流动资产或持有待售的处置组中的资产与持有待售的处置组中的负债不应当相互抵销，而应当分别作为流动资产和流动负债列示。

将持有待售的非流动资产或非流动负债在资产负债表上作为流动资产和流动负债项目列示，这主要是基于持有待售非流动资产或非流动负债即将在一年内出售，根据实质重于形式的会计原则，故将其分别列示于资产负债表的流动资产和流动负债项目。

> **归纳总结**
>
> 关于持有待售准则有关问题的解读

企业应当在利润表中分别列示持续经营损益和终止经营损益。不符合终止经营定义的持有待售的非流动资产或处置组，其减值损失和转回金额及处置损益应当作为持续经营损益列报。终止经营的减值损失和转回金额等经营损益及处置损益应当作为终止经营损益列报。

本章小结

无形资产是指企业拥有或者控制的没有实物形态的可辨认非货币性资产。无形资产通常包括专利权、非专利技术、商标权、著作权、特许权和土地使用权等。无形资产不具有实物形态，具有可辨认性，属于非货币性资产。

无形资产通常按实际成本计量，即以取得无形资产并使之达到预定用途而发生的全部支出作为无形资产的成本。

外购无形资产的成本包括购买价款、相关税费以及直接归属于使该项资产达到预定用途所发生的其他支出。

企业可以通过自行进行研究开发取得无形资产，以其开发成本作为入账价值。对于企业自行进行的研究开发项目，应区分研究阶段与开发阶段进行核算。研究阶段的支出应当于发生时计入当期损益（管理费用）。开发阶段的支出满足资本化条件的，才能确认为无形资产。

无形资产的价值摊销应区分使用寿命有限的无形资产和使用寿命不确定的无形资产。只有使用寿命有限的无形资产才需要在估计的使用寿命内采用系统合理的方法进行摊销，对于使用寿命不确定的无形资产则不需要摊销。

无形资产的处置主要是指无形资产出售、对外出租、对外捐赠等。出售无形资产时，应将所取得的价款与该无形资产账面价值的差额计入资产处置损益，同时注销无形资产的账面价值并确定资产处置利得或损失。出租无形资产转让的是使用权，收取的租金收入属于让渡资产使用权取得的收入，属于其他业务收入。

无形资产的报废是指无形资产无法为企业带来未来经济利益时，应予转销并终止确认。

长期待摊费用是指企业已经发生但应由本期和以后各期负担的分摊期限在一年以上的各项费用。企业应当对发生的长期待摊费用设置“长期待摊费用”科目进行核算。

持有待售资产是指企业主要通过出售而非持续使用一项非流动资产或处置组收回其账面价值的资产。非流动资产或处置组划分为持有待售类别，应当同时满足两个条件：①可立即出售；②出售极可能在一年内发生。根据实质重于形式的会计原则，持有待售的非流动资产应列示于资产负债表的流动资产项目。

复习思考

1. 什么是无形资产？无形资产有哪些基本特征？无形资产包括哪些内容？
2. 无形资产取得有哪些方式？如何确定无形资产的成本？
3. 无形资产的研究开发包括哪些阶段？每个阶段的支出应该如何处理？
4. 怎样确定无形资产的使用寿命？摊销使用寿命有限的无形资产时应考虑哪些因素？
5. 无形资产处置的方式主要有哪些？企业出售无形资产和出租无形资产的会计处理有何差异？

基本训练

一、单选题

1. 下列项目中不属于企业无形资产的是（　　）。

A. 商标权　　B. 著作权　　C. 非专利技术　　D. 商誉

2. 某企业研制一项新技术，该企业在此项研究过程中发生研究费用 50 000 元，开发阶段的支出为 30 000 元，其中符合资本化条件的有 20 000 元，则该项专利权的入账价值为（　　）元。

A. 50 000　　B. 20 000　　C. 30 000　　D. 80 000

3. 接受投资者投入的无形资产，应按（　　）入账。

A. 同类无形资产的价格

B. 投资各方合同或协议约定的价值

C. 投资方无形资产账面价值

D. 该无形资产可能带来的未来现金流量之和

4. 下列项目中属于企业无形资产的是（　　）。

A. 开办费　　B. 开发新技术过程中发生的研究费

C. 品牌　　D. 为获得土地使用权支付的土地出让金

5. 关于企业自行研究开发项目的支出，下列说法中不正确的是（　　）。

A. 企业自行研究开发项目的支出，应当区分研究阶段支出和开发阶段支出

B. 企业自行研究开发项目研究阶段的支出，应当于发生时计入当期损益

C. 企业自行研究开发项目开发阶段的支出，可能确认为无形资产也可能确认为费用

D. 企业自行研究开发项目开发阶段的支出，均应确认为无形资产

6. 关于无形资产的摊销，下列说法不正确的是（　　）。

A. 使用寿命有限的无形资产，其应摊销的金额应当在使用寿命内进行系统、合理的摊销

B. 使用寿命有限的无形资产一定无残值

C. 使用寿命不确定的无形资产不需要摊销

D. 企业摊销无形资产，应当自无形资产可供使用时起至不再作为无形资产确认止

7. 关于无形资产的内容，下列说法中不正确的是（　　）。

A. 无形资产具有可辨认性

B. 无形资产属于非货币性资产

C. 企业合并中产生的商誉不作为无形资产

D. 无形资产的使用寿命一定是确定的

8. 企业计提无形资产摊销时，贷方应记入（　　）科目。

A. "管理费用"　B. "其他业务成本"　C. "累计摊销"　D. "无形资产"

9. 企业出售一项3年前取得的专利权，该项专利取得时的成本为20万元，采用直线法按10年摊销，出售时取得收入40万元，假设增值税为2万元，则应该计入资产处置损益的金额为（　　）万元。

A. 24　B. 15　C. 26　D. 16

10. 企业出租无形资产，发生的相关支出应该计入（　　）。

A. 营业外支出　B. 管理费用　C. 其他业务成本　D. 销售费用

二、多选题

1. 下列项目中属于企业无形资产的有（　　）。

A. 商标权　B. 品牌　C. 非专利技术　D. 自创商誉

2. 企业取得无形资产的方式通常有（　　）。

A. 自行研究开发　B. 投资者投入

C. 外购　D. 非货币性资产交换

3. 下列各项中，不会引起无形资产账面价值发生增减变动的有（　　）。

A. 转让无形资产所有权

B. 转让无形资产使用权

C. 企业内部研究开发项目研究阶段的支出

D. 企业内部研究开发项目开发阶段的支出不满足无形资产确认条件的部分

4. 下列有关无形资产会计处理的表述中，正确的有（　　）。

A. 自用的土地使用权应确认为无形资产

B. 企业内部研究开发项目研究阶段的支出不应确认为无形资产

C. 无形资产均应确定预计使用年限并分期摊销

D. 使用寿命不确定的无形资产不需要摊销

5. 对无形资产进行摊销时，可能用到的会计科目有（　　）。

A. “管理费用”　　B. “营业外收入”

C. “其他业务成本”　　D. “累计摊销”

6. 企业出售无形资产进行会计处理时，可能用到的会计科目有（　　）。

A. “其他业务收入”　　B. “资产处置损益”

C. “营业外支出”　　D. “累计摊销”

7. 企业出租无形资产进行会计处理时，可能用到的会计科目有（　　）。

A. “营业外收入”　　B. “其他业务收入”

C. “其他业务成本”　　D. “累计摊销”

8. 下列各项中，企业应确认为无形资产的有（　　）。

A. 企业自行研究开发无形资产的研究费用

B. 由于技术先进掌握了生产技术而形成的商誉

C. 企业自行开发无形资产的开发费用在符合资本化条件时

D. 企业在市场上购入的无形资产

9. 下列事项中，可能影响当期利润表中营业利润的有（　　）。

A. 计提无形资产减值准备

B. 新技术项目研究过程中发生的人工费用

C. 出租无形资产取得的租金收入

D. 接受其他单位捐赠的专利权

E. 摊销无形资产

10. 下列可以确认为无形资产的有（　　）。

A. 企业自创的商誉　　B. 有偿取得的经营特许权

C. 有偿取得的高速公路 15 年的收费权　　D. 企业研发专利权发生的研究费用

三、判断题

1. 企业自创的商誉属于无形资产。（　　）

2. 存储计算机软件的光盘具有实物形态，不属于企业的无形资产。（　　）

3. 作为投资性房地产的土地使用权，作为投资性房地产核算。（　　）

4. 企业内部研究开发项目研究阶段的支出，应当于发生时计入当期损益。（　　）

5. 企业出租无形资产收取的租金收入应该记入“营业外收入”科目。（　　）

6. 企业内部研究开发项目开发阶段的支出都应该确认为无形资产的成本。（　　）

7. 企业持有的无形资产都需要进行摊销。（　　）

8. 使用寿命有限的无形资产，其残值一般应当视为零。（　　）

9. 企业转让无形资产所有权和使用权的收入均应记入“营业外收入”科目，其转让成本费用均应记入“营业外支出”科目。（　　）

10. 投资者投入的无形资产必须按照投资合同或协议约定的价值确定。（　　）

四、业务题

1. 某公司自行研究开发某项专利技术，在研究过程中发生材料费 40 000 元、人工工资 20 000 元，以及其他费用 20 000 元，总计 80 000 元。在开发过程中，发生材料费 20 000 元、人工工资 10 000 元，以及其他费用 20 000 元，总计 50 000 元，全部符合资本化条件。年末，该专利技术已经达到预定用途。

要求：编制有关业务的会计分录。

2. A 企业于 20×7 年 1 月 1 日从 B 企业购入一项专利的所有权，以银行存款支付买价和有关费用共计 100 万元。该专利自可供使用时起至不再作为无形资产确认时止的年限为 10 年，假定 A 企业于年末一次计提全年无形资产摊销。20×9 年 1 月 1 日，A 企业将上述专利所有权出售给 C 企业，取得收入 90 万元，存入银行，该项收入适用的增值税税率为 6%（不考虑其他税费）。

要求：根据上述资料，完成以下会计分录的编制（金额单位使用万元表示）。

（1）编制 A 企业购入专利权的会计分录。

（2）计算该项专利权的年摊销额并编制有关的会计分录。

（3）编制与该项专利权转让有关的会计分录。

3. 某公司将一项专利技术出租给另外一个企业使用，该专利技术账面余额为 50 000 元，摊销期限为 5 年，出租合同规定每年专利技术使用费为 20 000 元，租期为 5 年。假设没有其他相关税费。

要求：编制有关业务的会计分录。

4. 20×8 年 4 月 1 日，甲公司对其以经营租赁方式新租入的办公楼进行装修，发生以下有关支出：领用生产用材料 500 000 元；辅助生产车间为该装修工程提供的劳务支出为 265 000 元；有关人员工资等职工薪酬为 435 000 元。20×8 年 11 月 30 日，该办公楼装修完工，达到预定可使用状态并交付使用，按租赁期 10 年开始进行摊销。

要求：编制甲公司对租入的办公楼进行装修以及交付使用后第一个月进行摊销的有关会计分录。

五、案例分析题

【案例 1】

某企业聘用专业评估机构，对其品牌价值进行评估，评估中结合了相关经济数据和对消费者的调研结果，最终确定其品牌价值为 20 亿元。请问：企业可否将品牌价值确认为无形资产进行会计核算？为什么？

【案例 2】

某企业持有一项商标，该商标的账面余额为 10 000 元，累计摊销额为 5 000 元。企业将该商标出售，取得收入 20 000 元。企业出售无形资产时，将所取得的价款与该无形资产账面价值的差额计入当期损益，记入“其他业务收入”科目。问该企业的会计处理是否正确？为什么？

【案例 3】

中国台湾商人杨荣山利用手下数家子公司，从 2000 到 2001 年，先后在 31 个国家和地区申请并成功注册了总共 10 个 iPad 商标，其中就包括中国大陆的两个商标。在此期间，唯冠国际推出过一款类似上网本的产品，名称就叫 iPad。在唯冠国际推出 iPad 十年后，2010 年 9 月 17 日，苹果公司在中国大陆推出了同名的平板电脑（iPad）。2012 年初，深圳唯冠向深圳市福田区人民法院、惠州市中级人民法院、上海浦东人民法院提起了对苹果公司 iPad 商标侵权诉讼。

2012 年 7 月 2 日，引人注目的深圳唯冠与苹果公司 iPad 商标争夺案终于落下帷幕。广东省高级人民法院通过其官方微博宣布，苹果公司已与深圳唯冠就 iPad 商标案达成和解，苹果公司向深圳唯冠支付 6 000 万美元，约合 3.8 亿元人民币，这场商标案之争终于有了一个结果。该商标案成为我国有史以来赔偿金额最大的一宗商标维权案。在这场博弈中，有人为苹果公司抱屈，有人为深圳唯冠鼓掌。对国内大大小小的企业来说，这是关于知识产权重要性的一课。这堂课上，没有大小，只有规则。

要求：根据上述资料回答下列问题。

（1）什么是商标？商标属于企业的无形资产吗？企业应如何保护自己的商标权？

（2）分析苹果公司为什么输了这场官司。

第八章　投资性房地产

学习目标

通过本章的学习，应明确投资性房地产的概念、特征及其范围；掌握投资性房地产的初始计量和后续计量；掌握投资性房地产的转换与处置的会计处理。

第一节　投资性房地产概述

一、投资性房地产及其特征

房地产是指房屋和土地及其产权的总称。房屋是指土地上的房屋等建筑物和构筑物。土地在我国归国家或集体所有，企业只能取得土地使用权，因此，房地产中的土地是指土地使用权。随着我国房地产市场的不断发展，房地产交易也日趋活跃，企业持有的房地产，除了用于自身的生产经营活动以外，出现了将房地产用于赚取租金或增值收益的活动，形成了投资性房地产。

投资性房地产是指为赚取租金或资本增值，或者两者兼有而持有的房地产。投资性房地产应当能够单独计量和出售。投资性房地产具有以下主要特征。

1. 投资性房地产业务是一种经营性活动

投资性房地产的主要形式是出租的建筑物、出租的土地使用权，这实质上属于让渡资产使用权的行为，房地产租金就是让渡资产使用权取得的使用费收入，是企业为完成其经营目标所从事的经营性活动以及与之相关的其他活动形成的经济利益的流入。

投资性房地产的另一种形式是持有并准备增值后转让的土地使用权，尽管其增值收益通常与市场供求、经济发展等因素有关，但其目的是增值后转让以赚取增值收益，也是企业为完成其经营目标所从事的经营性活动以及与之相关的其他活动形成的经济利益的流入。但是，按照国家有关规定认定的闲置土地不属于持有并准备增值后转让的土地使用权。在我国实务中，持有并准备增值后转让的土地使用权的情况较少。

2. 投资性房地产区别于作为生产经营场所的房地产和用于销售的房地产

投资性房地产在用途、状态、目的等方面区别于作为生产经营场所的房地产和用于销售的房地产。

企业持有的房地产除了自用（用于管理和生产经营的活动场所）和对外销售（已建完工的商品房）以外，随着我国近年来房地产市场的发展和房地产交易的活跃，出现了将房地产用于赚取租金或增值收益的活动，这甚至成为个别企业的主营业务。然而，投资性房地产在用途、状态、目的等方面与企业自用的厂房、办公楼等房地产和房地产企业作为存货销售的商品房是有很大区别的。因此，为了合理反映企业所持有房地产的构成情况和盈利能力，有必要将投资性房地产单独作为一项资产核算和反映。

二、投资性房地产的范围

根据《投资性房地产准则》的规定，投资性房地产包括已出租的土地使用权、持有并准备增值后转让的土地使用权以及已出租的建筑物。

1. 已出租的土地使用权

已出租的土地使用权是指企业通过出让或转让方式取得的并以经营租赁方式出租的土地使用权。企业取得的土地使用权通常包括在一级市场上以缴纳土地出让金的方式取得的土地使用权，也包括在二级市场上接受其他单位转让的土地使用权。对于以经营租赁方式租入土地使用权再转租给其他单位的，不能将其确认为投资性房地产。

【例 8.1】 A 公司与 B 公司签署了一项经营租赁合同，B 公司将其持有使用权的一块土地出租给 A 公司，以赚取租金收入，租期 8 年。A 公司又将这块土地转租给了 C 公司，以赚取租金差价，为期 3 年。假设此交易不违反国家有关规定。

本例中，对于 A 公司而言，这块土地使用权不能确认为投资性房地产。虽然从表面上看，A 公司转租土地后也赚取了租金收入，但这块土地是 A 公司以经营租赁方式租入的资产，A 公司不具有产权，故这块土地不属于其投资性房地产。对于 B 公司而言，自租赁期开始日起，这项土地使用权属于其投资性房地产。

2. 持有并准备增值后转让的土地使用权

持有并准备增值后转让的土地使用权是指企业通过出让或转让方式取得并准备增值后转让的土地使用权。这类土地使用权很可能给企业带来资本增值收益，符合投资性房地产的定义。例如，企业发生转产或厂址搬迁，部分土地使用权停止自用，企业继续持有这部分土地使用权，待其增值后转让以赚取增值收益。

但是，按照国家有关规定认定的闲置土地不属于持有并准备增值的土地使用权。

3. 已出租的建筑物

已出租的建筑物是指企业拥有产权并以经营租赁方式出租的建筑物，包括自行建造或开发活动完成后用于出租的建筑物。

企业在判断和确认已出租的建筑物时，应当注意把握以下要点。

（1）用于出租的建筑物是指企业拥有产权的建筑物。企业以经营租赁方式租入再转租的建筑物不属于投资性房地产，因为企业对其不具有产权。

（2）已出租的建筑物是企业已经与其他方签订了租赁协议，约定以经营租赁方式出租的建筑物。自租赁协议规定的租赁期开始日起，经营出租的建筑物才属于已出租的建筑物。企业计划用于出租但尚未出租的建筑物不属于已出租的建筑物。

【例 8.2】 A 企业对持有使用权的一块土地进行了开发，并在这块土地上建造了一栋写字楼，拟用于整体出租，但尚未找到合适的承租人。

本例中，这栋写字楼不属于投资性房地产。直到 A 企业与承租人签订经营租赁合同，自租赁期开始日起，这栋写字楼才能转换为投资性房地产；同时，相应的土地使用权（无形资产）也应当转换为投资性房地产。

（3）企业将建筑物出租，按租赁协议向承租人提供的相关辅助服务在整个协议中不重大的，应当将该建筑物确认为投资性房地产。

（4）对企业持有以备经营出租的空置建筑物或在建建筑物，只要企业当局（董事会或类似机构）作出正式书面决议，明确表明将其用于经营出租且持有意图短期内不再发生变化的，即使尚未签订租赁协议，也应视为投资性房地产。

【例 8.3】 B 公司购买了一栋商务楼，共 6 层，其中，1～2 层经营出租给某家商业银行，3 层经营出租给某健身中心，4～6 层经营出租给丙公司。B 公司同时为该商务楼提供安保、维修等日常辅助服务。

本例中，B 公司将商务楼出租，同时提供的辅助服务不重大。对于 B 公司而言，这栋商务楼属于其投资性房地产。

三、不属于投资性房地产的项目

1. 自用房地产

自用房地产是指企业为生产商品、提供劳务或者经营管理而持有的房地产，如企业生产经营用的厂房和办公楼属于固定资产，企业生产经营用的土地使用权属于无形资产。自用房地产的特征在于服务于企业自身的生产经营，其价值会随着房地产的使用而逐渐转移到企业的产品或服务中，通过销售商品或提供服务为企业带来经济利益，在产生现金流量的过程中与企业持有的其他资产密切相关。

此外，企业出租给本企业职工居住的宿舍，虽然也收取租金，但间接为企业自身的生产经营服务，因此不属于投资性房地产。又如，宾馆、酒店类企业拥有并自行经营的宾馆、饭店，在向顾客提供住宿服务的同时，还提供餐饮、娱乐等其他服务，其经营目的主要是通过向顾客提供服务取得服务收入，因此，企业自行经营的宾馆、饭店是企业的经营场所，不属于投资性房地产。

2. 作为存货的房地产

作为存货的房地产通常是指房地产开发企业在正常经营过程中销售的或为销售而正在开发的商品房和土地。这部分商品房和土地属于房地产开发企业的存货，其生产、销售构成企业的主营业务活动，产生的现金流量也与企业的其他资产密切相关。因此，具有存货性质的房地产不属于投资性房地产。

实务中，存在某项房地产部分自用或部分作为存货出售、用于赚取租金或资本增值的情形。如果某项房地产不同用途的部分能够单独计量和出售，则应当分别确认为固定资产（或无形资产、存货）和投资性房地产。例如，甲企业建造了一栋商住两用楼盘，一层出租给一家大型超市，已签订经营租赁合同，其余楼层均为普通住宅，正在公开销售中。这种情况下，如果该层商铺能够单独计量和出售，应当确认为甲企业的投资性房地产，其余楼层为甲企业的存货，不属于投资性房地产。

3. 闲置土地

企业依法取得土地使用权后，应当按照国有土地有偿使用合同或建设用地批准书规定的期限动工开发建设。关于闲置土地的认定，根据《闲置土地处置办法》的规定，土地使用者依法取得土地使用权后，未经原批准用地的人民政府同意，超过规定的期限未动工开发建设的建设用地属于闲置土地。具有下列情形之一的，也可以认定为闲置土地：①国有建设用地使用权人超过国有建设用地使用权有偿使用合同或者划拨决定书约定、规定的动工开发日期满 1 年未动工开发的国有建设用地；②已动工开发但开发建设用地面积占应动工开发建设用地总面积不足 1/3 或者已投资额占总投资额不足 25%，中止开发建设满 1 年的国有建设用地。

按照国家有关规定认定的闲置土地，不属于持有并准备增值后转让的土地使用权，也就不属于投资性房地产。

第二节　投资性房地产的确认与初始计量

一、投资性房地产的确认

提示与说明

投资性房地产的确认、计量和披露适用《投资性房地产准则》的规定。

投资性房地产同时满足下列条件的，才能予以确认：①与该投资性房地产有关的经济利益很可能流入企业。在会计实务中，主要依据与该投资性房地产所有权相关的风险和报酬是否已转移到了企业。如果没有，则即使企业持有投资性房地产，也不能确认。②该投资性房地产的成本能够可靠地计量。成本能够可靠地计量是确认资产的另一项基本条件。

二、投资性房地产的初始计量

根据《投资性房地产准则》的规定，投资性房地产应当按照成本进行初始确认和计量。

1. 外购的投资性房地产的确认和初始计量

企业外购的房地产只有在开始对外出租或用于资本增值时才能作为投资性房地产加以确认。如果企业购入的房地产自用一段时间之后再改为出租或用于资本增值，则应当先将其确认为固定资产或无形资产，在租赁开始日或用于资本增值之日才能从固定资产或无形资产转换为投资性房地产。

外购的投资性房地产的取得成本包括购买价款、相关税费和可直接归属于该资产的其他支出。

2. 自行建造的投资性房地产的确认和初始计量

企业自行建造的房地产只有在自行建造活动完成（达到可使用状态）并开始对外出租或用于资本增值时，才能将自行建造的房地产确认为投资性房地产。如果自行建造的房地产达到可使用状态后，过了一段时间才对外出租或用于资本增值，也应先将其确认为固定资产或无形资产，在租赁开始日或用于资本增值之日才能从固定资产或无形资产转换为投资性房地产。

自行建造的投资性房地产的成本由建造该项资产达到预定可使用状态前发生的必要支出构成，包括土地开发费、建造成本、应予以资本化的借款费用、支付的其他费用和分摊的间接费用等。建造过程中发生的非正常性损失直接计入当期损益，不计入建造成本。

三、投资性房地产取得的会计处理

投资性房地产应通过“投资性房地产”账户进行核算。该账户核算企业采用成本模式计量的投资性房地产的成本。对于采用公允价值模式计量的投资性房地产，还应当对“成本”和“公允价值变动”进行明细核算。

1. 外购的投资性房地产

外购的投资性房地产按取得成本作为其入账价值，包括购买价款、相关税费（不含可抵扣的增值税进项税额）和可直接归属于该资产的其他支出。

【例 8.4】 20×8 年 6 月，A 企业计划购入一栋写字楼用于对外出租。6 月 5 日，A 企业正式购入写字楼，支付价款共计 1 300 万元，增值税税率 9%。A 企业已于当天将其出租给丙企业。

A 企业的账务处理如下：

借：投资性房地产——写字楼　13 000 000
　　应交税费——应交增值税（进项税额）　1 170 000
　　贷：银行存款　14 170 000

2. 自行建造的投资性房地产

自行建造的投资性房地产的成本包括建造该项资产达到预定可使用状态前发生的必要支出。

【例 8.5】 A 企业为增值税一般纳税人，20×9 年 3 月，A 企业从二级市场购入一块土地的使用权，该项土地使用权的成本为 600 万元；A 企业在该块土地上开始自行建造 3 栋房屋，计划一栋用于对外出租，其余两栋作为厂房。20×9 年 7 月 5 日，A 企业购买工程用的各种物资 800 万元，支付增值税 104 万元，物资全部用于房屋建设。支付工程人员工资 165 万元，为工程发生借款费用 100 万元。20×9 年 8 月，A 企业预计工程将要完工，与某公司签订租赁合同，该工程完工达到预定可使用状态时开始出租。20×9 年 9 月，工程完工达到预定可使用状态。A 企业的账务处理如下。

（1）购入土地的使用权：

借：无形资产——土地使用权　6 000 000
　　贷：银行存款　6 000 000

（2）购入工程用的各种物资：

借：工程物资　8 000 000
　　应交税费——应交增值税（进项税额）　1 040 000
　　贷：银行存款　9 040 000

（3）领用工程物资：

借：在建工程　8 000 000
　　贷：工程物资　8 000 000

（4）支付工程人员的工资：

借：在建工程　1 650 000
　　贷：应付职工薪酬　1 650 000

（5）工程借款发生借款费用：

借：在建工程　1 000 000
　　贷：长期借款　1 000 000

（6）工程完工（达到预定可使用状态）时：

工程造价总额=8 000 000+1 650 000+1 000 000=10 650 000（元）

投资性房地产工程造价=10 650 000 ÷ 3=3 550 000（元）

借：投资性房地产——房屋　3 550 000
　　　　　　　　——土地使用权　2 000 000
　　固定资产　7 100 000
　　贷：在建工程　10 650 000
　　　　无形资产——土地使用权　2 000 000

提示与说明

企业取得的土地使用权通常应被确认为无形资产。但是，改变土地使用权的用途，将其用于出租或增值目的时，应将其转为投资性房地产。

自行开发建造厂房等建筑物，相关的土地使用权与建筑物应当分别进行处理。外购土地及建筑物支付的价款应当在土地使用权与建筑物之间进行分配；难以合理分配的，应当全部作为固定资产。

企业（房产开发）取得土地用于建造对外出售的房屋建筑物，相关的土地使用权账面价值应当计入所建造的房屋建筑物成本。

3. 以其他方式取得的投资性房地产

以其他方式取得的投资性房地产的成本按相关会计准则的规定确定。比如：通过接受投资方式取得的投资性房地产，其成本为双方的确认价或协议价；通过债务重组方式取得的投资性房地产，其成本为公允价值；以非货币性交易换入的投资性房地产，应以公允价值和应支付的相关税费作为换入资产的成本。

第三节　投资性房地产的后续计量

投资性房地产的后续计量有成本模式和公允价值模式两种计量模式。从会计信息相关性的角度考虑，采用公允价值模式对投资性房地产进行后续计量是最理想的选择。然而，由于我国目前房地产交易市场还不够完善，房地产交易的公允价值的及时获取还有一定的困难，因此，为了保证会计信息的可靠性，通常应当采用成本模式计量，满足特定条件的情况下也可以采用公允价值模式计量。但是，同一企业只能采用一种模式对所有投资性房地产进行后续计量，不得同时采用两种计量模式。为保证会计信息的可比性，企业对投资性房地产的计量模式一经确定，不得随意变更。只有在房地产市场比较成熟、能够满足采用公允价值模式计量条件的情况下，才允许企业对投资性房地产从成本模式计量变更为公允价值模式计量。

已采用公允价值模式计量的投资性房地产不得从公允价值模式转为成本模式。

一、采用成本模式计量的投资性房地产

（一）采用成本模式计量的投资性房地产的后续计量

成本模式的会计处理比较简单，主要涉及“投资性房地产”“投资性房地产累计折旧（摊销）”“投资性房地产减值准备”等科目，可比照“固定资产”“无形资产”“累计折旧”“累计摊销”“固定资产减值准备”“无形资产减值准备”等相关科目进行处理。

采用成本模式进行后续计量的投资性房地产取得的租金收入，借记“银行存款”等科目，贷记“其他业务收入”等科目。同时，应当按照固定资产或无形资产的有关规定，按期（月）计提折旧或摊销，借记“其他业务成本”等科目，贷记“投资性房地产累计折旧（摊销）”科目。

投资性房地产存在减值迹象的，还应当适用资产减值的有关规定。经减值测试后确定发生减值的，应当计提减值准备，借记“资产减值损失”科目，贷记“投资性房地产减值准备”科目。如果已经计提减值准备的投资性房地产的价值又得以恢复，不得转回。

【例 8.6】 A 公司一栋办公楼出租给 C 公司使用，已确认为投资性房地产，采用成本模式进行后续计量。该栋办公楼的成本为 2 400 万元，按照直线法计提折旧，使用寿命为 20 年，预计净残值为零。按照经营租赁合同约定，C 公司每月支付 A 公司租金 12 万元。出租后第 10 年的 12 月，这栋办公楼发生减值迹象，经减值测试，其可收回金额为 1 000 万元，但之前未计提减值准备。（假设不考虑增值税）

A 公司的财务处理如下。

（1）计提折旧：

$$每月计提折旧=2\ 400\div20\div12=10（万元）$$

借：其他业务成本　　100 000

　　贷：投资性房地产累计折旧　　100 000

（2）确认租金：

借：银行存款（或其他应收款）　　120 000

　　贷：其他业务收入　　120 000

（3）计提减值准备：

计提减值准备时的A公司办公楼的账面价值=2 400−2 400÷20×10=1 200（万元）

资产减值损失=1 200−1 000=200（万元）

借：资产减值损失　　2 000 000

　　贷：投资性房地产减值准备　　2 000 000

（二）与投资性房地产有关的后续支出

1．资本化的后续支出

与投资性房地产有关的后续支出满足投资性房地产确认条件的，应当计入投资性房地产成本。例如，企业为了提升投资性房地产的使用效能，往往需要对投资性房地产进行改建、扩建而使其更加坚固耐用，或者通过装修改善其室内装潢，改扩建或装修支出满足确认条件的，应当将其资本化。

企业对投资性房地产进行改扩建等再开发且将来仍作为投资性房地产的，再开发期间应继续将其作为投资性房地产，不计提折旧或摊销。

2．费用化的后续支出

与投资性房地产有关的后续支出不满足投资性房地产确认条件的，应当在发生时计入当期损益。比如，企业对投资性房地产进行日常维护等所发生的支出，应在发生时，借记“其他业务成本”账户，贷记“银行存款”等账户。

二、采用公允价值模式计量的投资性房地产

（一）采用公允价值模式计量的投资性房地产的后续计量

企业有确凿证据表明其投资性房地产的公允价值能够持续可靠取得的，可以采用公允价值模式进行后续计量。企业一旦选择公允价值模式，就应当对其所有投资性房地产采用公允价值模式进行后续计量。

采用公允价值模式计量投资性房地产应当同时满足以下两个条件。①投资性房地产所在地有活跃的房地产交易市场。也就是说，投资性房地产可以在所在地的房地产交易市场中直接交易。活跃的房地产交易市场是指同时具有下列特征的市场：市场交易对象具有同质性；随时有自愿交易的买方或卖方；市场价格是公开的。②企业能够从房地产交易市场上取得同类或类似房地产的市场价格及其他相关信息，从而对投资性房地产的公允价值作出科学合理的估计。以上两个条件必须同时具备，缺一不可。

企业可以参照活跃市场上同类或类似房地产的现行市场价格（市场公开报价）来确定投资性房地产的公允价值。无法取得同类或类似房地产现行市场价格的，可以参照活跃市场上同类或类似房地产的最近交易价格，并考虑交易情况、交易日期、所在区域等因素予以确定。

投资性房地产采用公允价值模式计量的，不计提折旧或摊销，应当以资产负债表日投资性房地产的公允价值为基础调整其账面价值，公允价值与原账面价值之间的差额计入当期损益。

采用公允价值模式计量，“投资性房地产”账户下应设置“成本”和“公允价值变动”两个明细账户，分别核算投资性房地产的取得成本和公允价值增减变动的情况。

资产负债表日，投资性房地产的公允价值高于其账面余额的差额，借记“投资性房地产——公允价值变动”账户，贷记“公允价值变动损益”账户，公允价值低于其账面余额的差额做相反分录。

【例8.7】 20×9年5月，A公司与B公司签订租赁协议，约定将A公司开发的一栋精装修的写字楼于开发完成的同时开始租赁给B公司使用，租赁期限为10年。当年7月1日，该写字

楼开发完成并开始出租，写字楼的造价为 9 000 万元。20×9 年 12 月 31 日，该写字楼的公允价值为 9 300 万元。假设 A 公司对投资性房地产采用公允价值模式计量。

A 公司的账务处理如下。

（1）20×9 年 7 月 1 日，A 公司开发完成写字楼并出租：

借：投资性房地产——成本　　90 000 000

　贷：开发成本　　90 000 000

（2）20×9 年 12 月 31 日，按照公允价值调整写字楼的账面价值，公允价值与原账面价值之间的差额计入当期损益：

借：投资性房地产——公允价值变动　　3 000 000

　贷：公允价值变动损益　　3 000 000

（3）假如 20×9 年 12 月 31 日，该写字楼的公允价值为 8 900 万元，公允价值与原账面价值之间的差额计入当期损益：

借：公允价值变动损益　　1 000 000

　贷：投资性房地产——公允价值变动　　1 000 000

（二）与投资性房地产有关的后续支出

1. 资本化的后续支出

与投资性房地产有关的后续支出满足投资性房地产确认条件的，应当计入投资性房地产成本。

【例 8.8】 20×9 年 3 月，A 企业与 B 企业的一项厂房经营租赁合同即将到期，为了提高厂房的租金收入，A 企业决定在租赁期满后对厂房进行改扩建，并与 C 企业签订了经营租赁合同，约定自改扩建完工时将厂房出租给 C 企业。3 月 31 日，与 B 企业的租赁合同到期，厂房随即进入改扩建工程。11 月 1 日，厂房改扩建工程完工，共发生支出 150 万元，即日按照租赁合同出租给 C 企业。3 月 31 日，厂房账面余额为 1 200 万元，其中成本为 1 000 万元，累计公允价值变动 200 万元。假设 A 企业对投资性房地产采用公允价值模式计量。

本例中，改扩建支出属于资本化的后续支出，应当计入投资性房地产的成本。

A 企业的账务处理如下。

（1）20×9 年 3 月 31 日，投资性房地产转入改扩建工程：

借：投资性房地产——厂房（在建）　　12 000 000

　贷：投资性房地产——成本　　10 000 000

　　　　　　　　　——公允价值变动　　2 000 000

（2）20×9 年 3 月 31 日至 11 月 1 日发生改扩建支出：

借：投资性房地产——厂房（在建）　　1 500 000

　贷：银行存款　　1 500 000

（3）20×9 年 11 月 1 日，改扩建工程完工：

借：投资性房地产——成本　　13 500 000

　贷：投资性房地产——厂房（在建）　　13 500 000

2. 费用化的后续支出

与投资性房地产有关的不满足投资性房地产确认条件的费用化的后续支出，应当在发生时计入其他业务成本等当期损益。

三、投资性房地产后续计量模式的变更

为保证会计信息的可比性，企业对投资性房地产的计量模式一经确定，不得随意变更。只有在房地产市场比较成熟、能够满足采用公允价值模式条件的情况下，才允许企业对投资性房地产从成本模式计量变更为公允价值模式计量。

成本模式转为公允价值模式的，应当作为会计政策变更处理，并按计量模式变更时公允

价值与账面价值的差额调整期初留存收益。已采用公允价值模式计量的投资性房地产，不得从公允价值模式转为成本模式。

第四节　投资性房地产的转换与处置

一、投资性房地产的转换

房地产的转换实质上是因房地产用途发生改变而对房地产进行的重新分类。它是指房地产用途发生改变而不是指房地产后续计量模式的转换。企业必须有确凿证据表明房地产用途发生改变，才能将投资性房地产转换为非投资性房地产或者将非投资性房地产转换为投资性房地产。这里的确凿证据包括两个方面：一是企业管理当局应当就改变房地产用途形成正式的书面决议；二是房地产因用途改变发生实际状态上的改变，如从自用状态改为出租状态。

房地产转换的形式包括作为存货的房地产改为出租，自用建筑物或土地使用权停止自用改为出租，自用土地使用权停止自用改为用于资本增值，投资性房地产转为自用。

（一）在成本模式下的转换

在成本模式下，应当将房地产转换前的账面价值作为转换后的入账价值。非投资性房地产转换为投资性房地产时，应将非投资性房地产的账面价值作为投资性房地产的账面价值；投资性房地产转换为非投资性房地产时，应将投资性房地产的账面价值作为非投资性房地产的账面价值。

1. 非投资性房地产转换为投资性房地产

（1）作为存货的房地产转换为投资性房地产。作为存货的房地产转换为投资性房地产通常指房地产开发企业将其持有的开发产品以经营租赁的方式出租，存货相应转换为投资性房地产。这种情况下，转换日为房地产的租赁期开始日。

企业将作为存货的房地产转换为采用成本模式计量的投资性房地产，应当按该项存货在转换日的账面价值，借记“投资性房地产”科目；原已计提跌价准备的，借记“存货跌价准备”科目；按其账面余额，贷记“开发产品”等科目。

【例 8.9】 A 企业是从事房地产开发业务的企业，20×9 年 5 月 1 日，A 企业与 B 企业签订了租赁协议，将其开发的一栋写字楼出租给 B 企业使用，租赁期开始日为 20×9 年 6 月 1 日。20×9 年 6 月 1 日，该写字楼的账面余额为 5 000 万元，未计提存货跌价准备。

20×9 年 6 月 1 日 A 企业的账务处理如下：

借：投资性房地产——写字楼	50 000 000	
贷：开发产品		50 000 000

（2）自用房地产转换为投资性房地产。如果企业将原本用于生产商品、提供劳务或者经营管理的建筑物或土地使用权改用于出租，则应于租赁期开始日，将相应的固定资产或无形资产转换为投资性房地产。

企业将自用建筑物或土地使用权转换为以成本模式计量的投资性房地产时，应当按该项建筑物或土地使用权在转换日的原价、累计折旧、减值准备等，分别转入“投资性房地产”“投资性房地产累计折旧（摊销）”“投资性房地产减值准备”科目；按其账面余额，借记“投资性房地产”科目，贷记“固定资产”或“无形资产”科目；按已计提的折旧或摊销，借记“累计折旧”或“累计摊销”科目，贷记“投资性房地产累计折旧（摊销）”科目；原已计提减值准备的，借记“固定资产减值准备”或“无形资产减值准备”科目，贷记“投资性房地产减值准备”科目。

【例 8.10】 20×9 年 6 月 1 日，B 企业与 C 企业签订了经营租赁协议，将企业自用的一栋办公楼整体出租给 C 企业使用，租赁期开始日为 20×9 年 8 月 1 日，为期 5 年。20×9 年 8 月 1 日，这栋办公楼的账面余额为 5 000 万元，已计提折旧 300 万元，已计提固定资产减值准备 100 万元。

20×9 年 8 月 1 日，B 企业的账务处理如下：

借：投资性房地产——办公楼	50 000 000	
累计折旧	3 000 000	
固定资产减值准备	1 000 000	
贷：固定资产		50 000 000
投资性房地产累计折旧		3 000 000
投资性房地产减值准备		1 000 000

2. 投资性房地产转换为非投资性房地产

（1）投资性房地产转换为自用房地产。如果企业将原本用于赚取租金或资本增值的房地产改用于生产商品、提供劳务或者经营管理，则相应的投资性房地产转换为固定资产或无形资产。在此种情况下，转换日为房地产达到自用状态、企业开始将房地产用于生产商品、提供劳务或者经营管理的日期。

企业将投资性房地产转换为自用房地产时，应当按该项投资性房地产在转换日的账面余额、累计折旧、减值准备等，分别转入“固定资产”“累计折旧”“固定资产减值准备”等科目；按投资性房地产的账面余额，借记“固定资产”或“无形资产”科目，贷记“投资性房地产”科目；按已计提的折旧或摊销，借记“投资性房地产累计折旧（摊销）”科目，贷记“累计折旧”或“累计摊销”科目；原已计提减值准备的，借记“投资性房地产减值准备”科目，贷记“固定资产减值准备”或“无形资产减值准备”科目。

【例 8.11】 20×9 年 8 月 1 日，A 企业将出租在外的厂房收回，开始用于本企业生产商品。该厂房在转换前采用成本模式计量，其账面净值为 3 000 万元，其中，原价为 5 000 万元，累计已提折旧 2 000 万元。

转换日 A 企业的账务处理如下：

借：固定资产	50 000 000	
投资性房地产累计折旧	20 000 000	
贷：投资性房地产——厂房		50 000 000
累计折旧		20 000 000

（2）投资性房地产转换为存货。如果房地产开发企业将用于经营出租的房地产转为用于对外销售的，则相应的房地产应从投资性房地产转换为存货。这种情况下，转换日为租赁期届满、企业用于对外销售的日期。

企业将投资性房地产转换为存货时，应当按照该项房地产在转换日的账面价值，借记“开发产品”科目；按照已计提的折旧或摊销，借记“投资性房地产累计折旧（摊销）”科目；原已计提减值准备的，借记“投资性房地产减值准备”科目；按其账面余额，贷记“投资性房地产”科目。

（二）在公允价值模式下的转换

1. 非投资性房地产转换为投资性房地产

（1）作为存货的房地产转换为投资性房地产。企业将作为存货的房地产转换为采用公允价值模式计量的投资性房地产时，应当按该项房地产在转换日的公允价值入账，借记“投资性房地产——成本”科目；原已计提跌价准备的，借记“存货跌价准备”科目；按其账面余额，贷记“开发产品”等科目。同时，转换日的公允价值小于账面价值的，按其差额，借记“公允价值变动损益”科目；转换日的公允价值大于账面价值的，按其差额，贷记“其他综合收益”科目。待该项投资性房地产处置时，因转换计入其他综合收益的部分应转入当期的其他业务收入，借记“其他综合收益”科目，贷记“其他业务收入”科目。

【例 8.12】 A 企业是从事房地产开发业务的企业，20×9 年 5 月 10 日，A 企业与 C 企业签订了租赁协议，将其开发的一栋写字楼出租给 C 企业使用，租赁期开始日为 20×9 年 7 月 1 日。20×9 年 7 月 1 日，该写字楼的账面余额为 3 000 万元。该企业采用公允价值模式计量，转换日该投资性房地产公允价值为 3 500 万元。

20×9 年 7 月 1 日，A 企业的账务处理如下：

借：投资性房地产——成本	35 000 000	
贷：开发产品		30 000 000
其他综合收益		5 000 000

（2）自用房地产转换为投资性房地产。企业将自用房地产转换为采用公允价值模式计量的投资性房地产时，应当按该项土地使用权或建筑物在转换日的公允价值，借记“投资性房地产——成本”科目；按已计提的累计摊销或累计折旧，借记“累计摊销”或“累计折旧”科目；原已计提减值准备的，借记“无形资产减值准备”“固定资产减值准备”科目；按其账面余额，贷记“固定资产”或“无形资产”科目。同时，转换日的公允价值小于账面价值的，按其差额，借记“公允价值变动损益”科目；转换日的公允价值大于账面价值的，按其差额，贷记“其他综合收益”科目。待该项投资性房地产处置时，因转换计入其他综合收益的部分应转入当期的其他业务收入。

【例 8.13】 20×8 年 6 月，B 企业因搬迁，准备将原处于商业繁华地段的办公楼出租，以赚取租金收入。当年 10 月，B 企业与 C 企业签订了租赁协议，将其原办公楼租赁给 C 企业使用，租赁期开始日为 20×9 年 1 月 1 日，租赁期限为 5 年。20×9 年 1 月 1 日，该办公楼的公允价值为 3 500 万元，其原价为 5 000 万元，已提折旧 1 400 万元。假设 B 企业对投资性房地产采用公允价值模式计量。

20×9 年 1 月 1 日，B 企业的账务处理如下：

借：投资性房地产——成本	35 000 000	
公允价值变动损益	1 000 000	
累计折旧	14 000 000	
贷：固定资产		50 000 000

2. 投资性房地产转换为非投资性房地产

（1）投资性房地产转为自用房地产。企业将采用公允价值模式计量的投资性房地产转换为自用房地产时，应当以其转换当日的公允价值作为自用房地产的账面价值，公允价值与原账面价值的差额无论是损失还是收益，都计入当期损益。

转换日，按该项投资性房地产的公允价值，借记“固定资产”或“无形资产”科目；按该项投资性房地产的成本，贷记“投资性房地产——成本”科目；按该项投资性房地产的累计公允价值变动，借记或贷记“投资性房地产——公允价值变动”科目；按其差额，借记或贷记“公允价值变动损益”科目。

【例 8.14】 20×8 年 10 月 15 日，B 企业因租赁期满，将出租的写字楼收回，准备作为办公楼用于本企业的行政管理。20×8 年 12 月 1 日，该写字楼正式开始自用，当日的公允价值为 4 800 万元。该项房地产在转换前采用公允价值模式计量，原账面价值为 4 750 万元，其中，成本为 4 500 万元，公允价值变动为增值 250 万元。

20×8 年 12 月 1 日，B 企业的账务处理如下：

借：固定资产	48 000 000
贷：投资性房地产——成本	45 000 000
——公允价值变动	2 500 000
公允价值变动损益	500 000

（2）投资性房地产转为存货。企业将采用公允价值模式计量的投资性房地产转换为存货时，应当以其转换当日的公允价值作为存货的账面价值，公允价值与原账面价值的差额无论是损失还是收益，都计入当期损益。

转换日，按该项投资性房地产的公允价值，借记“开发产品”科目；按该项投资性房地产的成本，贷记“投资性房地产——成本”科目；按该项投资性房地产的累计公允价值变动，贷记或借记“投资性房地产——公允价值变动”科目；按其差额，贷记或借记“公允价值变动损益”科目。

二、投资性房地产的处置

投资性房地产的处置包括企业投资性房地产的出售、转让、报废、毁损以及因非货币性资产交换和债务重组而减少等。当投资性房地产被处置或者永久退出使用且预计不能从其处置中获取经济利益时，应当终止确认该项投资性房地产。

企业出售、转让、报废或者发生投资性房地产毁损，应当将处置收入扣除其账面价值和相关税费后的金额计入当期损益。

1. 采用成本模式计量的投资性房地产的处置

处置采用成本模式计量的投资性房地产时，应当按实际收到的金额，借记“银行存款”等科目，贷记“其他业务收入”科目；按该项投资性房地产的账面价值，借记“其他业务成本”科目；按其账面余额，贷记“投资性房地产”科目；按照已计提的折旧或摊销，借记“投资性房地产累计折旧（摊销）”科目；原已计提减值准备的，借记“投资性房地产减值准备”科目。

【例 8.15】 A 公司将其出租的一栋写字楼确认为投资性房地产，采用成本模式计量。租赁期届满后，A 公司将该栋写字楼出售给 B 公司，合同价款为 30 000 万元，B 公司已用银行存款付清。出售时，该栋写字楼的成本（原值）为 25 000 万元，已计提折旧 3 000 万元，已计提减值准备 100 万元。假设不考虑相关税费。

A 公司的账务处理如下。

（1）确认收入：

借：银行存款	300 000 000	
贷：其他业务收入		300 000 000

（2）结转成本：

借：其他业务成本	219 000 000	
投资性房地产累计折旧	30 000 000	
投资性房地产减值准备	1 000 000	
贷：投资性房地产——写字楼		250 000 000

2. 采用公允价值模式计量的投资性房地产的处置

思考与讨论

在投资性房地产的会计处理中，有哪些需要我们注意的问题？

处置采用公允价值模式计量的投资性房地产时，应当按实际收到的金额，借记“银行存款”等科目，贷记“其他业务收入”科目；按该项投资性房地产的账面余额，借记“其他业务成本”科目；按其成本，贷记“投资性房地产——成本”科目；

按其累计公允价值变动，贷记或借记“投资性房地产——公允价值变动”科目。同时，将投资性房地产累计公允价值变动转入其他业务收入，借记或贷记“公允价值变动损益”科目，贷记或借记“其他业务收入”科目。若存在原转换日计入其他综合收益的金额，也一并转入其他业务收入，借记“其他综合收益”科目，贷记“其他业务收入”科目。

【例 8.16】 A 企业为一家房地产开发企业，20×8 年 2 月 1 日，A 企业与 C 企业签订了租赁协议，将其开发的一栋写字楼出租给 C 企业使用，租赁期开始日为 20×8 年 4 月 1 日。20×8 年 4 月 1 日，该写字楼的账面余额为 22 500 万元，公允价值为 23 500 万元。12 月 31 日，该项投资性房地产的公允价值为 24 000 万元。20×9 年 6 月租赁期届满，企业收回该项投资性房地产，并以 27 500 万元出售，出售款项已收讫。A 企业采用公允价值模式计量。假设不考虑相关税费。

A 企业的账务处理如下。

（1）20×8 年 4 月 1 日，存货转换为投资性房地产：

借：投资性房地产——成本　　235 000 000

　　贷：开发产品　　225 000 000

　　　　其他综合收益　　10 000 000

（2）20×8 年 12 月 31 日，公允价值变动：

借：投资性房地产——公允价值变动　　5 000 000

　　贷：公允价值变动损益　　5 000 000

（3）20×9 年 6 月，收回并出售投资性房地产：

借：银行存款　　275 000 000

　　贷：其他业务收入　　275 000 000

借：其他业务成本　　240 000 000

　　贷：投资性房地产——成本　　235 000 000

　　　　　　　　　　——公允价值变动　　5 000 000

同时，将投资性房地产累计公允价值变动损益转入其他业务收入：

借：公允价值变动损益　　5 000 000

　　贷：其他业务收入　　5 000 000

同时，将转换时原计入其他综合收益的部分转入其他业务收入：

借：其他综合收益　　10 000 000

　　贷：其他业务收入　　10 000 000

归纳总结

投资性房地产核算要点总结

本章小结

投资性房地产是指为赚取租金或资本增值，或者两者兼有而持有的房地产。投资性房地产的主要特征是：投资性房地产业务是一种经营性活动；投资性房地产在用途、状态、目的等方面区别于作为生产经营场所的房地产和用于销售的房地产。

根据《投资性房地产准则》的规定，投资性房地产的包括已出租的土地使用权、持有并准备增值后转让的土地使用权以及已出租的建筑物。不属于投资性房地产的项目有自用房地产、作为存货的房地产和闲置土地。

投资性房地产应当按照成本进行初始确认和计量。投资性房地产的后续计量有成本模式和公允价值模式两种计量模式，我国企业通常应当采用成本模式计量，满足特定条件的情况下也可以采用公允价值模式计量。但是，同一企业只能采用一种模式对所有投资性房地产进行后续计量，不得同时采用两种计量模式。企业投资性房地产的计量模式一经确定，不得随意变更。

采用成本模式计量的投资性房地产的核算与固定资产、无形资产基本相同；采用公允价值模式计量的投资性房地产的核算期末不计提折旧或进行摊销，而是在资产负债表日以投资性房地产的公允价值为基础调整其账面价值，新公允价值与原账面价值的差额记入“公允价值变动损益”账户。

与投资性房地产有关的后续支出，满足投资性房地产确认条件的应当计入投资性房地产成本，不满足投资性房地产确认条件的应当在发生时计入当期损益。

投资性房地产的转换是指因房地产用途发生改变而对房地产进行重新分类。企业必须有确凿证据表明房地产用途发生改变，才能将房地产按用途进行转换。企业应根据不同的转换方式进行相关会计处理。

投资性房地产的处置包括企业投资性房地产的出售、转让、报废、毁损以及因非货币性资产交换和债务重组而减少等。当投资性房地产被处置或者永久退出使用且预计不能从其处置中获取经济利益时，应当终止确认该项投资性房地产并做相应的账务处理。

复习思考

1. 试阐述投资性房地产和企业自用房地产的区别。
2. 试说明在什么条件下可以采用公允价值模式对投资性房地产进行计量。
3. 试阐述采用公允价值模式计量和采用成本模式计量时投资性房地产与非投资性房地产转换的核算有什么不同。
4. 采用成本模式和公允价值模式计量的投资性房地产能够相互转换计量吗？为什么？
5. 投资性房地产在什么情况下不需要计提折旧？
6. 投资性房地产在什么情况下需要测试是否减值？

基本训练

一、单选题

1. 下列各项属于甲公司投资性房地产的是（　　）。

A. 甲公司拥有并自行经营的饭店

B. 甲公司开发完成后用于出售的房地产

C. 甲公司持有并准备增值后转让的土地使用权

D. 甲公司以经营租赁方式租入再转租给其他单位的建筑物

2. 关于企业出租并按出租协议向承租人提供安保和维修等其他服务的建筑物，下列说法正确的是（　　）。

A. 所提供的其他服务在整个协议中不重大的，该建筑物应视为企业的经营场所，应当确认为自用房地产

B. 所提供的其他服务在整个协议中重大的，应将该建筑物确认为投资性房地产

C. 所提供的其他服务在整个协议中不重大的，应将该建筑物确认为投资性房地产

D. 所提供的其他服务在整个协议中无论是否重大，均不将该建筑物确认为投资性房地产

3. A公司对持有的投资性房地产采用成本模式计量，20×9年6月30日，购入一栋房地产，价款为9 800万元，价款中包括土地使用权以及地上建筑物的价值，其中，土地使用权的价值为4 800万元，地上建筑物的价值为5 000万元。土地使用权及地上建筑物的预计使用年限均为20年，均采用直线法计提摊销或折旧，预计净残值均为零。购入当日即开始对外经营出租。假设不考虑其他因素，则A公司20×9年度应确认的投资性房地产折旧（摊销）额为（　　）万元。

A. 265　　B. 245　　C. 125　　D. 490

4. A公司拥有一栋写字楼，用于本公司办公。20×9年1月1日，A公司与B公司签订经营租赁协议，将该写字楼整体出租给B公司使用，租赁期开始日为20×9年1月1日，年租金为400万元，为期3年。当日，该写字楼的账面原值为3 500万元，已计提折旧1 000万元，公允价值为1 800万元，且预计其公允价值能够持续可靠取得。20×9年年底，该项投资性房地产的公允价值为2 400万元。假定A公司对投资性房地产采用公允价值模式计量，不考虑其他因素，则该项房地产对A公司20×9年度损益影响金额为（　　）万元。

A. 1 000　　B. −100　　C. 300　　D. 600

5. 甲公司于20×9年4月20日将采用公允价值模式计量的投资性房地产转为行政管理部门使用的房地产。该房地产20×8年年末的公允价值为3 000万元，转换日的公允价值为3 060万元，预计尚可使用年限为20年，采用年限平均法计提折旧，净残值为60万元，则该项资产20×9年度应计提的折旧额是（　　）万元。

A. 98　　B. 100　　C. 110.25　　D. 112.5

6. A公司于20×9年1月1日将一幢厂房对外出租并采用公允价值模式计量，租期为5年，每年12月31日收取租金100万元。出租时，该厂房的成本为2 400万元，公允价值为2 200万元。当年12月31日，该厂房的公允价值为2 250万元，A公司20×9年应确认的公允价值变动损益为（　　）万元。

A. −150　　B. 150　　C. 200　　D. −200

7. 下列不属于企业投资性房地产的是（　　）。

A. 企业出租的土地使用权

B. 自用的房地产

C. 房地产开发企业以经营租赁方式出租的作为存货的商品房

D. 企业开发完成后用于出租的房地产

8. 企业处置一项以公允价值模式计量的投资性房地产，实际收到的金额为200万元，投资性房地产的账面余额为160万元，其中，成本为140万元，公允价值变动为20万元。该项投资性房地产是自用房地产转换的，转换日公允价值大于账面价值的差额为30万元。假设不考虑相关税费，则处置该项投资性房地产对当期损益的影响金额为（　　）万元。

A. 70　　B. 90　　C. 40　　D. 50

9. 企业出售、转让、报废投资性房地产时，应当将处置收入计入（　　）。

A. 管理费用　　B. 其他业务收入　　C. 投资收益　　D. 营业外收入

10. A公司对投资性房地产采用成本模式进行后续计量。A公司的投资性房地产为一栋已出租的写字楼，20×9年1月1日，由于该写字楼所在的房地产交易市场比较成熟，A公司决定对投资性房地产从成本模式转换为公允价值模式计量。该写字楼的原价为6 000万元，已计提折旧1 500万元，未计提减值准备。当日该写字楼的公允价值为5 500万元。A公司按净利润的10%计提盈余公积。不考虑所得税影响，则该事项对A公司未分配利润的影响金额为（　　）万元。

A. 1 000　　B. 900　　C. −450　　D. 0

二、多选题

1. 下列项目中，属于投资性房地产的有（　　）。

A. 已出租的建筑物　　B. 持有并准备增值后转让的土地使用权

C. 已出租的土地使用权　　D. 按国家有关规定认定的闲置土地

2. 下列各项中，不属于投资性房地产的有（　　）。

A. 已出租的建筑物　　B. 作为存货的房地产

C. 持有并准备增值后转让的土地　　D. 自用的房地产

3. 下列项目中，属于投资性房地产的有（　　）。

A. 企业已经营出租给合营企业的房地产

B. 房地产企业持有并准备增值后出售的商品房

C. 房地产企业以经营租赁方式出租的原作为存货的商品房

D. 已出租但租赁期满，收回后继续用于出租但暂时空闲的房屋

4. 下列对投资性房地产后续计量模式变更的表述中，正确的有（　　）。

A. 投资性房地产由成本模式转为公允价值模式计量的，变更时的公允价值与账面价值的差额计入资本公积

B. 投资性房地产由成本模式转为公允价值模式计量的，变更时的公允价值与账面价值的差额计入当期损益

C. 已采用公允价值模式计量的投资性房地产，不得从公允价值模式转为成本模式

D. 投资性房地产由成本模式转为公允价值模式计量的，属于会计政策变更，应追溯调整

5. 关于投资性房地产的后续计量，下列说法中正确的有（　　）。

A. 企业通常应当采用成本模式对投资性房地产进行后续计量

B. 企业可以采用公允价值模式对投资性房地产进行后续计量

C. 企业应当采用一种模式对投资性房地产进行后续计量，不得同时采用两种计量模式

D. 企业可以同时采用两种计量模式对投资性房地产进行后续计量

6. 下列事项中，不影响企业其他综合收益金额的有（　　）。

A. 公允价值模式计量下，企业自用房地产转换为投资性房地产时，公允价值小于账面价值的差额

B. 公允价值模式计量下，期末投资性房地产公允价值小于账面价值的差额

C. 公允价值模式计量下，投资性房地产转换为自用房地产时，公允价值大于账面价值的差额

D. 公允价值模式计量下，企业自用房地产转换为投资性房地产时，公允价值大于账面价值的差额

7. 下列有关投资性房地产的计量模式说法中，不正确的有（　　）。

A. 已经采用公允价值模式计量的投资性房地产，可以从公允价值模式转换为成本模式

B. 已经采用成本模式计量的投资性房地产，在满足一定的条件时，可以从成本模式转换为公允价值模式

C. 采用公允价值模式计量的投资性房地产，应计提折旧或进行摊销

D. 企业对投资性房地产的计量模式一经确定，就不得随意变更

8. 下列对投资性房地产处置的表述中，正确的有（　　）。

A. 处置投资性房地产时，应将相关的其他综合收益转入其他业务收入

B. 处置投资性房地产时，应将相关的公允价值变动损益转入投资收益

C. 处置投资性房地产时，应将取得的价款与其账面价值的差额计入投资收益

D. 处置投资性房地产时，应将其账面价值计入其他业务成本

9. 采用公允价值模式进行后续计量的投资性房地产，应当同时满足的条件有（　　）。

A. 投资性房地产所在地有活跃的房地产交易市场

B. 与该投资性房地产有关的经济利益很可能流入企业

C. 该投资性房地产的成本能够可靠地计量

D. 企业能够从房地产交易市场上取得同类或类似房地产的市场价格及其他相关信

息，从而对投资性房地产的公允价值作出科学合理的估计

10. 关于土地使用权，下列说法中正确的有（　　）。

A. 企业取得的土地使用权通常应确认为无形资产

B. 土地使用权用于自行开发建造厂房等地上建筑物时，相关的土地使用权应当计入所建造的房屋建筑物成本

C. 房地产开发企业取得的土地使用权用于建造对外出售的房屋建筑物，土地使用权与地上建筑物分别进行摊销和提取折旧

D. 企业外购的房屋建筑物支付的价款无法在地上建筑物与土地使用权之间分配的，应当按照《固定资产准则》规定，确认为固定资产原价

E. 企业改变土地使用权的用途，将其用于出租或增值目的时，应将其账面价值转为投资性房地产

三、判断题

1. 企业经营出租的建筑物或土地使用权，只有能够单独计量和出售的才能确认为投资性房地产。（　　）

2. 企业的一幢 4 层建筑物，第 1、2 层出租给单位职工居住，并按市场价格收取租金，第 3、4 层作为办公区使用，并且该建筑物的各层均能够单独计量和出售。这种情况下，企业应将第 1、2 层确认为投资性房地产。（　　）

3. 采用公允价值模式计量的投资性房地产，应计提折旧或进行摊销，计提折旧或摊销金额计入当期损益。（　　）

4. 已采用成本模式计量的投资性房地产，不得从成本模式转为公允价值模式。（　　）

5. 因房地产用途发生改变，企业将自用的房地产转换为投资性房地产后，则不再计提折旧或进行摊销。（　　）

6. 非投资性房地产转换为采用成本模式计量的投资性房地产的相关会计处理不影响当期损益。（　　）

7. 采用公允价值模式计量的投资性房地产转换为自用房地产时，应当以其转换当日的账面价值作为自用房地产的入账价值。（　　）

8. 自用房地产或存货转换为采用公允价值模式计量的投资性房地产时，投资性房地产应当按照转换当日的公允价值计量，公允价值与原账面价值的差额计入当期损益（公允价值变动损益）。（　　）

9. 企业出售、转让、报废投资性房地产或者发生投资性房地产毁损，应当将处置收入扣除其账面价值和相关税费后的金额计入当期损益。（　　）

四、业务题

1. 20×7 年 12 月 31 日，某企业以经营租赁方式将一栋仓库对外出租，租赁期 3 年，每年租金 120 万元，每年年末收取租金。企业仓库的原价为 3 500 万元，预计尚可使用 30 年，预计净残值为零，采用直线法计提折旧，已累计计提折旧 500 万元。租赁开始日为 20×7 年 12 月 31 日。第 1 年租金在 20×8 年 12 月 31 日收取。企业对投资性房地产采用成本模式计量。（假设不考虑增值税）

要求：编制相关的会计分录。

2. A 公司于 20×8 年 1 月 31 日将采用公允价值模式计量的投资性房地产（建筑物）转

为企业管理部门使用的房地产。该建筑物20×7年12月31日的公允价值为6 000万元（成本为5 600万元，公允价值变动为400万元），20×8年1月31日的公允价值为6 100万元，转换日该建筑物的尚可使用年限为15年，采用年限平均法计提折旧，无残值。

要求：编制相关的会计分录。

3. 某企业为一般纳税人企业，20×7年1月购入一项土地使用权，共花费2 000万元，土地使用权的使用年限为50年（企业按直线法进行摊销，无残值）。同年2月，企业在该土地上建造办公楼，企业购入工程物资一批，取得增值税专用发票。物资买价750万元，增值税97.5万元，保险费30万元，包装费20万元，运输费77.5万元，运输费的增值税6.975万元，均以银行存款支付（假设增值税一次性抵扣），全部用于工程建设。该工程共发放工资等200万元。工程在20×8年12月31日达到可使用状态。该办公楼预计使用50年，预计净残值为零，采用直线法计提折旧。20×9年12月31日，企业决定将该办公楼出租给甲公司，租赁期8年，年租金100万元。租赁开始日为20×9年12月31日。企业采用成本模式计量。（假设租赁业务不考虑增值税）

要求：编制所有与上述业务相关的会计分录。

4. 长江房地产公司（以下称“长江公司”）于20×5年12月31日将一栋建筑物对外出租并采用公允价值模式计量，租期为3年，每年12月31日收取租金150万元。出租时，该建筑物的成本为2 800万元，已提折旧500万元，已提减值准备300万元，尚可使用年限为20年，公允价值为1 800万元。20×6年12月31日，该建筑物的公允价值为1 850万元。20×7年12月31日，该建筑物的公允价值为1 820万元。20×8年12月31日，该建筑物的公允价值为1 780万元。20×9年1月5日，长江公司将该建筑物对外出售，收到1 800万元存入银行。（假设不考虑增值税）

要求：编制长江公司上述经济业务的会计分录（假定按年确认公允价值变动损益和确认租金收入）。

五、案例分析题

【案例1】

企业以经营租赁方式将一栋仓库的一楼对外出租，每年租金收入200万元，企业同时提供修理等劳务，劳务费单独收取。仓库的二楼自用。该企业的会计认为，仓库是企业的自用房屋，因而收取的200万元房租应冲减企业的管理费用。

要求：你认为该企业会计的处理是否正确？请说明理由。

【案例2】

企业有一栋房屋，原为企业办公楼，原价1 000万元，每年折旧25万元。3年后，企业将办公楼对外出租，租期10年，每年租金30万元。出租后，企业按公允价值模式计量。出租3年后，企业的会计认为改为成本模式计量比较好，因而把投资性房地产改为成本模式计量，并把账面价值与公允价值的差额计入资本公积。

要求：试对该项业务的处理进行评价。

【案例3】

企业有一栋房屋，原为企业办公楼，原价2 000万元，每年折旧50万元。3年后，由于房产升值，企业准备将该办公楼对外出售。企业在第3年年底搬出办公楼，房屋待售，并于第4年8月售出，赚了150万元。李会计认为企业在进行会计核算时应该将第3年年底确认为转换日，把该房屋由固定资产转换为投资性房地产进行核算。张会计认为应该将第4年8月出售该房屋的时间确认为转换日并进行相应的会计核算。

要求：试对该项业务的处理进行评价与分析。

第九章 流动负债

学习目标

通过本章的学习，应了解流动负债的概念、特点以及分类；掌握流动负债的会计核算，特别是应付职工薪酬及应交税费的会计核算；了解我国相关的税收法规以及薪酬政策的有关规定。

第一节 流动负债概述

负债是由企业过去的交易或事项形成的现时义务，履行该义务预期会导致经济利益流出企业。负债按偿还期的长短可以分为流动负债和长期负债。

一、流动负债的概念及特点

流动负债是指企业将在一年内（包含一年）或超过一年的一个营业周期内偿还的债务。因偿还期较短，流动负债又称为短期负债。企业的流动负债主要包括短期借款、应付票据、应付账款、预收账款、应付职工薪酬、应交税费、应付利息、应付股利、其他应付款、预计负债等。

流动负债通常具有以下两个特点：①偿还期限为一年或超过一年的一个营业周期；②流动负债到期必须用流动资产或以新的流动负债来偿还。

二、流动负债的分类

按照不同的标准可以将流动负债进行不同的分类。

1. 按形成的原因分类

按形成的原因，流动负债可以分为以下四类。

（1）融资活动中形成的流动负债：指企业从银行或其他金融机构筹集资金所形成的流动负债，如各种短期借款、应付利息等。

（2）结算过程中形成的流动负债：指企业在与外部有关单位结算时所形成的流动负债，如应付票据、应付账款、预收账款等。

（3）经营活动中形成的流动负债：指企业在生产经营活动中因款项的延迟支付而形成的流动负债，如应付职工薪酬、应交税费等。

（4）利润分配形成的流动负债：指企业在利润分配过程中形成的流动负债，如应付股利等。

2. 按应付金额是否确定分类

按应付金额是否确定，流动负债可以分为以下三类。

（1）金额可以确定的流动负债。这类负债通常依据合同、契约或法律的规定具有确定的金额、债权人和付款日，是到期必须偿还的债务，如应付账款、应付票据、短期借款、预收账款等。

（2）金额需视经营情况确定的流动负债。这类负债通常需要待企业在一定的经营期末根据生产经营成果才能确定，如应交税费、应付股利等。

（3）金额需估计的流动负债。这类负债通常是指企业过去发生的经营活动造成的将来应清偿的债务，其金额应客观、合理地预计，如应付产品保修责任等各项预计负债。

三、流动负债的计价

为了客观、公正地反映企业所承担的债务，并为报表使用者预测企业未来现金流量和财务风险等提供相关的会计信息，需要对负债进行计价。从理论上来说，所有负债都应当按照其未来应付金额的现值入账。但是，在实务中由于流动负债的偿付时间一般不超过一年，其到期值和现值的差异不大，为了简化会计处理，流动负债一般按照业务发生时的金额，即实际成本计价入账。个别流动负债，如交易性金融负债，因为其价值波动较大，应按公允价值计价。

第二节 短期借款

短期借款是指企业借入的期限在一年以内（包括一年）的各种借款，通常是基于企业生产周转需要的借款。

企业借入的短期借款构成了企业的负债，企业除了需偿还借款的本金外，还要支付利息。短期借款所发生的利息作为一项筹资费用，计入财务费用。

短期借款的利息有以下两种核算方式：①如果短期借款的利息是按季、按半年支付或者利息随本金到期一并归还，则采用预提方式核算。由于我国会计期间是按月核算，为了体现配比原则，正确计算各期的损益，则每月核算利息，常采用预提的方式进行核算。②如果短期借款的利息是按月支付或者利息金额不大，则为了简化核算手续，可采用支付利息时直接计入当期损益，列为财务费用的方式核算。

【例 9.1】 企业于 20×9 年 1 月 1 日向银行借入一笔金额为 100 000 元、年利率为 6%、期限为 9 个月的借款。该笔业务的有关会计处理如下。

（1）借款利息采用预提方式核算。

借入款项时：

借：银行存款	100 000	
贷：短期借款		100 000

月末计提利息：

借：财务费用	500	
贷：应付利息		500

借款到期：

借：短期借款	100 000	
应付利息	4 500	
贷：银行存款		104 500

（2）借款利息采用直接计入方式核算。

借入款项时：

借：银行存款	100 000	
贷：短期借款		100 000

借款到期时：

借：短期借款	100 000	
财务费用	4 500	
贷：银行存款		104 500

第三节　应付票据与应付账款

一、应付票据

应付票据是指企业在商品购销活动中由于采用商业汇票结算方式购入货物而应付的票据款。

（一）应付票据的分类

应付票据按其是否带息分为不带息票据和带息票据。不带息票据是指票据上没有标明利率，票据到期只需按面额支付款项的票据；带息票据是指在票据上标明利率，票据到期除按票据面额支付款项外，还要支付利息的票据。

应付票据按其承兑人的不同分为银行承兑汇票和商业承兑汇票。银行承兑汇票的承兑人是付款人的开户银行，在商业汇票到期后，如果付款人的存款不足，则付款人的开户银行将代其兑付票款，并将其转为对付款人的短期贷款。商业承兑汇票的承兑人是付款人，在商业汇票到期后，如果付款人的存款不足，则付款人的开户银行将把票据退还给收款人。

（二）应付票据的核算

企业应设置“应付票据”账户核算企业商业汇票的签发、承兑以及支付的情况。购买商品或接受劳务签发票据时，相关款项记入“应付票据”账户贷方；票据到期，支付商业票据的款项记入“应付票据”账户借方。

1. 不带息票据的核算

【例 9.2】 A 企业于 20×9 年 3 月 1 日根据合同从甲公司购入一批材料，材料价款 50 000 元，增值税 6 500 元，A 企业签发并承兑面值为 56 500 元、期限为半年的商业承兑汇票一张，用以抵付货款。

A 企业的会计处理如下。

（1）购货时：

借：原材料	50 000	
应交税费——应交增值税（进项税额）	6 500	
贷：应付票据		56 500

（2）票据到期，支付票款：

借：应付票据	56 500	
贷：银行存款		56 500

（3）假如票据到期，A 企业无力承兑：

借：应付票据	56 500	
贷：应付账款		56 500

如果本例中，A 企业签发的是银行承兑汇票。票据到期，如果 A 企业无力兑付，则 A 企业的开户银行将代其兑付票款，并将其转为对 A 企业的短期贷款。A 企业收到银行的兑付通知时，编制会计分录如下：

借：应付票据	56 500	
贷：短期借款		56 500

2. 带息票据的核算

签发带息票据时，按票据面值入账。票据的利息可以按期计提；如果金额小，也可以到期一次确认。

【例 9.3】 A 企业于 20×9 年 5 月 10 日从乙公司购入一批材料，材料价款 200 000 元，增值税 26 000 元，A 企业签发一张票面年利率为 6%、期限为半年期的商业承兑汇票用以抵付货款。

A 企业的会计处理如下。

（1）购货时：

借：原材料　200 000

　　应交税费——应交增值税（进项税额）　26 000

　　贷：应付票据　226 000

（2）每月期末计提利息：

借：财务费用　1 130

　　贷：应付票据　1 130

（3）票据到期，支付票款时：

借：应付票据　232 780

　　贷：银行存款　232 780

二、应付账款

应付账款是指企业因购买货物或接受劳务供应等而形成的负债。应付账款应在所购货物的所有权的风险和报酬转移时或接受的劳务发生时确认。在会计实务中，应视具体情况而定：①如果货物和发票账单同时到达，但货款未支付，一般待货物验收入库后，才按发票账单登记入账应付账款；②如果发票账单已到而货物未到，货款未付，则作为在途物资入账的同时确认应付账款；③如果货物已到，但发票账单未到，则企业应在月末时，按暂估价计入应付账款，下月初用红字冲销，待收到发票账单时，再按正常程序入账。

应付账款因其偿还期较短，一般按照应付金额入账，而不按到期应付金额的现值入账。

【例 9.4】 企业从 F 公司赊购原材料，收到增值税专用发票，货物金额为 50 000 元，增值税为 6 500 元，货款尚未支付，货物已经到达，验收入库。

（1）收到材料时，编制会计分录如下：

借：原材料　50 000

　　应交税费——应交增值税（进项税额）　6 500

　　贷：应付账款　56 500

（2）偿还货款时，编制会计分录如下：

借：应付账款　56 500

　　贷：银行存款　56 500

应付账款一般在较短时间内支付，有些应付账款由于债权人撤销或其他因素而无法支付，应计入营业外收入。

第四节　应付职工薪酬

一、职工薪酬概述

职工薪酬是企业为获取职工提供的服务而给予职工的各种形式的报酬以及相关支出，包括企业提供给职工的全部货币性薪酬以及非货币性薪酬。职工薪酬既包括提供给职工本人的薪酬，也包括提供给职工配偶、子女或其他被赡养人的福利等。

薪酬费用是企业产品成本、费用的一个重要组成内容，有助于加强职工薪酬的核算，对正确地核算企业的营业成本和费用具有重要意义。

1. 企业职工的范围

要进行职工薪酬的核算，首先应确定职工的范围。企业的职工包括以下三类人员：①与企业订立正式劳动合同的所有人员，含全职、兼职和临时职工；②虽未与企业订立正式劳动合同，但由企业正式任命的人员，如董事会成员、监事会成员和内部审计委员会成员等；③在企业的计划、领导和控制下，虽与企业未订立正式劳动合同，或未被企业正式任命的人员，但为企业提供了类似服务，也属于职工的范畴，包括通过企业与劳务中介公司签订用工合同而向企业提供服务的人员。

2. 职工薪酬的内容

职工薪酬既包括货币性薪酬，又包括非货币性薪酬。企业对职工的股份支付本质上也属于职工薪酬，但因其具有期权性质，故由《股份支付准则》进行规范。

企业的职工薪酬由以下内容组成：

（1）短期薪酬，是指企业在职工提供相关服务的年度报告期间结束后 12 个月内需要全部予以支付的职工薪酬，因解除与职工的劳动关系给予的补偿除外；

（2）离职后福利，是指企业为获得职工提供的服务而在职工退休或与企业解除劳动关系后，提供的各种形式的报酬和福利，短期薪酬和辞退福利除外；

（3）辞退福利，是指企业在职工劳动合同到期之前解除与职工的劳动关系，或者为鼓励职工自愿接受裁减而给予职工的补偿；

（4）其他长期职工福利，是指除短期薪酬、离职后福利、辞退福利之外所有的职工薪酬，包括长期带薪缺勤、长期残疾福利、长期利润分享计划等。

二、应付职工薪酬的核算——短期薪酬

为了全面反映企业应付职工薪酬的形成和发放等情况，应设置“应付职工薪酬”账户。形成应付职工薪酬时，相关款项记入贷方，实际发放时记入借方。在该账户下分别设置“工资”“职工福利费”“社会保险费”“住房公积金”“工会经费”“职工教育经费”“累积带薪缺勤”“非累积带薪缺勤”“非货币性福利”等明细账户进行核算。

> **提示与说明**
>
> 企业以股份为基础的薪酬适用《股份支付准则》，企业年金适用《企业年金基金准则》。

短期薪酬是指企业在职工提供相关服务的年度报告期间结束后 12 个月内需要全部予以支付的职工薪酬。短期薪酬包括职工工资、奖金、津贴和补贴，职工福利费、医疗保险费、工伤保险费、生育保险费等社会保险费，住房公积金，工会经费，职工教育经费，短期带薪缺勤，短期利润分享计划，非货币性福利以及其他短期薪酬。

企业应当在职工为其提供服务的会计期间，根据职工提供服务的受益对象，将应确认的职工薪酬全部计入相关资产成本或当期费用，同时确认应付职工薪酬。

企业根据职工提供服务的受益对象，将应确认的职工薪酬全部计入相关资产成本或当期费用，同时确认应付职工薪酬，即借记“生产成本”“制造费用”“管理费用”“在建工程”“销售费用”等账户，贷记“应付职工薪酬”账户。

（一）工资

在实际工作中，企业应按照国家的工资政策以及有关规定，正确计算应支付给职工的工资，如实反映工资的结算及分配情况。通常，企业是按每个职工来计算工资的。每个企业的工资计算方法有所不同，有的是按计件工资计算，有的是按计时工资计算，有的是结合计算。

企业期末进行工资费用的分配时，应编制工资费用分配表，并根据领取工资的职工提供服务的受益对象进行分配。对于生产车间生产工人的工资，应记入“生产成本”账户；对于生产车间管理人员的工资，应记入“制造费用”账户；对于企业行政管理部门人员的工资，应记入“管理费用”账户；对于专设销售机构人员的工资，应记入“销售费用”账户；对于企业进行固定资产在建工程人员的工资，应记入“在建工程”账户。

【例 9.5】 A 企业 20×9 年 7 月的工资费用分配见表 9.1。

表 9.1 工资费用分配表

（单位：元）

车间部门		应付工资	代扣款				实发工资
			水电费	社会保险费	个人所得税	合计	
第一车间	生产工人	150 000	5 000	4 050	3 000	12 050	137 950
	管理人员	10 000	1 000	270	1 560	2 830	7 170
第二车间	生产工人	140 000	4 500	3 780	3 200	11 480	128 520
	管理人员	8 000	600	216	980	1 796	6 204
在建工程人员		130 000	4 000	3 510	3 650	11 160	118 840
销售人员		50 000	1 200	1 350	2 000	4 550	45 450
企业管理人员		60 000	850	1 620	8 610	11 080	48 920
其他业务部门人员		12 000	760	324	450	1 534	10 466
合计		560 000	17 910	15 120	23 450	56 480	503 520

根据工资费用分配表，A 企业做相关会计处理如下。

（1）月终分配工资费用：

借：生产成本 290 000
　　制造费用 18 000
　　管理费用 60 000
　　在建工程 130 000
　　销售费用 50 000
　　其他业务成本 12 000
　　贷：应付职工薪酬——工资 560 000

（2）从银行提取现金：

借：库存现金 503 520
　　贷：银行存款 503 520

（3）发放职工工资：

借：应付职工薪酬——工资 503 520
　　贷：库存现金 503 520

现在企业通常采用银行卡的方式发放工资，就不用提取现金后再发放了。因此，采用银行卡发放的方式下，（2）、（3）两笔分录可合为一笔：

借：应付职工薪酬——工资 503 520
　　贷：银行存款 503 520

（4）结转各种代扣款：

借：应付职工薪酬——工资 56 480
　　贷：其他应付款——水电费 17 910
　　　　　　　　——社会保险费 15 120
　　　　应交税费——应交个人所得税 23 450

（二）职工福利费

在我国，企业职工从事生产经营活动除了领取劳动报酬以外，还可以享受一定的职工福利。职工福利费主要是指企业向职工提供的生活困难补助、丧葬补助费、抚恤费、职工异地安家费、防暑降温费等职工福利支出。

企业发生福利性支出时，应借记“应付职工薪酬——职工福利费”账户，贷记“银行存款”等账户。

月末，企业对发生的职工福利费应按用途进行分配。分配对象与工资相同。借记“生产成本”“制造费用”“管理费用”“在建工程”“销售费用”等账户，贷记“应付职工薪酬——职工福利费”账户。

提示与说明

在实际工作中，企业当月的职工工资一般在下月才发放，即工资费用分配在前，工资发放在后。因此，分配工资费用和发放工资的账务处理通常不是在同一个月内进行。

（三）社会保险费和住房公积金

我国规定社会保险费和住房公积金是由企业与职工共同负担的费用。企业负担的部分应按国务院、企业所在地方政府或企业年金计划规定的标准计提，按提供服务的受益对象，借记“生产成本”“制造费用”“管理费用”“在建工程”“销售费用”等账户，贷记“应付职工薪酬——社会保险费、住房公积金”账户。

由职工个人负担的部分，应从职工的工资中予以扣除，即借记“应付职工薪酬——工资”账户，贷记“其他应付款”等账户。

企业缴纳社会保险费和住房公积金时，应借记“应付职工薪酬——社会保险费、住房公积金”（由企业负担的部分）、“其他应付款”（由职工负担的部分）账户，贷记“银行存款”账户。

（四）工会经费和职工教育经费

提示与说明

按照修改后的《职工薪酬准则》，短期薪酬中只涉及“三险一金”，即医疗保险、工伤保险和生育保险以及住房公积金，养老保险和失业保险归于“离职后福利”。

工会经费和职工教育经费是指企业为了改善职工文化生活、为职工学习先进技术和提高文化水平和业务素质，用于开展工会活动和职工教育及职业技能培训等相关支出。按照相关规定，分别按工资总额的2%和8%计提工会经费和职工教育经费。

企业按工资总额的一定比例计提工会经费和职工教育经费时，借记“生产成本”“制造费用”“管理费用”“在建工程”“销售费用”等账户，贷记“应付职工薪酬——工会经费、职工教育经费”账户。

企业支付工会经费和职工教育经费时，应借记“应付职工薪酬——工会经费、职工教育经费”账户，贷记“银行存款”账户。

（五）带薪缺勤

带薪缺勤是指企业支付工资或提供补偿的职工缺勤，包括年休假、病假、短期伤残、婚假、产假、丧假、探亲假等。

带薪缺勤分为累积带薪缺勤和非累积带薪缺勤。

累积带薪缺勤是指带薪缺勤权利可以结转下期的带薪缺勤，本期尚未用完的带薪缺勤权利可以在未来期间使用。

非累积带薪缺勤是指带薪缺勤权利不能结转下期的带薪缺勤，本期尚未用完的带薪缺勤权利将予以取消，并且职工离开企业时也无权获得现金支付。

1. 累积带薪缺勤

累积带薪缺勤主要是职工的累积带薪年休假。

根据修订后的《职工薪酬准则》的规定，企业应当在职工提供了服务从而增加了其未来享有的带薪缺勤权利时，确认与累积带薪缺勤相关的职工薪酬，并以累积未行使权利而增加的预期支付金额计量。

【例 9.6】 甲公司自 20×5 年 1 月 1 日起实行累积带薪缺勤制度。该制度规定，每个职工每年可享受 10 天的带薪年休假，未享受的年休假只能向后结转 1 个会计年度，超过 1 年未行使的带薪年休假权利作废，累积未行使的带薪缺勤权利可以获得相应的现金支付。

（1）20×5 年 12 月 31 日，有 10 名职工当年未享受的带薪年休假为 2 天，假定这 10 名职工全部为生产车间工人，该公司生产工人日工资收入为 200 元。假设 10 名工人的每月工资已正常发放。

甲公司在 20×5 年 12 月 31 日应当预计职工累积未使用的带薪年休假权利导致的预期将支付的薪酬负债，即相当于 20（2×10）天的年休假工资 4 000（200×20）元。

会计分录如下：

借：生产成本　　4 000

　　贷：应付职工薪酬——累积带薪缺勤　　4 000

（2）假定 20×6 年 12 月 31 日，上述 10 名生产工人中有 8 名享受了 12 天的年休假，则随着 8 名工人行使年休假的权利，之前预计将支付的薪酬负债也应冲减。假设 10 名工人的每月工资已正常发放。

会计分录如下：

借：应付职工薪酬——累积带薪缺勤　　（8×2×200）3 200

　　贷：生产成本　　3 200

（3）假定截至 20×6 年 12 月 31 日，上述 10 名生产工人中有 2 名因个人因素只享受了 10 天的年休假，累积未使用的带薪年休假有 4 天。根据甲公司带薪缺勤制度的规定，未享受的年休假只能向后结转 1 年，超过 1 年未行使的带薪年休假权利作废，但累积未行使的带薪缺勤权利公司按日工资支付给职工。会计分录如下：

借：应付职工薪酬——累积带薪缺勤　　（4×200）800

　　贷：银行存款　　800

2. 非累积带薪缺勤

非累积带薪缺勤是指带薪缺勤权利不能结转下期的带薪缺勤，本期尚未用完的带薪缺勤权利将予以取消，并且职工离开企业时也无权获得现金支付。婚假、丧假、产假、探亲假、病假等带薪休假权利不存在递延性，不能结转下期，属于非累积带薪缺勤。

> **视野拓展**
>
> 职工带薪年休假条例
>
> 企业职工带薪年休假实施办法

如果企业规定年休假不得累积，则年休假也为非累积带薪缺勤。

通常情况下，与非累积带薪缺勤相关的职工薪酬补偿已经包括在企业每期向职工发放的工资薪酬中，因此，企业不必额外进行账务处理。

但企业如果有非累积带薪超额补偿，则要进行相应的账务处理。

【例 9.7】 甲公司有 3 个管理人员今年“五一”劳动节未休假，甲公司实行非累积带薪缺勤制度。“五一”劳动节每人补助 500 元工资。

预提时：

借：管理费用　　1 500

　　贷：应付职工薪酬——非累积带薪缺勤　　1 500

发放时：

借：应付职工薪酬——非累积带薪缺勤　　1 500

　　贷：银行存款　　1 500

（六）非货币性福利

非货币性福利是指企业以货币以外的方式给职工提供的劳动报酬。其主要包括：企业以自己生产的产品或外购商品发放给职工，将企业拥有的房屋等无偿提供给职工使用，租赁住房等供职工无偿使用，为职工提供汽车免费使用等。

企业向职工提供的非货币性福利应分情况计量。

（1）企业以其自产产品或外购商品作为福利发放给职工。企业应按受益对象，将产品或商品的公允价值（通常是销售价）和相关税费计入相关资产成本或当期费用，同时确认应付职工薪酬。

（2）企业将自有的房屋无偿提供给职工使用，应按受益对象，将企业拥有的房屋每期应计提的折旧计入相关资产成本或当期费用，同时确认应付职工薪酬。

（3）企业租赁房屋提供给职工无偿使用。企业应按受益对象，将每期应付的租金计入相关资产成本或当期费用，同时确认应付职工薪酬。

企业以其自产的产品发放给职工在税法上是一种视同销售行为，企业应按销售产品处理：按产品的公允价值（通常是销售价）和相关增值税金额，借记“应付职工薪酬——非货币性福利”账户，贷记“主营业务收入”“应交税费——应交增值税（销项税额）”账户；应按受益对象，将产品的公允价值连同税费分摊到相关资产成本或当期费用，确认应付职工薪酬。

【例 9.8】 B 企业是一家冰箱生产企业，共有职工 1 200 人。20×8 年春节，B 企业将自己生产的冰箱作为福利发放给企业的职工，每人发一台。每台冰箱的生产成本为 1 200 元，对外销售价为 2 000 元（不含税价）。企业职工中，750 人是车间生产工人，100 人是车间管理人员，350 人是企业管理人员。B 企业属于一般纳税人，增值税税率为 13%，有关的账务处理如下。

冰箱的销售总价=(1 200×2 000)+(1 200×2 000×13%)=2 712 000（元）

冰箱的总成本=1 200×1 200=1 440 000（元）

（1）发放冰箱给职工时视同销售：

借：应付职工薪酬——非货币性福利	2 712 000	
贷：主营业务收入		2 400 000
应交税费——应交增值税（销项税额）		312 000

（2）结转产品成本：

借：主营业务成本	1 440 000	
贷：库存商品		1 440 000

（3）分配非货币性福利：

生产工人应承担的费用=(750×2 000)+(750×2 000×13%)=1 695 000（元）

车间管理人员应承担的费用=(100×2 000)+(100×2 000×13%)=226 000（元）

企业管理人员应承担的费用=(350×2 000)+(350×2 000×13%)=791 000（元）

编制会计分录如下：

借：生产成本	1 695 000	
制造费用	226 000	
管理费用	791 000	
贷：应付职工薪酬——非货币性福利		2 712 000

企业以自有的房屋无偿提供给职工使用，应根据该房屋每期应计提的折旧，借记“应付职工薪酬——非货币性福利”账户，贷记“累计折旧”账户。企业租赁房屋无偿提供给职工使用，应根据该房屋每期应付租金，借记“应付职工薪酬——非货币性福利”账户，贷记“银行存款”账户。

【例 9.9】 企业为部门经理以上级别的职工提供汽车免费使用，为副总裁以上职工租赁住房免费使用。企业部门经理以上级别的职工有 30 人，副总裁以上级别职工为 10 人，假定每辆汽车每月折旧 2 000 元，每套房子每月的租金 5 000 元。

有关的账务处理如下。

$$每月房屋租金=10×5\ 000=50\ 000（元）$$

$$每月汽车折旧额=30×2\ 000=60\ 000（元）$$

（1）企业每月支付房租、计提折旧时，编制会计分录如下：

借：应付职工薪酬——非货币性福利	110 000	
贷：累计折旧		60 000
银行存款		50 000

（2）分配费用，编制会计分录如下：

借：管理费用	110 000	
贷：应付职工薪酬——非货币性福利		110 000

三、应付职工薪酬的核算——辞退、离职后、其他长期职工福利的核算

（一）辞退福利的核算

辞退福利是指因企业解除与职工的劳动关系而给予职工的补偿。辞退福利包括两方面的内容：一是在职工劳动合同尚未到期前，不论职工本人是否愿意，企业决定解除与职工的劳动关系而给予的补偿；二是在职工劳动合同尚未到期前，为鼓励职工自愿接受裁减而给予的补偿，职工有权选择继续在职或接受补偿离职。

辞退福利通常采取解除与职工的劳动关系时一次补偿的方式，也有通过提高退休后养老金或其他离职后福利标准的方式等。

辞退福利同时满足下列条件的，应当确认解除与职工的劳动关系给予职工的补偿而产生的预计负债，同时计入当期损益。

（1）企业已经制订正式的解除劳动关系计划或提出自愿裁减建议，并即将实施。

（2）企业不能单方面撤回解除劳动关系或裁减建议。

对于职工虽然没有与企业解除劳动合同，但未来不再为企业提供服务，企业承诺提供实质上具有辞退福利性质的经济补偿的，可以视为辞退福利。比如“内退职工”，对其提供的经济补偿在其正式退休之前按照辞退福利处理，在其正式退休后，按照离职后福利处理。

企业因解除与职工的劳动关系而给予职工补偿时，由于被辞退职工不能再给企业带来任何经济利益，辞退福利应当计入当期费用而不计入资产成本。

企业辞退职工时，应按照确定的金额借记“管理费用”账户，贷记“应付职工薪酬——辞退福利”账户；实际支付时，借记“应付职工薪酬——辞退福利”账户，贷记“银行存款”或“库存现金”等账户。

（二）离职后福利的核算

离职后福利是指企业为获得职工提供的服务而在职工退休或与企业解除劳动关系后，提供的各种形式的报酬和福利。

离职后福利包括退休福利（如养老保险和一次性的退休支付）、失业保险及其他离职后福利（如离职后人寿保险和离职后医疗保险）等。

企业应当将离职后福利计划分类为设定提存计划和设定受益计划。

1. 设定提存计划

设定提存计划是指企业向单独主体（如基金）缴纳固定费用后，不再承担进一步支付义

务的离职后福利计划。

企业应在资产负债表日确认为换取职工在会计期间提供的服务而应向单独主体缴存的提存金额，将其作为一项费用计入当期损益或相关资产成本，同时确认职工薪酬。

【例 9.10】 甲企业 20×4 年 8 月缴存当地社会保险局基本养老保险 800 万元，其中，基本生产工人 400 万元，车间管理人员 260 万元，企业管理人员 140 万元。相关会计分录如下（金额单位为万元）。

借：生产成本	400	
制造费用	260	
管理费用	140	
贷：应付职工薪酬——设定提存计划		800

2. 设定受益计划

设定受益计划是指除设定提存计划以外的离职后福利计划。比如，企业为职工提供统筹外补充退休金等。

设定提存计划与设定受益计划的主要区别是设定提存计划的精算风险与投资风险实质上由职工自己承担，而设定受益计划的精算风险与投资风险实质上由企业承担。

（三）其他长期职工福利的核算

其他长期职工福利是指除短期薪酬、离职后福利以及辞退福利以外的所有职工福利。其他长期职工福利包括长期带薪缺勤、长期残疾福利、长期利润分享计划、长期奖金福利等。

企业向职工提供的其他长期职工福利：符合设定提存计划条件的，应当按照设定提存计划的有关规定进行会计处理；符合设定受益计划条件的，应当按照设定受益计划的有关规定进行会计处理。

归纳总结

职工薪酬的会计处理概括

第五节　应交税费

税收是国家财政收入的主要来源，也是国家调节经济行为的一种必不可少的手段。企业在一定时期内取得的收入和实现的利润，应按规定向国家缴纳各种税费，这些应交的税费在缴纳之前，形成了企业的负债。企业应依法缴纳的各种税费主要有增值税、消费税、所得税、资源税、城市维护建设税、教育费附加等。

为了核算企业应交税费的形成和缴纳，企业应设置“应交税费”账户，并按照应交税费的种类设明细账分别进行核算。

提示与说明

一般纳税人和小规模纳税人的认定标准主要有两个：①年应税销售额的大小；②会计核算是否健全。年应税销售额未达规定标准并且会计核算不健全、不能提供准确税务资料的企业为小规模纳税人。

一、应交增值税

增值税是以商品（含应税劳务、应税行为）在流转过程中实现的增值额作为计税依据而征收的一种流转税。从计税原理上说，增值税是对商品生产、流通、劳务服务中的新增价值或商品的附加值征收的一种税。

由于新增价值或商品附加值在商品流通过程中是一个难以准确计算的数据，所以，在征收增值税的实际操作上采取间接计算办法，即企业购入货物或接受应税劳务支付的增值税（进项税额）可以从销售货物或提供劳务收取的增值税（销项税额）中抵扣，抵扣进项税额后的余额为纳税人实际缴纳的增值税税额。这是增值税的核心。这种做法同样体现了对新增价值征税的原则。

为了加强对增值税的征收管理和对某些经营规模小的纳税人简化计征办法，参照国际惯例，《中华人民共和国增值税暂行条例》（以下称《增值税条例》）将增值税纳税人按其经营规模大小以及会计核算是否健全，分为一般纳税人和小规模纳税人。两者征税办法不同，税率（征收率）不同，其会计核算也不同。

（一）一般纳税人增值税的会计处理

1. 一般纳税人资格的认定标准

企业年应税销售额要达到规定标准以上，并且会计核算健全，经过税务机关的批准才可认定为一般纳税人。

2. 一般纳税人的税率

一般纳税人在2019年4月1日起实行以下税率。

（1）纳税人销售货物、劳务、有形动产租赁服务或者进口货物，除另有规定外，税率为13%。

（2）纳税人销售交通运输、邮政、基础电信、建筑、不动产租赁服务，销售不动产，转让土地使用权，销售或者进口下列货物，税率为9%：①粮食等农产品、食用植物油、食用盐；②自来水、暖气、冷气、热水、煤气、石油液化气、天然气、二甲醚、沼气、居民用煤炭制品；③图书、报纸、杂志、音像制品、电子出版物；④饲料、化肥、农药、农机、农膜；⑤国务院规定的其他货物。

（3）纳税人销售服务、无形资产，除另有规定外，税率为6%。

（4）纳税人出口货物，税率为零；但是，国务院另有规定的除外。

（5）境内单位和个人跨境销售国务院规定范围内的服务、无形资产，税率为零。

税率的调整由国务院决定。纳税人兼营不同税率的项目，应当分别核算不同税率项目的销售额；未分别核算销售额的，从高适用税率。

3. 增值税的抵扣

一般纳税人增值税核算有两个特点：一是企业销售货物或提供劳务可以开具增值税专用发票；二是企业购货取得的增值税专用发票上注明的增值税税额可以抵减销项税额。

一般纳税人当期应交的增值税通常为当期的销项税额与当期的进项税额之间的差额。其公式如下。

应交增值税=当期的销项税额−当期的进项税额

当期的进项税额是指当期购入货物或接受应税劳务支付的增值税并符合抵扣条件的金额。当期的销项税额是指当期销售货物或提供劳务应收取的增值税的金额。

一般纳税人购入货物或接受应税劳务支付的增值税必须具备以下凭证，其进项税额才能抵扣。

（1）增值税专用发票。购货方应取得购进货物的增值税专用发票，以发票上的增值税税额作为抵扣依据。

（2）海关完税证明。企业进口货物支付的增值税，以海关完税凭证上的增值税税额作为抵扣依据。

（3）企业购进免税农产品，以农产品收购发票上注明的农产品买价和规定的扣除率计算的进项税额作为抵扣依据。

（4）企业接受投资或捐赠取得物资，只有取得了投资方或捐赠方开具的增值税专用发票，其进项税额才能抵扣。

如果企业不能取得以上凭证或企业属于小规模纳税人，则其支付的增值税不能抵扣，只能计入资产的采购成本。

提示与说明

税率新政

税率的固定是相对的，政府会根据实际需要进行相应的调整。

4. 账户设置

为了核算一般纳税人增值税的发生、缴纳等情况，应在“应交税费”下设置“应交增值税”和“未交增值税”两个明细账户。

“应交增值税”明细账户下设“进项税额”“已交税金”“减免税款”“出口抵减内销产品应纳税额”“转出未交增值税”“销项税额”“出口退税”“进项税额转出”“转出多交增值税”等三级明细账户。应交增值税明细账的格式见表 9.2。

表 9.2　应交增值税明细账　（单位：元）

年		凭证		摘要	借方						贷方					借或贷	余额
月	日	种类	编号		合计	进项税额	已交税金	减免税款	出口抵减内销产品应纳税额	转出未交增值税	合计	销项税额	出口退税	进项税额转出	转出多交增值税		

应交增值税明细账中的“借方”各专栏反映以下内容。

（1）“进项税额”专栏，反映企业购入货物或接受劳务而支付的、准予从销项税额中抵扣的增值税税额。企业购入货物或接受应税劳务支付的进项税额用蓝字登记，退回所购货物应冲销的进项税额用红字登记。

（2）“已交税金”专栏，反映企业缴纳的增值税税额。

（3）“减免税款”专栏，反映企业按规定减免的增值税税款。

（4）“出口抵减内销产品应纳税额”专栏，反映出口企业销售出口货物后，按规定计算的出口货物的进项税额抵减内销产品的应纳税额。

（5）“转出未交增值税”专栏，反映企业月终转出应交未交的增值税。月末，企业“应交税费——应交增值税”明细账出现贷方余额时，根据余额借记本账户，贷记“应交税费——未交增值税”账户。

应交增值税明细账中的“贷方”各专栏反映以下内容。

（1）“销项税额”专栏，反映企业销售货物或提供应税劳务应收取的增值税税额。企业销售货物或提供应税劳务应收取的销项税额用蓝字登记，退回销售货物应冲销的销项税额用红字登记。

（2）“出口退税”专栏，反映企业出口适用零税率的货物，向海关办理报关出口手续后，凭出口报关单等有关凭证，向税务机关申报办理出口退税而收到的退回的税款。

（3）“进项税额转出”专栏，反映企业的购进货物、在产品、产成品等发生非正常损失以及其他原因而不应从销项税额中抵扣，按规定转出的进项税额。

（4）“转出多交增值税”专栏，反映企业月终转出的多交的增值税。

5. 账务处理

（1）一般购销业务的处理。企业购进原材料，如果取得了增值税专用发票，则按发票上的买价，借记“原材料（材料采购）”账户；按支付的增值税税额，借记“应交税费——应交增值税（进项税额）”账户，贷记“银行存款”“应付账款”等账户。

企业销售货物或提供应税劳务，应根据开出的增值税专用发票，借记“银行存款”“应收账款”等账户，贷记“主营业务收入”“应交税费——应交增值税（销项税额）”账户。

【例 9.11】 某企业属于一般纳税人，其在 20×9 年 10 月购进原材料一批，取得增值税专用发票所列价为 30 000 元，增值税为 3 900 元。货款已支付，材料已验收入库。

企业材料入库时，编制会计分录如下：

借：原材料	30 000
应交税费——应交增值税（进项税额）	3 900
贷：银行存款	33 900

【例 9.12】 某企业属于一般纳税人，其在 20×9 年 10 月销售产品一批，增值税专用发票所列价为 20 000 元，增值税税额为 2 600 元，货款尚未收到。

企业销售货物时，编制会计分录如下：

借：应收账款	22 600
贷：主营业务收入	20 000
应交税费——应交增值税（销项税额）	2 600

（2）购进免税农产品的处理。按税法的规定，对农业生产者销售的自产农产品免征增值税。企业购进免税的农产品，由于销售方不收增值税，所以企业无法取得增值税专用发票，但按税法的规定，企业可以按照购进免税农产品买价的 9%计算进项税额，该税额准予从销项税额中扣除。如果企业购进用于生产销售或委托加工适用 13%税率货物的农产品，则按照 10%的扣除率计算进项税额。在会计核算上，按买价扣除进项税额后的金额作为该农产品的成本。

【例 9.13】 某企业属于一般纳税人，适用增值税税率 13%，其在 20×9 年 10 月购进免税农产品一批用于生产产品，收购凭证所列价款为 30 000 元。货款已支付，材料已验收入库。

可抵扣增值税=30 000×10%=3 000（元）

编制会计分录如下：

借：原材料	27 000
应交税费——应交增值税（进项税额）	3 000
贷：银行存款	30 000

（3）接受投资和捐赠的处理。企业接受投资和捐赠，如能取得投资方或捐赠方的增值税专用发票，发票上注明的增值税可以抵扣。

【例 9.14】 企业 20×9 年 10 月接受某单位投资的原材料一批，取得增值税专用发票所列价为 30 000 元，增值税为 3 900 元，材料已验收入库。编制会计分录如下：

借：原材料	30 000
应交税费——应交增值税（进项税额）	3 900
贷：实收资本	33 900

（4）企业视同销售行为的处理。按照《增值税暂行条例实施细则》的规定，下列活动视同销售：企业将货物委托他人代销；销售代销货物；将自产、委托加工的物资用于非应税项目；将自产、委托加工的物资用于集体福利或个人消费；将自产、购入或委托加工的物资用于分配给投资

者；将自产、购入或委托加工的物资用于投资；将自产、购入或委托加工的物资用于无偿捐赠等。

对于税法上某些视同销售的行为，如以自产产品对外投资，从会计角度看属于非货币性资产交换，但是，无论会计上如何处理，只要这种行为属于税法规定需要缴纳增值税的，就应当计算增值税销项税额。

【例 9.15】 乙企业 20×9 年 10 月用自产产品对甲企业进行投资，双方协议按产品的售价作价。该批产品成本 800 万元，售价和计税价格均为 810 万元，增值税税率为 13%。该项交易具有商业实质。

乙企业投出产品应计增值税=8 100 000×13%=1 053 000（元）

编制会计分录如下：

借：长期股权投资	9 153 000	
贷：主营业务收入		8 100 000
应交税费——应交增值税（销项税额）		1 053 000

同时：

借：主营业务成本	8 000 000	
贷：库存商品		8 000 000

（5）进项税额转出的处理。按照《增值税条例》的规定，一般纳税人购进货物用于非应税项目、免税项目、集体福利或个人消费，非正常损失的购进货物，以及非正常损失的在产品、产成品所耗用的购进货物所发生的进项税额不能抵扣，只能随货物的价款一起转移，计入有关资产成本或费用。这里有两种情况：如果购入货物时就能直接认定用于上述用途，则所发生的进项税额直接计入有关成本或费用；如果购入货物时不能直接认定用于上述用途，则所发生的进项税额可先记入“应交税费——应交增值税（进项税额）”账户，以后用于上述用途时，再将其进项税额转出到相关账户。

企业购进的货物、加工的在产品和产成品等发生非正常损失，原来的进项税额不予抵扣，与货物的成本一起作为损失处理。

【例 9.16】 企业 20×9 年 10 月由于发生火灾，烧毁了一批原材料。该批原材料的购进价格为 200 000 元，进项税额为 26 000 元。编制会计分录如下：

借：待处理财产损溢	226 000	
贷：原材料		200 000
应交税费——应交增值税（进项税额转出）		26 000

（6）出口退税的处理。按照《增值税条例》的规定，企业出口货物实行零税率。自营或委托外贸企业代理出口自产货物的生产型企业实行“免、抵、退”的办法。免是指生产型企业出口自产货物可免销售环节增值税；抵是指生产型企业出口自产货物所消耗的原材料所含应退的进项税额，抵扣内销货物的应纳税额；退是指生产型企业出口自产货物在当月的进项税额大于销项税额时，对未抵扣的部分由税务机关予以退税。

企业计算应收出口退税款时，对按规定予以退回的税额，于实际收到退税款时，借记“银行存款”账户，贷记“应交税费——应交增值税（出口退税）”账户。

（7）减免税款的处理。按照国家有关规定，税务机关可以减少或免征企业应交增值税，体现了国家的税收优惠政策。企业在收到税务机关减免增值税税款通知时，借记“应交税费——应交增值税（减免税款）”账户，贷记“营业外收入”账户。

（8）转出多交增值税和未交增值税的核算。为了分别反映增值税一般纳税人欠交增值税和待抵扣增值税的情况，确保企业及时足额上缴增值税，避免企业用以前月份欠交增值税抵扣以后月份未抵扣的增值税情况，企业在月末应将“应交税费——应交增值税”账户借贷方的差额转入“应交税费——未交增值税”账户。如果“应交税费——应交增值税”账户的差额为贷方差额，表明企业当期的欠交数，应从“应交税费——应交增值税（转出未交增值税）”账户转入“应交税费——未交增值税”账户的贷方；如果“应交税费——应交增值税”账户的差额为借方差额，表明企业当期的多交数，应从“应交税费——应交增值税（转出多交增值税）”账户转入“应交税费——未交增值税”账户的借方；留待下月继续抵扣。

【例 9.17】 月份终了，企业计算出当月应交未交增值税 50 000 元。编制会计分录如下：

借：应交税费——应交增值税（转出未交增值税）　　50 000
　　贷：应交税费——未交增值税　　50 000

假如月份终了，企业计算出当月多交增值税 20 000 元，则编制会计分录如下：

借：应交税费——未交增值税　　20 000
　　贷：应交税费——应交增值税（转出多交增值税）　　20 000

经过结转后，“应交税费——应交增值税”账户应无余额，“应交税费——未交增值税”账户的余额反映企业尚未缴纳的增值税或尚未抵扣完的增值税。尚未抵扣完的增值税今后可以继续抵扣。

（9）缴纳税金的处理。企业当月缴纳当月的增值税，借记“应交税费——应交增值税（已交税金）”账户，贷记“银行存款”账户；企业当月缴纳以前月份未交的增值税，借记“应交税费——未交增值税”账户，贷记“银行存款”账户。

思考与讨论

一般纳税人的增值税核算中如何区分视同销售和进项税额转出的情形？

【例 9.18】 月份终了，企业计算出当月应交未交增值税 50 000 元。企业用银行存款缴纳当月增值税 10 000 元，尚有 40 000 元未缴纳。编制会计分录如下。

（1）缴纳当月的增值税：

借：应交税费——应交增值税（已交税金）　　10 000
　　贷：银行存款　　10 000

（2）结转尚未缴纳的增值税：

借：应交税费——应交增值税（转出未交增值税）　　40 000
　　贷：应交税费——未交增值税　　40 000

（二）小规模纳税人增值税的会计处理

小规模纳税人是指企业年应税销售额在规定标准以下的企业。小规模纳税人在增值税核算上有以下三个特点。

（1）2016 年 11 月之前，小规模纳税人销售货物或提供劳务时只能开具普通发票，需要使用增值税专用发票的，只能先预缴税款后再向税务机关申请代开。2016 年 11 月起，陆续推行部分行业小规模纳税人自行开具增值税专用发票。开具普通发票金额为含税销售额，在记录收入时，应还原为不含税销售额。还原公式为

$$不含税销售额=含税销售额\div(1+征收率)$$

目前我国小规模纳税人的征收率为 3%（新冠肺炎疫情期间，曾免征或减按 1%征收率征收增值税）。

（2）小规模纳税人购入货物无论是否取得增值税专用发票，所支付的增值税税额均不得抵扣，而是计入购入货物的成本。

（3）小规模纳税人应当按照不含税销售额和规定的征收率计算缴纳增值税，公式为

$$应纳税额=不含税销售额\times征收率$$

1. 购入货物和销售产品的会计处理

小规模纳税人增值税的核算分为购入货物和销售产品两个环节，下面分别讲解其会计处理方法。

【例 9.19】 某企业为小规模纳税人，10 月购进货物一批，取得增值税专用发票，发票所列价款为 50 000 元，增值税进项税为 6 500 元，材料已验收入库，货款尚未支付。编制会计分录如下：

借：原材料　56 500

　　贷：应付账款　56 500

【例 9.20】 某企业为小规模纳税人，10 月销售产品一批，开出普通发票，金额为 51 500 元，货款尚未收到。

不含税销售额=51 500÷(1+3%)=50 000（元）

编制会计分录如下：

借：应收账款　51 500

　　贷：主营业务收入　50 000

　　　　应交税费——应交增值税　1 500

2. 缴纳税金的处理

通常小规模纳税人当月销售货物计算出的增值税就是企业应缴纳的增值税，一般在下月初缴纳，缴纳时，借记“应交税费——应交增值税”账户，贷记“银行存款”账户。

视野拓展

营业税改征增值税试点是国家税制改革的一项重要举措，主要目的有以下两个：①统一税种；②减轻企业税负。2012 年 1 月 1 日起上海市交通运输业和部分现代服务业开展营业税改征增值税试点改革，拉开营业税改征增值税的改革大幕，同年 8 月“营改增”试点分批扩大，2015 年到 2016 年逐步推广到建筑业房地产、金融保险、生活服务业，基本上覆盖了营业税的行业。2016 年 5 月 1 日，我国所有企业取消营业税，试行增值税。这在我国税收历史上是一次巨大的变革。

二、应交消费税

消费税是对生产、委托加工以及进口应税消费品（主要指烟、酒、高档次以及高耗能的消费品）征收的一种税。国家在对货物普遍征收增值税的基础上，选择少数消费品再征收一道消费税，主要是为了调节消费结构，正确引导消费方向，保证国家财政收入。

消费税的征收方法主要有两种：从价定率征收和从量定额征收。实行从价定率征收的税基为不含税销售额，实行从量定额征收的应纳税额的销售数量是指应税消费品的数量。

1. 销售应税消费品

企业将生产的产品直接对外销售的，对外销售产品应缴纳的消费税通过“税金及附加”账户核算。

【例 9.21】 A 企业销售应纳消费税的产品，产品售价为 200 000 元（不含税价），增值税税率为 13%，消费税税率为 10%，产品成本为 180 000 元。产品已发出，货款已经收到。

A 企业的会计处理如下。

（1）产品销售时：

借：银行存款　226 000

　　贷：主营业务收入　200 000

　　　　应交税费——应交增值税（销项税额）　26 000

（2）计算消费税：

借：税金及附加　　20 000

　　贷：应交税费——应交消费税　　20 000

（3）结转产品成本：

借：主营业务成本　　180 000

　　贷：库存商品　　180 000

2. 以应税消费品对外投资

企业以应税消费品对外投资，应交的消费税计入投资的初始成本；企业将应税消费品用于在建工程项目，应交的消费税计入在建工程成本。

3. 委托加工应税消费品

按照税法的规定，企业委托加工的应税消费品，由受托方在向委托方交货时代收代缴税款。委托加工的应税消费品收回后直接对外出售的，委托方缴纳的消费税直接计入委托加工成本，该产品销售时不再缴纳消费税；委托加工的应税消费品收回后用于连续生产应税消费品的，委托方缴纳的消费税记入“应交税费——应交消费税”账户的借方，按规定准予抵扣最终产品销售时缴纳的消费税。

【例 9.22】 某企业委托外单位加工应税消费品材料，原材料的成本为 100 万元，加工费用为 10 万元，增值税为 1.3 万元，由受托方代扣代缴的消费税为 1 万元。材料已加工完毕并已验收入库，加工费用已用银行存款支付。

（1）委托方收回加工的材料直接用于销售。

发出原材料，编制会计分录如下：

借：委托加工物资　　1 000 000

　　贷：原材料　　1 000 000

支付加工费、增值税及消费税，编制会计分录如下：

借：委托加工物资　　110 000

　　应交税费——应交增值税（进项税额）　　13 000

　　贷：银行存款　　123 000

委托加工材料验收入库，编制会计分录如下：

借：原材料　　1 110 000

　　贷：委托加工物资　　1 110 000

（2）委托方收回加工的材料用于连续生产应税消费品。

发出原材料，编制会计分录如下：

借：委托加工物资　　1 000 000

　　贷：原材料　　1 000 000

支付加工费、增值税及消费税，编制会计分录如下：

借：委托加工物资　　100 000

　　应交税费——应交增值税（进项税额）　　13 000

　　　　　　——应交消费税　　10 000

　　贷：银行存款　　123 000

委托加工材料验收入库，编制会计分录如下：

借：原材料　　1 100 000

　　贷：委托加工物资　　1 100 000

三、应交资源税

资源税是对在我国境内开采矿产品和生产盐的单位及个人计算征收的一种税。它是调节企业因资源的富有程度和开发条件的差异而形成级差收入的一种税，有助于企业合理有效地利用自然资源。

2016 年 7 月 1 日起，资源税改革在全国全面推行。此次改革的核心内容有两点：一是将征税范围从现行的盐、矿产品逐步扩展至水、森林、草场、滩涂等自然资源，试点开征水资源税；二是对绝大多数矿产品由从量定额计征改为从价计征，即将税收与资源的市场价格直接挂钩。资源价格上涨、企业利润增长时，税收相应增加；资源价格下跌、企业利润下滑时，税收随之减少。这是此次改革的核心。

资源税应纳税额应按产品的销售价格和适用的税率计算。

【例 9.23】 某铁矿石开采企业本月销售一批铁矿石，销售价格 100 万元，该种铁矿石适用税率为 6%，应纳资源税税额为 60 000 元。编制会计分录如下：

借：税金及附加　　60 000

　贷：应交税费——应交资源税　　60 000

四、应交房产税、车船税、土地使用税

1. 房产税

房产税是以房屋为征税对象，依据房产价格或房产租金收入向房产所有人或经营人征收的一种税。对房产征税的目的是运用税收杠杆，加强对房产的管理，提高房产使用效率，控制固定资产投资规模和配合国家房产政策的调整，合理调节房产所有人和经营人的收入。此外，房产税税源稳定，易于控制管理，是地方财政收入的重要来源之一。房产税计税办法有两种：按房产余值计算和按房产出租收入计算。

（1）按房产余值计算，其计算公式为

每年应纳房产税税额=应税房产原值×(1−扣除比例)×适用税率

（2）按房产出租收入计算，其计算公式为

每年应纳房产税税额=租金收入×适用税率

2. 车船税

车船税是国家对拥有或管理车辆、船舶的单位和个人所征收的一种税。通常根据应税车船及其相应的单位税额计算征收。

3. 土地使用税

土地使用税是以城镇土地为征税对象，对拥有土地使用权的单位和个人所征收的一种税。土地使用税是国家为了合理利用城镇土地，调节土地级差收入，提高土地使用效益，加强土地管理而开征的一种税，其计算公式为

应纳税额=土地使用面积×每平方米税额

房产税、车船税和土地使用税在核算时记入“税金及附加”账户，其会计分录为

借：税金及附加　　×××

　贷：应交税费——应交房产税　　×××

　　　　　　——应交车船税　　×××

　　　　　　——应交土地使用税　　×××

五、应交城市维护建设税和教育费附加

城市维护建设税（以下称“城建税”）是国家为加强城市的维护建设，扩大和稳定城市维护建设的资金来源而开征的一项税收。城建税属于一种附加税，它是国家对缴纳增值税、消

费税的单位和个人就其实际缴纳的“流转税”税额为计征依据而征收的一种税。

教育费附加是国家为了发展我国教育事业而征收的一种附加费。

城建税和教育费附加按企业当期实际缴纳的增值税、消费税等流转税的一定比例计算缴纳，计算公式为

$$应纳税额=纳税人实际缴纳的流转税税额\times适用税率$$

城建税的税率，按纳税人所在地不同，实行地区差别税率，具体分为三档：纳税人所在地为市区的，税率为 7%；纳税人所在地为县城、镇的，税率为 5%；其余为 1%。教育费附加的征收比率为 3%。

在会计核算上，根据其计算基础的不同，应借记“税金及附加”账户，贷记“应交税费——应交城建税（或应交教育费附加）”账户。

第六节　其他应付及预收款项

一、其他应付款

其他应付款是指与企业的购销业务没有直接联系的各种应付或暂收款，主要包括应付经营租入固定资产的租金、应付包装物的租金、应付职工未按时领取的工资、应付的各种赔款及罚款。

企业发生的各种其他应付或暂收款构成了企业的流动负债，在会计核算上应设置“其他应付款”账户进行核算。发生上述各种应付、暂收款项时，借记“银行存款”“库存现金”等账户，贷记“其他应付款”账户；实际偿付时，做相反分录。

【例 9.24】 企业向临时工出借钢丝床 200 张，每张收取押金 50 元。

（1）收到押金，编制会计分录如下：

借：库存现金	10 000	
贷：其他应付款		10 000

（2）临时工归还钢丝床 10 张，退还押金 500 元，编制会计分录如下：

借：其他应付款	500	
贷：库存现金		500

二、预收账款

预收账款是企业预先向客户收取的款项，于将来以提供商品、劳务进行清偿。预收账款的核算应视企业的具体情况而定。如果预收货款业务比较多，则可以设置“预收账款”账户；如果预收货款业务不多，则可以简化核算，不设置“预收账款”账户，而通过“应收账款”账户核算，预收货款时，直接记入“应收账款”账户贷方。

【例 9.25】 企业按合同规定收到客户 F 的预付货款 20 000 元。企业向客户发出商品一批，货物售价 20 000 元（不含税价），增值税税率 13%。

（1）预收货款，编制会计分录如下：

借：银行存款	20 000	
贷：预收账款		20 000

（2）发出商品，确认收入，编制会计分录如下：

借：预收账款	22 600	
贷：主营业务收入		20 000
应交税费——应交增值税（销项税额）		2 600

提示与说明

这里“预收账款”账户出现借方余额，其实质是企业应收购买单位的款项，理论上应记入“应收账款”账户，为了集中揭示预收货款业务，会计实务中常用“预收账款”账户来反映该部分应收账款的内容，在编制会计报表时，应将“预收账款”账户的借方余额并入“应收账款”项目。

（3）收到补付货款，编制会计分录如下：

借：银行存款	2 600	
贷：预收账款		2 600

本章小结

流动负债是指企业将在一年内（包含一年）或超过一年的一个营业周期内偿还的债务。企业举借流动负债的主要目的是维持企业的日常经营活动。

流动负债通常具有以下特点：偿还期限短，到期必须用流动资产或以新的流动负债来偿还。

流动负债一般按照业务发生时的金额，即实际成本计价入账。流动负债的内容主要有短期借款、应付票据、应付账款、应付职工薪酬、应交税费、其他应付款及预收账款等。

应付职工薪酬的内容主要有四项，包括短期薪酬、辞退福利、离职后福利及其他长期职工福利。这体现了我国的薪酬政策。新的薪酬制不但明确了职工的范围，还扩大了核算范围，明确了非货币性薪酬以及在实际工作中的一些薪酬问题，更具有可操作性与实用性。

企业在一定时期内取得的收入和实现的利润，应按规定向国家缴纳各种税费。这些应交的税费在缴纳之前形成企业的负债。企业应依法缴纳的各种税费主要有增值税、消费税、所得税、资源税、城市维护建设税、教育费附加等。

制造业的主要流转税是增值税，增值税纳税人分为一般纳税人和小规模纳税人，两者征税办法不同，税率（征收率）不同，会计核算也不同。

复习思考

1. 流动负债包括哪些内容？
2. 会计上确认流动负债的标准有哪些？
3. 短期借款的核算有何特点？
4. 商业承兑汇票和银行承兑汇票有何异同？
5. “应付职工薪酬”账户的核算内容有哪些？什么是非货币性职工薪酬？
6. 各种税金在会计上应如何列支？
7. 小规模纳税人与一般纳税人在会计核算上有哪些不同？
8. 企业的哪些税金不通过“应交税费”账户核算？

基本训练

一、单选题

1. 下列项目中，不属于职工薪酬的是（　　）。

A. 职工工资　　B. 职工福利费

C. 医疗保险费　　D. 职工出差报销的火车票

2. 下列职工薪酬中，不应当根据职工提供服务的受益对象计入成本费用的是（　　）。

A. 因解除与职工的劳动关系给予的补偿

B. 构成工资总额的各组成部分

C. 工会经费和职工教育经费

D. 医疗保险费、养老保险费、失业保险费、工伤保险费和生育保险费等社会保险费

3. 企业在无形资产研究阶段发生的职工薪酬，应当（　　）。

A. 计入当期损益　　B. 计入在建工程成本

C. 计入无形资产成本　　D. 计入固定资产成本

4. 下列各项目中，不属于企业职工的是（　　）。

A. 临时雇员　　B. 独立监事

C. 兼职会计　　D. 为企业提供审计服务的注册会计师

5. 企业预收账款的核算应视具体情况而定。如果企业预收账款比较多，可以设置“预收账款”科目；而预收账款情况不多的企业，也可以将预收的款项直接记入（　　）科目的贷方，不设“预收账款”科目。

A. “应收账款”　　B. “预付账款”　　C. “其他应收款”　　D. “应付账款”

6. 下列项目中，通过“应付股利”科目核算的是（　　）。

A. 董事会宣告分派的股票股利　　B. 董事会宣告分派的现金股利

C. 股东大会宣告分派的股票股利　　D. 股东大会宣告分派的现金股利

7. 债权单位撤销或其他原因无法支付，企业无法或无须支付的应付款项应计入（　　）。

A. 补贴收入　　B. 资本公积

C. 营业外收入　　D. 公允价值变动损益

8. 某小规模纳税人本期购入原材料并已验收入库，其采购取得增值税专用发票上记载的原材料价格为 20 000 元，增值税为 2 600 元，该企业当期产品销售价格（含税）为 72 100 元。则该企业当期应该缴纳的增值税为（　　）元。

A. 2 100　　B. 6 500　　C. 2 600　　D. 6 773

9. 企业开出的商业承兑汇票如果不能如期支付，应在票据到期并未签发新的票据时，将“应付票据”账户账面余额转入（　　）账户。

A. “应付票据折现”　　B. “应付账款”

C. “坏账损失”　　D. “应收账款”

10. 企业利润表中的“税金及附加”项目不包括的税金为（　　）。

A. 消费税　　B. 资源税　　C. 城市维护建设税　　D. 增值税

11. 甲公司为增值税一般纳税人，适用的增值税税率为 13%。20×7 年 1 月，甲公司董事会决定将本公司生产的 500 件产品作为福利发放给公司管理人员。该批产品的单件成本为 1.2 万元，市场销售价格为每件 2 万元（不含增值税）。不考虑其他相关税费，甲公司在该年因该项业务应计入管理费用的金额为（　　）万元。

A. 600　　B. 678　　C. 1 000　　D. 1 130

二、多选题

1. 下列项目中，属于职工薪酬的有（　　）。

A. 职工工资、奖金、津贴和补贴　　B. 住房公积金

C. 工会经费和职工教育经费　　D. 因解除与职工的劳动关系给予的补偿

2. 企业购进货物时，应计入货物成本的有（　　）。

A. 购进货物支付的消费税

B. 进口货物支付的关税

C. 一般纳税人企业购进货物支付的增值税

D. 一般纳税人企业购进机器设备支付的增值税

3. 下列各项中，应通过“应付职工薪酬”科目核算的有（　　）。

A. 工资　　B. 累积带薪缺勤　　C. 养老保险费　　D. 股份支付

4. 下列与一般纳税人增值税有关的业务，应作为增值税进项税额转出处理的有（　　）。

A. 房屋建造项目领用本企业的材料　　B. 非常损失造成的存货损失

C. 出口退税　　D. 财产清查发现的存货盘亏

5.（　　）属于一般纳税人在购入资产时即可确认为进项税额不能抵扣的项目。

A. 购入固定资产　　B. 购入工程物资

C. 纳税人自用游艇　　D. 企业购入商品取得普通发票

6. 下列项目中，属于职工薪酬的“职工”范畴的有（　　）。

A. 与企业订立劳动合同的全职人员　　B. 与企业订立劳动合同的临时人员

C. 企业正式任命的独立董事　　D. 与企业订立劳动合同的兼职人员

E. 为企业提供清洁服务的人员

7. 对于增值税一般纳税人，下列各项业务中，需要视同销售的有（　　）。

A. 购进物资用于对外长期股权投资　　B. 购进物资发生非正常损失

C. 购进物资用于职工个人消费　　D. 购进物资用于对外捐赠

8. 下列增值税中，应计入有关成本的有（　　）。

A. 以产成品对外投资应交的增值税

B. 在建工程使用本企业生产的产品应交的增值税

C. 小规模纳税人购入商品已交的增值税

D. 出口商品不予退回的增值税部分

9. 某企业为增值税一般纳税人，该企业发生的下列业务中应视同销售，计算增值税销项税额的有（　　）。

A. 用库存材料对外投资　　B. 产成品用于职工集体福利

C. 库存材料用于在建工程　　D. 产成品用于在建工程

10. 企业购入货物或接受劳务供应时，其进项税额若能予以抵扣，必须具备的凭证有（　　）。

A. 增值税专用发票

B. 完税凭证

C. 普通发票

D. 购进免税农产品时经税务机关批准的收购凭证

三、判断题

1. 职工薪酬是指企业为获得职工提供的服务而给予职工的各种形式的报酬以及其他相关支出。（　　）

2. 职工薪酬中的非货币性福利应当根据职工提供服务的受益对象分别计入成本费用。（　　）

3. 企业自产或委托加工的货物用于非应税项目，由于不是销售，所以不必计算缴纳增值税。（　　）

4. 短期借款利息在预提或实际支付时均应通过“短期借款”科目核算。（　　）

5. 小规模纳税人具有增值税专用发票，才能将支付的进项税额抵扣销项税额。(　　)

6. 企业购入按规定不予抵扣项目的货物所支付的增值税，应计入所购货物的成本。(　　)

7. 小规模纳税人购入货物发生的进项税额，在用该货物生产的产品销售时，转入产品销售成本。(　　)

8. 流动负债要按实际发生数额记账，如果负债发生数额不确定，则不可以入账。(　　)

9. 企业开出并承兑的商业承兑汇票如不能如期支付，则应在票据到期时，将“应付票据”科目的账面余额转入“短期借款”科目。(　　)

10. 某企业为一般纳税人，增值税税率为13%，购进原材料一批，发票中价税合计为113 000元，运输过程中的保险费用为500元，入库前的挑选整理费为200元，那么该批原材料的成本为100 700元。(　　)

四、业务题

1. B公司为一般纳税人企业，增值税税率为13%，20×9年7月有关职工薪酬的事项如下。

（1）公司将自己生产的笔记本电脑发放给职工作为福利，每件产品成本为1.8万元，计税价格（售价）每件产品为2万元，其中，生产工人为100人，总部管理人员为20人。

（2）为总部部门经理级别以上职工每人提供一辆汽车免费使用，该公司总部共有部门经理级别以上职工10名，假定每辆汽车每月计提折旧0.2万元。

（3）该公司为6名副总裁级别以上高级管理人员每人租赁一套公寓免费使用，每套公寓月租金为2万元，按月以银行存款支付。

（4）公司管理层于20×9年1月1日决定停产某车间的生产任务，提出职工没有选择权的辞退计划，规定拟辞退生产工人2人、总部管理人员1人，并于20×9年7月31日执行。经董事会批准，辞退补偿为生产工人每人20万元、总部管理人员每人50万元。

要求：根据以上资料编制会计分录（金额单位为万元）。

2. A企业为一般纳税人企业，增值税税率为13%，本月发生以下经济业务。

（1）购入材料一批，价款100 000元，增值税税额为13 000元，共计113 000元，以银行存款支付。

（2）销售产品，收到价款500 000元，向客户收取增值税税额65 000元，共计565 000元，收到款项送存银行。

（3）购入用于生产产品的农产品，以银行存款支付价款130 000元。

（4）以原材料对B单位投资，该批原材料的账面成本为600 000元，计税价格为630 000元，增值税税率为13%，该投资具有商业实质。

（5）购入一台机器设备，价款90 000元，增值税税额为11 700元，款项已经以银行存款支付。

（6）购入甲种原材料一批，价款40 000元，增值税税额为5 200元，共计45 200元，以银行汇票支付。

（7）企业房屋工程领用甲材料一批，账面价值为15 000元。

（8）本月支付增值税进项税额52 400元，发生的销项税额为180 800元，本月实际缴纳增值税税额120 000元。

要求：根据以上经济业务编制会计分录。

五、案例分析题

【案例 1】

新华公司为增值税小规模纳税人，20×9 年 6 月购入材料一批，增值税专用发票上注明，其销售价格为 80 万元，增值税为 10.4 万元。新华公司已用银行存款支付货款，材料尚未到达。新华公司当月销售产品一批，其销售总价为 181.93 万元（含税价），货已发出，尚未收到货款。

对于上述业务，新华公司的会计做了以下处理：把 10.4 万元作为增值税的进项税额，当月销售总价是含税价，应还原为不含税价：181.93÷(1+13%)=161（万元）。当月的销项税额为 181.93−161=20.93（万元），当月应交税金=当月的销项税额−当月的进项税额=20.93−10.4=10.53（万元）。

要求：你认为上述处理是否正确并说明理由。

【案例 2】

泰山公司实行累积带薪缺勤制度。该制度规定，每个职工每年可享受 10 天的带薪年休假，未享受的年休假只能向后结转 1 个会计年度，超过 1 年未行使的带薪年休假权利作废，累积未行使的带薪缺勤权利可以获得相应的现金支付。

截至 20×4 年 12 月 31 日，有 60 名职工当年未享受的带薪年休假为 2 天。这 60 名职工全部为生产车间工人。该公司生产车间工人每人平均日工资为 260 元。

截至 20×5 年 12 月 31 日，上述 60 名生产人员中有 50 名享受了 12 天的年休假，剩下 10 名只享受了 10 天的年休假。对职工应休未休的年休假天数，泰山公司按照该企业职工平均日工资收入支付年休假工资报酬。

（1）对于截至 20×4 年 12 月 31 日有 60 名职工未享受带薪年休假 2 天，公司会计人员做了以下会计分录：

借：生产成本	（60×2×260）31 200
贷：应付职工薪酬——累积带薪缺勤	31 200

（2）20×5 年 12 月 31 日，60 名生产人员中有 50 名享受了 12 天的年休假，剩下 10 名只享受了 10 天的年休假。

公司会计人员做了以下会计分录：

借：应付职工薪酬——累积带薪缺勤	（50×2×260）26 000
贷：银行存款	26 000

要求：分析判断泰山公司会计人员对累积带薪缺勤的会计处理是否正确，如果错误请进行必要的更正。

第十章　长期负债

学习目标

通过本章的学习，应了解长期负债的性质、特点及种类；明确企业举借长期负债的主要方式以及举借长期负债的主要优缺点；掌握长期负债的会计处理，特别是应付债券和可转换债券、长期应付款的会计处理，熟练掌握实际利率法。

第一节　长期负债概述

一、长期负债的性质与特点

长期负债是指偿还期在一年以上或超过一年的一个营业周期的债务。它是企业向债权人筹措的，可供企业长期使用的资金，包括长期借款、应付债券、可转换债券以及长期应付款等。

长期负债与流动负债相比具有以下四个特征。

（1）偿还期限较长。长期负债的偿还期均超过一年，而流动负债的偿还期在一年以内。

（2）负债金额较大。企业举借长期负债通常是为了扩大经营规模，如新建扩建厂房、购置大型设备等，所以资金需要量一般比较大。而流动负债一般是企业为了满足正常生产经营活动的资金需要而形成的债务，负债数额相对较小。

（3）负债的风险较高。长期负债的利息费用较高，构成了企业的一项长期的固定支出，加重了企业的财务负担，加大了财务风险，如果企业到期不能履行还本付息的义务，则可能导致企业破产。

（4）偿还方式多样。长期负债的偿还方式较为多样，可以采用分期付息、到期还本的方式，也可以采用到期一次还本付息的方式，还可以采用分期偿还本息的方式来偿还负债。

二、长期负债的种类

可按筹措方式的不同或偿还方式的不同对长期负债进行分类。

1．按筹措方式的不同分类

按筹措方式的不同，可将长期负债分为长期借款、应付债券、可转换债券和长期应付款四种。

长期借款是指企业向银行或其他金融机构借入的期限在一年以上（不含一年）的各种借款。

应付债券是指企业为了筹措长期资金，依照法定程序发行的、期限在一年以上（不含一年）的公司债券。

可转换债券是指企业依照法定程序发行、在发行一定时期后持券人可以按约定的条件将持有的债券转换成发行公司股票的债券。

长期应付款是指企业采用补偿贸易方式引进国外设备的应付款和企业融资租入固定资产应付的融资租赁费用等。

2. 按偿还方式的不同分类

按偿还方式的不同，可将长期负债分为定期偿还的长期负债和分期偿还的长期负债。

定期偿还的长期负债是指企业在规定的借款到期日一次偿还本息的长期负债。

分期偿还的长期负债是指企业在举债期限内，按规定分若干次偿还本息的长期负债。

三、举借长期负债的意义

企业筹措长期资金的方式主要有两种：一种是增发股票或由投资者追加投资；另一种是举借长期负债，即举债经营。当企业预计的投资利润率高于举借长期负债的利率时，企业通常会选择举债经营，原因可归结为以下几个方面。

（1）举债经营不会影响投资者的持股比例和控制权。由于债权人对企业只享有到期索回本金和利息的权利，不享有对企业的经营管理权，所以举借债务不会影响投资者的股权结构和投资比例，不会削弱投资者对企业的控制能力和权限，有利于投资者保持对企业的控制。

（2）举借长期负债可以发挥财务杠杆作用。企业举借长期负债只需按固定利率支付利息，如果举债经营的投资利润率高于举借长期负债的利率，则盈余归投资者所有，从而提高了投资者的资本金利润率，增加了企业积累与所有者权益，使企业获得了财务杠杆收益。

（3）举债经营具有节税作用。长期负债的借款利息可以作为企业正常的财务费用计入当期损益，在所得税前列支，有抵减应纳税所得额的作用，可以减少企业应交所得税。而如果通过增资扩股筹集长期资金，则所分配给投资者的股利只能从缴纳所得税后的利润中支付，没有节税的作用。

当然，举债经营也有不足之处，主要表现在以下几方面：首先，举借长期负债企业要定期支付利息，到期偿还本金，这会导致企业在财务上缺乏灵活性，影响相关的财务决策；其次，举债经营加大了企业的财务风险，固定的利息支出成为企业沉重的负担，如果企业经营不善，到期不能履行还本付息的义务，可能导致企业破产清算；最后，举债经营会降低企业未来的举债能力。考虑到企业举债经营的优点与不足，企业应进行合理的财务决策，根据自身的具体情况，权衡利弊，选择正确的筹资方式。

四、借款费用的处理

1. 借款费用的性质和内容

企业举债经营是需要付出代价的，这个代价就是借款费用。借款费用是指企业因借款而发生的利息及其他相关成本，包括因借款而发生的利息、应付债券溢价或折价的摊销，因外币借款而发生的汇兑差额，以及因借款而发生的辅助费用等。

因借款而发生的利息是指企业向银行或者其他金融机构等借入资金发生的利息、发行公司债券发生的利息、为购建或者生产符合资本化条件的资产而发生的带息债务所承担的利息等。

应付债券溢价或折价是指企业发行债券所发生的债券溢价或折价。应付债券溢价或折价的摊销实质上是对借款利息的调整，因而是借款利息的组成部分。

因外币借款而发生的汇兑差额是指由于汇率变动对外币借款本金及其利息的记账本位币金额所产生的影响金额。由于这部分汇兑差额与外币借款直接相联系，所以也是借款利息的组成部分。

因借款而发生的辅助费用是指企业在借款过程中发生的手续费、佣金、债券印刷费等费用。

由于这些费用是因安排借款而发生的，也属于借入资金所付出的代价，应当计入借款费用。

2. *借款费用的处理方法*

从理论上来说，借款费用的会计处理有两种方法可供选择：一是在发生时直接计入当期费用，即费用化；二是予以资本化，即将购建某项资产相关的借款费用计入该资产的取得成本。这两种处理方法各有所长：费用化的方式简化了会计处理，同时避免了因筹资方式的不同而导致同类资产的账面价值不同；资本化的方式将借款费用与所购建的资产相联系，更能真实、合理地反映资产的取得成本。

我国《借款费用准则》规定的借款费用的处理原则是，企业发生的借款费用，可直接归属于符合资本化条件的资产的购建或生产的，应当予以资本化，计入相关资产成本；其他借款费用，应当在发生时根据其发生额确认为费用，计入当期损益。所谓“符合资本化条件的资产”是指需要经过相当长时间（通常为一年）的购建或者生产活动才能达到预定可使用或者可销售状态的固定资产、投资性房地产、存货以及符合资本化条件的无形资产。其中的“存货”主要包括房地产开发企业开发的用于对外出售的房地产开发产品、企业制造的用于对外出售的大型机器设备等。这类存货通常需要经过相当长时间（通常为一年以上）的建造或者生产过程，才能达到预定可销售状态。

借款费用的具体处理方法有以下两种。

（1）如果是与购建或生产某项符合资本化条件的资产直接相关的借款费用，在该资产达到预定可使用或者可销售状态之前，应当予以资本化，计入相关资产成本；在该资产达到预定可使用或者可销售状态之后发生的借款费用，则作为费用计入当期损益。但如果符合资本化条件的资产在购建或生产过程中发生非正常中断且中断时间连续超过三个月的，应当暂停借款费用的资本化。在中断期间发生的借款费用应当计入当期损益，直至资产的购建或生产活动重新开始。

（2）如果借款是用于生产经营过程的，则其借款费用作为财务费用直接计入当期损益。

第二节　长期借款

一、长期借款的分类和计价

长期借款是指企业向银行或其他金融机构借入的、偿还期在一年以上（不含一年）的各种借款。

长期借款按借款条件分为抵押借款、信用借款及担保借款。抵押借款是指企业用动产或不动产作为抵押而取得的借款；信用借款是指企业不用特定的财产抵押作为保证，而是凭借企业的良好信誉而取得的借款；担保借款是指企业通过其他具有法人资格单位的担保而取得的借款。

长期借款的偿还方式有到期一次还本付息、分期付息到期还本和分期还本付息等方式。

二、长期借款的核算

为了反映企业长期借款的取得、应计利息和归还本息的情况，应设置“长期借款”账户进行核算。该账户核算企业向银行或其他金融机构借入的期限在一年以上的各项借款。企业借入借款时，借记“银行存款”账户，贷记“长期借款——本金”账户。资产负债表日，应确定长期借款的利息费用，借记“在建工程”“研发支出”“财务费用”等账户，贷记“长期借款——应计利息”或“应付利息”账户。归还长期借款本金时，借记“长期借款——本金”账户，贷记“银行存款”账户。

如果企业长期借款的名义利率与实际利率不相符，则可以采用实际利率法进行核算。

【例 10.1】 甲企业为扩大生产规模修建厂房一栋，其在 20×6 年 1 月 1 日向银行取得两年期的借款 1 000 万元，年利率 6%。合同约定分期付息，到期还本，利息于每年 1 月 1 日支付。企业取得借款的同时工程开工，企业支付工程款 400 万元。企业在 20×7 年 1 月 1 日又投入工程款 500 万元，厂房在 20×7 年 10 月底完工达到预定可使用状态。假定不考虑闲置的借款资金存入银行的利息收入或投资收益。甲企业的会计处理如下。

（1）20×6 年 1 月 1 日取得借款时：

借：银行存款　　10 000 000

　　贷：长期借款——本金　　10 000 000

（2）20×6 年 1 月 1 日支付工程价款时：

借：在建工程　　4 000 000

　　贷：银行存款　　4 000 000

（3）20×6 年 12 月 31 日，计算 20×6 年应计入工程成本的利息：

$$4\ 000\ 000\times6\%=240\ 000（元）$$

计算当年应计入财务费用的利息：

$$6\ 000\ 000\times6\%=360\ 000（元）$$

编制会计分录如下：

借：在建工程　　240 000

　　财务费用　　360 000

　　贷：应付利息　　600 000

（4）20×7 年 1 月 1 日，企业支付利息时：

借：应付利息　　600 000

　　贷：银行存款　　600 000

（5）20×7 年 1 月 1 日，支付工程价款时：

借：在建工程　　5 000 000

　　贷：银行存款　　5 000 000

（6）20×7 年 10 月底，厂房达到预定可使用状态，计算当年应计入工程成本的利息：

$$9\ 000\ 000\times6\%\div12\times10=450\ 000（元）$$

编制会计分录如下：

借：在建工程　　450 000

　　贷：应付利息　　450 000

厂房建造总成本=400+24+500+45=969（万元）

编制会计分录如下：

借：固定资产　　9 690 000

　　贷：在建工程　　9 690 000

（7）20×7 年 12 月 31 日，计算当年应计入财务费用的利息：

$$(10\ 000\ 000\times6\%)-450\ 000=150\ 000（元）$$

编制会计分录如下：

借：财务费用　　150 000

　　贷：应付利息　　150 000

（8）20×8 年 1 月 1 日，到期还本付息时：

借：长期借款——本金　　10 000 000

　　应付利息　　600 000

　　贷：银行存款　　10 600 000

相关案例

三一重工2012年中报显示，三一重工上半年实现营业收入317.6亿元，同比增长4.6%；净利润为51.6亿元，同比下降13.1%。尤其让市场担忧的是，三一重工银行贷款飙涨至273亿元，应收账款更是激增至229亿元。

三一重工主营工程机械，三大主导产品中：混凝土机械销售171.4亿元，同比增长8.21%，依然保持混凝土机械制造商的龙头地位；挖掘机销售66.2亿元，超过10 000台，继续稳居国内市场第一；汽车起重机销售24.4亿元，同比增长10.30%。

在宏观经济景气度下滑、行业需求下降的背景下，三一重工的主导产品销售情况似乎还算不错。不过，公司负债压力陡增，银行贷款更是飙涨。

2012年中报显示，三一重工上半年银行借款总余额达到273亿元，比年初的179.4亿元大幅上升了52%。这一增幅远超同期公司主营业务收入增幅。其中：短期借款余额112.2亿元，较年初的95亿元上升了18%；一年内到期的非流动负债13.2亿元，较年初的14.6亿元略降9%；长期借款则达到147.6亿元，较年初的66.8亿元大幅增长120%。

财务费用随银行借款上升而同步快速上升，从去年同期的1.59亿元猛升至8.17亿元。更让市场担忧的是，企业自我造血能力下降。三一重工尽管上半年实现净利润51.6亿元，但是经营活动产生的现金流量净额却为-17.4亿元。

编者提示：2012年1月三一重工花费3.6亿欧元（约30亿元人民币）收购"世界混凝土第一品牌"德国普茨迈斯特。2020年三一重工营业收入1 000.5亿元，同比增速连续5年保持在30%以上；利润总额185.3亿元，毛利率29.8%，净利率16%；资产负债率53.9%；应收账款周转率4.59%。

思考：企业高负债会带来什么后果？

第三节　应付债券

一、应付债券的概念和分类

企业筹措所需的长期资金，除了可以向银行申请取得长期借款以外，还可以通过发行公司债券，向社会筹集所需资金。应付债券是指企业依照法定程序，向债权人发行的约定在一定期限内还本付息的一种有价证券。发行公司债券是企业筹措长期资金的主要方式之一。若符合国家有关规定，则债券可以在金融市场上流通转让。

企业发行的债券，可以按不同的标准进行分类。

（1）按是否有担保品或抵押品，可以分为有担保债券和无担保债券。有担保债券是指以相应的抵押财产为担保而发行的债券；无担保债券是指无财产作为担保，凭发行企业的信用发行的债券。

（2）按是否记名可以分为记名债券和不记名债券。记名债券是指在债券上注明债权人姓名，同时在发行企业的账簿中予以记载的债券；不记名债券是不在债券上注明债权人姓名，同时在发行企业的账簿中也不予以记载的债券。

（3）按本金的偿还方式可以分为一次还本公司债券、分期还本公司债券和通知还本公司债券。一次还本公司债券是指在债券到期日将全部本金一次偿付的债券；分期还本公司债券是指在债券存续期内分次偿还本金的债券；通知还本公司债券是指发行债券的企业可以在债券到期前提前通知债权人还本的公司债券。

提示与说明

公开发行公司债券，应当符合下列条件：①具备健全且运行良好的组织机构；②最近三年平均可分配利润足以支付公司债券一年的利息；③国务院规定的其他条件。

公开发行公司债券筹集的资金，必须按照公司债券募集办法所列资金用途使用；改变资金用途，必须经债券持有人会议作出决议。公开发行公司债券筹集的资金，不得用于弥补亏损和非生产性支出。

上市公司发行可转换为股票的公司债券，除应当具备健全且运行良好的组织机构外，还应当具有持续经营能力。但是，按照公司债券募集办法，上市公司通过收购本公司股份的方式进行公司债券转换的除外。

改编自《中华人民共和国证券法》第十五条

二、应付债券的基本要素

企业发行债券必须严格执行国家的有关法规，按规定程序发行。在债券票面上应按规定载明与债券相关的内容，即债券要素。其中，下列要素是债券必不可少的要素：①债券的面值，即债券的本金或票面金额，它是发行债券的企业向债权人支付利息和偿还本金的依据；②债券的利率（也称票面利率），是债券利息与债券面值之间的比率。债券利率主要受市场利率、企业资信状况、债券偿还期限、计息方式以及资本市场上资金供求关系等因素的影响；③利息的支付方式，即债券发行者在债券票面上注明的付息日期。利息的支付方式有分期付息和到期一次付息等；④债券的到期日，即债券的偿还期限。企业应根据自身的筹资意图、未来资本市场上市场利率的发展趋势等情况确定偿还期限。

三、债券发行价格的计算

债券的发行价格是指发行债券的企业出售债券的价格，即债权人购买债券的价格。债券的发行价格通常可能有三种：债券的发行价格与债券的面值一致，为平价发行；债券的发行价格高于债券的面值，为溢价发行；债券的发行价格低于债券的面值，为折价发行。通常，当债券票面利率与市场利率一致时，企业按面值发行债券。当债券票面利率高于市场利率时，企业会溢价发行债券，溢价是企业以后各期需多付利息而事先从投资者那里得到的补偿。当债券票面利率低于市场利率时，企业会折价发行债券，折价是企业以后各期少付利息而事先给予投资者的补偿。

1. 分期付息到期还本债券发行价格的计算

分期付息到期还本债券发行价格的计算公式为

发行价格=债券到期偿还本金的现值+各期利息的现值

=(债券面值×复利现值系数)+(债券每期利息×年金现值系数)

【例 10.2】 某企业于 20×1 年 1 月 1 日发行 5 年期债券，面值为 2 000 万元，票面年利率为 10%，每年付息一次。

假如发行时市场利率为 8%，计算企业债券的发行价格。查表得知：$n=5,i=8\%$的复利现值系数为 0.681；年金现值系数为 3.993。

该债券的发行价格=2 000×0.681+(2 000×10%)×3.993

=1 362+798.6 =2 160.6（万元）

假如发行时市场利率为 12%，计算企业债券的发行价格。查表得知：$n=5,i=12\%$的复利现值系数为 0.567；年金现值系数为 3.605。

该债券的发行价格=2 000×0.567+(2 000×10%)×3.605

=1 134+721=1 855（万元）

2. 到期一次还本付息债券发行价格的计算

到期一次还本付息债券发行价格的计算公式为

发行价格 = 债券到期偿还本金及到期利息之和的现值

=(债券面值+债券利息)×复利现值系数

【例 10.3】 企业于 20×1 年 1 月 1 日发行 5 年期债券，面值为 2 000 万元，票面年利率为 10%，到期一次还本付息。

假如发行时市场利率为 8%，查表得知：n=5,i=8%的复利现值系数为 0.681。

该债券的发行价格=(2 000+2 000×10%×5)×0.681

=(2 000+1 000)×0.681 =2 043（万元）

假如发行时市场利率为 12%，查表得知：n=5,i=12%的复利现值系数为 0.567。

该债券的发行价格=(2 000+2 000×10%×5)×0.567

=(2 000+1 000)×0.567 =1 701（万元）

四、应付债券的核算

企业应设置“应付债券”账户核算企业发行的期限超过一年的债券业务，并在此账户下设“面值”“利息调整”“应计利息”等明细账户进行明细分类核算。“面值”反映债券的本金，“利息调整”反映债券的面值与债券实际发行价格的差额（通常指债券的溢价或折价），“应计利息”反映到期一次还本付息债券的应付利息。如果债券是分期付息的，则应通过“应付利息”账户核算应付利息。

企业发行债券时，会发生一些相关的费用，如发行债券的手续费、经纪人佣金等，这些费用应根据《金融工具确认和计量准则》的规定，除以公允价值计量且其变动计入当期损益的金融负债之外，其他金融负债相关的交易费用应当计入金融负债的初始确认金额。企业发行债券时，相关的交易费用和发行期间冻结资金所产生的利息收入相抵后的差额也作为债券的溢价或折价，记入“应付债券——利息调整”账户。

1. 债券发行的核算

企业发行债券时，按收到的金额，借记“银行存款”或“库存现金”等账户；按债券的面值，贷记“应付债券——面值”账户；按其差额，借记或贷记“应付债券——利息调整”账户。

【例 10.4】 企业于 20×1 年 1 月 1 日发行 5 年期债券，面值 2 000 万元，年利率 10%，每年付息一次，所集资金用于企业生产经营需要。企业债券发行时，市场利率等于票面利率，企业按面值发行。相关会计处理如下：

借：银行存款	20 000 000	
贷：应付债券——面值		20 000 000

【例 10.5】 续例 10.4，假定企业发行债券时，市场利率为 8%，小于票面利率，企业按 2 160.6 万元溢价发行。相关会计处理如下：

借：银行存款	21 606 000	
贷：应付债券——面值		20 000 000
——利息调整		1 606 000

【例 10.6】 续例 10.4，假定企业发行债券时，市场利率为 12%，大于票面利率，企业按 1 855 万元折价发行。相关会计处理如下：

借：银行存款	18 550 000	
应付债券——利息调整	1 450 000	
贷：应付债券——面值		20 000 000

2. 债券利息及债券溢价（折价）的核算

企业的应付债券应按期计算利息。对于分期付息、到期还本的债券，通常在企业付息前计算应付利息，同时摊销债券溢价（折价）；对于到期一次还本付息的债券，企业至少要在每年年末计提利息并同时摊销债券溢价（折价）。

对于分期付息、到期还本的债券，企业应按债券的摊余成本和实际利率计算确定的债券利息，借记“在建工程”“财务费用”“研发支出”等账户；按票面利率计算确定的应付未付利息，贷记“应付利息”账户；按其差额，借记或贷记“应付债券——利息调整”账户。

对于到期一次还本付息的债券，企业应按债券的摊余成本和实际利率计算确定的债券利息，借记“在建工程”“财务费用”“研发支出”等账户；按票面利率计算确定的应付未付利息，贷记“应付债券——应计利息”账户；按其差额，借记或贷记“应付债券——利息调整”账户。

【例 10.7】 续例 10.4 和例 10.5，企业采用实际利率法和摊余成本计算确定的利息费用见表 10.1。

表 10.1　利息费用及债券溢价摊销情况　　（单位：元）

①付息日	②应付利息	③利息费用	④摊销的溢价	⑤债券摊余成本
	面值×10%	上期⑤×8%	②-③	上期⑤-④
20×1-01-01				21 606 000
20×1-12-31	2 000 000	1 728 500	271 500	21 334 500
20×2.12-31	2 000 000	1 706 800	293 200	21 041 300
20×3-12-31	2 000 000	1 683 300	316 700	20 724 600
20×4-12-31	2 000 000	1 658 000	342 000	20 382 600
20×5-12-31	2 000 000	1 617 400	382 600*	20 000 000
合　计	10 000 000		1 606 000	

注：*差额在最后一年调整，382 600 由倒减得出。

根据表 10.1，进行以下账务处理。

（1）20×1 年 12 月 31 日：

借：财务费用　　1 728 500
　　应付债券——利息调整　　271 500
　　贷：应付利息　　2 000 000

（2）20×2 年 1 月 1 日：

借：应付利息　　2 000 000
　　贷：银行存款　　2 000 000

（3）20×2 年 12 月 31 日：

借：财务费用　　1 706 800
　　应付债券——利息调整　　293 200
　　贷：应付利息　　2 000 000

（4）20×3 年 1 月 1 日：

借：应付利息　　2 000 000
　　贷：银行存款　　2 000 000

（5）20×3 年 12 月 31 日：

借：财务费用　　1 683 300
　　应付债券——利息调整　　316 700
　　贷：应付利息　　2 000 000

（6）20×4 年 1 月 1 日：

借：应付利息　　2 000 000
　　贷：银行存款　　2 000 000

（7）20×4 年 12 月 31 日：

借：财务费用　　1 658 000
　　应付债券——利息调整　　342 000
　　贷：应付利息　　2 000 000

（8）20×5 年 1 月 1 日：
借：应付利息　2 000 000
　　贷：银行存款　2 000 000
（9）20×5 年 12 月 31 日：
借：财务费用　1 617 400
　　应付债券——利息调整　382 600
　　贷：应付利息　2 000 000

【例 10.8】续例 10.4 和例 10.6，企业采用实际利率法和摊余成本计算确定的利息费用见表 10.2。

表 10.2　利息费用及债券折价摊销情况（1）　（单位：元）

①计息日	②应付利息	③利息费用	④摊销的折价	⑤债券摊余成本
	面值×10%	上期⑤×12%	③−②	上期⑤+④
20×1-01-01				18 550 000
20×1-12-31	2 000 000	2 226 000	226 000	18 776 000
20×2-12-31	2 000 000	2 253 100	253 100	19 029 100
20×3-12-31	2 000 000	2 283 500	283 500	19 312 600
20×4-12-31	2 000 000	2 317 500	317 500	19 630 100
20×5-12-31	2 000 000	2 369 900	369 900*	20 000 000
合　计	10 000 000		1 450 000	

注：*差额在最后一年调整，369 900 由倒减得出。

根据表 10.2，进行以下账务处理。
（1）20×1 年 12 月 31 日：
借：财务费用　2 226 000
　　贷：应付利息　2 000 000
　　　　应付债券——利息调整　226 000
（2）20×2 年 1 月 1 日：
借：应付利息　2 000 000
　　贷：银行存款　2 000 000
（3）20×2 年 12 月 31 日：
借：财务费用　2 253 100
　　贷：应付利息　2 000 000
　　　　应付债券——利息调整　253 100
（4）20×3 年 1 月 1 日：
借：应付利息　2 000 000
　　贷：银行存款　2 000 000
（5）20×3 年 12 月 31 日：
借：财务费用　2 283 500
　　贷：应付利息　2 000 000
　　　　应付债券——利息调整　283 500
（6）20×4 年 1 月 1 日：
借：应付利息　2 000 000
　　贷：银行存款　2 000 000
（7）20×4 年 12 月 31 日：
借：财务费用　2 317 500
　　贷：应付利息　2 000 000
　　　　应付债券——利息调整　317 500

（8）20×5 年 1 月 1 日：

借：应付利息　　2 000 000

　　贷：银行存款　　2 000 000

（9）20×5 年 12 月 31 日：

借：财务费用　　2 369 900

　　贷：应付利息　　2 000 000

　　　　应付债券——利息调整　　369 900

从以上例子可以看出，在实际利率法下，当企业溢价发行债券时，随着债券摊余成本的递减，企业每期的实际利息费用在减少；反之，当企业折价发行债券时，随着债券摊余成本的递增，企业每期的实际利息费用在增加。这种方法科学、合理地体现了负债价值与利息费用的关系，我国企业会计准则要求采用实际利率法对企业应付债券的溢价（折价）进行摊销。

提示与说明

应付债券的核算方法除了实际利率法外，还有平均摊销法（直线法），后者是将债券的溢价（或折价）在存续期内平均摊销。这种方法虽然简单，但不能合理体现负债价值与利息费用的关系，所以我国企业会计准则要求企业采用实际利率法对企业应付债券的溢价（或折价）进行摊销。

3. 债券到期清偿的核算

企业的债券到期时，无论当时是以什么价格发行的债券，由于债券发行价与债券面值的差额已在债券的存续期内全部摊销，所以，企业债券到期时的账面价值等于债券面值。分期付息、到期还本债券到期时的会计处理为：借记“应付债券——面值”“应付利息”账户，贷记“银行存款”账户。到期一次还本付息债券到期的会计处理为：借记“应付债券——面值”“应付债券——应计利息”账户，贷记“银行存款”账户。

【例 10.9】 根据例 10.7 的资料，该企业在 20×6 年 1 月 1 日清偿全部债券本金及最后一年利息。企业收回全部债券时，编制会计分录如下：

借：应付债券——面值　　20 000 000

　　应付利息　　2 000 000

　　贷：银行存款　　22 000 000

第四节　可转换债券

一、可转换债券概述

企业在发行债券的条款中，若规定债券持有者可以在一定期间之后，按规定的转换比率或转换价格，将持有的债券转换成该企业的股票，这种债券就称为可转换债券。可转换债券属于混合型证券，其兼具债券和股票的性质，在未转换前是债券，转换以后是股票。

企业发行可转换债券对投资者和发行企业都具有很大的吸引力。

对于投资者而言，购买可转换债券的有利之处是既可作为债权人，有权要求公司偿还债券本金以及利息；又可以在有利的时机将债券转换成股票，享受股东的权利，分享股利及股票增值的利益。

对于发行债券的企业而言，发行可转换债券也有优势，表现为可转换债券的利率较低，通常低于普通债券，企业通过发行可转换债券筹资降低其筹资成本。企业可在直接增发股票有困难的情况下，通过发行可转换债券并附加转换权利，让投资者在不需要追加投资的情况下成为企业的股东，有利于吸引投资者，从而达到增资的目的。

但是，如果可转换债券转换为股份时的转换价格高于股票的市价，投资者会放弃转换而持有至到期日以获得债券利息，由此投资者将会损失一定的利息收入，即所得债券利息一般会低于市场利息，这是可转换债券的不足之处。

理论上，可转换债券的售价由两部分组成：一是债券面值和债券利息按市场利率折算的现值，也就是负债价值；二是转换权的价值。转换权之所以有价值，是因为当股票价格上涨时，债权人可以把债券按原定转换比率转换成股票，从而享受股票增值的利益。譬如，面值1 000元的债券，在可转换期间内可转换20股普通股：如果在转换期内的每股市价达40元，则20股共计800元，债权人自然不会转换；如果在转换期内的每股市价达60元，则20股共计1 200元，债权人可得溢价200元，这时多数债权人会选择转换。债权人一般都会选择在有溢价时转换债券，这时，转换权就是有价值的。所以，企业在初始确认时，应该将债券包含的负债成分和权益成分进行分拆。转换权的价值很难按股票市价确定，可以用含转换权的债券发行价格与同类不含转换权的债券的市价之差来表示。

二、可转换债券的账务处理

《中华人民共和国公司法》（以下称《公司法》）规定：上市公司经股东大会决议可以发行可转换为股票的公司债券，并在公司债券筹集办法中规定具体的转换办法。上市公司发行可转换为股票的公司债券应当报国务院证券监督管理机构审批。发行可转换为股票的公司债券，应当在债券上标明“可转换公司债券”字样，并在公司债券存根簿上载明可转换债券的数额。

企业发行的可转换债券应当在初始确认时将其包含的负债成分和权益成分进行分拆，将负债成分确认为应付债券，将权益成分确认为其他权益工具（转换权价值）。在进行分拆时，应当先对负债成分的未来现金流量进行折现确定负债成分的初始确认金额，再按发行价格总额扣除负债成分初始确认金额后的金额确定权益成分的初始确认金额。

发行可转换债券发生的交易费用应当在负债成分和权益成分之间按照各自的相对公允价值进行分摊。

企业应将发行的可转换债券作为长期负债，在“应付债券”账户中设置“可转换债券”明细账户进行核算。发行可转换债券时：将负债成分和权益成分进行分拆后形成负债的部分，其面值在“应付债券——可转换债券（面值）”账户中核算；属于权益部分的价值，记入“其他权益工具”账户；按其差额，借记或贷记“应付债券——利息调整”账户。

可转换债券的负债成分，在转换为股份前，其会计处理与一般公司债券的会计处理相同。未转换为股票的可转换债券到期还本付息，也比照一般公司债券进行处理。

当可转换债券持有人行使转换权利，将其持有的债券转换为股票时：企业应按可转换债券的余额，借记“应付债券——可转换债券（面值、利息调整）”账户；按其权益成分的金额，借记“其他权益工具”账户；按股票面值和转换的股数计算的股票面值总额，贷记“股本”账户；按其差额，贷记“资本公积——股本溢价”账户。债券面额不足转换1股股份的部分，企业应当以现金支付，还应贷记“银行存款”“库存现金”等账户。

思考与讨论

如果你是一个公司老板，当你的公司需要资金时，你是愿意选择发行股票筹资，还是愿意选择发行债券筹资？为什么？

【例 10.10】K 公司 20×1 年 1 月 1 日发行 5 年期面值为 1 000 000 元的可转换债券，发行总收入 1 000 000 元。债券票面年利率为 5%，每年付息一次，债券发行时同类不附转换条件的普通债券的市场利率为 8%。债券发行 1 年后可转换为普通股股票，转股价为每股 10 元，股票面值为每股 1 元。

查表得知：n=5,i=8%的复利现值系数为 0.681；年金现值系数为 3.993。

该可转换债券发行时负债成分的公允价值（不含转换权的债券的市价）为

1 000 000×0.681+1 000 000×5%×3.993=880 650（元）

可转换债券权益成分的公允价值为

1 000 000−880 650=119 350（元）

（1）企业发行可转换债券时，编制会计分录如下：

借：银行存款　　1 000 000

　　应付债券——可转换债券（利息调整）　　119 350

　　贷：应付债券——可转换债券（面值）　　1 000 000

　　　　其他权益工具　　119 350

按照实际利率法每期摊销折价，调整各期利息费用，见表 10.3。

表 10.3　利息费用及债券折价摊销情况（2）　　（单位：元）

付息日①	应付利息②	利息费用③	摊销的折价④	债券摊余成本⑤
	面值×5%	上期⑤×8%	③−②	上期⑤+④
20×1-01-01				880 650
20×1-12-31	50 000	70 452	20 452	901 102
20×2-12-31	50 000	72 088	22 088	923 190
20×3-12-31	50 000	73 855	23 855	947 045
20×4-12-31	50 000	75 764	25 764	972 809
20×5-12-31	50 000	77 191	27 191 *	1 000 000
合计	250 000		119 350	

注：* 差额在最后一年调整，27 191 由倒减得出。

（2）20×1 年 12 月 31 日，确认利息费用和摊销折价时，编制会计分录如下：

借：财务费用　　70 452

　　贷：应付利息　　50 000

　　　　应付债券——可转换债券（利息调整）　　20 452

注：20×2—20×4 年的账务处理略。

（3）假定 20×4 年年底，债券持有人将该债券全部转为股本（假定利息已经支付），约定条件为每 10 元面值的债券可以换面值 1 元的 1 股股票，转换的股数为

持有人可换得股份=1 000 000÷10=100 000（股）

转换时未摊销的折价额=1 000 000−972 809=27 191（元）

转换后形成的股本溢价=1 000 000+119 350−100 000−27 191=992 159（元）

企业将债券转换为股票时，编制会计分录如下：

借：应付债券——可转换债券（面值）　　1 000 000

　　其他权益工具　　119 350

　　贷：股本　　100 000

　　　　资本公积——股本溢价　　992 159

　　　　应付债券——可转换债券（利息调整）　　27 191

第五节　长期应付款

一、长期应付款概述

长期应付款是指企业除长期借款和应付债券以外的其他长期债务，主要包括企业采用补

偿贸易方式引进国外设备的应付款以及采用分期付款方式购置固定资产的应付款等。

补偿贸易是国际贸易的一种特殊方式。在这种方式下，购进设备方从国外引进设备后不需要支付货款，而是用进口的设备所制造的产品或者其他商品偿付进口设备的款项。

采用分期付款方式购置固定资产是企业负债购置固定资产的另一种方式。购入有关资产超过正常信用条件延期支付价款，实际上具有融资性质。因购入方需要承担延期付款的利息，故分期付款总额通常高于一次性付款金额。

二、长期应付款的核算

1. 应付引进设备款

应付引进设备款，应在“长期应付款”总账下设置“应付补偿贸易引进设备款”明细账，对买方自设备进口后应偿付设备价款及有关费用而形成的负债进行核算。

企业采用补偿贸易方式引进设备时，对于设备和随同设备一起进口的工具、零配件的价款和国外运杂费的外币金额，应按规定的汇率（业务发生当日或当月 1 日汇率）折合为记账本位币，记入“长期应付款”账户的贷方，作为长期应付款的发生数；归还债务时，则反映在“长期应付款”账户的借方。现举例说明。

【例 10.11】 某企业采用补偿贸易方式引进一成套设备。该设备价款为 511 000 元，随同设备一起进口的工具和零配件价款分别为 14 600 元和 29 200 元，另支付国内运杂费 5 000 元（其中，设备负担 4 000 元，工具负担 200 元，零配件负担 800 元），设备安装费为 11 000 元。引进设备投产后，第一批产品出口收入为 72 000 元，按合同规定全部归还设备款。（假设不考虑增值税）

企业做该笔经济业务的有关会计分录如下。

（1）引进设备时：

借：在建工程	511 000	
低值易耗品	14 600	
原材料	29 200	
贷：长期应付款——应付补偿贸易引进设备款		554 800

（2）支付国内运杂费：

借：在建工程	4 000	
低值易耗品	200	
原材料	800	
贷：银行存款		5 000

（3）支付安装费：

借：在建工程	11 000	
贷：银行存款		11 000

（4）工程完工，结转工程成本：

借：固定资产	526 000	
贷：在建工程		526 000

（5）企业销售产品时：

借：应收账款	72 000	
贷：主营业务收入		72 000

（6）企业用产品价款抵偿设备款时：

借：长期应付款——应付补偿贸易引进设备款	72 000	
贷：应收账款		72 000

2. 分期付款方式购入固定资产的应付款

企业购买资产如果延期支付有关价款，这是具有融资性质的延期付款购买资产。如果延期支付的购买价款超过正常信用条件，实质上是具有融资性质的，所购资产的成本应当以延期支付购买价款的现值为基础确定。实际支付的价款与购买价款的现值之间的差额，应当在信用期间内采用实际利率法进行摊销，计入相关资产成本或当期损益。具体来说，企业购入资产超过正常信用条件延期付款实质上具有融资性质时，应按购买价款的现值，借记“固定资产”“在建工程”等科目，按应支付的价款总额，贷记“长期应付款”科目，按其差额，借记“未确认融资费用”科目。

本章小结

长期负债是指偿还期在一年以上或超过一年的一个营业周期的债务，是企业向债权人筹措的，可供企业长期使用的资金。长期负债的内容主要包括长期借款、应付债券、可转换债券、长期应付款等。

企业举借长期负债通常是为了扩大企业的经营规模。所以长期负债具有偿还期限长、负债金额大、负债的风险高和偿还方式多样等特点。

举债经营和增发股票相比的优点：①举债经营不会影响投资者的持股比例和控制权；②举借长期负债可以发挥财务杠杆作用；③举债经营具有节税作用。缺点：①财务上缺乏灵活性；②加大了企业的财务风险；③降低企业未来的举债能力。

企业发生的借款费用可直接归属于符合资本化条件的资产的购建或生产的，应当予以资本化，计入相关资产成本；其他借款费用应当在发生时根据其发生额确认为费用，计入当期损益。

当债券票面利率与市场利率一致时，企业按面值发行债券。当债券票面利率高于市场利率时，企业会溢价发行债券。溢价是企业以后各期需多付利息而事先从投资者那里得到的补偿。当债券票面利率低于市场利率时，企业会折价发行债券。折价是企业以后各期少付利息而事先给投资者的补偿。

可转换债券属于混合型证券，其兼具债券和股票的性质：在转换前是债券，转换以后是股票。可转换债券的价值由两部分组成：一是债券面值及利息按市场利率折算的现值；二是转换权的价值。企业发行的可转换债券，应当在初始确认时将其包含的负债成分和权益成分进行分拆，将负债成分确认为应付债券，将权益成分确认为其他权益工具（转换权价值）。

长期应付款是指企业除长期借款和应付债券以外的其他长期债务，主要包括企业采用补偿贸易方式引进国外设备的应付款以及采用分期付款方式购置固定资产的应付款等。

复习思考

1. 长期负债包括哪些内容?
2. 企业选择采用举债经营还是增发股票主要应考虑哪些因素?
3. 什么是专门借款？专门借款的利息如何处理?
4. 什么是补偿贸易?
5. 企业融资租赁与经营租赁有何不同?
6. 对于企业和投资者而言，发行和购买可转换债券有什么有利和不利之处?
7. 投资者购买可转换债券的目的是什么?
8. 为什么企业要融资租入固定资产？对企业有什么意义?

基本训练

一、单选题

1. 甲企业于20×9年7月1日按面值发行5年期债券100万元。该债券到期一次还本付息，票面年利率为5%。甲企业20×9年12月31日应付债券的账面余额为（　　）万元。

A. 100　　B. 102.5　　C. 105　　D. 125

2. 20×8年7月1日，甲企业按面值发行3年期、到期一次还本付息、年利率为6%（不计复利）、面值总额为5 000万元的债券。20×9年12月31日，“应付债券”科目的账面余额为（　　）万元。

A. 5 150　　B. 5 600　　C. 5 000　　D. 5 450

3. 下列各项中，导致负债总额变化的是（　　）。

A. 赊销商品　　B. 赊购商品

C. 开出银行汇票　　D. 用盈余公积转增资本

4. 某企业于20×8年7月1日对外发行4年期、面值总额为1 000万元的公司债券，债券票面年利率为8%，一次还本付息，收到债券发行全部价款1 000万元。20×9年12月31日，该债券的账面余额为（　　）万元。

A. 1 120　　B. 1 000　　C. 1 040　　D. 1 080

5. 企业向银行取得长期借款1 000 000元，用于建造厂房，在建设期间应付利息为20 000元，其会计分录为（　　）。

A. 借：在建工程　20 000
　　贷：长期借款　20 000

B. 借：财务费用　20 000
　　贷：长期借款　20 000

C. 借：财务费用　20 000
　　贷：固定资产　20 000

D. 借：在建工程　20 000
　　贷：固定资产　20 000

6. 与购建固定资产有关的长期借款利息支出以及外币折算差额，在固定资产达到预计可使用状态前，应记入（　　）科目的借方。

A. "财务费用"　　B. "应付利息"　　C. "在建工程"　　D. "长期借款"

7. 某股份有限公司于20×8年1月1日发行3年期、每年付息、到期一次还本的公司债券，债券面值总额为200万元，票面年利率为5%，实际利率为6%，发行价格为194.65万元。按实际利率法确认利息费用。该债券20×9年度确认的利息费用为（　　）万元。

A. 11.78　　B. 12　　C. 10　　D. 11.68

8. 就发行债券的企业而言，所获债券溢价收入实质是（　　）。

A. 为以后少付利息而付出的代价　　B. 为以后多付利息而得到的补偿

C. 本期利息收入　　D. 以后期间的利息收入

9. 企业以折价方式发行债券时，每期实际负担的利息费用是（　　）。

A. 按票面利率计算的利息减去应摊销的折价

B. 按实际利率计算的利息减去应摊销的折价

C. 按实际利率计算的利息

D. 按实际利率计算的利息加上应摊销的折价

10. 就发行债券的企业而言，债券折价实质是（　　）。

A. 为以后少付利息而付出的代价　　B. 为以后多付利息而得到的补偿

C. 本期利息收入　　D. 以后期间的利息收入

二、多选题

1. "应付债券"账户的贷方反映的内容有（　　）。

A. 债券发行时产生的债券溢价　　B. 债券发行时产生的折价

C. 期末计提的应付债券利息　　D. 债券的面值

2. "应付债券"账户的借方反映的内容有（　　）。

A. 债券溢价的摊销　　B. 债券折价的摊销

C. 期末计提的应付债券利息　　D. 归还的债券本金

3. 在“应付债券”科目下，应设置的明细科目有（　　）。

A. “面值”　B. “应计利息”　C. “债券折价”　D. “利息调整”

4. 某企业于20×7年1月1日从银行借入3年期人民币贷款100万元用于一项工程，该借款年利率6%，不计复利。该工程于20×9年3月30日交付使用。该借款每半年付息一次，截至20×9年6月30日，该借款累计计入工程成本和财务费用的利息分别是（　　）和（　　）万元。

A. 13.5　B. 15　C. 0　D. 1.5

5. 下列各项目中属于长期负债的有（　　）。

A. 应付债券　B. 长期借款　C. 长期应付款　D. 可转换债券

6. 在我国会计实务中，生产经营期间为购建固定资产而发生的长期借款利息费用可能记入（　　）科目。

A. “在建工程”　　B. “财务费用”

C. “长期借款”　　D. “长期待摊费用”

7. 对于分期付息、一次还本的债券，于资产负债表日按摊余成本和实际利率计算确定的债券利息，可能借记的会计科目有（　　）。

A. “在建工程”　B. “应付利息”　C. “财务费用”　D. “研发支出”

8. 下列关于可转换债券的表述，正确的有（　　）。

A. 企业发行的可转换债券，应当在初始确认时将其包含的负债成分和权益成分进行分拆，将负债成分确认为应付债券，将权益成分确认为资本公积

B. 可转换债券的负债成分，在转换为股份前，按照实际利率和摊余成本确认利息费用，按照面值和票面利率确认债券利息，差额作为利息调整

C. 可转换债券在进行分拆时，应当对负债成分的未来现金流量进行折现确定负债成分的初始确认金额

D. 发行可转换债券发生的交易费用，应当直接计入当期损益

9. 对债券发行者来讲，采用实际利率法摊销债券溢折价时，以下说法正确的有（　　）。

A. 随着各期债券溢价的摊销，债券的摊余成本、利息费用应逐期减少

B. 随着各期债券溢价的摊销，债券的摊余成本减少，利息费用应逐期增加

C. 随着各期债券折价的摊销，债券的摊余成本、利息费用应逐期增加

D. 随着各期债券溢价的摊销，债券的溢价摊销额应逐期增加

E. 随着各期债券折价的摊销，债券的折价摊销额应逐期增加

10. 下列项目中，属于“长期应付款”科目核算内容的有（　　）。

A. 应付融资租入固定资产租赁费

B. 以分期付款方式购入无形资产发生的应付款项

C. 采用补偿贸易方式引进国外设备发生的应付款项

D. 经营租入固定资产的租赁费

三、判断题

1. 溢价或折价发行债券是在债券存续期内对利息费用的一种调整，因此，在摊销债券溢

价时应增加财务费用，在摊销债券折价时应减少当期的财务费用。(　　)

2. 为建造固定资产而发生的长期借款费用，在固定资产达到可使用状态后所发生的，直接计入当期损益。(　　)

3. 对于固定资产借款发生的利息支出：在竣工决算前发生的应予资本化，将其计入固定资产的建造成本；在竣工决算后发生的，则应作为当期费用处理。(　　)

4. 对分期付息债券，若采用实际利率法对公司溢价发行的债券摊销，因为债券的账面价值逐期减少，所以溢价摊销额也逐期减少。(　　)

5. 对分期付息债券，若采用实际利率法对公司折价发行的债券摊销，随着债券的账面价值逐期增加，债券折价摊销额逐期减少。(　　)

6. 采用实际利率法对应付债券溢折价进行摊销时，应付债券账面价值逐期减少或增加，应负担的利息费用也随之逐期减少或增加。(　　)

7. 企业发行可转换债券时支付的交易费用应全部计入负债成分的初始确认金额。(　　)

8. 对于固定资产借款发生的利息支出：在交付使用前发生的，应予资本化，将其计入固定资产的建造成本；在交付使用后发生的，则应作为当期费用处理。(　　)

9. 借款费用仅包括企业向银行或者其他金融机构等借入资金发生的利息、发行公司债券发生的利息。(　　)

四、业务题

1. 某企业经批准从20×8年1月1日起发行3年期面值为100元的债券10 000张，发行价格确定为面值，债券年利率为6%，每半年计息一次。该债券所筹资金全部用于新生产线的建设。该生产线于20×9年6月底完工交付使用。债券到期后一次支付本金和利息。

要求：编制该企业从债券发行到债券到期的全部会计分录。

2. 某企业于20×9年1月1日向中国银行借入一笔金额为100万元、年利率为10%、期限为3年的款项。借款合同规定：借款采用复利计息，每年复利一次，借款到期一次还本付息。该笔借款用于建造某项固定资产，固定资产于第3年初交付使用。

要求：对上述借款业务进行账务处理。

3. 某企业经批准于20×7年1月1日起发行两年期面值为100元的债券200 000张，债券年利率为3%，每年7月1日和12月31日付息，到期归还本金和最后一次利息。该债券发行收款为1 961.92万元，债券实际年利率为4%。该债券所筹资金全部用于新生产线的建设，该生产线于20×7年6月底完工交付使用。债券溢折价采用实际利率法摊销。

要求：编制该企业从债券发行到债券到期的全部会计分录。

4. 甲企业经批准于20×8年1月1日按面值发行（不考虑其他税费）300 000 000元的可转换债券。该债券期限为4年，票面年利率为4%，实际年利率为6%，每年付息一次。自20×9年1月1日起，该可转换债券持有人可以申请将该债券按债券转换日的账面价值转为甲企业的普通股（每股面值1元），初始转换价格为每股12元，不足转为1股的部分以现金结清。20×9年1月，该债券的所有持有人把债券全部转为普通股股票。

假定甲企业采用实际利率法确认利息费用，每年年末企业确认并支付利息费用。$(P/A,6\%,4)=3.465\ 1$，$(P/F,6\%,4)=0.792\ 1$。

要求：编制相关的会计分录。

五、案例分析题

【案例 1】

金丰企业于 20×6 年 1 月 1 日按面值发行总额为 4 亿元的可转换债券，用于企业建造一栋仓库。该可转换债券的期限为 3 年，票面年利率为 3%。企业在可转换债券的募集书中规定，自 20×7 年 1 月 1 日起每年 1 月 5 日支付上一年度的债券利息（未转换为普通股的债券利息）。债券持有人自 20×7 年 3 月 31 日起可以将所持有的债券转换为企业普通股股票，转换价格按可转换债券 100 元转换为企业普通股 8 股股票，每股面值 1 元，没有约定赎回和回售条款。在发行可转换债券过程中，企业取得冻结资金利息 400 万元，发行可转换债券共发生相关税费 30 万元。

企业发行可转换债券完毕后，由于市场发生变化，仓库的建造工作截至 20×7 年 7 月 1 日尚未开工。

要求：根据以上资料，回答下列问题。

（1）该企业应计入债券溢价的金额是多少？试说明理由。

（2）20×7 年 7 月 1 日以前可转换债券的应计利息是否应计入在建工程的成本？为什么？

【案例 2】

某股份有限公司准备在近期新建一条生产线，由于资金紧张，董事会讨论决定采用发行一批公司债券来筹措资金，拟发行债券的面值总额为 2 000 万元，票面年利率为 6%，5 年期，按面值发行。企业的部分董事已同意，但董事李某反对。李某认为，发行公司债券手续较多，又有许多限制条件，可以向银行借款 2 000 万元。但董事张某反对。张某认为，公司应发行 2 000 万元的股票，理由是发行股票不需要偿还本金，也不需要支付利息，有利于企业发展。

要求：（1）分析评价他们的观点是否恰当并说明理由。

（2）简要说明发行债券、向银行借款、发行股票三种筹资方式的优缺点。

【案例 3】

黄河公司于 20×4 年 1 月 1 日发行面值总额为 10 000 万元的债券，取得的款项专门用于建造厂房。该债券系分期付息、到期还本债券，期限为 4 年，票面年利率为 10%，每年 12 月 31 日支付当年利息。该债券实际年利率为 7%。债券发行价格总额为 11 017 万元，款项已存入银行。假设不考虑发行费用。

黄河公司发行债券时，应付债券的初始确认金额为 11 017 万元，20×4 年年末计算的应收利息和利息费用均为 1 000 万元。

要求：分析、判断并指出黄河公司对上述事项的会计处理是否正确，并说明理由。如不正确，指出正确的会计处理办法。

第十一章　所有者权益

学习目标

通过本章的学习，应了解所有者权益的性质和特征；明确企业组织形式及各种企业组织形式下的所有者权益的构成；掌握实收资本的概念以及实收资本增加和减少的会计核算；掌握其他权益工具会计处理的基本原则和主要账务处理；掌握资本公积的性质和其他综合收益的构成以及各自的会计核算；掌握留存收益的性质和构成以及相关的会计处理。

第一节　所有者权益概述

一、所有者权益的性质与特征

所有者权益是指企业资产扣除负债后由所有者享有的剩余权益。它代表企业投资人即所有者对企业净资产的所有权。所谓净资产，是指企业全部资产减去全部负债后的余额，用公式表示为：资产−负债=所有者权益。公司的所有者权益又称为股东权益。

企业的全部资产是由债权人和投资者提供的，因而债权人和投资者对企业的资产均具有要求权，债权人的要求权称为负债，投资者的要求权称为所有者权益。虽然在资产负债表上两种要求权都反映在右方，负债和所有者权益合计总额等于资产总额，但是，负债和所有者权益又存在明显区别。与负债相比，所有者权益具有以下特征。

（1）所有者权益是投资者对企业净资产的要求权。企业的所有者权益最初表现为所有者的投入资本，随着企业生产经营活动的开展，由于取得赢利而使投入资本逐渐增值。这部分增值的资金归企业所有者享有，与投入资本一起构成了企业的所有者权益。因此，所有者权益是投资者投入资本及其运用后产生的盈余（或亏损），它体现了投资者对企业净资产的所有权。而负债是企业在经营活动或其他事项中发生的债务，它体现了债权人对企业资产的索偿权。

（2）所有者权益是一种剩余权益。债权人和投资者都是企业资产的提供者，都可以对企业资产拥有要求权，但是从法律的角度上讲，二者的要求顺序是不同的。债权人的要求权应先于投资者，投资者只有在企业满足了债权人对资产的要求权以后，才能对剩余资产拥有要求权。

（3）投资者有权参与企业的经营决策及赢利分配。债权人只享有到期收回本金及利息的权利，无权过问企业的经营活动，也无权分享企业的赢利；而投资者有权参与企业的经营决策及赢利分配。

（4）所有者权益没有固定的偿还期限和金额。负债必须按约定的日期偿还；而投资者的投资在企业的存续期内一般不能抽回，只能在企业解散清算时（除按法律程序减资等情况以外），其破产财产在偿付了破产费用、债权人的债务等以外，如有剩余财产，才可能退还给投资者。

二、企业组织形式及所有者权益的构成

我国现有的企业组织形式有个人独资企业、合伙企业、公司制企业等，不同的企业组织形式下，由于企业特性和法律规范的不同，所有者权益的构成也不一样。

（一）非公司制企业

1. 个人独资企业

个人独资企业是由一个自然人投资，财产为投资人个人所有，投资人以其个人财产对企业债务承担无限责任的经营实体。个人独资企业具有以下主要特征。

（1）业主独立出资。个人独资企业的出资人是一个自然人，即业主。非自然人的投资和两个以上自然人的投资都不符合个人独资企业的基本属性。

（2）财产归业主个人所有。这里的财产不仅包括企业成立时业主投入的初始财产，而且包括企业存续期间积累的财产。

（3）债务责任无限。这是个人独资企业的重要特征。由于个人独资企业为业主个人所有，收益归业主，因此企业风险也应由业主个人承担。也就是说，当业主申报登记的出资不足以清偿个人独资企业经营所负的债务时，业主必须以其个人财产甚至是家庭财产来清偿债务。

（4）不是法律主体。由于个人独资企业不具有法人资格，因此，个人独资企业的财产和对外所负的债务在法律上被视为业主个人的财产和债务，企业的对外行为也被视为业主的个人行为。

（5）不是纳税主体，不缴纳企业所得税。个人独资企业的收益应由业主连同其本人所获得的其他收入，依据个人所得税法一并计算缴纳个人所得税。

这种企业的规模都较小，其优点是经营者和所有者合一，能充分发挥业主的积极性，经营灵活，便于筹建、转向和解散。这类企业的缺点是，由于自身财力所限，抵御风险的能力较弱，从而限制了企业的规模和发展。

在个人独资企业中，由于企业的投入资本和取得的经营成果都归业主个人所有，因此，其所有者权益也就不必再进行分类，可通过设置“业主资本”账户反映业主投入企业的资本及其增减变动，还可设置“业主提款”账户，对业主提取资本等事项进行核算。

2. 合伙企业

合伙企业是由两个以上合伙人按照合伙协议共同出资、合伙经营、共享收益、共担风险的企业。合伙企业主要有以下几个特征。

（1）生命有限。合伙企业比较容易设立和解散。合伙人签订了合伙协议就宣告合伙企业的成立。合伙人的退伙、死亡、自愿清算、破产清算等均可造成合伙企业的解散，因而其存续期限往往不可能很长。

（2）债务责任无限。合伙企业作为一个整体对债务承担无限责任。按照合伙人对合伙企业的责任，合伙企业可分为普通合伙企业和有限合伙企业。普通合伙企业由普通合伙人组成，普通合伙人对合伙企业债务承担无限连带责任。有限合伙企业由普通合伙人和有限合伙人组成：普通合伙人对合伙企业债务承担无限连带责任；有限合伙人以其认缴的出资额为限对合伙企业债务承担有限责任，这类合伙人一般不直接参与企业经营管理活动。

（3）财产共有，利益共享。合伙企业的财产由合伙人统一管理和使用，不经其他合伙人同意，任何一位合伙人不得将合伙财产移为他用。合伙企业在生产经营活动中所取得的利润归合伙人共享，如有亏损亦由合伙人共同承担。损益分配的比例应在合伙协议中明确规定，未经规定的，可按合伙人出资比例分摊或平均分摊。

（4）合伙人之间互为代理。在合伙企业的业务范围内，任何一个合伙人所执行的业务均视为所有合伙人共同执行的业务。换言之，每个合伙人代表合伙企业所发生的经济行为对所有合伙人均有约束力。因此，合伙人之间较易发生纠纷。

（5）企业不是法律主体和纳税主体。合伙企业通常不具有法人资格，也不是纳税主体。合伙企业的生产经营所得和其他所得，按照国家有关税收规定，由合伙人分别缴纳所得税。

与个人独资企业相比，合伙企业的优点是能够发挥出资者的集体智慧和力量，扩大企业规模，增强经营实力。合伙人作为企业的业主，其风险与报酬一致，因此，经营的积极性也较高，其缺点是若各个合伙人意见不一致，会影响企业的经营决策，甚至危及企业的生存。此外，合伙人之间的连带责任使每一个合伙人需要对其他合伙人的经营行为负责，加重了合伙人的风险。

与个人独资企业一样，合伙企业的所有者权益也可通过“业主资本”账户一并反映。但由于各合伙人出资比例或实现约定的分配方案不同而享有不同的权益份额，所以在“业主资本”账户下应按合伙人的姓名设明细账，分别反映各合伙人对企业的资本投入、从企业提款以及企业经营损益的分配情况。

视野拓展

《中华人民共和国合伙企业法》（以下称《合伙企业法》）曾在2006年进行修订，修订后的《合伙企业法》自2007年6月1日起施行。该次修订的内容中较重要的有以下两项。

（1）合伙人的资格。自然人、法人和其他组织均可成为合伙人。但从维护公共利益出发，国有独资公司、国有企业、上市公司以及公益性的事业单位、社会团体不得成为普通合伙人。

（2）合伙的形式有普通合伙、特殊的普通合伙以及有限合伙等三种。①普通合伙企业的合伙人均承担无限连带责任。②特殊的普通合伙是普通合伙中的一种特殊情况。这种合伙形式适用于以专业知识和专门技能为客户提供有偿服务的专业服务机构。特殊的普通合伙人应建立执业风险基金、办理职业保险。在该种合伙形式中，一个或数个合伙人在执业活动中因故意或重大过失造成合伙企业债务，应当承担无限责任或者无限连带责任，其他合伙人以其在合伙企业中的财产份额为限承担责任；否则，全体合伙人承担无限连带责任。③有限合伙由2个以上50个以下合伙人设立，其中至少应当有一个普通合伙人，其他为有限合伙人。有限合伙人不得以劳务出资，不直接参与企业经营管理活动。在承担责任方面，有限合伙人以其认缴的出资额为限承担责任，普通合伙人则承担无限连带责任。

该次修订，起到了以下两个作用。

（1）提升了专业服务机构的竞争能力。修订后的《合伙企业法》规定，会计师事务所、建筑师事务所等企业专业服务机构直接适用“特殊的普通合伙企业”的相关规定。之前的合伙企业都要求全部合伙人承担无限连带责任，这使得合伙人为了避免过度风险而减少投资，因而不利于专业服务机构的壮大。修订后的《合伙企业法》为这些专业服务机构扩大规模、提升服务质量提供了契机。

（2）修订后的《合伙企业法》为风险投资的发展注入动力。在我国，风险投资曾经多以公司形式存在，而在国际上，绝大多数的风险投资采取的都是有限合伙的形式。风险投资最大的特点在于资金与管理技术的结合，有限合伙正好能将二者高效地结合起来。投资者只负责出资，也仅在其出资范围内承担责任，不必管理合伙事务；而管理技术方则利用自己的智力来管理、支配风险资金。有限合伙形式降低了投资者的投资风险，使更多的资金进入风险投资领域，加快了我国的创新建设。

（二）公司制企业

1. 有限责任公司

有限责任公司是指由50个以下股东共同出资建立，股东以其认缴的出资额为限对公司承担有限责任，公司以其全部资产对公司债务承担责任的企业法人。

有限责任公司具有以下特征：①股东按其出资额认购股份，公司向股东出具股权证书而不发行股票。②公司是法律主体，公司以其全部资产对公司的债务承担有限责任。③股东持有的股份不得抽回，但可以转让。有限责任公司的股东之间可以相互转让其全部或者部分股权。股东向股东以外的人转让股权应当经过半数其他股东同意，不同意的股东应当购买该转让的股权，如果不购买，视为同意转让。④公司是纳税主体。有限责任公司作为法人，取得的收益应计算缴纳企业所得税。⑤有限责任公司在组织与经营上具有封闭性，即设立程序和经营状况不向社会公开。

提示与说明

《公司法》规定了一人有限责任公司的设立和组织形式。一人有限责任公司是指只有一个自然人股东或者一个法人股东的有限责任公司。一人有限责任公司的年度财务报表须经会计师事务所审计。一人有限责任公司的股东不能证明公司财产独立于股东自己的财产的，应当对公司债务承担连带责任。

2. 股份有限公司

股份有限公司是指将全部注册资本划分为等额股份，并通过发行股票的方式筹集股本，股东以其认购的股份为限对公司承担有限责任，公司以其全部资产对公司债务承担责任的企业法人。股份有限公司具有以下特征：①公司资本划分为等额股份，并通过发行股票筹集资本。②股东人数没有上限，只有下限，《公司法》规定不得少于 2 人。③股票可以自由交易、转让。④公司是法律主体，债务责任有限。股东以其所持股份对公司承担有限责任，公司以其全部资产对公司债务承担责任。⑤公司具有较严密的内部组织机构。公司的股东大会、董事会、监事会分别行使公司重大事项决策权、经营管理权和监督权。⑥公司财务公开。

股份有限公司具有其他公司形式所不具备的生命力和优越性：一是可以吸收社会上的闲散资金，在资本结构和筹资方式上更具灵活性；二是股份可以自由流动，较大程度上分散了投资人的投资风险。它已成为当今世界上广泛采用的企业组织形式。

股份有限公司与有限责任公司比较，设立条件及程序更为严格。股份有限公司的设立，可以采取发起设立或者募集设立两种方式。发起设立是指由发起人认购公司应发行的全部股份。募集设立是指由发起人认购公司应发行股份的一部分，其余股份向社会公开募集或者向特定对象募集。

3. 国有独资公司

国有独资公司是由国家授权投资的机构或者国家授权投资的部门单独投资设立的有限责任公司。国有独资公司与个人独资企业和有限责任公司相比有以下特征：①国有独资公司为有限责任公司。国有独资公司的投资者是国家，但国家仅以其投入公司的特定财产金额为限对公司的债务负责，而不承担无限责任，这不同于个人独资企业。②国有独资公司的股东具有唯一性。国有独资公司虽属于有限责任公司，但它与一般的有限责任公司不同。最根本的区别就在于，国有独资公司仅有一个股东，即国家授权投资的机构或者国家授权投资的部门。

国有独资公司不设股东会，但公司的合并、分立、解散、增减资本和发行公司债券等重大决策，必须由国家授权投资的机构和部门批准。国有独资公司是一种国家所有的有限责任公司，其财产出资人是国家这个特殊的主体，财产所有权属于国家。国有独资公司在追求赢利的同时，担负着执行国家经济政策、实行国家计划、调节社会经济结构和运行的特殊使命，受到国家政策、法律的特殊对待和国家的特别照顾，享有许多优惠。国有企业设立或改建为国有独资公司是我国深化国有大中型企业改革的重要举措，也是国有企业经营管理制度改革的一项有效措施。但是，国有独资公司毕竟有别于一般公司，一般公司具有的许多优点和长处，它并不完全具备，其设立和运行等也受到许多限制。

根据上述公司制企业的特点及其核算的内容和要求，所有者权益可分为实收资本（股份有限公司为股本）、其他权益工具、资本公积、其他综合收益、盈余公积和未分配利润等部分进行核算。

下面主要针对公司制企业的所有者权益进行论述。

第二节　实收资本和其他权益工具

一、实收资本概述

我国有关法律规定，投资者设立企业首先必须投入资本。实收资本是指由投资者投入资本形成的企业法定资本的价值。在股份有限公司，实收资本表现为公司实际发行的股票面值总额，也称股本。

投资者向企业投入的资本，在一般情况下不需偿还，可以长期周转使用。投资者的出资比例或股东的持股比例通常是确定投资者在企业所有者权益中所占份额和参与企业财务经营决策的基础，也是企业进行利润分配的基础，在企业清算时还是确定所有者对企业净资产要求权的依据。

按照《公司法》的规定，公司制企业在设立时须在工商行政管理部门登记注册。企业在设立时向登记机关登记注册的资本总额即为企业的注册资本。注册资本是企业的法定资本，是企业承担民事责任的财力保证。

有限责任公司的注册资本为在公司登记机关登记的全体股东认缴的出资额。股东可以用货币出资，也可以用实物、知识产权、土地使用权等可以用货币估价并可以依法转让的非货币财产作价出资。对作为出资的非货币财产应当评估作价，核实财产，不得高估或者低估作价。股东以货币出资的，应当将货币出资足额存入有限责任公司在银行开设的账户；以非货币财产出资的，应当依法办理其财产权的转移手续。

股份有限公司的设立有两种方式，即发起式和募集式。股份有限公司采取发起式设立的，注册资本为在公司登记机关登记的全体发起人认购的股本总额。在发起人认购的股份缴足前，不得向他人募集股份。股份有限公司采取募集式设立的，注册资本为在公司登记机关登记的实收股本总额。以募集式设立股份有限公司的，发起人认购的股份不得少于公司股份总数的35%。

公司增加注册资本时，有限责任公司的股东认缴新增资本的出资和股份有限公司的股东认购新股，应当分别依照《公司法》的有关规定执行。股份有限公司以公开发行新股方式或者上市公司以非公开发行新股方式增加注册资本的，还应当提交国务院证券监督管理机构的核准文件。公司增加或者减少注册资本，应当依法向公司登记机关办理变更登记。

二、实收资本的核算

（一）账户设置

非股份制企业对投资者投入资本的核算，应设置“实收资本”账户。该账户属于所有者权益类账户，贷方反映实际收到投资者缴付的资本，借方反映按法定程序减资时减少的注册资本，贷方余额表示实收资本总额。为了反映每个投资者投入资本的实际情况，该账户应按投资者设置明细账，进行明细分类核算。

股份制企业对股东投入资本的核算，应设置“股本”账户。该账户属于所有者权益类账户，贷方登记公司按核定的股份总额发行的股票面值总额，借方登记依法批准减少的股本数额，贷方余额表示公司所拥有的股本总额。该账户下应按投资者设置明细账，进行明细分类核算。

（二）实收资本增加的核算

1. 投入资本的核算

企业所有者投入资本的形式包括货币投资、实物资产投资和无形资产投资等，不同的投资形式下，确定投入资产入账价值的方式也不一样。

（1）接受货币投资。在非股份制企业，收到投资者投入的货币资产时，按实际收到的金额，借记“银行存款”账户，贷记“实收资本”账户。

【例 11.1】 A、B、C 三个投资人共同出资设立乙有限责任公司，公司注册资本为 1 000 000 元，A、B、C 持股比例分别为 40%、35%和 25%。20×3 年 10 月 5 日，乙有限责任公司如期收到三个投资者一次性缴足的款项。编制的会计分录如下：

借：银行存款	1 000 000	
贷：实收资本——A		400 000
——B		350 000
——C		250 000

视野拓展

我国公司注册曾实行注册资本实缴登记制，当前除银行、保险等少数行业外，一般公司实行注册资本认缴登记制。

注册资本实缴登记制要求公司的注册资本必须由股东（发起人）按规定期限实缴到位，并经依法设立的验资机构出具验资证明文件后向登记机关申请登记。

注册资本认缴登记制是指登记机关只登记公司股东（发起人）认缴的出资总额（注册资本），股东（发起人）实际缴纳的出资额（实收资本）由公司股东自主约定并记载于公司章程。

在股份制企业，公司发行股票时，按实际收到的金额，借记“银行存款”账户；按股票面值和核定的股份总额的乘积计算的金额，贷记“股本”账户；按其差额，贷记“资本公积”账户。股票发行方式有三种：面值发行，即按股票面值发行；溢价发行，即按高于股票面值的价格发行；折价发行，即按低于股票面值的价格发行。我国目前不允许折价发行股票。

【例 11.2】 甲股份有限公司发行普通股 10 000 000 股，每股面值 1 元，实际发行价为每股 6 元，与该股票发行直接有关的佣金、手续费等 50 000 元，股款已收到并存入银行。编制会计分录如下：

借：银行存款	59 950 000	
贷：股本		10 000 000
资本公积——股本溢价		49 950 000

（2）接受非货币资产投资。企业接受投资者以存货、固定资产、无形资产等非货币资产进行投资时，应按投资合同或协议约定的价值确定其入账价值（约定价值不公允的除外），借记“原材料”“固定资产”“无形资产”等账户；按投入资本在注册资本或股本中所占的份额，贷记“实收资本”账户或“股本”账户；如借贷方有差额，则将差额记入“资本公积”账户。

【例 11.3】 甲公司由 A、B、C 三方共同投资设立。A 以甲公司所需的原材料作为投资，该批原材料的协议价格为 400 万元，协议价值与公允价值相等。甲公司取得的增值税专用发票上注明的价款为 400 万元，增值税税额为 52 万元。假定甲公司的股本总额为 1 000 万元，A 在甲公司享有的份额为 35%，甲公司为一般纳税人。相关会计处理如下。

A 在甲公司享有的股本金额=10 000 000×35%=3 500 000（元）

A 在甲公司投资的股本溢价=4 000 000+520 000−3 500 000=1 020 000（元）

甲公司编制会计分录如下：

借：原材料　　　　　　　　　　　　　　　　　　　　　　　　4 000 000
　　应交税费——应交增值税（进项税额）　　　　　　　　　　520 000
　　贷：股本——A　　　　　　　　　　　　　　　　　　　　　　3 500 000
　　　　资本公积——股本溢价　　　　　　　　　　　　　　　　1 020 000

【例 11.4】 甲公司于设立时，接受乙公司的一项专利权投资和丙公司的一项土地使用权投资，合同约定的价值分别为 200 000 元和 300 000 元，假设甲公司接受无形资产投资符合国家注册资本的有关规定，可按合同约定价作为实收资本入账，合同约定的价值与公允价值相等（假定不考虑税费）。甲公司编制会计分录如下：

借：无形资产——专利权　　　　　　　　　　　　　　　　　200 000
　　　　　　——土地使用权　　　　　　　　　　　　　　　300 000
　　贷：实收资本——乙公司　　　　　　　　　　　　　　　　　200 000
　　　　　　　　——丙公司　　　　　　　　　　　　　　　　　300 000

2. 追加投资的核算

当投资人追加投资时，按投资合同或协议约定的投入资产价值，借记“银行存款”“原材料”“固定资产”“无形资产”等账户，贷记“实收资本”或“股本”账户；投资人出资额超过其在注册资本或股本中所占份额的部分，记入“资本公积”账户。

【例 11.5】 续例 11.1，乙有限责任公司设立一年后，为扩大经营规模，经批准，公司注册资本扩大为 1 500 000 元，如期收到 A、B、C 三个投资人按原出资比例追加的货币投资，款项已收存银行。编制会计分录如下：

借：银行存款　　　　　　　　　　　　　　　　　　　　　500 000
　　贷：实收资本——A　　　　　　　　　　　　　　　　　　　200 000
　　　　　　　　——B　　　　　　　　　　　　　　　　　　　175 000
　　　　　　　　——C　　　　　　　　　　　　　　　　　　　125 000

3. 资本公积或盈余公积转增资本的核算

资本公积或盈余公积转增资本时，应按照原投资者的出资比例相应增加各投资者的股权。企业收到的投资者出资超过其在注册资本或股本中所占份额的部分，作为资本溢价或股本溢价，在“资本公积”账户核算。

（三）实收资本减少的核算

企业在资本过剩或发生重大亏损的情况下，可以按规定程序报经批准后减少实收资本。企业因资本过剩而减资，一般要发还投资款。有限责任公司和一般企业发还投资款的会计处理比较简单，按法定程序报经批准减少注册资本时，借记“实收资本”账户，贷记“库存现金”“银行存款”等账户。股份有限公司由于通过发行股票的方式筹集股本，发还股款时，则要回购发行的股票。由于发行股票时股票的价格与股票面值可能不同，回购股票的价格也可能与发行价格不同，所以，会计处理比较复杂。

股份有限公司回购股票的核算，应通过“库存股”账户进行。该账户属于所有者权益类账户，用于核算企业回购、转让或注销的本公司股份金额。该账户借方登记企业回购的本公司股份；贷方登记转让或注销的库存股；期末借方余额，反映企业持有尚未转让或注销的库存股。该账户余额在资产负债表上列为所有者权益的减项。

股份有限公司采用回购本公司股票方式减资的，回购股票时，按注销股票的面值总额减少股本，回购股票支付的价款超过面值总额的部分依次减少资本公积、盈余公积和未分配利润；若回购股票支付的价款低于面值总额，其差额计入资本公积。

【例 11.6】 甲上市公司经股东大会决定，采用收购本公司股票方式进行减资，共回购 100 000 股并注销，股票面值为 1 元，每股支付的收购价款为 3 元。回购前，资本公积中股本溢价的余额为 100 000 元，盈余公积余额为 50 000 元，未分配利润余额为 150 000 元。编制会计分录如下：

借：库存股	300 000	
贷：银行存款		300 000
借：股本	100 000	
资本公积——股本溢价	100 000	
盈余公积	50 000	
利润分配——未分配利润	50 000	
贷：库存股		300 000

【例 11.7】 沿用例 11.6，假定甲上市公司每股支付的价款为 0.9 元，其他条件不变。编制会计分录如下：

借：库存股	90 000	
贷：银行存款		90 000
借：股本	100 000	
贷：库存股		90 000
资本公积——股本溢价		10 000

三、其他权益工具

（一）其他权益工具会计处理的基本原则

权益工具是指能证明拥有某个企业在扣除所有负债后的资产中剩余权益的合同。最典型的权益工具是企业发行的普通股。

企业发行的除普通股（作为实收资本或股本）以外的优先股、永续债、可转换公司债券等金融工具，应当按照金融工具准则的规定，根据企业所发行金融工具的合同条款及其所反映的经济实质而非仅以法律形式，结合金融负债和权益工具的定义，在初始确认时将该金融工具或其组成部分分类为金融负债或权益工具（作为其他权益工具）。

企业将优先股、永续债等金融工具分类为权益工具中的其他权益工具，应按照以下原则进行会计处理。

（1）企业发行的金融工具应当按照金融工具准则进行初始确认和计量；其后，于每个资产负债表日计提利息或分派股利，按照相关具体会计准则进行处理。企业应当以所发行金融工具的分类为基础，确定该金融工具利息支出或股利分配等的会计处理。

（2）对于归类为权益工具的金融工具，无论其名称中是否包含“债”，其利息支出或股利分配都应当作为发行企业的利润分配，其回购、注销等作为权益的变动处理；对于归类为金融负债的金融工具，无论其名称中是否包含“股”，其利息支出或股利分配原则上按照借款费用进行处理，其回购或赎回产生的利得或损失等计入当期损益。

（3）发行方发行金融工具，其发生的手续费、佣金等交易费用：如分类为债务工具且以摊余成本计量的，应当计入所发行工具的初始计量金额；如分类为权益工具的，应当从权益中扣除。

（二）科目设置

金融工具发行方应当设置下列会计科目，对发行的金融工具进行会计核算。

（1）发行方应将归类为金融负债的金融工具在“应付债券”科目核算。“应付债券”科目应当按照发行的金融工具种类进行明细核算，并在各类工具中按“面值”“利息调整”“应计利息”设置明细账，进行明细核算。

（2）发行方应将发行的除普通股以外的归类为权益工具的各种金融工具，通过所有者权益类“其他权益工具”科目核算。“其他权益工具”科目应按发行金融工具的种类进行明细核算。

（三）主要账务处理

（1）发行方发行的金融工具归类为债务工具并以摊余成本计量的，与第十章中应付债券核算相同。

（2）发行方发行的金融工具归类为权益工具的，发行后按实际收到的金额做以下会计分录：

借：银行存款

　　贷：其他权益工具——优先股、永续债等

在存续期间分派股利时，会计分录如下：

借：利润分配——应付优先股股利、应付永续债利息等

　　贷：应付股利——优先股股利、永续债利息等

（3）发行方发行的金融工具为复合金融工具的，与第十章中可转换债券核算相同，需将负债成分和权益成分进行分拆，将负债成分通过“应付债券”科目核算，权益成分记入“其他权益工具”科目。

（4）发行的金融工具本身是衍生金融负债或衍生金融资产或者内嵌了衍生金融负债或衍生金融资产的，按照金融工具准则中有关衍生工具的规定进行处理。

（5）权益工具与金融负债的重分类。发行的金融工具原合同条款约定的条件或事项随着时间的推移或经济环境的改变而发生变化，导致原有的归类需要进行重分类。

1）权益工具重分类为金融负债，会计分录如下：

借：其他权益工具——优先股、永续债等（账面价值）

　　贷：应付债券——优先股、永续债等（面值）

　　　　　　　——优先股、永续债等（利息调整）

　　　　　　　　（应付债券公允价值与面值的差额）（或借方）

　　　　资本公积——资本溢价（或股本溢价）

　　　　　　　　（重分类后公允价值与应付债券账面价值的差额）（或借方）

【提示】如果资本公积不够冲减的，依次冲减盈余公积和未分配利润，下同。

2）金融负债重分类为权益工具，会计分录如下：

借：应付债券——优先股、永续债等（面值）

　　　　　——优先股、永续债等（利息调整）（利息调整余额）（或贷方）

　　贷：其他权益工具——优先股、永续债等

（6）发行方按合同条款约定赎回所发行的除普通股以外的分类为权益工具的金融工具。

归纳总结

优先股、永续债、可转债三者的区别分析

1）回购时，会计分录如下：

借：库存股——其他权益工具

　　贷：银行存款

2）注销时，会计分录如下：

借：其他权益工具

　　贷：库存股——其他权益工具

　　　　资本公积——资本溢价（或股本溢价）（或借方）

（7）发行方按合同条款约定赎回所发行的分类为金融负债的金融工具，会计分录如下：

借：应付债券（账面价值）

贷：银行存款（赎回价格）

财务费用（账面价值与赎回价格的差额）（或借方）

第三节　资本公积和其他综合收益

一、资本公积

（一）资本公积的性质与来源

资本公积是企业收到投资者超出其在企业注册资本（或股本）中所占份额的投资，以及直接计入所有者权益的利得和损失等。资本公积属于企业非营利因素产生的增值，包括资本溢价（或股本溢价）和直接计入所有者权益的利得和损失等。

资本公积与实收资本虽然同属于投入资本的范畴，但两者又有区别。实收资本是投资者为谋求价值增值的原始投资，应与企业的注册资本相一致，因此，实收资本无论是在来源还是在金额上都有比较严格的限制。而资本公积主要来源于资本溢价（或股本溢价）以及直接计入所有者权益的利得和损失等，由所有投资者共同享有。

资本公积与盈余公积也不同，盈余公积是从净利润中提取的积累，而资本公积的形成与企业的净利润无关。

为了反映资本公积的增减变动情况，应设置“资本公积”账户。该账户下面应当设置“资本（或股本）溢价”“其他资本公积”明细账户分别进行核算。

（二）资本（或股本）溢价的核算

1. 资本溢价

资本溢价是指投资者的出资额大于其在企业注册资本中所占份额的差额。一般来说，在企业（不含股份有限公司）创立时，投资者按照其在企业注册资本中所占的份额出资，出资者认缴的出资额全部记入“实收资本”账户，不会出现资本溢价。但在企业重组或有新的投资者加入时，为了维护原有投资者的权益，新加入的投资者的出资额往往会大于其在企业注册资本中所占的份额。主要有以下原因。

（1）新投资者出资时与原投资者出资时的资本利润率不同。企业初创阶段要经过筹建、试生产经营、为产品寻找市场等过程，在这个过程中一般资本利润率较低。而企业进行正常生产经营后，资本利润率会高于企业初创阶段，这表明企业的原始资本已经增值，而这部分增值是原有投资者的资本带来的，因此，新加入的投资者往往要付出大于原有投资者的出资额，这样才能取得与原有投资者相同的投资比例。

（2）新投资者出资时，原有投资者的出资额与其实际占有的资本额不同。企业在经营一段时间以后，可能会形成资本公积和留存收益等积累，这部分积累归原有投资者。当新投资者加入企业后，将和原有投资者一起分享这些积累，所以，要求新加入的投资者付出大于原有投资者的出资额，这样才能与原有投资者共享这些积累。

企业收到新加入的投资者的出资额时，根据其在注册资本中所占的份额，贷记“实收资本”账户；大于其在注册资本中所占份额的部分，记入“资本公积”账户。

【例 11.8】 甲、乙、丙 3 位股东各自出资 200 万元，共同设立了天友有限责任公司，设立时的实收资本是 600 万元。经过 3 年的经营，该公司留存收益为 150 万元。这时，丁投资者有意加入该公司，并表示愿意出资 260 万元，而仅占该公司股份的 25%，天友有限责任公司已收到该现金投资。编制的会计分录如下：

借：银行存款	2 600 000	
贷：实收资本——丁		2 000 000
资本公积——资本溢价		600 000

2. 股本溢价

股份有限公司以发行股票的方式筹集股本，由于股东按其所持公司股份享有权利和承担义务，为了反映和便于计算各股东所持股份所占公司全部股本的比例，公司的股本总额应按股票的面值与股份总数的乘积计算。在股票溢价发行的情况下，发行收入中相当于股票面值的部分作为股本，超出股票面值的部分则为股本溢价，记入“资本公积——股本溢价”账户。

发行股票相关的手续费、佣金等交易费用，如果是溢价发行股票，应从溢价收入中扣除；平价发行股票或溢价收入不足以抵扣发行费用的，应将不足抵扣的部分冲减盈余公积和未分配利润。

【例 11.9】 甲上市公司委托证券公司发行普通股 4 000 000 股，每股面值 1 元，每股发行价为 1.2 元。公司与证券公司约定，按发行收入的 3%收取手续费，从发行收入中扣除，股款已收到并存入银行。甲公司编制会计分录如下：

借：银行存款	4 800 000	
贷：股本		4 000 000
资本公积——股本溢价		800 000
借：资本公积——股本溢价	144 000	
贷：银行存款		144 000

（三）其他资本公积的核算

其他资本公积是指除资本溢价（或股本溢价）项目以外所形成的资本公积，其中主要包括直接计入所有者权益的利得和损失。

直接计入所有者权益的利得和损失是指不应计入当期损益、会导致所有者权益发生增减变动的、与所有者投入资本或向所有者分配利润无关的利得或者损失。其中，利得是指由企业非日常活动所形成的、会导致所有者权益增加的、与所有者投入资本无关的经济利益的流入。损失是指由企业非日常活动所发生的、会导致所有者权益减少的、与向所有者分配利润无关的经济利益的流出。

（1）采用权益法核算的长期股权投资。长期股权投资采用权益法核算，被投资单位除净损益、其他综合收益和利润分配以外的所有者权益的其他变动，投资企业按持股比例计算应享有的份额，借记或贷记“长期股权投资——其他权益变动”科目，贷记或借记“资本公积——其他资本公积”科目。处置采用权益法核算的长期股权投资，还应结转原计入资本公积的相关金额，借记或贷记“资本公积——其他资本公积”科目，贷记或借记“投资收益”科目。

（2）以权益结算的股份支付。以权益结算的股份支付换取职工或其他方提供服务的，应按照确定的金额，记入“管理费用”等科目，同时增加资本公积（其他资本公积）。在行权日，应按实际行权的权益工具数量计算确定的金额，借记“资本公积——其他资本公积”科目，按计入实收资本或股本的金额，贷记“实收资本”或“股本”科目，并将其差额记入“资本公积——资本溢价”或“资本公积——股本溢价”科目。

（四）资本公积转增资本的核算

按照《公司法》的规定，法定公积金（资本公积和盈余公积）转为资本时，所留存的该项公积金不得少于转增前公司注册资本的25%。经股东大会或类似机构决议，用资本公积转增资本时，应冲减资本公积，同时按照转增前的实收资本（或股本）的结构或比例，将转增的金额记入“实收资本”或“股本”科目下各所有者权益的明细分类科目。

二、其他综合收益

（一）其他综合收益的内容

其他综合收益是指企业根据会计准则规定未在当期损益中确认的各项利得和损失，包括以后会计期间不能重分类进损益的其他综合收益和以后会计期间满足规定条件时将重分类进损益的其他综合收益两类。

（1）以后会计期间不能重分类进损益的其他综合收益项目，主要包括重新计量设定受益计划净负债或净资产导致的变动、按照权益法核算的被投资单位重新计量设定受益计划净负债或净资产导致的变动而使投资企业按持股比例所享有的份额，以及指定为其他权益工具投资的金融资产因公允价值变动形成的其他综合收益，因该指定不可撤销，所以其形成的其他综合收益不得重分类进损益。

（2）以后会计期间在满足规定条件时将重分类进损益的其他综合收益项目，主要包括按照权益法核算的被投资单位实现的其他综合收益中投资企业按持股比例所享有的份额、以公允价值计量且其变动计入其他综合收益的金融资产因公允价值变动形成的利得或损失、金融资产重分类中按规定将原计入其他综合收益的利得或损失转入当期损益的部分、存货或自用房地产转换为投资性房地产形成的其他综合收益、现金流量套期工具产生的利得或损失中属于有效套期的部分、外币财务报表折算差额等。

（二）其他综合收益的会计处理

1. 采用权益法核算的长期股权投资

长期股权投资采用权益法核算，按照被投资单位确认的其他综合收益以及投资企业按持股比例计算应享有或承担的份额，借记或贷记“长期股权投资——其他综合收益”科目，贷记或借记“其他综合收益”科目。待处置该项股权投资时，将原记入“其他综合收益”科目的金额转入当期损益，借记或贷记“其他综合收益”科目，贷记或借记“投资收益”科目。

2. 以公允价值计量且其变动计入其他综合收益的金融资产的公允价值变动

以公允价值计量且其变动计入其他综合收益的金融资产由于期末公允价值变动产生的利得或损失，借记或贷记“其他债权投资——公允价值变动”或“其他权益工具投资——公允价值变动”科目，贷记或借记“其他综合收益”科目。待处置该项金融资产时，将原计入其他综合收益的金额转出，计入当期损益。

思考与讨论

什么是其他综合收益？为什么要设置其他综合收益？

3. 金融资产的重分类

按照金融工具准则规定，对金融资产重分类可以将原计入其他综合收益的利得或损失转入当期损益。

4. 存货或自用房地产转换为投资性房地产

（1）作为存货的房地产转换为采用公允价值模式计量的投资性房地产时，应当按该项房地产在转换日的公允价值，借记“投资性房地产——成本”科目；原已计提跌价准备的，借记“存货跌价准备”科目；按其账面余额，贷记“开发产品”等科目。同时，转换日的公允价值小于账面价值的，按其差额，借记“公允价值变动损益”科目；转换日的公允价值大于账面价值的，按其差额，贷记“其他综合收益”科目。

（2）自用房地产转换为采用公允价值模式计量的投资性房地产时，应当按该项土地使用权或建筑物在转换日的公允价值，借记“投资性房地产——成本”科目；按已计提的累计摊销或累计折旧，借记“累计摊销”或“累计折旧”科目；原已计提减值准备的，借记“无形资产减值准备”或“固定资产减值准备”科目；按其账面余额，贷记“无形资产”或“固定资产”科目。同时，转换日的公允价值小于账面价值的，按其差额，借记“公允价值变动损益”科目；转换日的公允价值大于账面价值的，按其差额，贷记“其他综合收益”科目。

有关现金流量套期工具以及外币财务报表折算差额等涉及的其他综合收益项目见《高级财务会计》的相关章节。

第四节 留存收益

一、留存收益的性质

留存收益是指企业从历年实现的净利润中提取或形成的留存于企业的内部积累，包括盈余公积和未分配利润。留存收益和投资者投入资本的属性一致，即均为所有者权益。但与投入资本不同的是，留存收益不是由投资者直接投入的，而是由企业经营所得的利润累积而形成的，属于企业经营过程中的资本增值。

投资者投入企业的资本，通过企业的生产经营活动，不仅要保持原有资本的完整，而且要使其增值，即实现利润。企业实现的利润总额扣除所得税后，称为税后利润或净利润，税后利润可以按照有关法规、协议、合同或公司章程等进行分配。在分配税后利润时：一方面应按照国家法律的规定提取盈余公积，将当年实现的利润留存于企业，形成内部积累，成为留存收益的组成部分；另一方面要向投资者分配利润或股利，分配以后剩余的部分作为未分配利润，也留在企业，构成企业的留存收益。

留存收益的目的是保证企业实现的净利润有一部分留存在企业，而不是全部分配给投资者，这样做一方面可以满足企业维持或扩大生产经营活动的资金需要，另一方面可以保证企业有足够的资金弥补以后年度可能出现的亏损，同时可以避免企业稍有盈余即分尽等短期行为。

二、留存收益的构成

留存收益包括盈余公积和未分配利润两大类。盈余公积属于已拨定的留存收益，而未分配利润属于未拨定的留存收益。

（一）盈余公积

1. 盈余公积的提取

盈余公积是指按照国家有关规定从净利润中提取的各种积累资金。公司制企业的盈余公积分为法定盈余公积和任意盈余公积。

法定盈余公积是指企业按规定的比例从净利润中提取的盈余公积。《公司法》规定，公司制企业的法定盈余公积按照税后利润的 10%提取，当法定盈余公积累计金额达到企业注册资本的 50%时，可以不再提取。

任意盈余公积是企业出于实际需要从税后利润中提取的一部分积累资金。任意盈余公积的提取是自愿而非强制性的，其提取比例和数额也由企业自主决定。

2. 盈余公积的用途

企业提取的盈余公积主要用于以下三个方面。

（1）转增资本。经股东大会决议，可将盈余公积转为资本（或股本）。在转增资本时，要先办理增资手续，按股东原有股份比例结转，股份有限公司可以采用发放新股等方法增加股本。法定盈余公积转增资本（或股本）时，转增后留存的盈余公积的数额不得少于转增前公司注册资本的 25%。

（2）弥补亏损。弥补亏损的渠道主要有以下三个。第一，用以后年度税前利润弥补。按现行制度规定，企业发生亏损时，可用以后 5 年内实现的税前利润弥补，即税前利润弥补亏损的期间为 5 年。第二，用以后年度的税后利润弥补。企业发生的亏损经过 5 年未弥补完的，尚未弥补的亏损应用缴纳所得税以后的利润弥补。第三，以盈余公积弥补。企业用已提取的盈余公积弥补亏损时，应当由董事会提议，并经股东大会批准。

（3）扩大企业生产经营。为了扩大企业生产经营规模，增强企业生产发展能力，企业应从实现的利润中提取一部分准备金用于企业生产发展，计提盈余公积成为企业经营资金的一个重要补充途径。提取盈余公积并不是单独将这部分资金从企业资金周转过程中抽出。企业盈余公积的结存数实际只表现为企业所有者权益的组成部分，表明企业生产经营资金的一个来源。其形成的资金可能表现为一定的货币资金，也可能表现为一定的实物资产，如存货和固定资产等，随同企业其他来源所形成的资金进行循环周转，用于企业的生产经营。

（二）未分配利润

未分配利润是指企业留待以后年度分配的利润。它是企业实现的净利润经过弥补亏损、提取盈余公积、向投资者分配利润后，留存在企业的结存利润。未分配利润有两层含义：一是留待以后年度处理的利润，二是未指定特定用途的利润。相对于所有者权益的其他部分来讲，企业对未分配利润的使用、分配有较大的自主权。

三、留存收益的核算

（一）盈余公积的核算

为了反映盈余公积的提取和使用情况，企业应设置“盈余公积”账户。该账户属于所有者权益类账户，贷方登记盈余公积的提取数额，借方登记盈余公积用于补亏或转增资本的数额，余额在贷方，表示盈余公积的结余数额。该账户下应设置“法定盈余公积”“任意盈余公积”等账户进行明细核算。

1. 盈余公积形成的核算

企业提取盈余公积时，借记“利润分配——提取法定盈余公积”“利润分配——提取任意盈余公积”账户，相应地贷记“盈余公积——法定盈余公积”“盈余公积——任意盈余公积”账户。

【例 11.10】 A 公司 20××年的税后利润为 800 万元，分别按 10%和 5%的比例提取法定盈余公积和任意盈余公积。相关账务处理如下：

借：利润分配——提取法定盈余公积	800 000	
——提取任意盈余公积	400 000	
贷：盈余公积——法定盈余公积		800 000
——任意盈余公积		400 000

2. 盈余公积使用的核算

（1）盈余公积转增资本。企业用盈余公积转增资本时，借记“盈余公积”账户，贷记“实收资本（或股本）”账户。经股东大会决议用盈余公积派送新股，按派送新股计算的金额，借记“盈余公积”账户；按股票面值和派送新股总数计算的股票面值总额，贷记“股本”账户。

【例 11.11】 D 公司经股东大会决议按 10 送 1 的方案用盈余公积派送新股，参照该公司股票市价确定的派送价格为每股 10 元，股票面值为每股 1 元，派送前的普通股总数为 2 000 万股，本次共派送 200 万股。本次派送共动用法定盈余公积 1 500 万元、任意盈余公积 500 万元。相关的账务处理如下：

借：盈余公积——法定盈余公积	15 000 000	
——任意盈余公积	5 000 000	
贷：股本		2 000 000
资本公积——股本溢价		18 000 000

（2）盈余公积补亏。企业用盈余公积补亏时，借记“盈余公积”账户，贷记“利润分配——盈余公积补亏”账户。

【例 11.12】 F 公司决定，用以前年度提取的法定盈余公积弥补当年的亏损 30 万元。编制会计分录如下：

借：盈余公积——法定盈余公积	300 000	
贷：利润分配——盈余公积补亏		300 000

归纳总结

所有者权益的构成

（二）未分配利润的核算

从数量上来说，未分配利润是期初未分配利润，加上本期实现的税后利润，减去提取的各种盈余公积和分出利润后的余额。这一数额表现在期末“利润分配——未分配利润”账户的贷方，若该账户期末为借方余额，则为历年所累计的亏损。

未分配利润数额的确定以及相关的账务处理详见本书第十二章。

本章小结

所有者权益是指企业资产扣除负债后由所有者享有的剩余权益。用公式表示为：资产−负债=所有者权益。公司的所有者权益又称为股东权益。与负债相比，所有者权益的特征是：所有者权益是投资者对企业净资产的要求权，所有者权益是一种剩余权益，投资者有权参与企业的经营决策及利润分配，所有者权益没有固定的偿还期限和金额。

我国现有的企业组织形式有个人独资企业、合伙企业、有限责任公司、股份有限公司和国有独资公司等，不同的企业组织形式下，由于企业特性和法律规范的不同，所有者权益的构成和核算也不一样。

实收资本是指投资者投入企业的各种资产的价值。企业投资者投入资本的形式包括货币投资、实物资产投资和无形资产投资等，不同的投资形式下，确定投入资产入账价值的方式也不一样。投资者投入的货币资产，按实际收到的金额入账；投资者以存货、固定资产、无形资产等非货币资产进行投资时，应按投资合同或协议约定的价值确定其入账价值（约定价值不公允的除外）。

其他权益工具是企业发行的除普通股以外的优先股、永续债等金融工具，根据金融负债和权益工具区分原则，在初始确认时将其分类为权益工具的其他权益工具。

资本公积是企业收到投资者的超出其在企业注册资本（或股本）中所占份额的投资，以及直接计入所有者权益的利得和损失等。资本公积属于企业非营利因素产生的增值，其包括资本溢价（或股本溢价）和其他资本公积。

其他综合收益是指企业根据其他会计准则规定未在当期损益中确认的各项利得和损失，包括以后会计期间不能重分类进损益的其他综合收益和以后会计期间满足规定条件时将重分类进损益的其他综合收益两类。

留存收益是指企业从历年实现的净利润中提取或形成的留存于企业的内部积累，包括盈余公积和未分配利润。留存收益属于企业经营过程中的资本增值。盈余公积是指按照国家有关规定从净利润中提取的各种积累资金。盈余公积的主要用途：①转增资本；②弥补亏损；③扩大企业生产经营。未分配利润有两层含义：一是留待以后年度处理的利润，二是未指定特定用途的利润。从数量上来说，未分配利润是期初未分配利润，加上本期实现的税后利润，减去提取的各种盈余公积和分出利润后的余额。

复习思考

1. 什么是所有者权益？它有哪些基本特征？
2. 所有者权益与负债的区别有哪些？
3. 股份有限公司有哪些特点？
4. 股东投入资本的形式有哪些？
5. 什么是其他权益工具？其会计处理的基本原则是什么？
6. 资本公积的来源是什么？设置的账户有哪些？
7. 什么是直接计入所有者权益的利得和损失？
8. 什么是其他综合收益？其作用是什么？
9. 什么是留存收益？其目的是什么？
10. 企业提取盈余公积的用途是什么？
11. 什么是未分配利润？设置的明细科目有哪些？

基本训练

一、单选题

1. 下列各项中，能够引起企业所有者权益减少的是（　　）。

A. 股东大会宣告派发现金股利　　B. 以资本公积转增资本

C. 提取法定盈余公积　　D. 提取任意盈余公积

2. 20×5 年 1 月 1 日，某企业的所有者权益情况如下：实收资本 200 万元，资本公积 17 万元，盈余公积 38 万元，未分配利润 32 万元。该企业留存收益为（　　）万元。

A. 32　　B. 38　　C. 70　　D. 87

3. 下列各项中，会引起留存收益总额发生增减变动的是（　　）。

A. 盈余公积转增资本　　B. 盈余公积补亏

C. 资本公积转增资本　　D. 用税后利润补亏

4. 采用权益法核算的长期股权投资，在持股比例不变的情况下，被投资企业增加资本公积而引起所有者权益的增加，投资企业应按持股比例计算应享有的份额，应记入的科目是（　　）。

A. “盈余公积”　　B. “投资收益”　　C. “资本公积”　　D. “利润分配”

5. 以法定盈余公积转增股本时，转增后的盈余公积以不少于注册资本的（　　）为限。

A. 50%　　B. 30%　　C. 25%　　D. 35%

6. 某公司委托证券公司发行股票 1 000 万股，每股面值 1 元，每股发行价格 8 元，向证券公司支付佣金 50 万元。该公司应贷记“资本公积——资本溢价”科目的金额为（　　）万元。

A. 6 900　　B. 7 050　　C. 6 950　　D. 7 000

7. 股份有限公司采用收购本公司股票方式实现减资，按照注销股票的面值总额减少股本，购回股票支付的价款超过面值总额的部分，应冲减的顺序是（　　）。

A. 资本公积、盈余公积、未分配利润　　B. 未分配利润、盈余公积、资本公积

C. 盈余公积、资本公积、未分配利润　　D. 盈余公积、未分配利润、资本公积

8. 下列各项中，能同时引起资产和所有者权益发生增减变化的是（　　）。

A. 分配股票股利　　B. 接受现金捐赠

C. 用盈余公积弥补亏损　　D. 投资者投入现金

9. 下列各项，能够引起所有者权益总额变化的是（　　）。

A. 以资本公积转增资本　　B. 增发新股

C. 向股东支付已宣告分派的现金股利　　D. 以盈余公积弥补亏损

10. 乙公司20×1年成立，成立当年发生亏损120万元，2×2—20×7年分别实现税前利润10万元、20万元、15万元、30万元、35万元和50万元。公司适用的所得税税率为25%。假定不考虑其他纳税调整事项，则20×7年年末，乙公司的未分配利润余额应为（　　）万元。

A. 40　　B. 27.5　　C. 160　　D. 50

11. 某企业年初未分配利润贷方余额为200万元，本年利润总额为800万元，本年所得税费用为300万元，按净利润的10%提取法定盈余公积，提取任意盈余公积25万元，向投资者分配利润25万元。该企业年末未分配利润贷方余额为（　　）万元。

A. 600　　B. 650　　C. 625　　D. 570

二、多选题

1. 下列项目中，不通过“资本公积——其他资本公积”科目核算的有（　　）。

A. 其他权益工具投资由于期末公允价值变动产生的利得或损失

B. 无法收回的应收账款

C. 企业接受的现金捐赠

D. 处置长期股权投资时，结转原记入“资本公积——其他资本公积”科目的余额

2. 下列各项中，属于企业留存收益的有（　　）。

A. 法定盈余公积　B. 任意盈余公积　　C. 资本公积　　D. 未分配利润

3. 下列各项中，仅影响所有者权益结构发生变动的有（　　）。

A. 用盈余公积弥补亏损　　B. 用盈余公积转增资本

C. 宣告分配现金股利　　D. 分配股票股利

4. 下列各项中，能同时引起资产和利润减少的项目有（　　）。

A. 计提短期借款的利息　　B. 计提行政管理部门固定资产折旧

C. 支付超标的业务招待费　　D. 无形资产摊销

5. 盈余公积可用于（　　）。

A. 派送新股　　B. 转增资本　　C. 弥补亏损　　D. 发放工资

6. 下列关于企业组织形式的陈述恰当的有（　　）。

A. 公司的两种主要形式是有限责任公司和股份有限公司

B. 有限责任公司中股东的出资不得随意抽回或转让

C. 股份有限公司的股票可以自由转让

D. 有限责任公司对债务承担无限连带责任

7. 以下说法中错误的有（　　）。

A. 实收资本表示企业的投资者在注册资本金范围内实际投入企业的资金

B. 资本公积是企业收到投资者的超出其在企业注册资本（或股本）中所占份额的投资

C. 留存收益是指按照国家有关规定从净利润中提取的各种积累资金

D. 未分配利润是净利润中尚未指定用途的部分

8. 企业吸收投资者出资时，下列会计科目的余额可能发生变化的有（　　）。

A. “盈余公积”　B. “资本公积”　C. “实收资本”　D. “利润分配”

9. 属于企业内部筹资来源的有（　　）。

A. 股本　B. 资本公积　C. 法定盈余公积　D. 未分配利润

10. 企业弥补亏损的来源主要有（　　）。

A. 用以后年度税前利润弥补　B. 用以前年度盈余公积弥补

C. 用以后年度税后利润弥补　D. 用以前年度未分配利润弥补

三、判断题

1. 由于所有者权益和负债都是对企业资产的要求权，因此它们的性质是一样的。（　　）

2. 用法定盈余公积转增资本或弥补亏损时，均不导致所有者权益总额发生变化。（　　）

3. 用盈余公积转增资本不影响所有者权益总额的变化，但会使企业净资产减少。（　　）

4. 企业不能用盈余公积扩大生产经营。（　　）

5. 企业接受的原材料投资，其增值税税额不能计入实收资本。（　　）

6. 收入能够导致企业所有者权益增加，但导致所有者权益增加的不一定都是收入。（　　）

7. 当企业投资者投入的资本高于其注册资本时，应当将高出部分计入营业外收入。（　　）

8. 企业接受非现金资产投资时，应将非现金资产按投资各方确认的价值入账。对于投资各方确认的资产价值超过其在注册资本中所占份额的部分，记入“营业外收入”科目。（　　）

9. 企业年末资产负债表中的未分配利润的金额一定等于“利润分配”科目的年末余额。（　　）

10. 资本公积反映的是企业收到投资者出资额超过其在注册资本中所占份额的部分以及直接计入当期损益的利得和损失。（　　）

四、业务题

1. 甲公司由投资者A和投资者B共同出资成立，每人出资200 000元，各占50%的股份。经营两年后，A和B投资者决定增加公司资本，此时有一新的投资者C要求加入甲公司。经有关部门批准后，甲公司实施增资，将实收资本增加到900 000元。经三方协商，一致同意完成下述投入后，三方投资者各拥有甲公司300 000元实收资本，并各占甲公司1/3的股份。各投资者的出资情况如下。

（1）投资者A以一台设备投入甲公司作为增资，该设备原价180 000元，已提折旧95 000元，评估确认原价180 000元，评估确认净值126 000元。

（2）投资者B以一批原材料投入甲公司作为增资，该批材料账面价值105 000元，评估确认价值110 000元，税务部门认定应交增值税税额为14 300元。投资者B已开具了增值税专用发票。

（3）投资者C以银行存款投入甲公司390 000元。

要求：根据以上资料，分别编制甲公司接受投资者A和B增资时以及投资者C初次出资时的会计分录。

2. 东方公司的相关资料如下。

（1）东方公司 20×8 年税后利润为 1 800 000 元，公司董事会决定按 10%提取法定盈余公积，按 25%提取任意盈余公积，分派现金股利 500 000 元。

（2）东方公司现有股东情况如下：A 公司占 25%，B 公司占 30%，C 公司占 10%，D 公司占 5%，其他占 30%。经公司股东大会决议，以盈余公积 500 000 元转增资本，并已办妥转增手续。

（3）20×9 年东方公司亏损 100 000 元，决议以盈余公积补亏。

要求：根据以上资料，编制有关会计分录。

3. B 公司 20×8 年 1 月 1 日的所有者权益为 2 000 万元（其中，股本为 1 500 万股，每股面值为 1 元，资本公积为 100 万元，盈余公积为 100 万元，未分配利润为 300 万元）。B 公司 20×8 年实现净利润 200 万元，按实现净利润的 10%提取法定盈余公积。20×9 年 B 公司发生亏损 50 万元，用以前年度的未分配利润每股分派现金股利 0.1 元，每 10 股分派股票股利 1 股。

要求：根据上述资料完成以下各题。

（1）编制 B 公司 20×8 年和 20×9 年结转盈亏、利润分配有关业务的会计分录。

（2）计算 B 公司 20×9 年 12 月 31 日所有者权益的余额（金额单位用万元表示）。

五、案例分析题

【案例 1】

某家具制造公司成立于 2004 年，由 3 位自然人投资设立，注册资本 1 000 万元。经过 10 年的运营，到 2014 年时公司的资产规模已经达到 4 000 万元，成为一家业内公认的具有较好发展前途的公司。2016 年该公司准备上两个新项目，资金问题成了重中之重。

为了解决这一问题，2016 年年初，公司经过股东会讨论，决定吸收新股东加入公司。但是在如何界定新股东的投入时，公司内部发生了激烈的争论，主要有以下两种意见。

第一种意见：既然是吸收资本投入，那么当然是所有的投资都增加公司的实收资本。

第二种意见：新股东要想获得与原股东同等的资本份额就需要投入更多的资金，即后进来的股东必须多出钱。

要求：根据上述资料回答下列问题。

（1）你认同哪种观点？理由是什么？

（2）什么因素决定了后进入的股东投入与所占资本份额之间的差异？所有这些因素都体现在财务报表上吗？

【案例 2】

诚信会计师事务所的注册会计师在审计某小型安装企业建兴公司 20×5 年度会计报表时，发现以下问题。

（1）建兴公司在 20×5 年度实收资本异常，验资报告显示建兴公司 20×5 年 4 月将资本公积 200 万元转增资本，建兴公司截至转增资本之日报表累计亏损为 100 万元。

（2）20×5 年 7 月，建兴公司账面净资产为 2 000 万元，为扩大公司规模，该公司将历年形成的账外财产进行价值评估，将评估后的价值 800 万元的账外财产作为主管部门对该公司的投资入账。但建兴公司的账外财产数量、价值明细表列示的价值显示为 700 万元。

要求：分析建兴公司的会计处理存在哪些问题。

第十二章　收入、费用和利润

学习目标

通过本章的学习，应理解收入的定义和特征，以及收入确认与计量的五步法模型；掌握一般业务收入的会计处理；了解特定交易收入的会计处理；理解费用的定义和特征，以及费用与成本的区别和联系；掌握利润的构成内容，营业利润、利润总额、净利润的计算和利润的结算，以及所得税费用的计算和核算；掌握利润分配的核算。

第一节　收　　入

在市场经济条件下，追求利润最大化已成为企业经营的主要目标之一。收入是利润的来源，因此，获取收入是企业日常经营活动中最主要的目标之一，企业通过获得的收入来补偿为此而发生的支出，以获得一定的利润。

一、收入的定义与特征

（一）收入的定义

收入是指企业在日常活动中形成的、会导致所有者权益增加的、与所有者投入资本无关的经济利益的总流入。其中，"日常活动"是指企业为完成其经营目标所从事的经常性活动以及与之相关的其他活动。例如，工业企业制造并销售产品、商品流通企业销售商品、咨询公司提供咨询服务、软件公司为客户开发软件、安装公司提供安装服务、建筑企业提供建造服务等均属于企业为完成其经营目标所从事的经常性活动，由此产生的经济利益的总流入构成收入。

工业企业转让无形资产使用权、出售多余的原材料等属于与经常性活动相关的活动，由此产生的经济利益的总流入也构成收入。但是，企业处置固定资产、无形资产等活动不是企业为完成其经营目标所从事的经常性活动，也不属于与经常性活动相关的活动，由此产生的经济利益的总流入不构成收入，而应当确认为利得，计入营业外收入。

本章不涉及企业对外出租资产收取的租金、进行债权投资收取的利息、进行股权投资取得的现金股利等收入。关于企业在其他活动以及投资活动中取得收益的核算见本书存货、固定资产、无形资产以及金融资产等相关章节。

（二）收入的特征

本章所介绍的收入主要指营业收入。营业收入的特征表现在以下三个方面。

1. 收入是企业在日常活动中形成的

日常活动是指企业为完成其经营目标所从事的经常性活动以及与之相关的活动。例如，工业企业制造并销售产品、商业企业销售商品、保险公司签发保单、咨询公司提供咨询服务、软件企业为客户开发软件、安装公司提供安装服务、商业银行对外贷款、租赁公司出租资产等均属于企业的日常活动。明确界定日常活动是为了将收入与利得相区分，因为企业非日常活动所形成的经济利益的流入不能确认为收入，而应当计入利得。

2. 收入会导致所有者权益的增加

与收入相关的经济利益的流入必然会导致所有者权益的增加，不会导致所有者权益增加的经济利益的流入不符合收入的定义，不应确认为收入。例如，企业向银行借入款项，尽管也导致了企业经济利益的流入，但该流入并不导致所有者权益的增加，反而使企业承担了一项现时义务。对于因借入款项所导致的经济利益的增加，企业不应将其确认为收入，应当确认为一项负债。

3. 收入是与所有者投入资本无关的经济利益的总流入

收入应当会导致经济利益的流入，从而导致资产的增加。例如，企业销售商品，应当收到现金或者在未来有权利收到现金，才表明该交易符合收入的定义。但是，经济利益的流入有时是所有者投入资本的增加所导致的，所有者投入资本的增加不应当确认为收入，应当将其直接确认为所有者权益。

视野拓展

国际会计准则理事会于 2014 年 5 月发布了《国际财务报告准则第 15 号——与客户之间的合同产生的收入》，该准则自 2018 年 1 月 1 日起生效。该准则改革了现有的收入确认模型，突出强调了主体确认收入的方式应当反映其向客户转让商品或服务的模式，确认金额应当反映主体因交付该商品或服务而预期有权获得的金额，并设定了统一的收入确认计量的五步法模型。

为切实解决我国现行《收入准则》实施中存在的具体问题，进一步规范收入确认、计量和信息披露，并保持我国企业会计准则与国际财务报告准则持续趋同，财政部于 2017 年 7 月 5 日正式发布了修订后的《收入准则》。该次《收入准则》修订的主要内容有：①将建造合同纳入收入确认模型；②以控制权转移替代风险报酬转移作为收入确认时点的判断标准；③对于包含多重交易安排的合同的会计处理提供更明确的指引；④对于某些特定交易（或事项）的收入确认和计量给出了明确规定。

二、收入的确认与计量

收入的确认与计量分为五个步骤：第一步，识别与客户订立的合同；第二步，识别合同中的单项履约义务；第三步，确定交易价格；第四步，将交易价格分摊至各单项履约义务；第五步，履行各单项履约义务时确认收入。其中，第一步、第二步和第五步主要与收入的确认有关，第三步和第四步主要与收入的计量有关。

下面举例简要说明五步法的运用。

【例 12.1】 20×8 年 1 月 1 日，某移动公司推出元旦缴费送手机的活动，客户老张参加了这项活动。合同规定：老张在 20×8 年 1 月 1 日获得一部免费手机，同时此后的 12 个月每月缴纳 200 元，每月最后一天支付相应金额。该移动公司收取款项后则每月为其提供无限通话时间。如果该移动公司没有推出这项活动，手机单独售价 500 元/部，提供通信服务为每月收费 175 元。请问：该移动公司该怎么确认收入？

本例，按照五步法模型确认该移动公司的收入。

第一步，识别与客户订立的合同。该移动公司和老张有一个期限为 12 个月的合同。

第二步，识别合同中的单项履约义务。在合同中，该移动公司有两项单独的履约义务：一是赠送老张一部手机；二是为其提供 12 个月的通信服务。

第三步，确定交易价格。交易价格为 2 400（200×12）元。

第四步，将交易价格分摊至各单项履约义务。交易价格按照独立售卖价格的比例分配到每一项单独的履约义务中。如果该移动公司没有推出这项活动，则手机单独售价 500 元/部，提供通信服务为每月收费 175 元，交易价格合计为 2 600（500+175×12）元。按照独立售卖价格，手机交易价格比例为 19.23%（500÷2 600×100%），通信服务交易价格比例为 80.77%（2 100÷2 600×100%）。因此，该移动公司销售手机这项履约义务带来的收入为 461.52（2 400×19.23%）元，提供通信服务这项履约义务带来的收入为 1 938.48（2 400×80.77%）元。

第五步，履行各单项履约义务时确认收入。移动公司的手机销售属于在某一时点履行的履约义务，当手机交付老张，老张取得手机控制权时，移动公司确认收入 461.52 元；移动公司提供的通信服务属于某一时段内履行的履约义务，按履约进度确认收入，每一个月确认收入 161.54（1 938.48÷12）元。

为了进一步理解和把握收入的确认与计量，下面分步骤介绍五步法模型中各步骤的具体内容。

（一）识别与客户订立的合同

1. 收入合同的识别

客户是指与企业订立合同以向该企业购买其日常活动产出的商品或服务并支付对价的一方。合同是指双方或多方之间订立有法律约束力的权利义务的协议。合同有书面形式、口头形式以及其他可验证的形式（如隐含于商业惯例或企业以往的习惯做法中等）。比如，没有与客户签订合同即使已经开始施工的建造义务是不可以确认收入的。可见，收入主体、客户、合同这三种构成交易的基础，客户是交易的相对方和收入的来源，合同是交易的客体和履约义务的载体。

【例 12.2】 甲公司为上市公司，受政府委托进口医药类特种原料 A，再将 A 销售给国内的生产企业，该企业加工出产品 B，并将其销售给最终顾客。产品 B 的销售价格由政府确定。由于国际市场上原料 A 的价格上涨，而国内产品 B 的价格保持不变，形成进销倒挂的局面。因此，相关政府部门与甲公司签订合同：甲公司销售给生产企业的时候以原料 A 的进口价格为基础定价，国家财政对生产企业进行补贴；国家补贴款管理限定甲公司对生产企业的销售价格，然后甲公司的进销差价损失由国家财政给予返还。

在本例中，从甲公司的经营模式看，从国外进口 A 材料，按照固定价格销售给指定企业，然后从政府获取差价就是甲公司的日常经营方式。因此，从政府收取对价属于企业的日常活动，相关政府部门与甲公司签订的合同属于收入合同。

2. 收入确认的前提条件

企业与客户之间的合同同时满足下列条件的，企业应当在客户取得相关商品控制权时确认收入：①合同各方已批准该合同并承诺将履行各自义务；②该合同明确了合同各方与所转让的商品（或提供的服务，以下称“转让的商品”）相关的权利和义务；③该合同有明确的与所转让的商品相关的支付条款；④该合同具有商业实质，即履行该合同将改变企业未来现金流量的风险、时间分布或金额；⑤企业因向客户转让商品而有权取得的对价很可能收回。

在进行上述判断时，需要注意以下三点。

（1）收入确认的前三个前提条件属于合同要件。合同约定的权利和义务是否具有法律约束力，需要根据企业所处的法律环境和实务操作进行判断，包括合同订立的方式和流程、具有法律约束力的权利和义务的时间等。

（2）合同具有商业实质，是指履行该合同将改变企业未来现金流量的风险、时间分布或金额。

（3）收回价款的可能性是应用收入确认模型的先决条件。企业只有在合同开始日，即“很可能”收到因向客户转让商品或服务而有权获得的对价时才能应用该收入确认模型。企业在评估其因向客户转让商品所有权取得的对价是否很可能收回时，应考虑客户到期时支付对价的能力和意图，即客户的信用风险。

在合同开始日，如果合同不符合前述五项条件，则企业应当对其进行持续评估，并在其满足准则规定的五项条件时按照《收入准则》进行会计处理。对于不符合上述五项条件的合同，企业只有在不再负有向客户转让商品的剩余义务（例如合同已完成或取消），且已向客户收取的对价无须退回两个条件同时满足时，才能将已收取的对价确认为收入；否则，应当将已收取的对价作为负债进行会计处理。

【例 12.3】 甲房地产开发商（以下称“甲公司”）与客户订立一项合同，以 100 万元交易价向其出售一栋建筑物。客户计划在该建筑物内开设一家生鲜超市。合同约定：客户在合同开始日支付 10%的保证金 10 万元，并就剩余 90%的价款与甲公司签订了不附追索权的长期融资协议（客户计划以该超市产生的收益偿还甲公司的欠款）。如果客户违约，甲公司可重新拥有该建筑物，即使收回的建筑物不能涵盖所欠款项的总额，甲公司也不能向客户索取进一步的赔偿。在该建筑物所在的地区，生鲜超市行业面临激烈的竞争，且客户缺乏生鲜超市的经营经验。该建筑物的成本为 60 万元。客户在合同开始时获得对该建筑物的控制。

本例中，《收入准则》规定的五项条件中第五条未得到满足，不能确认收入。原因如下：客户计划以该超市产生的收益偿还甲公司的欠款，但该业务因行业内竞争激烈和客户的经验有限而面临重大风险，何况贷款余额重大。除此之外，客户并无其他的经济来源，也未对该笔欠款设定任何担保。如果客户违约，甲公司虽然可重新拥有该建筑物，但即使收回的建筑物不能涵盖所欠款项的总额，甲公司也不能向客户索取进一步的赔偿。

所以，甲公司对客户还款的能力和意图存在疑虑，认为该合同不满足合同价款很可能收回的条件，不能确认收入，应当将收到的 10 万元确认为一项负债。甲公司将持续评估该合同以确定其在后续期间符合第五项条件时再决定收入确认时点。

3. 合同的合并

一般情况下，企业与客户之间收入合同的会计处理是以单个合同为基础的，但为了便于实务操作，企业可以将具有类似特征的合同合并。企业与同一客户（或该客户的关联方）同时订立或在相近时间内先后订立的两份或多份合同，在满足下列条件之一时，应当合并为一份合同进行会计处理。

（1）该两份或多份合同基于同一商业目的而订立并构成一揽子交易，如一份合同在不考虑另一份合同的对价的情况下将会发生亏损。

（2）该两份或多份合同中的一份合同的对价金额取决于其他合同的定价或履行情况，如一份合同如果发生违约，将会影响另一份合同的对价金额。

（3）该两份或多份合同中所承诺的商品（或每份合同中所承诺的部分商品）构成单项履约义务。

两份或多份合同合并为一份合同进行会计处理的，仍然需要区分该一份合同中包含的各单项履约义务。

4. 合同的变更

合同变更是指经合同各方同意对原合同范围或价格（或两者）作出的变更。企业应当区分下列三种情形对合同变更进行会计处理。

（1）合同变更部分作为单独合同进行会计处理的情形。合同变更增加了可明确区分的商品及合同价款，且新增合同价款反映了新增商品单独售价的，应当将该合同变更作为一份单独的合同进行会计处理。

（2）合同变更作为原合同终止及新合同订立进行会计处理的情形。合同变更不属于上述第（1）种情形，且在合同变更日已转让商品与未转让商品之间可明确区分的，应当视为原合同终止。同时，将原合同未履约部分与合同变更部分合并为新合同进行会计处理。新合同的交易价格应当为下列两项金额之和：一是原合同交易价格中尚未确认为收入的部分（包括已从客户收取的金额）；二是合同变更中客户已承诺的对价金额。

（3）合同变更部分作为原合同的组成部分进行会计处理的情形。合同变更不属于上述第（1）种情形，且在合同变更日已转让商品与未转让商品之间不可明确区分的，应当将该合同变更部分作为原合同的组成部分，在合同变更日重新计算履约进度，并调整当期收入和相应成本等。

【例 12.4】 某建筑公司与客户订立一项在客户自有土地上建办公楼的建造合同，合同价款为 1 000 万元，并且约定如果两年内按时完工，建筑公司可获得 20 万元奖金。假定该建造服务属于在某一时段内履行的单一履约义务，并根据累计发生的合同成本占合同预计总成本的比例确定履约进度。

在合同开始时，建筑公司预计成本为 700 万元，建造公司将 20 万元奖金排除在交易价格之外，因为其很大程度上受到超出建筑公司可控范围的因素影响。第一年年末，实际发生成本为 420 万元（履约进度相当于 60%），因此，建筑公司在第一年年末确认收入 600（1 000×60%）万元。

第二年第一季度，合同双方同意更改该办公楼的部分顶层设计，合同价格和预计总成本分别增加 180 万元和 120 万元。此外，在修订日，根据建造公司的经验以及拟实施的剩余工作，认为主要工作在楼宇内部实施，不受外部影响，建造公司将奖金纳入交易价格。

该建筑公司如何对合同修改进行会计处理？

本例中，由于合同变更后拟提供的剩余服务与在合同变更日或之前已提供的服务不可明确区分，即该合同仍为单项履约义务，因此，建筑公司应当将合同变更作为原合同的组成部分进行会计处理。

合同变更日，重新估计新的履约进度为 51.2%[420÷(700+120)×100%]；

应调整第一年收入=[(1 000+180+20)×51.2%]−600=14.4（万元）。

（二）识别合同中的单项履约义务

履约义务是指合同中企业向客户转让可明确区分商品的承诺。履约义务既包括合同中明确的承诺，也包括企业已公开宣布的政策、特定声明或以往的习惯做法等导致合同订立时客户合理预期企业将履行的承诺。

合同开始日，企业应当对合同进行评估，识别该合同所包含的各单项履约义务，并确定各单项履约义务是在某一时段内履行，还是在某一时点履行，然后，在履行了各单项履约义务时分别确认收入。

1. 单项履约义务的识别

由于收入确认的会计处理单元是合同约定的单项履约义务，在企业履行了单项履约义务时确认收入，因此，需要识别合同中的单项履约义务。

企业应当将下列向客户转让商品的承诺作为单项履约义务：①企业向客户转让可明确区分商品（或者商品或服务的组合）的承诺；②企业向客户转让一系列实质相同且转让模式相同的、可明确区分商品的承诺。

（1）“企业向客户转让可明确区分商品（或者商品或服务的组合）的承诺”的判断。企业向客户承诺的商品同时满足下列条件的，应当作为可明确区分商品：①客户能够从该商品本身或者从该商品与其他易于获得的资源一起使用中受益；②企业向客户转让该商品的承诺与合同中其他承诺可单独区分。

【例 12.5】 某软件开发商甲公司与客户订立一项合同，约定：转让软件许可证、实施安装服务并在两年期间内提供未明确规定的软件更新和技术支持（通过在线和电话方式）。①该软件开发商经常单独出售许可证、提供安装服务和技术支持。②安装服务包括为各类用户（例如，市场营销、库存管理和信息技术）更改网页屏幕。安装服务通常由其他主体执行，并且不会对软件作出重大修订。③该软件在没有更新和技术支持的情况下仍可正常运行。

本例中，首先，甲公司经常单独出售许可证、提供安装服务和技术支持，说明客户能够从该商品本身或者从该商品与其他易于获得的资源一起使用中受益，即该商品能够明确区分。其次，安装服务通常由其他主体执行，并且不会对软件作出重大修订。说明安装可认定为独立产出，而不是软件出售和安装服务的组合产出。最后，该软件在没有更新和技术支持的情况下仍可正常运行，说明企业向客户转让该商品的承诺与合同中其他承诺可单独区分。因此，甲公司三项履约义务可独立完成，属于可明确区分的商品或服务。认定甲公司此项合同有三项履约义务：①软件许可证转让和安装服务（组合为定制安装服务）；②软件更新；③技术支持。

下列情形通常表明企业向客户转让该商品的承诺与合同中的其他承诺不可明确区分：①企业需提供重大的服务以将该商品与合同中承诺的其他商品进行整合，形成合同约定的某个或某些组合产出转让给客户；②该商品将对合同中承诺的其他商品予以重大修改或定制；③该商品与合同中承诺的其他商品具有高度关联性。也就是说，合同中承诺的每一单项商品均受到合同中其他商品的重大影响。

【例 12.6】 企业为客户建造外挂电梯的合同，企业向客户提供的钢材、玻璃、人工等都能够使客户获益，但是，在该合同下，企业对客户承诺的是为其建造一部电梯，而并非提供这些钢材、玻璃和人工等，企业需提供重大的服务将这些商品或服务进行整合，以形成合同约定的一项组合产出（电梯），并将其转让给客户。因此，在该合同中，钢材、玻璃和人工等商品或服务彼此之间不能单独区分。

需要说明的是，企业向客户销售商品时，往往约定企业需要将商品运送至客户指定的地点。通常情况下，商品控制权转移给客户之前发生的运输活动不构成单项履约义务；相反，商品控制权转移给客户之后发生的运输活动可能表明企业向客户提供了一项运输服务，企业应当考虑该项服务构成单项履约义务。

（2）“企业向客户转让一系列实质相同且转让模式相同的、可明确区分商品的承诺”的判断。企业应当将实质相同且转让模式相同的一系列商品作为单项履约义务，即使这些商品可明确区分。其中：①转让模式相同，是指每一项可明确区分商品均满足在某一时段内履行履约义务的条件，且采用相同方法确定其履约进度；②实质相同，意味着应着重考虑合同中承诺的性质。如果企业承诺的是提供确定数量的商品，那么需要考虑这些商品本身是否实质相同；如果企业承诺的是在某一期间内随时向客户提供某项服务，则需要考虑企业在该期间内的各个时间段（如每天或每小时）的承诺是否相同，而并非具体的服务行为本身。

【例 12.7】 某物管公司向客户提供 5 年的物业管理服务，具体包括保洁、绿化、安保等，但没有具体的服务次数或时间的要求，尽管物管公司每天提供的具体服务不一定相同，但是物管公司每天对客户的承诺都是相同的，因此，该服务符合“实质相同”的条件，该物业管理服务（包括保洁、绿化、安保等）为单项履约义务。

2. 单项履约义务实现方式的判断

单项履约义务的实现方式分为在某一时段内履行完成和在某一时点履行完成。

（1）在某一时段内履行的履约义务的判断。满足下列条件之一的，属于在某一时段内履行的履约义务，相关收入应当在该履约义务履行的期间内确认：①客户在企业履约的同时即取得并消耗企业履约所带来的经济利益；②客户能够控制企业履约过程中在建的商品；③企业履约过程中所产出的商品具有不可替代用途，且该企业在整个合同期间内有权就累计至今已完成的履约部分收取款项。

一般情况下，施工企业与客户签订承接的建造合同属于在某一时段内履行的履约义务。

【例 12.8】 企业与客户签订合同，在客户拥有的土地上按照客户的设计要求为其建造厂房。客户每月末按当月工程进度向企业支付工程款。如果客户终止合同，则已完成建造部分的厂房归客户所有。

本例中，企业为客户建造厂房，该厂房位于客户的土地上，客户终止合同时，已建造的厂房归客户所有。这些均表明客户在该厂房建造的过程中就能够控制该在建的厂房。因此，企业提供的该建造服务属于在某一时段内履行的履约义务，企业应当在提供该服务的期间内确认收入。

（2）在某一时点履行的履约义务的判断。当一项履约义务不属于在某一时段内履行的履约义务时，则应当属于在某一时点履行的履约义务。

一般情况下，制造企业与客户签订的商品销售合同属于在某一时点履行的履约义务。

【例 12.9】 电信企业与客户签订的套餐营销方案中通常有多项履约义务，如手机终端、通信服务（语音、数据、宽带、增值服务）、赠送项目（如流量、语音、实物或电子券）、消费积分等。总体可以分为：终端销售与提供通信服务两大类履约义务。其中，提供通信服务符合准则规定的“客户在企业履约的同时即取得并消耗企业履约所带来的经济利益”条件，属于某一时段内履行的履约义务，而终端销售手机的履约义务则属于某一时点履行的履约义务。

（三）确定交易价格

交易价格是指企业因向客户转让商品而预期有权收取的对价金额。合同标价并不一定代表交易价格，企业应当根据合同条款，并结合以往的习惯做法等确定交易价格。在确定交易价格时，企业应当考虑可变对价、合同中存在的重大融资成分、非现金对价、应付客户对价等因素的影响。企业代第三方收取的款项（例如增值税）以及企业预期将退还给客户的款项，应当作为负债进行会计处理，不计入交易价格。

思考与讨论

为什么要识别合同以及合同中的单项履约义务？如何识别？

1. 可变对价及其计量

企业与客户的合同中约定的对价金额可能会因折扣、价格折让、返利、退款、奖励积分、激励措施、业绩奖金、索赔等而变化。此外，根据一项或多项或有事项的发生而收取不同对价金额的合同，也属于可变对价的情形。

【例 12.10】 甲公司与乙公司签订一份固定造价合同，在乙公司的厂区内为其建造一栋办公大楼，合同价款为 500 万元。根据合同约定，该项工程的完工日期为 20×8 年 3 月 31 日，如果甲公司能够在该日期之前完工，则每提前 1 天，合同价款将增加 2 万元；相反，如果甲公司不能按期完工，则每推迟 1 天，合同价款将会减少 2 万元。此外，合同约定，该项工程完工之后将参与省级优质工程奖的评选，如果能够获奖，甲公司将有权获得额外奖励 20 万元。

本例中，合同对价金额有两个不确定因素，一是能否按期完工，二是能否获奖。这都属于可变对价的情形。

提示与说明

判断合同中是否存在可变对价的注意事项

判断合同中是否存在可变对价不仅应当考虑合同条款的约定，还应当考虑下列情况：一是根据企业已公开宣布的政策、特定声明或者以往的习惯做法等，客户能够合理预期企业将会接受低于合同约定的对价金额，即企业会以折扣、返利等形式提供价格折让；二是其他相关事实和情况表明企业在与客户签订合同时即意图向客户提供价格折让。

合同中存在可变对价的，企业应当对计入交易价格的可变对价进行估计：①可变对价最佳估计数的确定。企业应当按照期望值或最可能发生金额确定可变对价的最佳估计数。②计入交易价格的可变对价金额的限制。企业按照期望值或最可能发生金额确定可变对价金额之后，计入交易价格的可变对价金额还应该满足限制条件，即包含可变对价的交易价格应当不超过在相关不确定性消除时累计已确认的收入极可能不会发生重大转回时的金额。

企业应当将满足上述限制条件的可变对价的金额，计入交易价格。

每一资产负债表日，企业应当重新估计应计入交易价格的可变对价金额，以如实反映报告期末存在的情况以及报告期内发生的情况变化。

2. 重大融资成分及其计量

合同中存在的重大融资成分是指合同各方在合同中（或者以隐含的方式）约定的付款时间内为客户或企业就该交易提供了重大融资利益的情形。例如企业以赊销的方式销售商品等。

在评估合同中是否存在融资成分以及该融资成分对该合同而言是否重大时，企业应当考虑所有相关的事实和情况，具体如下。①已承诺的对价金额与已承诺商品的现销价格之间的差额。②下列两项的共同影响：一是企业将承诺的商品转让给客户与客户支付相关款项之间的预计时间间隔，二是相关市场的现行利率。

合同中存在重大融资成分的，企业应当按照假定客户在取得商品控制权时即以现金支付的应付金额（现销价格）确定交易价格。该交易价格与合同对价之间的差额，应当在合同期间内采用实际利率法摊销。

【例 12.11】 20×8 年 1 月 1 日，甲公司采用分期收款方式向乙公司销售一套大型设备，合同约定的销售价格为 2 000 万元，分 5 次于每年 12 月 31 日等额收取。该大型设备成本为 1 560 万元。在现销方式下，该大型设备的销售价格为 1 600 万元。假定甲公司发出商品时，其有关的增值税纳税义务尚未发生；在合同约定的收款日期，发生有关的增值税纳税义务。

本例中，由于甲公司该机器设备销售的合同对价为 2 000 万元，现销价格为 1 600 万元，而且付款时间为 5 年，因此，合同中存在重大融资成分。甲公司确认的销售商品收入金额应当为 1 600 万元，合同对价与现销价格之间的差额 400 万元为融资收益，用插值法计算的折现率为 7.93%。

需要说明的是，合同开始日，企业预计客户取得商品控制权与客户支付价款间隔不超过一年的，可以不考虑合同中存在的重大融资成分。例如，一般商品销售形成的应收账款，客户取得商品控制权与客户支付价款间隔通常不超过一年，所以不必考虑合同中是否存在重大融资成分，应当按照该资产的交易价格进行初始计量。

3. 非现金对价及其计量

非现金对价包括实物资产、无形资产、股权、客户提供的广告服务等。客户支付非现金对价的，通常情况下，企业应当按照非现金对价在合同开始日的公允价值确定交易价格。非现金对价公允价值不能合理估计的，企业应当参照其承诺向客户转让商品的单独售价间接确定交易价格。

4. 应付客户对价及其计量

应付客户对价包括返利、优惠券、货位费、收费服务安排等。企业存在应付客户对价的，应当将该应付对价冲减交易价格，但应付客户对价是为了向客户取得其他可明确区分商品的除外。企业应付客户对价是为了向客户取得其他可明确区分商品的，应当采用与企业其他采购相一致的方式来确认所购买的商品。

（四）将交易价格分摊至各单项履约义务

当合同中包含两项或多项履约义务时，企业应当在合同开始日，按照各单项履约义务所承诺商品的单独售价的相对比例，将交易价格分摊至各单项履约义务。

1. 单独售价及其估计方法

单独售价是指企业向客户单独销售商品的价格。单独售价无法直接观察的，企业应当综合考虑其能够合理取得的全部相关信息，采用市场调整法、成本加成法、余值法等方法合理估计单独售价。市场调整法是指企业根据某商品或类似商品的市场售价，考虑本企业的成本和毛利等进行适当调整后，确定其单独售价的方法。成本加成法是指企业根据某商品的预计成本加上其合理毛利后的价格，确定其单独售价的方法。余值法是指企业根据合同交易价格减去合同中其他商品可观察的单独售价后的余值，确定某商品单独售价的方法。

企业应当最大限度地采用可观察的输入值估计商品的单独售价。在商品售价波动幅度巨大，或者因未定价且未曾单独销售而使售价无法可靠确定时，可采用余值法估计其单独售价。

2. 分摊合同折扣

合同折扣是指合同中各单项履约义务所承诺商品的单独售价之和高于合同交易价格的金额。对于合同折扣，企业应当在各单项履约义务之间按比例分摊。

【例 12.12】 甲企业与客户订立一项合同，以 100 万元的价格出售产品甲、乙和丙。甲企业将在不同时点履行针对每项产品的履约义务。甲企业定期单独出售产品甲，因此产品甲单独售价可直接观察（售价为 50 万元）。由于产品乙和丙的单独售价不可直接观察，所以甲企业必须对其进行估计。为估计单独售价，甲企业针对产品乙采用市场调整法（估计售价为 25 万元），并针对产品丙采用成本加成法（估计售价为 75 万元）。作出相关估计时，甲企业最大限度地使用了可观察的输入值。

本例中，甲企业每项产品应分摊的合同总金额及合同折扣见表 12.1。

表 12.1 甲企业每项产品应分摊的合同总金额及合同折扣

项目	估价方法	金额（万元）	单独售价比例（%）	分摊合同金额（万元）	分摊合同折扣（万元）
产品甲	直接观察法	50	50÷150×100% = 33%	33	16.5
产品乙	市场调整法	25	25÷150×100% = 17%	17	8.5
产品丙	成本加成法	75	75÷150×100% = 50%	50	25
合　计		150	100%	100	50

如有确凿证据表明合同折扣仅与合同中的一项或多项（而非全部）履约义务相关，且企业采用余值法估计单独售价的，企业应当首先在该一项或多项（而非全部）履约义务之间分摊合同折扣，然后采用余值法估计单独售价。

3. 分摊可变对价

合同中包含可变对价的，该可变对价可能与整个合同相关，也可能仅与合同中的某一特定组成部分有关。同时满足下列条件的，企业应当将可变对价及可变对价的后续变动额全部分摊至与之相关的某项履约义务，或者构成单项履约义务的一系列可明确区分商品中的某项商品：①可变对价的条款是专门针对企业为履行该项履约义务或转让该项可明确区分商品所进行的努力；②企业在考虑了合同中的全部履约义务及支付条款后，将合同对价中的可变金额全部分摊至该项履约义务或该项可明确区分商品中符合分摊交易价格的目标。

4. 交易价格的后续变动

交易价格发生后续变动的，企业应当按照在合同开始日所采用的基础将该后续变动金额分摊至合同中的履约义务。企业不得因合同开始日之后单独售价的变动而重新分摊交易价格。对于合同变更导致的交易价格后续变动，应当按照本节有关合同变更的要求进行会计处理。

（五）履行各单项履约义务时确认收入

1. 收入确认的原则

企业应当在履行了合同中的履约义务，即在客户取得相关商品控制权时确认收入。取得相关商品控制权，是指能够主导该商品的使用并从中获得几乎全部的经济利益。取得商品控制权包括满足以下三个条件。

（1）客户必须拥有现时权利，能够主导该商品的使用并从中获得几乎全部经济利益。如果客户只能在未来的某一期间主导该商品的使用并从中获益，则表明其尚未取得该商品的控制权。

（2）能够主导该商品的使用，即客户有权使用该商品，或者能够允许或阻止其他方使用该商品。

（3）能够获得几乎全部的经济利益。客户可以通过很多方式直接或间接地获得商品的经济利益，例如使用、消耗、出售或持有该商品，使用该商品提升其他资产的价值，以及将该商品用于清偿债务、支付费用或抵押等。

2. 在某一时段内履行的履约义务的收入确认

对于在某一时段内履行的履约义务，企业应当在该段时间内按照履约进度确认收入。企业应当采用产出法或投入法确定履约进度，以使其如实反映企业向客户转让商品的履约情况。企业应当考虑商品的性质，确定恰当的履约进度。

（1）产出法。产出法根据已转移给客户的商品对客户的价值确定履约进度。产出法主要包括按照实际测量的完工进度、时间进度、已完工或交付的产品等确定履约进度的方法。

【例 12.13】 甲公司与客户签订合同，为该客户拥有的一条 200 千米的高速路更换沥青路面，合同价格为 200 万元（不含税价）。截至 20×8 年 12 月 31 日，甲公司已更换 120 千米路面，剩余部分预计在 20×9 年 3 月 31 日之前完成。该合同仅包含一项履约义务，且该履约义务满足在某一时段内履行的条件。假定不考虑其他情况。

本例中，甲公司提供的更换路面的服务属于在某一时段内履行的履约义务，甲公司按照已完成的工作量确定履约进度。因此，截至 20×8 年 12 月 31 日，该合同的履约进度为 60%（120÷200×100%），甲公司应确认的收入为 120（200×60%）万元。

产出法是直接计量已完成的产出，一般能够客观地反映履约进度。当产出法所需要的信息可能无法直接通过观察获得，或者为获得这些信息需要花费很高的成本时，可采用投入法。

（2）投入法。投入法根据企业履行履约义务的投入确定履约进度，主要通过已投入的材料数量、花费的人工工时或机器工时、发生的成本和时间进度等投入指标确定履约进度。当企业从事的工作或发生的投入是在整个履约期间内平均发生时，按照直线法确认收入是合适的。由于企业的投入与向客户转移商品的控制权之间未必存在直接的对应关系，因此，企业在采用投入法时，应当扣除那些已经发生但未导致向客户转移商品的投入。实务中，企业通常按照累计实际发生的成本占预计总成本的比例（成本法）确定履约进度。

【例 12.14】 甲公司于 20×9 年 12 月 1 日接受一项设备安装任务，安装期为 3 个月，合同总收入 30 万元，至年底已预收安装费 22 万元，实际发生安装成本为 14 万元（假定均为安装人员薪酬），估计还会发生安装费用 6 万元。甲公司按实际发生的成本占预计总成本的比例确定履约进度。

实际发生的成本占预计总成本的比例=140 000 ÷ (140 000+60 000)×100%=70%

20×9 年 12 月 31 日确认的收入=300 000×70%=210 000（元）

20×9 年 12 月 31 日确认的安装成本=(140 000+60 000)×70%=140 000（元）

对于每一项履约义务，企业只能采用一种方法来确定其履约进度，并加以一贯运用。对于类似情况下的类似履约义务，企业应当采用相同的方法确定履约进度。

每一资产负债表日，企业应当对履约进度进行重新估计，以确保履约进度能够反映履约情况的变化。该变化应当作为会计估计变更进行会计处理。

3. 在某一时点履行的履约义务的收入确认

对于在某一时点履行的履约义务，企业应当在客户取得相关商品控制权时确认收入。在判断客户是否已取得商品控制权时，企业应当考虑下列迹象。

（1）企业就该商品享有现时收款权利，即客户就该商品负有现时付款义务。这可能表明客户已经有能力主导该商品的使用并从中获得几乎全部的经济利益。

（2）企业已将该商品的法定所有权转移给客户，即客户已拥有该商品的法定所有权。这表明客户已经有能力主导该商品的使用并从中获得几乎全部的经济利益。

（3）企业已将该商品实物转移给客户，即客户已占有该商品的实物。客户如果已经占有商品的实物，则可能表明其有能力主导该商品的使用并从中获得几乎全部的经济利益。

需要说明的是，客户占有了某项商品的实物并不意味着其就一定取得了该商品的控制权，反之客户取得了商品的控制权并不一定占有该商品的实物。例如，采用支付手续费的委托代销方式下，虽然企业作为委托方已将商品发送给受托方，但是受托方并未取得该商品的控制权，因此，企业通常应当在受托方售出商品时确认销售商品收入。

（4）企业已将该商品所有权上的主要风险和报酬转移给客户，即客户已取得该商品所有权上的主要风险和报酬。企业在判断时，不应当考虑保留了除转让商品之外产生其他履约义务的风险的情形。例如，企业将产品销售给客户并承诺提供后续维护服务，销售产品和提供维护服务均构成单项履约义务，企业保留的因提供维护服务而产生的风险并不影响企业有关主要风险和报酬转移的判断。

（5）客户已接受该商品。企业在判断是否已经将商品的控制权转移给客户时，应当考虑客户是否已通过验收接受了该商品。

（6）其他表明客户已取得商品控制权的迹象。

需要强调的是，在上述迹象中，并没有哪一个或哪几个迹象是决定性的，企业应当根据合同条款和交易实质进行分析，综合判断其是否以及何时将商品的控制权转移给客户，从而确定收入确认的时点。此外，企业应当从客户的角度进行评估，而不应当仅考虑企业自身的看法。

提示与说明

五步法模型主要针对较为复杂的业务进行收入确认与计量，但是，实际工作中企业大部分业务为简单业务，如为简单业务，有些步骤不一定存在，则不需要完全按照上述步骤进行收入的确认与计量。例如，商场销售商品给客户，不需要签合同，也不需要识别合同和合同中的单项履约义务；又如，合同中的商品如为单件商品，则不需要再单独识别合同中的单项履约义务以及进行交易价格的分摊。

三、一般业务收入的会计处理

（一）销售商品收入实现的会计处理

企业销售商品收入实现时，应按已收或应收的价款，加上应收取的增值税税额，借记“银行存款”“应收账款”“应收票据”“合同资产”等科目；按确定的收入金额，贷记“主营业务收入”“其他业务收入”等科目；按应收取的增值税税额，贷记“应交税费——应交增值税（销项税额）”科目；同时在月末结转已实现销售的商品销售成本，借记“主营业务成本”科目，贷记“库存商品”等科目。

归纳总结

收入确认计量五步法模型的应用要点

【例 12.15】 甲公司为增值税一般纳税人，适用的增值税税率为 13%。20×8 年 10 月 9 日，甲公司与客户乙企业签订合同，将一批 A 产品销售给乙企业，产品销售价款为 460 000 元，产品销售成本为 208 000 元，产品已经发出，并开具了增值税专用发票，同时向银行办妥了托收手续。

在该笔交易中，甲公司已将售出产品的控制权转移给乙企业，销售收入和成本能够可靠计量，也未得到任何关于乙企业的不利消息，因此可以确认销售收入实现。甲公司的会计处理如下：

借：应收账款——乙企业	519 800	
贷：主营业务收入		460 000
应交税费——应交增值税（销项税额）		59 800
借：主营业务成本	208 000	
贷：库存商品		208 000

按照《收入准则》的规定，企业应当根据本企业履行履约义务与客户付款之间的关系，确认合同资产或合同负债。合同资产是指企业已向客户转让商品而有权收取对价的权利，且该权利取决于时间流逝之外的其他因素。

提示与说明

合同资产与应收账款的区别

合同资产与应收账款的区别在于：应收账款是指企业无条件收取合同对价的权利，即企业随着时间的流逝即可收款；而合同资产不是一项无条件收款权，该权利除了时间流逝之外，还取决于其他条件，例如履行合同中的其他义务。合同资产和应收账款的相关风险是不相同的。应收账款仅承担信用风险，而合同资产除信用风险之外，还承担履约风险等其他风险。合同资产的减值计量、列报和披露参照相关金融工具的要求。

【例 12.16】 甲公司为增值税一般纳税人，适用的增值税税率为 13%，20×8 年 3 月 1 日，其与客户签订合同，向客户销售 A、B 两种商品，其中：A 商品的单独售价为 6 000 元，成本 4 800 元；B 商品的单独售价为 24 000 元，成本 16 800 元。两种商品合同价款为 25 000 元。合同约定，A 商品于合同开始日交付，B 商品在合同开始日一个月后交付，只有当两种商品全部交付后，甲公司才有权收取 25 000 元的合同对价。假定 A 商品和 B 商品分别构成单独的履约义务，其控制权在交付时转移给客户。

本例中，A 商品和 B 商品分别构成单独的履约义务，分别核算，而且合同价款 25 000 元低于 A 商品和 B 商品的单独售价合计 30 000（6 000+24 000）元，存在合同折扣，因此，甲公司在 A 商品和 B 商品两项履约义务之间按比例分摊。

分摊至 A 商品的合同价款：[6 000 ÷ (6 000+24 000)]×25 000=5 000（元）

分摊至 B 商品的合同价款：[24 000 ÷ (6 000+24 000)]×25 000=20 000（元）

A 商品在合同约定时虽然交付，但对价需要等到 B 商品交付后才能获取，所以 A 商品分摊的合同价款应记入“合同资产”科目。B 商品交付时，能够取得对价，因此在其交付时记入“应收账款”科目，同时 A 商品“合同资产”科目中的金额一并结转记入“应收账款”科目。

相关会计分录如下。

（1）交付 A 商品时，开出增值税专用发票：

借：合同资产	5 650	
贷：主营业务收入——A 商品		5 000
应交税费——应交增值税（销项税额）		650
借：主营业务成本——A 商品	4 800	
贷：库存商品——A 商品		4 800

（2）交付 B 商品时，开出增值税专用发票：

借：应收账款	28 250	
贷：合同资产		5 650
主营业务收入——B 商品		20 000
应交税费——应交增值税（销项税额）		2 600
借：主营业务成本	16 800	
贷：库存商品——B 商品		16 800

（二）销售商品未能实现收入的会计处理

如果企业售出的商品不符合收入确认条件，则不应确认收入，已经发出的商品，应当通过“发出商品”科目核算。

【例 12.17】 20×8 年 8 月 1 日，甲企业与乙企业签订合同，以托收承付方式向乙企业销售一批商品，成本为 40 000 元，增值税专用发票上注明售价 60 000 元，增值税税率为 13%。甲企业在销售时已知乙企业资金周转发生暂时困难，但为了促销仍将商品销售给了乙企业。假设甲企业销售该批商品的增值税纳税义务已经发生。

甲企业的账务处理如下。

（1）销售时：

借：发出商品　　40 000

　　贷：库存商品　　40 000

（2）因甲企业纳税义务已经发生，所以将增值税税额转入应收账款：

借：应收账款　　（60 000×13%）7 800

　　贷：应交税费——应交增值税（销项税额）　　7 800

该笔交易中，由于乙企业资金周转发生暂时困难，甲企业向客户转让商品而有权取得的对价不一定能收回，因此，该笔交易不符合收入确认条件，但要结转成本并确认应交增值税。

假设甲企业销售该批商品的增值税纳税义务尚未发生，则不做第（2）笔分录，待纳税义务发生时再做。

（三）销售商品涉及现金折扣和商业折扣的处理

企业销售的商品如果附有现金折扣条件，则其对价为可变对价，企业应根据最可能收取的对价确认营业收入；资产负债表日，重新估计可能收到的对价，按其差额调整营业收入。

【例 12.18】 甲公司在 20×8 年 7 月 1 日与乙公司签订合同，向乙公司销售一批商品，开出的增值税专用发票上注明的销售价款为 20 000 元，增值税税额为 2 600 元。为及早收回货款，甲公司和乙公司约定的现金折扣条件为：2/10，1/20，*n*/30。假定计算现金折扣时不考虑增值税。

本例中，假设甲公司估计乙公司能够在 7 月 10 日之前付款，取得现金折扣 400 元，甲公司开具增值税专用发票，乙公司收到商品。甲公司的会计处理如下：

7 月 1 日销售实现时，按最可能收取的对价确认收入。

借：应收账款　　22 200

　　贷：主营业务收入　　19 600

　　　　应交税费——应交增值税（销项税额）　　2 600

如果乙公司在 10 天内付清货款，则按销售价款的 2%享受现金折扣 400 元，实际付款 22 200 元。

借：银行存款　　22 200

　　贷：应收账款　　22 200

如果乙公司在 10 天内尚未支付货款，甲公司与乙公司沟通后，估计乙公司能够在 7 月 20 日前支付货款，此时只能取得 200 元现金折扣，即按销售总价的 1%享受现金折扣。甲公司调增营业收入 200 元。

借：应收账款　　200

　　贷：主营业务收入　　200

7 月 18 日，甲公司收到乙公司支付的全部款项 22 400 元。

借：银行存款　　22 400

　　贷：应收账款　　22 400

企业销售的商品如果附有商业折扣条件，则企业应收账款的入账金额应按扣除商业折扣以后的实际售价加以确认。有关商业折扣的核算，见本书第三章相关内容。

（四）销售商品发生销售折让和销售退回的处理

1. 销售折让的处理

销售折让是指企业因售出商品的质量不合格等而在售价上给予的减让。对于销售折让，企业应分别对不同情况进行处理：首先，已确认收入的售出商品发生销售折让的，通常应当在发生时冲减当期销售商品收入；其次，已确认收入的销售折让属于资产负债表日后事项的，应当按照有关资产负债表日后事项的相关规定进行处理。

【例 12.19】 甲公司向乙公司销售一批商品，开出的增值税专用发票上注明的销售价款为 10 000 元，增值税税额为 1 300 元。乙公司在验收过程中发现商品质量不合格，要求在价格上给予 5%的折让。假定甲公司已确认销售收入，款项尚未收到，发生的销售折让允许扣减当期增值税税额。甲公司的账务处理如下。

销售实现时：

借：应收账款	11 300	
贷：主营业务收入		10 000
应交税费——应交增值税（销项税额）		1 300

发生销售折让时：

借：主营业务收入	500	
应交税费——应交增值税（销项税额）	65	
贷：应收账款		565

实际收到款项时：

借：银行存款	10 735	
贷：应收账款		10 735

2. 销售退回的处理

销售退回是指企业售出的商品由于质量、品种不符合要求等而发生的退货。对于销售退回，企业应分别对不同情况进行会计处理。

对于未确认收入的售出商品发生退回的，企业应按已记入“发出商品”科目的商品成本金额，借记“库存商品”科目，贷记“发出商品”科目。

对于已确认收入的售出商品发生退回的，企业一般应在发生时冲减当期销售商品收入，同时冲减当期销售商品成本。如该项销售退回已发生现金折扣，则应同时调整相关财务费用的金额；如该项销售退回允许扣减增值税税额，则应同时调整“应交税费——应交增值税（销项税额）”科目的相应金额。

已确认收入的售出商品发生的销售退回属于资产负债表日后事项的，应当按照有关资产负债表日后事项的相关规定进行会计处理。

【例 12.20】 甲公司在 20×8 年 12 月 18 日与乙公司签订合同，其向乙公司销售一批商品，开出的增值税专用发票上注明的销售价款为 20 000 元，增值税税额为 2 600 元。该批商品成本为 10 000 元。乙公司在 20×8 年 12 月 27 日支付货款。20×9 年 1 月 5 日，该批商品因质量问题被乙公司退回，甲公司当日退还该笔款项。该销售退回不属于资产负债表日后事项。

20×8 年 12 月 18 日，销售实现时，编制会计分录如下：

借：应收账款	22 600	
贷：主营业务收入		20 000
应交税费——应交增值税（销项税额）		2 600
借：主营业务成本	10 000	
贷：库存商品		10 000

20×8 年 12 月 27 日，收到货款时，编制会计分录如下：

借：银行存款　22 600
　　贷：应收账款　22 600

20×9年1月5日，发生销售退回时，编制会计分录如下：

借：主营业务收入　20 000
　　应交税费——应交增值税（销项税额）　2 600
　　贷：银行存款　22 600
借：库存商品　10 000
　　贷：主营业务成本　10 000

（五）提供服务收入的处理

企业提供的服务如果属于在某一时点履行的履约义务，应采用与前述商品销售相同的办法确认收入；如果属于在某一时段内履行的履约义务，则应当考虑服务的性质，采用产出法或投入法确定恰当的履约进度，分期确认营业收入。

资产负债表日，企业采用产出法或投入法确认营业收入及结转成本的计算方法如下。

各期确认的营业收入=预计总收入×履约进度-前期累计确认营业收入

各期结转的营业成本=预计总成本×履约进度-前期累计确认营业成本

【例12.21】 20×8年12月1日，甲公司按客户的需求与客户签订一项装修合同，装修期为3个月，合同总收入300 000元。双方约定，如果乙公司单方面终止合同，乙公司需要向甲公司支付违约金，违约金的金额等于公司已发生的成本加上30%毛利率（该毛利率与甲公司在类似合同中能够赚取的毛利率大致相同）。至年底已预收装修费220 000元，实际发生装修费用140 000元（假定均为装修人员薪酬），估计还会发生60 000元，暂不考虑相关税费。

本例中，甲公司提供的装修劳务具有不可替代用途，同时具有收款权，因此属于在某一时段内履行的履约义务。甲公司按实际发生的成本占估计总成本的比例确定劳务的履约进度。假定不考虑增值税等税费的影响。甲公司的会计处理如下。

履约进度=实际发生的成本占估计总成本的比例=140 000÷(140 000+60 000)×100%=70%

20×8年12月31日，确认的提供劳务收入=300 000×70%-0=210 000（元）

20×8年12月31日，结转的提供劳务成本=(140 000+60 000)×70%-0=140 000（元）

（1）预收劳务款时：

借：银行存款　220 000
　　贷：预收账款　220 000

（2）实际发生劳务成本时：

借：生产成本　140 000
　　贷：应付职工薪酬　140 000

（3）20×8年12月31日，确认提供劳务收入并结转劳务成本时：

借：预收账款　210 000
　　贷：主营业务收入　210 000
借：主营业务成本　140 000
　　贷：生产成本　140 000

四、特定交易收入的会计处理

（一）附有销售退回条款的销售业务

对于附有销售退回条款的销售，企业应当在客户取得相关商品控制权时，按照因向客户转让商品而预期有权收取的对价金额，即不包含预期因销售退回将退还的金额确认收入，按照预期因销售退回将退还的金额确认负债；同时，按照预期将退回商品转让时的账面价值，扣除收回该商品预计发生的成本（包括退回商品的价值减损）后的余额，确认一项资产，按照所转让商品转让时的账面价值，扣除上述资产成本的净额结转成本。

每一资产负债表日，企业应当重新估计未来销售退回情况，如有变化，应当作为会计估计变更进行会计处理。

【例 12.22】 甲公司于20×8年1月3日与乙公司签订销售合同。甲公司向乙公司销售5 000件商品，单位销售价格为500元，单位成本为400元，开出的增值税专用发票上注明的销售价格为250万元，增值税税额为32.5万元。1月30日商品已经发出，但款项尚未收到。根据协议约定，乙公司应于20×8年2月1日之前支付货款，在20×8年3月31日之前有权退还所购商品。甲公司根据经验，估计该批商品退货率约为10%。20×8年3月18日，乙公司退回500件商品，其余商品未退货。甲公司为增值税一般纳税人，商品发出时纳税义务已经发生，实际发生退回时取得税务机关开具的红字增值税专用发票。

本例中，假定商品发出时控制权转移给乙公司。甲公司的账务处理如下。

（1）20×8年1月30日，发出商品时，估计退货部分不符合收入确认条件，不确认收入。

确认主营业务收入=500×5 000×90%=2 250 000（元）

确认预计负债=500×5 000×10%=250 000（元）

借：应收账款	2 825 000	
贷：主营业务收入		2 250 000
预计负债——应付退货款		250 000
应交税费——应交增值税（销项税额）		325 000

确认主营业务成本=400×5 000×90%=1 800 000（元）

确认发出商品=400×5 000×10%=200 000（元）

借：主营业务成本	1 800 000	
发出商品——应收退货成本	200 000	
贷：库存商品		2 000 000

（2）20×8年2月1日，收到货款。

借：银行存款	2 825 000	
贷：应收账款		2 825 000

（3）20×8年3月18日，发生销售退回，实际退货量为500件，取得红字增值税专用发票，款项已经支付。

借：预计负债——应付退货款	250 000	
应交税费——应交增值税（销项税额）	32 500	
贷：银行存款		282 500
借：库存商品	200 000	
贷：发出商品——应收退货成本		200 000

（4）假设20×8年3月18日发生销售退回，实际退货量为400件，取得红字增值税专用发票，款项已经支付。

借：预计负债——应付退货款	250 000	
应交税费——应交增值税（销项税额）	26 000	
贷：银行存款		226 000
主营业务收入		50 000
借：主营业务成本	40 000	
库存商品	160 000	
贷：发出商品——应收退货成本		200 000

（二）具有重大融资性质的分期收款商品销售

企业在销售商品时，对于一些价值较大的商品，如商品房、汽车、大型设备等，有时会采取分期收款的方式销售，即商品已经交付，货款分期收回（期限通常超过3年）。分期收款销售实质上具有融资性质，相当于企业向购货方提供的信贷，企业应当按照合同规定的应收金额的公允价值确定收入金额。应收的合同价款的公允价值，通常应当按照其未来现金流量现值或商品现销价格计算确定。

应收的合同价款与其公允价值之间的差额，在合同期间内，按照应收款项的摊余成本和实际利率计算确定的金额进行摊销，冲减财务费用。

【例 12.23】 20×8 年 1 月 1 日，甲公司采用分期收款方式向乙客户销售一辆豪华轿车，合同约定的销售价格为 200 万元，分 5 次于每年 12 月 31 日等额收取，每次收取 40 万元。该豪华轿车成本为 156 万元。在现销方式下，该豪华轿车的销售价格为 160 万元。甲公司发出商品时已开具增值税专用发票，注明的增值税税额为 26 万元，并于当天收到存入银行。

根据本例的资料，甲公司增值税销项税额已收现款，分期收款只涉及销售商品的价款，甲公司应当确认的销售商品收入金额为 160 万元，与合同价款 200 万元的差额为 40 万元，该差额作为收款期内的融资收入，按实际利率法分摊。

根据公式，未来 5 年收款额的现值=现销方式下应收款项金额，可以得出：

$$40\times(P/A,r,5)=160\text{（万元）}$$

可在多次测试的基础上，用插值法计算折现率。当 r=7%时，40×4.100 2=164.008 > 160；当 r=8%时，40×3.992 7=159.708 < 160。因此，7% < r < 8%。用插值法计算：

$$r=7\%+(8\%-7\%)\times(164.008-160)\div(164.008-159.708)=7.93\%$$

采用实际利率法分摊合同价款与公允价值的差额 40 万元，有关计算见表 12.2。

表 12.2 融资收益和已收本金计算过程（单位：万元）

期数	各期收款（1）	确认的融资收入（2）=上期（4）×7.93%	已收本金（3）=（1）−（2）	未收本金（4）=上期（4）−本期（3）
				160
1	40	12.68	27.32	132.68
2	40	10.52	29.48	103.20
3	40	8.18	31.82	71.38
4	40	5.66	34.34	37.04
5	40	2.96*	37.04	0
总额	200	40	160	

注：* 含小数点尾差。

根据表 12.2 的计算结果，甲公司的会计分录如下。

（1）20×8 年 1 月 1 日，销售实现时：

借：长期应收款　2 000 000
　　银行存款　260 000
　　贷：主营业务收入　1 600 000
　　　　应交税费——应交增值税（销项税额）　260 000
　　　　未实现融资收益　400 000

同时，结转已销产品成本：

借：主营业务成本　1 560 000
　　贷：库存商品　1 560 000

（2）20×8 年 12 月 31 日，收取第一期货款时：

借：银行存款　400 000
　　贷：长期应收款　400 000

同时：

借：未实现融资收益　126 800
　　贷：财务费用　126 800

以后各期的账务处理比照上述处理进行。

（三）主要责任人和代理人的销售

企业应当根据其在向客户转让商品前是否拥有对该商品的控制权，来判断其从事交易时的身份是主要责任人还是代理人。企业在向客户转让商品前能够控制该商品的，该企业为主要责任人，应当按照已收或应收对价总额确认收入；否则，该企业为代理人，应当按照预期有权收取的佣金或手续费的金额确认收入，该金额应当按照已收或应收对价总额扣除应支付给其他相关方的价款后的净额，或者按照既定的佣金金额或比例等确定。

【例 12.24】 20×8 年 1 月 1 日，A 企业与 B 企业签订合同，委托 B 企业销售某种商品 200 件，合同价为 200 元/件，该商品成本为 120 元/件，增值税税率为 13%，当日已将商品发出给 B 企业。20×8 年 1 月 31 日，A 企业收到 B 企业开来的代销清单时开具增值税专用发票，发票上注明售价 40 000 元、增值税税额 5 200 元。B 企业按每件 200 元的价格将商品出售给客户，A 企业按售价的 10%支付 B 企业手续费。20×8 年 1 月 28 日，B 企业实际销售时，即向买方开出一张增值税专用发票，发票上注明该商品售价 40 000 元、增值税税额 5 200 元。A 企业在收到 B 企业交来的代销清单时，向 B 企业开具一张相同金额的增值税专用发票。

本例中，A 企业有能力主导该商品的生产与销售并且能够获得其几乎全部的经济利益。在商品销售给客户之前，能够控制该商品，A 企业的身份是主要责任人。而 B 企业只能获得售价 10%的手续费，B 企业是代理人。

A 企业的会计处理如下。

（1）A 企业发出商品时：		
借：发出商品	24 000	
贷：库存商品		24 000
（2）收到代销清单时：		
借：应收账款——B 企业	45 200	
贷：主营业务收入		40 000
应交税费——应交增值税（销项税额）		5 200
借：主营业务成本	24 000	
贷：发出商品		24 000
借：销售费用	4 000	
贷：应收账款——B 企业		4 000
（3）收到 B 企业汇来的货款：		
借：银行存款	41 200	
贷：应收账款——B 企业		41 200

B 企业的会计处理如下。

（1）收到代销商品时：		
借：代理业务资产（或受托代销商品）	40 000	
贷：代理业务负债（或受托代销商品款）		40 000
（2）实际销售商品时：		
借：银行存款	45 200	
贷：应付账款——A 企业		40 000
应交税费——应交增值税（销项税额）		5 200
借：应交税费——应交增值税（进项税额）	5 200	
贷：应付账款——A 企业		5 200
借：代理业务负债（或受托代销商品款）	40 000	
贷：代理业务资产（或受托代销商品）		40 000
（3）支付 A 企业货款并计算代销手续费时：		
借：应付账款——A 企业	45 200	
贷：银行存款		41 200
主营业务收入（或其他业务收入）		4 000

提示与说明

如何判断企业在向客户转让特定商品之前是否已经拥有对该商品的控制权

判断企业是否拥有对商品的控制权不应仅局限于合同的法律形式，而应当综合考虑所有相关事实和情况进行判断。这些事实和情况包括：①企业承担向客户转让商品的主要责任；②企业在转让商品之前或之后承担了该商品的存货风险；③企业有权自主决定所交易商品的价格；④其他相关事实和情况。

（四）附有客户额外购买选择权的销售

额外购买选择权的情况包括销售激励、客户奖励积分、未来购买商品的折扣券以及合同续约选择权等。

对于附有客户额外购买选择权的销售，企业应当评估该选择权是否向客户提供了一项重大权利。如果客户只有在订立了一项合同的前提下才取得了额外购买选择权，并且客户行使该选择权购买额外商品时，能够享受到超过该地区或该市场中其他同类客户所能够享有的折扣，则通常认为该选择权向客户提供了一项重大权利。

企业提供重大权利的，应当作为单项履约义务，按照本节有关交易价格分摊的要求将交易价格分摊至该履约义务，在客户未来行使购买选择权取得相关商品控制权时，或者该选择权失效时，确认相应的收入。

企业在向客户转让商品之前，如果客户已经支付了合同对价或企业已经取得了无条件收取合同对价的权利，则企业应当在客户实际支付款项与到期应支付款项孰早时点，将该已收或应收的款项列示为合同负债。合同负债是指企业已收或应收客户对价而应向客户转让商品的义务。

【例 12.25】 20×8 年 1 月 1 日，A 商场开始推行一项奖励积分计划。根据该计划，客户在 A 商场每消费 10 元可获得 1 个积分，每个积分从次月开始在购物时可以减 1 元。截至 20×8 年 1 月 31 日，客户共消费 100 000 元，可获得 10 000 个积分。根据历史经验，A 商场估计该积分的兑换率为 95%。上述金额均不包含增值税，且假定不考虑增值税的影响。截至 20×8 年 12 月 31 日，客户共兑换了 5 000 个积分，A 商场重新估计兑换率后，预计客户仍将兑换 9 500 个积分。截至 20×9 年 12 月 31 日，客户共兑换了 8 500 个积分，A 商场重新估计兑换率后，预计客户将兑换 9 800 个积分。请问：A 商场如何进行会计处理？

本例中，A 商场认为授予客户的积分为客户提供了一项重大的权利，应当作为一项单独的履约义务。

客户购买商品的单独售价为 100 000 元，根据积分的兑换率，A 商场估计积分的单独售价为 9 500（1×10 000×95%）元。A 商场按照商品和积分的单独售价的相对比例对交易价格进行分摊。

商品的交易价格= [100 000÷(100 000+9 500)]×100 000=91 324（元）

积分的交易价格= [9 500÷(100 000+9 500)]×100 000=8 676（元）

A 商场应该在商品控制权转移时确认收入 91 324 元，同时确认合同负债 8 676 元：

借：银行存款	100 000	
贷：主营业务收入		91 324
合同负债		8 676

截至 20×8 年 12 月 31 日，客户共兑换了 5 000 个积分，A 商场重新估计兑换率后，预计客户仍将兑换 9 500 个积分。因此，A 商场以客户兑换的积分数占预期将兑换的积分总数的比例为基础确认收入。

积分确认的收入为 4 566（5 000÷9 500×8 676）元，剩余未兑换的积分 4 110（8 676–4 566）元仍为合同负债。

借：合同负债	4 566	
贷：主营业务收入		4 566

截至 20×9 年 12 月 31 日，客户累计兑换了 8 500 个积分，A 商场对该积分的兑换率进行了重新估计，预计客户将兑换 9 800 个积分。

积分应当确认的收入=8 500÷9 800×8 676–4 566=2 959（元）

剩余未兑换的积分 1 151（8 676–4 566–2 959）元，仍然作为合同负债。

借：合同负债　　2 959

　　贷：主营业务收入　　2 959

提示与说明

合同资产与合同负债在报表中的列示

合同资产和合同负债应当在资产负债表中单独列示，并按流动性分别列示为“合同资产”或“其他非流动资产”项目，以及“合同负债”或“其他非流动负债”项目。同一合同下的合同资产和合同负债应当以净额列示，不同合同下的合同资产和合同负债不能互相抵销。

（五）附有质量保证条款的销售

对于附有质量保证条款的销售，企业应当评估该质量保证是否在向客户保证所销售商品符合既定标准之外提供了一项单独的服务。企业提供额外服务的，应当作为单项履约义务进行会计处理；否则，质量保证责任应当按照或有事项的要求进行会计处理。

客户能够选择单独购买质量保证的，该质量保证构成单项履约义务。在评估质量保证是否在向客户保证所销售商品在符合既定标准之外提供了一项单独的服务时，企业应当考虑该质量保证是否为法定要求、质量保证期限以及企业承诺履行任务的性质等因素。法定要求通常是为了保护客户，避免其有购买瑕疵或缺陷商品的风险，而并非为客户提供一项单独的质量保证服务。质量保证期限越长，越有可能是单项履约义务。如果企业必须履行某些特定的任务以保证所转让的商品符合既定标准（如企业负责运输被客户退回的瑕疵商品），则这些特定的任务可能不构成单项履约义务。企业提供的质量保证同时包含上述两类的，应当分别对其进行会计处理，无法合理区分的，应当将这两类质量保证一起作为单项履约义务进行会计处理。

【例 12.26】 甲公司为计算机制造商和经销商，对其经销的计算机实施 90 天的保证型质保（免费）和超过 90 天的提供 3 年期的服务型质保（有偿），即对保证型质保期之后的 3 年内公司对任何损坏的部件进行更换保修（延长保修）。假设计算机销售和延长质保的总交易价格为 3 600 万元，其中计算机售价 3 200 万元，延长质保收费 400 万元。基于以往经验，甲公司判断 90 天的保证型质保期内出现损坏的部件将花费 200 万元。假设不考虑增值税等相关税费。

本例中，甲公司针对产品的质量问题提供 90 天保证型质保服务是为了向客户保征所销售商品符合既定标准，因此不构成单项履约义务；甲公司提供的延长保修服务，属于在向客户保证所销售商品符合既定标准之外提供的单独服务，计划单独销售，因此，甲公司确定 3 年延长保修服务为单独的履约义务，假设不考虑增值税，则甲公司的会计处理如下：

借：银行存款或应收账款　　36 000 000

　　贷：主营业务收入　　32 000 000

　　　　预收账款——服务型质保　　4 000 000

借：销售费用——质保费　　2 000 000

　　贷：预计负债——保证型质保　　2 000 000

（六）授予知识产权许可

企业向客户授予的知识产权，常见的包括软件和技术、影视和音乐等的版权、特许经营权以及专利权、商标权和其他版权等。

企业向客户授予知识产权许可的，应当评估该知识产权许可是否构成单项履约义务。对于不构成单项履约义务的，企业应当将该知识产权许可和其他商品一起作为一项履约义务进行会计处理。

提示与说明

授予知识产权许可不构成单项履约义务的情形

授予知识产权许可不构成单项履约义务的情形：一是该知识产权许可构成有形商品的组成部分并且对于该商品的正常使用不可或缺，例如，企业向客户销售设备和相关软件，该软件内嵌于设备之中，该设备必须安装了该软件之后才能正常使用；二是客户只有将该知识产权许可和相关服务一起使用才能够从中获益，例如，客户取得授权许可，但是只有通过企业提供的在线服务才能访问相关内容。

对于构成单项履约义务的,应当进一步确定其是在某一时段内履行还是在某一时点履行。同时满足下列条件时，应当作为在某一时段内履行的履约义务确认相关收入：①合同要求或客户能够合理预期企业将从事对该项知识产权有重大影响的活动；②该活动对客户将产生有利或不利影响；③该活动不会导致向客户转让商品。企业向客户授予知识产权许可不能同时满足上述条件的，则属于在某一时点履行的履约义务，并在该时点确认收入。

【例 12.27】 甲公司是一家排球俱乐部。甲公司授权乙公司在其设计生产的服装、帽子、水杯以及毛巾等产品上使用甲公司球队的名称和图标，授权期限为两年。合同约定，甲公司收取的合同对价由两部分组成：一是 100 万元固定金额的使用费，二是按照乙公司销售上述商品所取得销售额的 5%计算的提成。乙公司预期甲公司会继续参加省级联赛，并取得优异的成绩。

本例中，该合同包括一项履约义务，即授予使用权许可，甲公司继续参加比赛并取得优异成绩等活动是该许可的组成部分，而并未向客户转让任何可明确区分的商品或服务。由于乙公司能够合理预期甲公司将继续参加比赛，甲公司的成绩将会对其品牌（包括名称和图标等）的价值产生重大影响，而该品牌价值可能会进一步影响乙公司产品的销量，因此，甲公司授予的该使用权许可，属于在某一时段内履行的履约义务。甲公司收取的 100 万元固定金额的使用费应当在两年内平均确认收入，按照乙公司销售相关商品所取得销售额的 5%计算的提成应当在乙公司的销售实际完成时确认收入。

相关案例

如何理解碧桂园提前采用新收入会计准则对财务报表的影响

第二节　费　　用

一、费用概述

企业在生产经营过程中，必然要发生原材料等劳动对象的耗费、机器设备等劳动手段的耗费以及人工等活劳动的耗费。

1. 费用的定义

费用是指企业在日常活动中发生的、会导致所有者权益减少的、与向所有者分配利润无关的经济利益的总流出。

费用有广义和狭义之分。广义的费用泛指企业各种活动中发生的所有耗费，狭义的费用仅指与本期营业收入相配比的那部分耗费。费用应按照权责发生制和配比原则确认，凡应属于本期发生的费用，不论其款项是否支付，均确认为本期费用；反之，不属于本期发生的费用，即使其款项已在本期支付，也不确认为本期费用。

2. 费用的特征

相对而言，费用有以下三项特征。

（1）费用必须是企业在其日常活动中所形成的。这个日常活动的界定与收入定义中涉及的日常活动的界定一致。将费用界定为日常活动所形成的，目的是将其与损失相区分。企业非日常活动所形成的经济利益的流出不能确认为费用，而应当计入损失。

（2）费用会导致所有者权益的减少。与费用相关的经济利益的流出应当会导致所有者权益的减少，不会导致所有者权益减少的经济利益的流出不符合费用的定义，不应确认为费用。

（3）费用是与向所有者分配利润无关的经济利益的总流出。费用的发生应当会导致经济利益的流出，从而导致资产的减少或者负债的增加（最终也会导致资产的减少），其表现形式包括现金或者现金等价物的流出，存货、固定资产和无形资产等的流出或者消耗等。鉴于企业向所有者分配利润也会导致经济利益的流出，而该经济利益的流出显然属于所有者权益的抵减项目，所以不应确认为费用，应当将其排除在费用的定义之外。

3. 费用的分类

费用按照不同的标准有不同的分类。

费用按照其经济用途可以分为生产费用和期间费用两部分。生产费用按照其计入产品成本的方式不同，又可分为直接费用和间接费用。期间费用包括管理费用、销售费用和财务费用。

费用按照其经济性质可以分为外购材料费用、外购燃料费用、外购动力费用、职工薪酬、折旧费用、利息支出、税金、其他支出等。

4. 费用的确认

费用的确认除了应当符合费用的定义以外，还应当满足费用的确认条件，即费用只有在经济利益很可能流出从而导致企业资产减少或者负债增加、经济利益的流出额能够可靠计量时才能予以确认。因此，费用的确认至少应当符合以下条件：一是与费用相关的经济利益很可能流出企业，二是经济利益流出企业的结果会导致资产的减少或者负债的增加，三是经济利益的流出额能够可靠计量。

在确认费用时，应明确三个界限。

（1）生产费用与非生产费用的界限。生产费用是指与企业日常生产经营活动有关的费用，如生产产品所发生的原材料费用、人工费用等；非生产费用是指不应由生产费用负担的费用，如用于构建固定资产所发生的费用。

（2）生产费用与产品生产成本的界限。生产费用与一定的时期相联系，而与生产的产品无直接关联；产品生产成本与一定品种和数量的产品相联系，而不论发生在哪一期。

（3）生产费用与期间费用的界限。生产费用应当计入产品成本，而期间费用直接计入当期损益。

二、生产成本

（一）生产成本的内容

生产成本是指一定期间生产产品所发生的直接费用和间接费用的总和。

1. 直接费用

直接费用是指企业在生产产品和提供劳务过程中所发生的直接材料费用、直接人工费用和其他直接费用。直接材料费用是指企业在生产产品和提供劳务过程中所消耗的，直接用于产品生产，构成产品实体的原料、主要材料、外购半成品及有助于产品形成的辅助材料和其他材料费用。直接人工费用是指企业在生产产品和提供劳务过程中，直接参加产品生产的工人工资薪酬等。其他直接费用是指企业发生的除直接材料费用和直接人工费用以外的，与生产产品或提供劳务有直接关系的费用。直接费用应当按照实际发生数进行核算，按照成本计算对象进行归集，直接计入产品的生产成本。

2. 间接费用

间接费用即制造费用，是指应由产品生产成本负担的，不能直接计入各产品成本的有关费用。它主要是指企业各生产单位（如生产车间）为组织和管理生产而发生的各项间接费用，包括职工薪酬、折旧费、修理费、办公费、水电费、物料消耗、劳动保护费以及其他制造费用。间接费用应当按一定的程序和方法进行分配，计入相关产品的生产成本。

企业一定期间的直接费用和间接费用构成企业的生产成本总额。对于当期发生的生产成本，企业应当根据实际情况，如企业的生产组织类型、生产经营特点等，选择合理的成本计算方法，进行成本计算，确定当期产品的单位生产成本。

生产成本与费用既有联系又有区别。

首先，成本是对象化的费用。生产成本是相对于一定产品而言所发生的费用，它是按照产品品种等成本计算对象对当期发生的费用进行归集所形成的。企业一定期间发生的直接费用和间接费用总和构成一定期间的产品生产成本。因此，费用的发生过程同时也就是产品成本的形成过程。

其次，费用指某一期间为进行生产经营而发生的费用，它与一定的期间相联系。生产成本指为生产产品而消耗的费用，它与一定种类和数量的产品相联系。成本与费用能相互转化。企业在一定期间发生的直接费用按照成本计算对象进行归集，间接费用则通过分配计入各成本计算对象，使本期发生的费用予以对象化，转化为生产成本。当产品生产完工并销售以后，生产成本则转化为一定期间的销售成本，成本费用计入当期损益。

提示与说明

成本与费用的联系和区别

成本和费用是两个不同的概念。费用是指一定期间内企业为获取经济利益而发生的经济资源的耗费，成本则通常被定义为对象化的费用，即为达到特定目的所失去或放弃的资源。

二者的联系表现在，费用的发生是成本形成的基础，没有费用的发生就谈不上任何对象化的成本，二者从本质上讲都是企业资源的耗费或减少。

二者的区别如下：①计算范围不同。从企业经济活动过程看，费用发生在前，成本计算在后，费用是按整个企业计算的，按照费用的性质和发生情况，可以分别核算生产费用、管理费用、销售费用等；而成本是指企业为特定种类、数量的产品所发生的耗费，是对象化的费用，根据不同情况和管理需要，可以分别计算所含内容不同的成本，如产品的车间成本、工厂成本和销售成本等。②计算期间不同。费用是按会计期间划分的，是指一定时期内在生产经营活动中发生的耗费；成本是按一定对象的生产经营过程是否完成划分的，当期的生产费用与当期完工产品的成本并不完全一致。

（二）生产成本的核算

生产费用的归集与分配是计算产品成本的前提和基础。为了正确核算生产费用，控制生产费用的支出，将已经发生的费用加以汇集和分配，据以计算产品成本，企业应当设置“生产成本”“制造费用”等成本类科目。归集和分配生产费用时，发生的直接费用应直接计入成本核算对象，发生的间接费用应当选择合理的标准分配计入有关的成本核算对象。

三、期间费用

期间费用是企业当期发生的费用的重要组成部分，是指本期发生的、不能直接或间接归入某种产品成本的，而应直接计入当期损益的各项费用，包括管理费用、销售费用和财务费用。

（1）管理费用，是指企业为组织和管理生产经营所发生的费用，包括企业在筹建期间发生的开办费、董事会和行政管理部门在企业的经营管理中发生的或应由企业统一负担的企业经费（包括行政管理部门职工工资及福利费、物料消耗、低值易耗品摊销、办公费和差旅费等）、工会经费、董事会费（包括董事会成员津贴、会议费和差旅费等）、聘请中介机构费、咨询费（含顾问费）、诉讼费、业务招待费、房产税、车船使用税、土地使用税、印花税、技术转让费、矿产资源补偿费、研究费用、排污费以及企业生产车间（部门）和行政管理部门等发生的固定资产修理费用等。

（2）销售费用，是指企业在销售商品和材料、提供劳务的过程中发生的各种费用，包括企业在销售商品过程中发生的保险费、包装费、展览费和广告费、商品维修费、预计产品质量保证损失、运输费、装卸费等，以及为销售本企业商品而专设的销售机构（含销售网点、售后服务网点等）的职工薪酬、业务费、折旧费、固定资产修理费等。

（3）财务费用，是指企业为筹集生产经营所需资金等而发生的筹资费用，包括利息支出（减利息收入）、汇兑损益以及相关的手续费、企业发生的现金折扣或收到的现金折扣等。

企业发生的期间费用应分别通过“管理费用”“销售费用”“财务费用”科目核算，并按费用项目设置明细科目，进行明细核算。期末，上述科目结转余额至“本年利润”科目后无余额。

第三节 利　　润

企业作为独立的经济实体，应当用其经营收入抵补其成本费用，并且实现盈利。企业利润在很大程度上反映企业生产经营的经济效益，表明企业在每一会计期间的最终经营成果。

利润是指企业在一定会计期间的经营成果。通常情况下，如果企业实现了利润，则表明企业的所有者权益将增加，业绩将得到提升；反之，如果企业发生了亏损（利润为负数），则表明企业的所有者权益将减少，业绩将出现下滑。利润是评价企业管理层业绩的一项重要指标，也是投资者等财务报告使用者进行决策时的重要参考。

利润包括收入减去费用后的净额、直接计入当期利润的利得和损失等。其中，收入减去费用后的净额反映的是企业日常活动的经营业绩，直接计入当期利润的利得和损失反映的是企业非日常活动的业绩。直接计入当期利润的利得和损失是指应当计入当期损益的，最终会引起所有者权益发生增减变动的，与所有者投入资本或者向所有者分配利润无关的非日常活动的收益或损失。企业应当严格区分收入和费用、利得和损失，以便更加全面地反映企业的经营业绩。

思考与讨论

收入和利得都导致了经济利益流入企业，同为利润总额的构成内容，既然如此，有必要将二者加以区分吗？

一、利润的构成

利润反映的是收入减去费用、利得减去损失后的净额，因此，利润的确认主要依赖于收入和费用以及利得和损失的确认，其金额的确定也主要取决于收入、费用、利得、损失金额的计量。就利润的构成来看，既有通过生产经营活动而获得的，又有通过投资活动而获得的，还包括那些与生产经营活动无直接关系的事项所引起的盈亏。

（一）营业利润

营业利润的计算公式为

营业利润=营业收入−营业成本−税金及附加−销售费用−管理费用
−财务费用−资产减值损失+公允价值变动收益（或
−公允价值变动损失）+投资收益（或−投资损失）−研发费用

其中，营业收入是指企业经营业务所确定的收入总额，包括主营业务收入和其他业务收入。营业成本是指企业经营业务所发生的实际成本总额，包括主营业务成本和其他业务成本。资产减值损失是指企业计提各项资产减值准备所形成的损失。公允价值变动收益（或损失）是指企业交易性金融资产等公允价值变动形成的应计入当期损益的收益（或损失）。投资收益（或损失）是指企业以各种方式对外投资所取得的收益（或发生的损失）。

（二）利润总额

利润总额的计算公式为

利润总额=营业利润+营业外收入−营业外支出

其中，营业外收入（或支出）是指企业发生的与日常活动无直接关系的各项利得（或损失）。

（三）营业外收支

营业外收支由企业发生的与日常活动无直接关系的各项收支构成。营业外收支虽然与企业生产经营活动没有多大的关系，但从企业整体来看，同样给企业带来了收入或形成了企业的支出，也是导致利润增加或减少的因素，对企业的利润总额及净利润产生较大的影响。

营业外收入是指企业发生的，与其日常活动无直接关系的各项利得。营业外收入并不是由企业经营资金耗费所产生的，不需要企业付出代价，其实际上是一种纯收入，不需要与有关费用进行配比。营业外收入主要包括政府补助、盘盈利得、捐赠利得等。

营业外支出是指企业发生的，与日常活动无直接关系的各项损失。营业外支出主要包括非流动资产损毁报废损失、公益性捐赠支出、非常损失、盘亏损失等。

营业外收入和营业外支出应当分别通过“营业外收入”和“营业外支出”科目核算。由于营业外收入和营业外支出所包括的项目互不相关，所以企业还应当分别对营业外收入的各项目和营业外支出的各项目设置明细科目，进行明细核算。年末“营业外收入”和“营业外支出”科目的金额应结转至“本年利润”科目。

（四）净利润

净利润又称税后利润，是企业在某一会计期间缴纳所得税后的利润净额。净利润是评价企业赢利能力、管理绩效以及偿债能力的一个基本工具，是一个反映和分析企业多方面情况的综合指标。净利润由下列公式计算求得：

净利润=利润总额−所得税费用

其中，所得税费用是指企业确认的应从当期利润总额中扣除的所得税的费用。

（五）所得税费用

企业所得税是国家对企业生产、经营所得和其他所得依法征收的一种税。它既体现国家对企业的管理，又体现企业对国家应承担的社会义务。企业向国家缴纳的所得税符合费用要素的定义，形成了企业的所得税费用。

1. 所得税费用的核算方法

所得税费用的确认方法有应付税款法和资产负债表债务法两种方法。采用应付税款法只确认当期所得税费用，而不确认递延所得税费用；采用资产负债表债务法，既要确认当期所得税费用，又要确认递延所得税费用。我国现行会计准则规定，所得税费用的确认应采用资产负债表债务法。

采用资产负债表债务法计算所得税费用，是从资产负债表出发，通过比较资产负债表上列示的资产、负债以及按照会计准则的规定确定的账面价值与按照税法的规定确定的计税基础（两者之间的差异分为应纳税暂时性差异与可抵扣暂时性差异），确认相关的递延所得税负债和递延所得税资产，并在此基础上确定每一会计期间利润表中的所得税费用。

2. 所得税费用的核算程序

企业进行所得税费用核算的一般程序如下。

（1）确定当期应交所得税。应交所得税=应纳税所得额×所得税税率。

（2）确定递延所得税。首先，确定资产负债表中除递延所得税资产和递延所得税负债以外的资产和负债项目的账面价值。其次，按照企业会计准则中对资产和负债计税基础的确定方法，以适用的税收法规为基础，确定资产负债表中有关资产、负债项目的计税基础。然后，比较资产、负债的账面价值与其计税基础，对于两者之间存在的差异（暂时性差异），分析其性质，分别归类为应纳税暂时性差异与可抵扣暂时性差异（特殊情况除外）。最后，根据转回时的所得税税率，确定该资产负债表日与暂时性差异相关的递延所得税负债和递延所得税资产的应有金额，并将其与期初余额相比较，确定当期的递延所得税资产和递延所得税负债的增加金额或减少（应予转销）金额，将其作为构成利润表中所得税费用的递延所得税。

（3）确定所得税费用的公式为

所得税费用=当期所得税（应交所得税）+递延所得税

3. 当期应交所得税

企业在确定当期应交所得税时，对于当期发生的交易或事项，会计处理与税法处理不同的，应在会计利润的基础上，按照税法的规定进行调整，计算出当期应纳税所得额，按照应纳税所得额与适用所得税税率计算确定当期应交所得税。公式为

应交所得税=应纳税所得额×所得税税率

应纳税所得额=利润总额±纳税调整项目

应纳税所得额又称应税收益或计税利润，是指企业按所得税法规定的项目计算确定的收益，是计算缴纳所得税的依据。由于企业会计利润与应纳税所得额的计算口径、计算时间可能不一致，因此两者之间可能存在差异。

例如，企业购买国债取得的利息收入作为投资收益计入了税前会计利润，而税法规定国债利息收入免征所得税，因为是支援国家，鼓励企业购买，所以在计算应纳税所得额时应从

税前会计利润中扣除。

又如，企业超过税法规定标准的业务招待费支出，以及企业因违法或违规经营支付的各种罚款、罚金支出等，在计算会计利润时已抵减利润总额，但税法不允许将其在税前扣除，所以在计算应纳税所得额时应加回。

再如，企业在会计核算中对各项资产提取了减值准备，已经调减了税前会计利润，但按税法规定，资产在发生实质性损失之前，不允许税前扣除预计的减值准备，所以在计算应纳税所得额时也应加回。

【例 12.28】 A 公司 20×9 年度实现税前利润 2 400 万元，经查，A 公司本年度损益中有购买国债确认的利息收入 100 万元；此外，本年度 A 公司因拖欠税款被税务部门征收税收滞纳金 40 万元，计提长期股权投资减值准备 160 万元。假定无其他纳税调整事项，公司适用的所得税税率为 25%。

根据上述资料，A 公司 20×9 年度所得税的计算如下：

应纳税所得额=24 000 000+400 000+1 600 000−1 000 000 =25 000 000（元）

应交所得税=25 000 000×25%=6 250 000（元）

4. 暂时性差异

暂时性差异是指资产或负债的账面价值与其计税基础之间的差额。这里的账面价值是指资产、负债项目按照企业会计准则规定核算的结果，即资产负债表上的期末数；计税基础则是指资产、负债项目按照税法规定核算的结果，即从税法的角度来看，企业持有的资产、负债在期末的应有金额。

按照对未来期间应纳税所得额的影响，暂时性差异分为可抵扣暂时性差异和应纳税暂时性差异。

可抵扣暂时性差异是指在确定未来收回资产或清偿负债期间的应纳税所得额时，将产生可抵扣金额的暂时性差异，从而减少未来期间的应纳税所得额与应交的所得税。通常，资产的账面价值小于其计税基础或者负债的账面价值大于其计税基础的，产生可抵扣暂时性差异。例如，一项资产的账面价值为 100 万元，计税基础为 150 万元，则企业在未来期间就该项资产可以在自身取得经济利益的基础上多扣除 50 万元，未来期间应纳税所得额会减少，应交所得税也相应减少，形成可抵扣暂时性差异 50 万元。

应纳税暂时性差异是指在确定未来收回资产或清偿负债期间的应纳税所得额时，将导致产生应纳税金额的暂时性差异。该差异会增加未来期间的应纳税所得额与应交的所得税。资产的账面价值大于其计税基础或者负债的账面价值小于其计税基础的，产生应纳税暂时性差异。例如，一项资产的账面价值为 100 万元，计税基础为 70 万元，则意味着该项资产在未来使用期间能在税前扣除的金额只有 70 万元，差额 30 万元需要增加以后使用期间的应纳税所得额及应交所得税，形成应纳税暂时性差异 30 万元。

5. 资产的计税基础

资产的计税基础是指企业在未来期间收回资产账面价值过程中，计算应纳税所得额时按照税法规定可以抵扣的金额，即某一项资产在未来期间计税时按照税法规定可以税前扣除的金额。

例如，按照企业会计准则的规定，交易性金融资产期末应以公允价值计量，公允价值的变动计入当期损益。但按照税法的规定，交易性金融资产在持有期间的公允价值变动损益是未实现的，不计入应纳税所得额，即计税基础仍为其历史成本，因而产生了交易性金融资产的账面价值与计税基础之间的差异。

【例 12.29】 某企业持有一项交易性金融资产，成本为 1 000 万元，期末公允价值为 1 500 万元，计税基础仍维持 1 000 万元不变，则该计税基础与其账面价值之间的差额 500 万元应在未来该项投资收益实现的期间纳税，属于应纳税暂时性差异。

6. 负债的计税基础

负债的计税基础是指负债的账面价值减去未来期间计算应纳税所得额时，按照税法的规定，准予抵扣的金额。用公式表示为

负债的计税基础=账面价值−未来期间按照税法的规定可税前扣除的金额

负债的确认与偿还一般不会影响企业的损益，也不会影响其应纳税所得额，未来期间计算应纳税所得额时按照税法的规定可予抵扣的金额为零，计税基础即为账面价值。但是，某些情况下，负债的确认可能会影响企业的损益，进而影响不同期间的应纳税所得额，使得其计税基础与账面价值之间产生差额，如按照会计准则的规定确认的某些预计负债。

【例 12.30】 续例 12.29，该企业因某事项在当期确认了 100 万元的预计负债，计入当期损益。假定按照税法的规定，与确认该负债相关的费用，在实际发生时准予税前扣除，则该负债的计税基础为零，其账面价值与计税基础之间形成可抵扣暂时性差异 100 万元。

7. 递延所得税资产和递延所得税负债

递延所得税是指按照会计准则规定应予确认的递延所得税资产和递延所得税负债在期末应有的金额相对于原已确认金额之间的差额，即递延所得税资产及递延所得税负债当期发生额的综合结果，不包括直接计入所有者权益的交易或事项的所得税影响。其计算公式为

递延所得税=(递延所得税负债期末余额−递延所得税负债期初余额)

−(递延所得税资产期末余额−递延所得税资产期初余额)

递延所得税资产是按照可抵扣暂时性差异和现行税率计算确定的资产，其属于预付的税款，将抵减未来期间应纳税款的金额。

递延所得税负债是按照应纳税暂时性差异和现行税率计算确定的负债，其属于应付的税款，将增加未来期间应纳税款的金额。

【例 12.31】 续例 12.30，某企业适用的所得税税率为 25%，递延所得税资产和递延所得税负债不存在期初余额，对于交易性金融资产产生的 500 万元应纳税暂时性差异，应确认 125 万元递延所得税负债；对于预计负债产生的 100 万元可抵扣暂时性差异，应确认 25 万元递延所得税资产。

8. 所得税费用的确认和计量

企业应在计算确定当期所得税费用（当期应交所得税）以及递延所得税费用（或收益）的基础上，将两者之和确认为利润表中的所得税费用，公式为

所得税费用=当期所得税+递延所得税

【例 12.32】 续例 12.31，某企业 12 月 31 日资产负债表中有关项目账面价值与计税基础分析见表 12.3。

假定除上述项目外，该企业递延所得税资产和递延所得税负债不存在期初余额，其他资产、负债的账面价值与其计税基础不存在差异，也不存在可抵扣亏损和税款抵减；该企业当期按照税法规定计算确定的应交所得税为 600 万元。

该企业计算确认的递延所得税负债、递延

表 12.3 企业有关项目账面价值与计税基础分析

20××年 12 月 31 日 （单位：万元）

	项目	账面价值	计税基础	暂时性差异	
				应纳税暂时性差异	可抵扣暂时性差异
1	交易性金融资产	1 500	1 000	500	
2	预计负债	100	0		100
	合计			500	100

所得税资产、递延所得税费用以及当期所得税费用如下：

递延所得税负债=500×25%=125（万元）

递延所得税资产=100×25%=25（万元）

递延所得税费用=125−25=100（万元）

当期应交所得税=600 万元

所得税费用=600+100=700（万元）

编制会计分录如下：

借：所得税费用	7 000 000	
递延所得税资产	250 000	
贷：应交税费——应交所得税		6 000 000
递延所得税负债		1 250 000

二、本年利润的结转

企业应设置“本年利润”科目，核算企业当期实现的净利润（或发生的净亏损）。期末，企业将各收入类科目的余额转入“本年利润”科目的贷方；将各成本、费用类科目的余额转入“本年利润”科目的借方。转账后，“本年利润”科目如为贷方余额，反映本年度自年初开始累计实现的净利润；“本年利润”科目如为借方余额，反映本年度自年初开始累计发生的净亏损。

利润总额的核算方法有账结法和表结法两种，每月月末，企业可以根据实际情况自行选用，年终应采用账结法。

1. 账结法

账结法是指每月月末均需编制转账凭证，将在账上结计出的各损益类科目的余额转入“本年利润”科目，通过“本年利润”科目反映本月实现的利润或发生的亏损，“本年利润”科目的本年累计数反映本年累计实现的利润或者发生的亏损。在这种情况下，每月均可通过“本年利润”科日反映当月及本年累计利润或者亏损额。现举例说明采用账结法结转本年利润的核算方法。

【例 12.33】 假设 A 企业 8 月末未转账前损益类科目的余额如下。

收入类科目（贷方余额）：		
主营业务收入		3 000 000
其他业务收入		400 000
投资收益		50 000
营业外收入		20 000
成本、费用类科目（借方余额）：		
税金及附加	300 000	
主营业务成本	2 400 000	
其他业务成本	10 000	
销售费用	200 000	
管理费用	180 000	
财务费用	20 000	
营业外支出	8 000	

根据上述资料，企业月终应编制会计分录如下。

（1）将所有收入类科目余额转入“本年利润”科目，会计分录如下：

借：主营业务收入	3 000 000	
其他业务收入	400 000	
投资收益	50 000	
营业外收入	20 000	
贷：本年利润		3 470 000

（2）将所有费用、支出类科目余额转入“本年利润”科目，会计分录如下：

借：本年利润	3 118 000	
贷：税金及附加		300 000
主营业务成本		2 400 000
其他业务成本		10 000
销售费用		200 000
管理费用		180 000
财务费用		20 000
营业外支出		8 000

经过以上结转后，该企业 8 月“本年利润”科目贷方余额为 352 000 元，即该企业 8 月实现的利润总额为 352 000 元。

2. *表结法*

表结法指企业每月结账时，不需要把损益类各科目的余额转入“本年利润”科目，而是通过结出各损益类科目的本年累计金额，就可据以逐项填制利润表，通过利润表计算出从年初到本月止的本年累计利润，然后减去上月利润表中的本年累计利润，就是本月的利润或亏损。

企业在采用表结法的情况下，年终时仍需采用账结法，将损益类各科目的全年累计余额转入“本年利润”科目，以在“本年利润”科目集中反映本年的全年利润及其构成情况。年终，企业按上述步骤和方法计算出“本年利润”科目余额后，不论赢利还是亏损，均应按照国家税收的有关规定，计算缴纳所得税，并将所得税费用转入“本年利润”科目的借方，然后才能将“本年利润”科目的最终余额（净利润）转入“利润分配”科目。若为借方余额，则借记“利润分配——未分配利润”科目，贷记“本年利润”科目；若为贷方余额，则借记“本年利润”科目，贷记“利润分配——未分配利润”科目。

视野拓展

一些上市公司通过收入操纵进行盈余管理，以达到粉饰业绩的目的。黄世忠教授《收入操纵的九大陷阱及其防范对策》一文对收入操纵的惯用手法进行了深刻地剖析，并提出了相应的防范对策。推荐读者课外扫描二维码阅读该文（文章较长）。

第四节　利润分配

利润分配是将企业实现的净利润，按照国家财务制度规定的分配形式和分配顺序，在国家、企业和投资者之间进行的分配。利润分配的过程与结果是关系到所有者的合法权益和企业发展的重要问题。

一、利润分配的程序

利润分配是把企业所实现的净利润按照国家的有关法规以及所有者各方的协议（如公司董事会或股东会的决议等）进行分配。为了规范和统一企业对已实现利润的分配处理，充分保障企业所有者权益和国家税收，以及企业今后发展和职工的切身利益，《公司法》等有关法规规定了企业利润分配的程序，企业应严格遵守有关的规定，使利润分配具有合法性、真实性和正确性，并努力做到合理。

根据《公司法》等有关法规的规定，企业当年实现的净利润由“本年利润”科目转入“利润分配——未分配利润”科目进行分配核算。一般应按照下列顺序进行分配。

（1）提取法定盈余公积。法定盈余公积按照税后净利润的10%提取。法定盈余公积已达注册资本的50%时可不再提取。提取的法定盈余公积可用于弥补以前年度亏损或转增资本金。但转增资本金后留存的法定盈余公积不得低于注册资本的25%。

（2）提取任意盈余公积。公司制企业提取法定盈余公积后，经过股东大会决议，还可以从税后利润中提取任意盈余公积。非公司制企业也可以根据需要提取任意盈余公积。任意盈余公积的提取比例由企业视情况而定。

（3）向投资者分配利润或股利。企业以前年度未分配的利润可以并入本年度向投资者分配。也就是说，企业税后利润在顺次经过上述的分配后，如果还有余额才可以向投资者进行分配。至于向投资者分配多少利润，往往取决于企业的理财需要。

视野拓展

《公司法》对利润分配的有关规定

①公司分配当年税后利润时，应当提取利润的10%列入公司法定公积金。公司法定公积金累计额为公司注册资本的50%以上的，可以不再提取。②公司的法定公积金不足以弥补以前年度亏损的，在提取法定公积金之前，应当先用当年利润弥补亏损。③公司从税后利润中提取法定公积金后，经股东会或者股东大会决议，还可以从税后利润中提取任意公积金。④公司弥补亏损和提取公积金后所余税后利润，有限责任公司依照《公司法》第34条的规定分配；股份有限公司按照股东持有的股份比例分配，但股份有限公司章程规定不按持股比例分配的除外。⑤股东会、股东大会或者董事会违反前款规定，在公司弥补亏损和提取法定公积金之前向股东分配利润的，股东必须将违反规定分配的利润退还公司。⑥公司持有的本公司股份不得分配利润。

二、利润分配的会计处理

利润分配一般在年终进行。为了反映利润分配的情况和数额，企业应设置“利润分配”账户进行核算，该账户下面应当分别设置“提取法定盈余公积”“提取任意盈余公积”“应付现金股利或利润”“转作股本的股利”“盈余公积补亏”“未分配利润”等明细账户进行明细核算。

利润分配的相关会计分录如下。

（1）结转全年净利润：

借：本年利润

　　贷：利润分配——未分配利润

（2）进行利润分配：

借：利润分配——提取法定盈余公积

　　　　　　——提取任意盈余公积

　　　　　　——应付现金股利或利润

　　贷：盈余公积——法定盈余公积

　　　　　　　　——任意盈余公积

　　　　应付股利

（3）利润分配结束后，结转未分配利润：

借：利润分配——未分配利润

　　贷：利润分配——提取法定盈余公积

　　　　　　　　——提取任意盈余公积

　　　　　　　　——应付股利

应注意的是，企业如果发生亏损，可以用以后年度实现的利润弥补，也可以用以前年度提取的盈余公积弥补。企业以前年度亏损未弥补完，不能提取法定盈余公积。在提取法定盈余公积前，不得向投资者分配利润。

三、未分配利润

企业实现的净利润经过一系列分配之后的剩余部分，就是企业的未分配利润（或未弥补亏损）。未分配利润是企业留待以后年度进行分配的结存利润，也是企业所有者权益的组成部分。相对于所有者权益的其他部分来说，企业对未分配利润的使用分配有较大的自主权。从数量上来看，未分配利润是期初未分配利润，加上本期实现的净利润，减去提取的各种盈余公积和分出利润后的余额。未分配利润有两层含义：一是未指定特定用途的利润，二是留待以后年度分配的利润。

在会计核算上，未分配利润是通过“利润分配”科目进行核算的，具体来说是通过“利润分配”科目之下的“未分配利润”明细科目进行核算的。企业在生产经营过程中取得的收入和发生的费用、支出，最终通过“本年利润”科目进行归集，计算出当年净利润，然后转入“利润分配——未分配利润”科目进行分配。分配以后，“利润分配——未分配利润”科目如为贷方余额，则为未分配利润；如为借方余额，则为未弥补亏损。年度终了，再将“利润分配”科目下的其他明细科目（盈余公积转入、提取法定盈余公积、提取任意盈余公积、应付股利等）的余额转入“未分配利润”明细科目。结转后，“未分配利润”明细科目的贷方余额就是未分配利润的数额。如出现借方余额，则表示未弥补亏损的数额。

【例 12.34】 某企业全年实现净利润 3 000 000 元，本年按 10%提取法定盈余公积，按 5%提取任意盈余公积，按 30%分配股利。企业应编制会计分录如下。

借：本年利润	3 000 000	
贷：利润分配——未分配利润		3 000 000
借：利润分配——提取法定盈余公积	300 000	
——提取任意盈余公积	150 000	
——应付股利	900 000	
贷：盈余公积——法定盈余公积		300 000
——任意盈余公积		150 000
应付股利		900 000
借：利润分配——未分配利润	1 350 000	
贷：利润分配——提取法定盈余公积		300 000
——提取任意盈余公积		150 000
——应付股利		900 000

本章小结

收入是指企业在日常活动中形成的，会导致所有者权益增加的，与所有者投入资本无关的经济利益的总流入。

收入的确认和计量分为五个步骤：第一步，识别与客户订立的合同；第二步，识别合同中的单项履约义务；第三步，确定交易价格；第四步，将交易价格分摊至各单项履约义务；第五步，履行各单项履约义务时确认收入。其中，第一、第二和第五步主要与收入的确认有关，第三和第四步主要与收入的计量有关。

合同是指双方或多方之间订立有法律约束力的权利义务的协议。合同有书面形式、口头形式以及其他形式。履约义务是指合同中企业向客户转让可明确区分商品的承诺。

单项履约义务的实现方式分为在某一时段内履行完成和在某一时点履行完成。

企业应当在履行了合同中的履约义务，即在客户取得相关商品控制权时确认收入。取得相关商品控制权，是指能够主导该商品的使用并从中获得几乎全部的经济利益。

对于在某一时段内履行的履约义务，企业应当在该段时间内按照履约进度确认收入；对于在某一时点履行的履约义务，企业应当在客户取得相关商品控制权时点确认收入。

费用是指企业在日常活动中发生的，会导致所有者权益减少的，与向所有者分配利润无关的经济利益的总流出。按照不同的标准，费用有不同的分类。

生产成本是指一定期间生产产品所发生的直接费用和间接费用的总和。

期间费用是指企业本期发生的、不能直接或间接归入某种产品成本的，而应直接计入当期损益的各项费用，包括管理费用、销售费用和财务费用。

利润是指企业在一定会计期间的经营成果。通常情况下，如果企业实现了利润，表明企业的所有者权益将增加，业绩将得到提升；反之，如果企业发生了亏损（利润为负数），表明企业的所有者权益将减少，业绩将出现下滑。

利润包括营业利润、利润总额和净利润。应注意掌握营业利润、利润总额、净利润的计算公式。

所得税费用的确认应按现行会计准则的规定采用资产负债表债务法进行计算，既要确认当期所得税费用，又要确认递延所得税费用。

采用资产负债表债务法计算所得税费用，是从资产负债表出发，通过比较资产负债表上列示的资产、负债以及按照会计准则规定确定的账面价值与按照税法规定确定的计税基础（两者之间的差异分为应纳税暂时性差异与可抵扣暂时性差异），确认相关的递延所得税负债和递延所得税资产，并在此基础上确定每一会计期间的利润表中的所得税费用。

企业应设置“本年利润”科目，核算企业当期实现的净利润（或发生的净亏损）。期末，企业将各收入类科目的余额转入“本年利润”科目的贷方；将各成本、费用类科目的余额转入“本年利润”科目的借方。转账后，“本年利润”科目如为贷方余额，反映本年度自年初开始累计实现的净利润；“本年利润”科目如为借方余额，反映本年度自年初开始累计发生的净亏损。

利润分配是将企业实现的净利润，按照国家法律、制度规定的分配形式和分配顺序，在国家、企业和投资者之间进行的分配。利润分配的顺序根据《公司法》等有关法规的规定进行。企业当年实现的净利润由“本年利润”科目转入“利润分配——未分配利润”科目进行分配核算。

未分配利润是企业留待以后年度进行分配的结存利润，也是企业所有者权益的组成部分。从数量上来讲，未分配利润是期初未分配利润，加上本期实现的净利润，减去提取的各种公积和分出利润后的余额。

复习思考

1. 什么是收入？收入有什么特征？如何区分收入与利得？
2. 什么是收入确认与计量的五步法模型？
3. 什么是合同？什么是履约义务？
4. 如何对某一时段内履行的履约义务和某一时点履行的履约义务确认收入？
5. 什么是费用？费用有什么特征？
6. 企业利润的构成是怎样的？谈谈你对企业利润的理解。
7. 企业税后利润的分配顺序是什么？
8. 如何进行本年利润结算的会计处理？
9. 企业计算应交所得税时，为什么不能直接以会计利润为依据？
10. 资产负债表债务法下，应如何确定所得税的计税基础？

基本训练

一、单选题

1. 下列各项中，符合收入会计要素的定义，可以确认为收入的是（　　）。

A. 出售无形资产所有权收取的价款　　B. 出售固定资产收取的价款

C. 出售原材料收到的价款　　D. 确认的政府补助利得

2. 企业履行了合同中的履约义务，在以下何时确认收入（　　）。

A. 客户取得相关商品控制权　　B. 商品的风险和报酬转移

C. 开具增值税发票　　D. 合同成立

3. 下列关于合同折扣的会计处理不符合企业会计准则规定的是（　　）。

A. 合同折扣是指合同中各单项履约义务所承诺商品的单独售价之和高于合同交易价格的金额

B. 企业应当在各单项履约义务之间按比例分摊

C. 有确凿证据表明合同折扣仅与合同中一项或多项履约义务相关的，企业应当将该合同折扣分摊至相关一项或多项履约义务

D. 合同折扣仅与合同中一项或多项履约义务相关，且企业采用余值法估计单独售价的，应当首先采用余值法估计单独售价，然后在该一项或多项履约义务之间分摊合同折扣

4. 下列关于合同中存在重大融资成分处理的叙述不正确的是（　　）。

A. 企业应当按照假定客户在取得商品控制权时以现金支付的应付金额确定交易价格

B. 企业应当按照假定客户在取得商品控制权时以应付金额的现值确定交易价格

C. 该交易价格与合同对价之间的差额，应当在合同期间内采用实际利率法摊销

D. 合同开始日，企业预计客户取得商品控制权与客户支付价款间隔不超过一年的，可以不考虑合同中存在的重大融资成分

5. 企业应当综合考虑其能够合理取得的全部相关信息合理估计单独售价，下列方法不属于《收入准则》规定的是（　　）。

A. 市场调整法　B. 成本加成法　C. 余值法　D. 现值法

6. 下列关于附有质量保证条款的销售履约义务识别说法错误的是（　　）。

A. 企业提供额外服务的，应当作为单项履约义务

B. 企业应当考虑该质量保证是否为法定要求、质量保证期限以及企业承诺履行任务的性质等因素

C. 客户能够选择单独购买质量保证的，该质量保证构成单项履约义务

D. 客户没有选择权的质量保证的条款，该质量保证构成单项履约义务

7. 虹光公司和B公司签订合同，以预收货款的方式向B公司销售一批产品。预收货款的时间是20×4年2月1日；该批产品发出时间为3月5日；虹光公司于3月7日向B公司开出销货发票。两公司于3月11日结清货款，多收的预收款项于当日退回B公司。问：对于销售产品的虹光公司而言，该笔销售业务收入确定的时间应为（　　）。

A. 20×4年2月1日　　B. 20×4年3月5日

C. 20×4年3月7日　　D. 20×4年3月11日

8. 甲企业于20×8年7月1日以50 000元的价格购入一项摊销期为5年的专利权。20×9年7月1日，甲企业将其转让，取得转让收入70 000元，缴纳增值税4 200元，则转让该项专利权应计入营业外收入的金额为（　　）元。

A. 30 000　B. 20 000　C. 28 500　D. 25 800

9. 甲公司20×5年10月与乙公司签订了一项设备安装劳务合同，合同收入总金额400万元，已预收160万元，余款在安装完毕时收回，甲公司认为该合同是某一时段内履行的履约义

务，按履约进度确认劳务收入，履约进度按照已发生成本占估计总成本的比例确定。20×5 年 12 月 31 日已发生成本为 100 万元，预计完成劳务还将发生成本 100 万元，甲公司在 20×5 年应确认收入的金额为（　　）万元。

A. 160　　B. 200　　C. 400　　D. 240

10. 某企业 20×4 年度利润总额为 3 800 万元，其中，本年度国债利息收入 300 万元，已计入营业外支出的税收滞纳金 10 万元。企业所得税税率为 25%，假定不考虑其他因素，则该企业 20×4 年度所得税费用为（　　）万元。

A. 875　　B. 950　　C. 877.5　　D. 900

11. 下列关于对附有销售退回条款的销售会计处理的叙述不符合企业会计准则规定的是（　　）。

A. 企业应当在客户取得相关商品控制权时，按照因向客户转让商品而预期有权收取的对价金额确认收入

B. 企业按照预期因销售退回将退还的金额确认负债

C. 企业按照预期将退回商品转让时的账面价值确认为一项资产

D. 企业应当于每一资产负债表日重新估计未来销售退回情况

二、多选题

1. 依据《收入准则》，合同是指双方或多方之间订立有法律约束力的权利义务的协议，包括的形式有（　　）。

A. 书面形式　　B. 口头形式

C. 其他形式　　D. 只能是书面形式

2. 收入的特征表现为（　　）。

A. 收入是从企业日常活动中产生，而不是从偶发的交易或事项中产生

B. 收入可能表现为资产的增加

C. 收入会导致所有者权益的增加

D. 收入包括代收的增值税

E. 收入是与所有者投入资本无关的经济利益的总流入

3. 下列（　　）不属于新《收入准则》所规定的合同范围。

A. 租赁合同　　B. 保险合同

C. 金融工具　　D. 长期股权投资、合营安排

4. 下列各项中，按规定应计入企业营业外支出的有（　　）。

A. 无形资产所有权出售的净收益　　B. 捐赠支出

C. 固定资产盘亏净损失　　D. 坏账损失

E. 罚款支出

5. 企业“税金及附加”科目的核算内容包括（　　）。

A. 增值税　　B. 消费税　　C. 印花税

D. 教育费附加　　E. 城市维护建设税

6. 下列项目中，应计入销售费用的有（　　）。

A. 销售过程的运输费用　　B. 专设销售机构固定资产的折旧费

C. 广告费　　D. 生产车间融资租入固定资产的租赁费

7. 下列各项中，影响营业利润的项目有（　　）。

A. 主营业务成本　　B. 税金及附加　　C. 营业外收入

D. 管理费用和财务费用　　E. 投资收益

8. 根据新《收入准则》，当企业与客户之间的合同同时满足（　　）等条件时，企业应当在客户取得相关商品控制权时确认收入。

A. 合同各方已批准该合同并承诺将履行各自义务，该合同明确了合同各方与所转让商品或提供劳务相关的权利和义务

B. 该合同有明确的与所转让商品相关的支付条款

C. 该合同具有商业实质，即履行该合同将改变企业未来现金流量的风险、时间分布或金额

D. 企业因向客户转让商品而有权取得的对价很可能收回

9. 下列各项中，不应计入其他业务收入的有（　　）。

A. 罚款收入　　B. 出售固定资产的收入

C. 出租无形资产的收入　　D. 出售无形资产所有权的收入

E. 固定资产清理的净收益

10. 企业与同一客户同时订立的两份或多份合同，应当合并为一份合同进行会计处理的有（　　）。

A. 该两份或多份合同基于同一商业目的而订立并构成一揽子交易

B. 该两份或多份合同中的一份合同的对价金额取决于其他合同的定价或履行情况

C. 该两份或多份合同中所承诺的商品构成一项单项履约义务

D. 该两份或多份合同在一个月内订立

11. 下列项目中，应记入“营业外收入”科目的有（　　）。

A. 罚没收入　　B. 处置固定资产净收益

C. 确实无法支付的应付款项　　D. 教育费附加返还款

E. 固定资产盘盈收入

12. 企业向客户承诺的商品同时满足（　　）等条件，才应当作为可明确区分商品。

A. 客户能够从该商品本身受益

B. 客户能够从该商品与其他易于获得资源一起使用中受益

C. 企业向客户转让该商品的承诺与合同中其他承诺可单独区分

D. 企业向客户转让该商品的承诺与合同中其他承诺不可以单独区分

13. 依据《收入准则》的规定，在确定交易价格时，企业应当考虑的因素有（　　）。

A. 可变对价　　B. 合同中存在的重大融资成分

C. 非现金对价　　D. 应付客户对价

14. 在判断客户是否已取得商品控制权时，企业应当考虑的迹象有（　　）。

A. 客户就该商品负有现时付款义务

B. 客户已拥有该商品的法定所有权

C. 客户已占有该商品的实物

D. 客户已取得该商品所有权上的主要风险和报酬

三、判断题

1. 企业取得收入往往表现为货币资产的流入，但是并非所有货币资产的流入都是企业的收入。(　　)

2. 企业向客户转让一系列实质相同且转让模式相同的、可明确区分商品的承诺，也应当作为单项履约义务。(　　)

3. 企业在向客户转让商品前能够控制该商品的，该企业为主要责任人，应当按照已收或应收对价总额确认收入。(　　)

4. 采用预收款销售商品，应在收到预收款项时确认收入。(　　)

5. 非现金对价的公允价值不能合理估计的，企业应当参照其承诺向客户转让商品的账面价值间接确定交易价格。(　　)

6. 收入一定表现为企业的资产增加。(　　)

7. 企业不得因合同开始日之后单独售价的变动而重新分摊交易价格。(　　)

8. 企业销售商品涉及商业折扣的，应当按照扣除商业折扣后的金额确定销售商品收入的金额。(　　)

9. 企业为组织生产经营活动而发生的一切管理活动的费用，包括车间管理费用和企业管理费用，都应作为期间费用处理。(　　)

10. 交易价格是指企业因向客户转让商品，合同约定预期收取的对价金额。(　　)

11. 企业按规定用盈余公积弥补以前年度亏损时，应按弥补数额，借记“盈余公积”科目，贷记“本年利润”科目。(　　)

12. 依据《收入准则》，没有商业实质的非货币性资产交换，按照账面价值确认收入。(　　)

13. 合同资产是企业拥有的、无条件(仅取决于时间流逝)向客户收取对价的权利。(　　)

四、业务题

1. 顺达股份有限公司（以下称“顺达公司”）系工业企业，为增值税一般纳税人，适用的增值税税率为13%。商品销售单价均为不含增值税价格。该公司20×9年12月发生以下业务。

（1）12月3日，与甲企业签订合同，向甲企业赊销A产品50件，单价为20 000元，单位销售成本为10 000元，已开出增值税专用发票，款项尚未收到。

（2）12月10日，甲企业来函提出12月3日购买的A产品质量不完全合格。经协商同意，按销售价款的10%给予折让，并办理折让手续和开具红字增值税专用发票。

（3）12月15日，与丁企业签订合同，向丁企业销售材料一批，价款为700 000元，该材料发出成本为500 000元。当日收取面值为791 000元的商业汇票一张。

（4）12月18日，丙企业要求退回本年11月25日购买的20件A产品。该批产品的销售单价为20 000元，单位销售成本为10 000元，其销售收入400 000元已确认入账，价款尚未收取。经查明，退货原因系发货错误，同意企业退货，并办理退货手续和开具红字增值税专用发票。

（5）12月18日，与乙公司签订合同，委托乙公司代销一批商品，合同总金额100万元，增值税税率为13%，商品成本60万元，货已发出。乙公司按价款（不含增值税）的10%收取手续费。乙公司当月已售出80%，并已开出代销清单，顺达公司已收到代销清单，但款项尚未收到。

要求：根据上述业务编制有关会计分录。

2. 甲股份有限公司（以下称“甲公司”）为增值税一般纳税人，适用的增值税税率为13%，产品销售单价均为不含增值税价格。产品销售成本按经济业务逐项结转。甲公司适用的所得税税率为25%。20×9年度，甲公司发生以下经济业务。

（1）销售A产品一批，产品销售价款为920 000元，产品销售成本为416 000元。产品已经发出，并开具了增值税专用发票，同时向银行办妥了托收手续。

（2）收到乙公司因产品质量问题退回的B产品一批，并验收入库，甲公司用银行存款支付了退货款，并按规定向乙公司开具了红字增值税专用发票。该退货系甲公司20×8年12月20日出售给乙公司的，产品销售价款为40 000元，产品销售成本为22 000元，销售款项于12月29日收到并存入银行。

（3）用银行存款支付发生的管理费用67 800元，计提坏账准备4 000元。

（4）用银行存款支付广告宣传费用11 200元。

（5）销售产品应交的城市维护建设税为2 100元，应交的教育费附加为900元。

（6）计算应交所得税（假定甲公司本年度应纳税所得额为400 000元，无其他纳税调整事项）。

（7）将损益类科目余额结转到“本年利润”科目。

（8）按净利润的10%提取法定盈余公积。

（9）按净利润的40%向投资者分配利润。

（10）结转利润分配各明细科目。

要求：根据上述业务，编制甲公司20×9年度经济业务事项的会计分录（“应交税费”科目和“利润分配”科目要求写出明细科目）。

3. A房地产公司出售一栋办公楼，合同价格为12 000万元，同时提供24个月的维修服务。在以往的销售中，该房屋单独售价为11 700万元，维修服务售价为360万元。

分析：如何确认A房地产公司的收入？

4. A公司是一家电子商务企业，主要经营一家购物网站。客户通过该购物网站向供应商购买商品，供应商则通过该网站直接向客户交付商品。根据A公司与供应商的合同约定，当客户通过该网站购买商品时，A公司有权获得相当于售价15%的佣金。相关商品价格由供应商确定，客户通过该网站向供应商支付货款。客户在订货时需预先支付货款，货款由A公司网站暂时锁定，待客户收到商品并确认验收后向供应商支付。A公司在安排向客户提供商品之后没有进一步的义务，如果商品出现任何质量问题，由供应商与客户协商退换。

分析：A公司属于“主要责任人”还是“代理人”？

五、案例分析题

【案例1】

甲企业为增值税一般纳税人，增值税税率为13%，所得税税率为25%，其涉及的业务包括商品的生产和销售等。甲企业20×7年度的会计报表已于年末编制完成。甲企业20×7年度的收入事项及处理如下。

（1）销售A产品，售价为1 000万元，增值税为130万元，成本为600万元。企业对该产品按惯例，承诺产品售出后一年内如有质量问题可以退货。该产品为企业多年经营的成熟产品，质量和性能都很稳定，每年的退回率和保修费率极低，因此，企业本年度对销售的A

产品确认了1 000万元的收入、600万元的成本，销售利润为400万元（其中包括一笔12月发出的A产品，买方最近因火灾遭遇重大财产损失，其款项很可能无法收回，该批产品售价100万元，成本60万元，增值税13万元）。

（2）生产试销了B产品，售价500万元，成本400万元。企业对销售的B产品承诺，两年内如有产品质量问题可保修或包退。但由于B产品是企业试制的新产品，企业已售的B产品退货的可能性不能确定，企业本年度按已售B产品的成本确认了销售收入和销售成本。

（3）20×7年5月31日，向乙企业出售C产品一批，售价为3 000万元，增值税为390万元，成本为2 400万元。该批产品采用平均分期收款方式销售，销售协议规定：销售C产品的价税款按3次分别于当年的5月31日、11月30日和20×8年5月31日平均支付。乙企业在当年5月31日已将1 130万元的价税款按协议支付；当年11月30日，乙企业因暂时资金困难，未能支付第二笔价税款，但乙企业保证该笔款项将于20×8年2月支付（乙企业于20×8年2月已如数将该款项支付）。甲企业在20×7年年末对出售的C产品全年确认了1 000万元的收入和800万元的成本。20×8年2月收到第二笔款项时，甲企业将其确认为当月的收入和成本。

假设本案例不考虑应收账款计提坏账准备的问题。

要求：根据上述资料完成下列各题。

（1）判断甲企业20×7年年末收入和成本的确认是否正确，并说明理由。如不正确，计算出正确的结果。

（2）简要说明甲企业确认收入和成本的结果对企业净利润的影响。

【案例2】

2020年7月31日，上市公司惠而浦（600983）收到中国证券监督管理委员会安徽监管局《行政处罚决定书》（处罚字〔2020〕6号）。经查明，惠而浦的违法事实有以下几项。

（1）编制虚假的销售订单并确认收入以及提前确认未发货的订单收入。2016年12月，惠而浦销售、财务和物流部门部分员工违反规定，编制虚假的销售订单并在物流管理系统中将该订单标注为已发货且客户已签收，再由财务部门据此确认收入。同时，提前确认未发货的订单收入。

（2）少记销售折扣。惠而浦在产品销售中会提供给客户不同形式的销售折扣，销售折扣一般由购销双方协商一致确认，如有未协商一致的销售折扣，根据会计准则规定，惠而浦应在年底时进行预提。2015年度和2016年度，惠而浦未确认也未预提相应的销售折扣。

（3）延迟确认销售费用。2015年度和2016年度，惠而浦通过淘宝平台销售产品时产生的应付淘宝费用未及时确认，导致该部分销售费用确认滞后。

（4）收入跨期确认。惠而浦在2015年度将部分客户已签收的产品销售收入延迟在2016年度确认，并在2016年度将部分客户尚未签收的产品销售收入提前在2016年度确认。

（5）少记营业成本。2016年第一季度，惠而浦信息技术部门排查发现财务系统故障导致营业成本多结转20 342 500.00元，财务部门根据信息技术部门提供的数据将营业成本相应调减20 342 500.00元，后来系统数据恢复正常后，财务部门未将之前调减的营业成本冲销，导致2016年度营业成本少记20 342 500.00元。

惠而浦通过上述手法，分别累计虚增2015年度、2016年度营业收入88 291 447.94元、157 058 045.52元，占当年披露营业收入比例分别为1.3%、2.27%，分别累计虚增2015年度、2016年度利润117 940 633.55元、104 729 262.83元，占当年披露利润总额的比例分别为21.44%、23.23%。

要求：根据上述资料，逐项分析惠而浦每种手法会对其营业收入和利润产生哪些影响？

【案例3】

荣之联（002642）是深圳中小板上市公司，其于2011年10月公开《首次公开发行股票招股说明书》（申报稿），并于当月通过发审委审核，2011年12月成功发行股票并上市。

公司作为IT系统集成商，主要围绕大中型企事业单位的数据中心提供系统集成及相关技术服务，客户涵盖能源、电信、生物、制造、政府、金融等行业。公司在“高性能计算”“大容量高性能存储”“统一身份认证与访问管理”等领域拥有成熟的解决方案。

2008年及以前，公司对系统集成收入按完工进度确认收入。系统集成项目通常需要经过咨询、方案设计、采购、软件开发、到货点验、系统搭建、安装调试、试运行、系统验收等过程。由于在客户尚未对系统集成项目进行验收之前，项目并未最终实施完毕，风险与报酬尚未完全转移，理论上还存在客户要求退货或者追加成本的可能。

随着公司业务规模的不断扩大，需要安装调试和系统验收的系统集成项目不断增加。公司根据系统集成业务的特点，并参考了行业内其他上市公司的做法，认为有必要以更为稳健的方式确认系统集成业务的收入。2009年5月18日，公司召开第一届第八次董事会并作出决议：对于公司系统集成收入，应在完成系统安装调试并取得买方签署的验收报告时，确认系统集成收入的实现。公司管理层认为，公司系统集成收入确认方法的变更，使公司的收入确认方法更加稳健、符合公司业务实质、符合行业内通行的做法。

收入确认方法变更后，公司对之前的财务报表进行了追溯调整，以保证公司申报财务报表各期间会计政策的一致性和可比性。上述变更事项使公司2008年、2009年申报财务报表与原始财务报表产生一定差异，但该差异并不影响报告使用者对公司申报财务数据的理解。公司管理层认为，公司申报财务报告中近三年及一期的财务数据真实、准确、完整地反映了近三年及一期公司的财务状况、经营成果和现金流量，上述变更是合理的、谨慎的。

公司变更后的系统集成收入确认方法为：在合同约定的标的物交付，完成系统安装调试并取得买方签署的验收报告时，确认系统集成收入的实现。

要求：依据该案例，分析变更收入确认方式会有哪些影响？2017年修订的《收入准则》对系统集成行业会带来哪些变化？

第十三章 财务报表

学习目标

通过本章的学习，应了解财务报表的编制目的、要求和种类；掌握资产负债表、利润表、现金流量表、所有者权益变动表的含义、作用及内容，理解各种报表指标的经济含义；掌握资产负债表、利润表、现金流量表和所有者权益变动表的编制方法；理解财务报表附注的作用和内容。

第一节 财务报表概述

一、财务报表的编制目的和要求

（一）财务报表的编制目的

财务报表是对企业财务状况、经营成果和现金流量的结构性表述。财务报表是以企业日常会计核算资料为依据编制的，是企业对外披露财务信息的主要手段，它由财务报表和报表附注两部分构成。

企业编制财务报表的目的是向财务报表使用者提供与企业财务状况、经营成果和现金流量等有关的会计信息，以便反映企业管理层受托责任的履行情况，有助于财务报表使用者作出经济决策。财务报表使用者通常包括投资者、债权人、政府及其有关部门和社会公众等。

财务报表至少应包括下列组成部分：资产负债表、利润表、现金流量表、所有者权益（或股东权益）变动表、附注。

（二）财务报表的编制要求

财务报表的编制必须遵循《中华人民共和国会计法》和《企业会计准则——基本准则》及其具体准则的相关要求，做到数字真实、内容完整、说明清楚和报送及时。

（1）数字真实。财务报表中的各项数据必须真实可靠，如实地反映企业的财务状况、经营成果和现金流量。这是对会计信息质量的基本要求。财务报表所提供的会计信息是实际数，不是预计数、估计数，更不能弄虚作假，隐瞒谎报，有意篡改、伪造，以保证财务报表的真实性。

（2）内容完整。财务报表应反映企业经济活动的全貌：全面反映企业的财务状况和经营成果，才能满足各方面对会计信息的需要。凡是国家要求提供的财务报表，各企业必须全部编制并报送；凡是国家统一要求披露的信息都必须披露。不得漏编和漏报，也不应漏填、漏列报表项目，以保证财务报表的完整性。

（3）说明清楚。财务报表中需要加以说明的项目应在报表附注中用文字简要说明，以便报表使用者理解和运用。对财务报表中主要指标的构成和计算方法、报告期发生的特殊情况，如经营范围变化、经营结构变更以及对报告期经济效益影响较大的各种因素，都必须加以说明。

（4）报送及时。及时性是会计信息的重要特征，财务报表信息只有及时地传递给信息使用者，才能为使用者的决策提供依据；否则，即使是真实可靠和内容完整的财务报告，由于编制和报送不及时，对报告使用者来说，都会大大降低会计信息的使用价值。为了保证财务报表的及时性，必须加强日常核算工作，认真做好记账、算账、对账和财产清查工作；同时加强会计人员的配合协作，使财务报表编报及时。但不能为赶编财务报表而提前结账，更不应为了提前结账、提前报送而影响报表质量。

二、财务报表的作用

财务报表是企业对外提供财务会计信息的主要形式，财务报表所提供的资料与其他会计资料相比，具有更集中、更系统和更有条理性的特点，在日常的经济运行过程中发挥着重要的作用。概括而言，财务报表的主要作用包括以下几个方面。

（1）为投资者和债权人进行有关决策提供重要依据。编制和提供财务报表，有利于投资者、债权人和其他有关各方掌握企业的财务状况、经营成果和现金流量情况，进而分析企业的赢利能力、偿债能力、投资收益、发展前景等，为投资、贷款和贸易提供决策依据。投资者主要关心企业经营业绩、赢利能力、投资风险和投资报酬率等情况，另外，部分投资者还需了解企业的利润分配政策、未来发展前景，希望未来有一个比较稳定的红利分配。债权人主要关心企业财务状况、负债比率、偿债能力、还债信誉等情况，希望未来能安全和及时收回其贷款的本金及利息。显然，企业财务报表能够为投资者、债权人提供他们决策所需要的相关信息。

（2）为企业加强生产经营管理提供重要依据。现代企业中，投资者与经营者之间的关系是一种委托代理关系。投资者委托经营者经营其资源，为了维护自己的经济利益，需要经常了解和评价企业经营者的经营业绩，以及对受托资源的经济责任履行情况，而经营者理应定期向投资者呈报自己的受托责任完成情况，企业财务报表就是反映经营者经营业绩的主要依据。同时，编制和提供财务报表，有利于企业经营者了解本企业各项任务指标的完成情况，评价管理人员的经营业绩，以便及时发现问题，调整经营方向，制定措施改善经营管理水平，提高企业经济效益。

（3）为国家制定宏观经济调控政策提供重要依据。编制和提供财务报表，有利于国家宏观经济管理部门了解国民经济的运行状况，通过对各企业提供的财务报表资料进行汇总和分析，了解和掌握各行业、各地区的经济发展情况，以便调控宏观经济运行，优化资源配置，保证国民经济持续、稳定、健康地发展。此外，编制和提供财务报表，也有利于财政、税务、国资、审计等部门监督企业经营管理，通过财务报表可以检查、监督各企业是否遵守国家的各项法律、法规和制度，有无偷税漏税的行为，促使企业依法经营，减少国家税收流失。企业主管部门通过企业财务报表的汇总和分析，为国家制订宏观经济计划和进行宏观调控提供信息。

三、财务报表的分类

1. 按编报的时间分

财务报表按编报的时间可分为中期财务报表和年度财务报表。月报、季报和半年报统称为中期财务报表。中期财务报表至少应当包括资产负债表、利润表、现金流量表和附注，其中，中期资产负债表、利润表和现金流量表应当是完整的报表，格式和内容应当与年度财务报表一致。与年度财务报表相比，中期财务报表中的附注披露可适当简化。

2. 按报表的服务对象分

财务报表按报表的服务对象可分为对内报表和对外报表。对内报表是指为满足企业内部管理需要而编制的不对外公开的报表，如成本报表等。对内报表一般不需要用统一规定的格式，也没有统一的指标体系。对外报表是指企业向外提供的，供企业投资者、债权人、政府部门以及其他与企业有经济利益关系的单位和个人使用的报表。企业对外提供的报表特别是上市公司报表需经注册会计师审计鉴证后，才能对外报送。企业对外报送的财务报表有资产负债表、利润表、现金流量表、所有者权益变动表以及财务报表的附注。

3. 按反映资金的运动状态分

财务报表按反映资金的运动状态可分为静态报表和动态报表。静态报表是反映资金运动处于相对静止状态时的财务报表，用来反映某一时点上企业资产、负债及所有者权益的分布情况。由于期末账户余额提供的是各项目的增减变动结果指标，即静态指标，所以静态报表一般根据账户期末余额分析计算填列，如资产负债表。动态报表是反映资金运动处于显著变动状态时的财务报表，用来反映企业在一定时期内的收入、费用、利润形成情况。由于企业各账户借、贷方发生额提供的是动态指标，因此，动态报表一般根据账户的本期发生额填列，如利润表、现金流量表和所有者权益变动表。

4. 按报表的编制主体分

财务报表按编制的主体可以分为个别报表和合并报表。个别报表一般根据账簿记录进行加工编制，反映个别企业财务状况、经营成果和现金流量。合并报表是由母公司编制的，在母公司和子公司个别报表的基础上，对企业集团内部交易进行相应抵销后编制的财务报表，以反映企业集团综合的财务状况、经营成果和现金流量。

第二节　资产负债表

一、资产负债表的作用

资产负债表是反映企业在某一特定日期（月末、季末、半年末、年末）财务状况的财务报表。它反映企业在某一特定日期所拥有或控制的经济资源、所承担的现时义务和所有者对净资产的要求权。它是根据资产、负债和所有者权益之间的相互关系，按照一定的分类标准和一定的顺序，把企业某一特定日期的资产、负债、所有者权益各项目予以适当排列并对日常工作中形成的大量数据进行整理后编制而成的。资产负债表可以反映企业资产、负债和所有者权益的全貌。

资产负债表的作用主要表现在以下几个方面。

（1）资产负债表揭示了企业所拥有或控制的资产规模及其具体存在形态。通过对资产结构的分析，债权人、投资者等相关利益者可以评价企业资产的流动性（变现能力），从而判断其资产质量及其预期的赢利能力。

（2）资产负债表揭示了企业所承担的现有义务和所有者对净资产的要求权，即通过资产负债表，债权人、投资者等相关利益者可以了解企业负债的构成情况，判断企业未来需要用多少资产或劳务偿清债务；了解企业的所有者在企业资产中享有多少经济利益。

（3）根据资产负债表的要素构成，债权人、投资者等相关利益者可以计算企业的资产负债率、流动比率、速动比率等财务指标，分析企业的偿债能力，判断企业的财务状况。资产负债表为会计信息使用者进行决策提供了重要的依据。

（4）资产负债表可以帮助投资者考核企业管理人员是否有效地利用了现有的经济资源，是否使资源得到了保值增值，有利于对企业管理人员的业绩进行考核评价。

二、资产负债表的结构

资产负债表的结构是根据“资产=负债+所有者权益”这一会计等式建立的，因此，资产负债表的项目分为资产、负债和所有者权益三类。资产负债表分为左右两方，左方列示资产的各项目，反映全部资产的分布和存在形态；右方列示负债和所有者权益各项目，反映负债和所有者权益的内容及构成情况。资产负债表左右双方平衡，资产总计等于负债和所有者权益总计，即“资产=负债+所有者权益”。

资产负债表各会计要素及要素项目的不同排列方式形成了该表的具体格式。资产负债表的格式一般有报告式和账户式两种。

1. 报告式资产负债表

报告式资产负债表又称为直列式资产负债表，它是以“资产–负债=所有者权益”这一会计等式为基础编制的。它将资产、负债、所有者权益等会计要素及要素项目在资产负债表中从上到下排列，首先列示各资产项目，然后列示各负债项目，最后列示各所有者权益项目。这种报表的特点是产权关系清楚，易为债权人、投资者及一般使用者所理解。报告式资产负债表的格式见表13.1。

表13.1 资产负债表（报告式）

编制单位： 年 月 日（单位：元）

项 目	年初数	期末数
资产：		
流动资产		
非流动资产		
资产合计		
负债：		
流动负债		
非流动负债		
负债合计		
所有者权益：		
实收资本		
资本公积		
盈余公积		
未分配利润		
所有者权益合计		

2. 账户式资产负债表

账户式资产负债表又称横列式资产负债表，它如同一个T型账户，分为左右两部分。资产类项目填列在左方，负债类和所有者权益类项目填列在右方。左方各资产项目相加之和与右方各负债项目和所有者权益项目相加之和应该相等。

账户式资产负债表的主要特点是，与会计基本等式“资产=负债+所有者权益”一样，资产列于报表（等式）的左边，负债和所有者权益列于报表（等式）的右边，左右对照，便于对企业财务状况进行比较分析。我国企业会计准则规定，企业资产负债表应采用账户式格式编制。账户式资产负债表的格式见表13.2。

表13.2 资产负债表（账户式）

会企01表

编制单位： ______年___月___日 （单位：元）

资 产	期末余额	上年年末余额	负债和所有者权益（或股东权益）	期末余额	上年年末余额
流动资产：			流动负债：		
货币资金			短期借款		
交易性金融资产			交易性金融负债		
衍生金融资产			衍生金融负债		

续表

资　　产	期末余额	上年年末余额	负债和所有者权益（或股东权益）	期末余额	上年年末余额
应收票据			应付票据		
应收账款			应付账款		
应收款项融资			预收款项		
预付款项			合同负债		
其他应收款			应付职工薪酬		
存货			应交税费		
合同资产			其他应付款		
持有待售资产			持有待售负债		
一年内到期的非流动资产			一年内到期的非流动负债		
其他流动资产			其他流动负债		
流动资产合计			流动负债合计		
非流动资产：			非流动负债：		
债权投资			长期借款		
其他债权投资			应付债券		
长期应收款			其中：优先股		
长期股权投资			永续债		
其他权益工具投资			租赁负债		
其他非流动金融资产			长期应付款		
投资性房地产			预计负债		
固定资产			递延收益		
在建工程			递延所得税负债		
生产性生物资产			其他非流动负债		
油气资产			非流动负债合计		
使用权资产			负债合计		
无形资产			所有者权益（或股东权益）：		
开发支出			实收资本（或股本）		
商誉			其他权益工具		
长期待摊费用			其中：优先股		
递延所得税资产			永续债		
其他非流动资产			资本公积		
非流动资产合计			减：库存股		
			其他综合收益		
			专项储备		
			盈余公积		
			未分配利润		
			所有者权益（或股东权益）合计		
资产总计			负债和所有者权益（或股东权益）总计		

三、资产负债表的编制

资产负债表是在企业完成了日常账务处理的基础上编制的。在编表日，企业需要对日常会计核算记录的数据进行归类、整理和汇总，加工成报表项目，最后形成资产负债表。编制的具体方法如下：企业在编制资产负债表之前，应当编制账户余额试算平衡表，该表应当根据总账的期末余额编制。在试算平衡以后，再根据账户余额试算平衡表和有关明细账户余额，正式编制资产负债表。资产负债表中各项目的填列方法如下。

（一）资产负债表“上年年末余额”栏的填列方法

“上年年末余额”栏内各项目数字通常应根据上年年末资产负债表“期末余额”栏内所列数字填列。如果本年度资产负债表规定的各个项目的名称和内容与上年度不一致，应对上年年末资产负债表各项目的名称和内容按本年度的规定进行调整，按调整后的数字填入资产负债表“上年年末余额”栏内。

（二）资产负债表“期末余额”栏的填列方法

资产负债表“期末余额”栏一般应根据资产、负债和所有者权益科目的期末余额填列。其中，资产类项目主要根据有关资产类科目的借方余额填列，负债和所有者权益类项目主要根据有关科目的贷方余额填列。具体的填列方法主要有以下几种。

1. 根据总账科目余额填列

资产类项目有“交易性金融资产”“衍生金融资产”“其他权益工具投资”“长期待摊费用”“递延所得税资产”等。其中，长期待摊费用摊销年限（或期限）只剩一年或不足一年的，或者预计在一年内（含一年）进行摊销的部分，仍在“长期待摊费用”项目中列示，不转入“一年内到期的非流动资产”项目。

负债类项目有“短期借款”“交易性金融负债”“衍生金融负债”“持有待售负债”“长期借款”“应付债券”“递延收益”“递延所得税负债”等。

所有者权益类项目有“实收资本（或股本）”“其他权益工具”“资本公积”“其他综合收益”“库存股”“盈余公积”等项目。

2. 根据总账科目余额计算填列

资产负债表中的某些项目需要根据若干总账科目的期末余额计算填列，如“货币资金”项目，需根据“库存现金”“银行存款”“其他货币资金”科目期末余额的合计数填列。

货币资金=库存现金+银行存款+其他货币资金

“其他应付款”项目，应根据“应付利息”“应付股利”“其他应付款”科目的期末余额合计数填列。

其他应付款=应付利息+应付股利+其他应付款

3. 根据明细科目的余额计算填列

资产负债表的某些项目需要根据有关科目所属的明细科目的期末余额计算填列。

“应收账款”的金额，应根据“应收账款”与“预收账款”科目所属明细科目的期末借方余额计算。“应付账款”的金额，应根据“应付账款”和“预付账款”所属明细科目期末贷方余额计算。

（1）“应收账款”项目=“应收账款”明细科目（借余）+“预收账款”明细科目（借余）。

（2）“预收账款”项目=“预收账款”明细科目（贷余）+“应收账款”明细科目（贷余）。

（3）“预付账款”项目=“预付账款”明细科目（借余）+“应付账款”明细科目（借余）。

（4）“应付账款”项目=“应付账款”明细科目（贷余）+“预付账款”明细科目（贷余）。

需注意的是，如果“应收账款”“预付账款”项目已提取了坏账准备，则还应减去坏账准备金额后才能填列。

"开发支出"项目，应根据"研发支出"科目中所属"资本化支出"明细科目期末余额填列。

"应交税费"项目，应根据"应交税费"科目的明细科目期末余额分析填列，其中的借方余额，应当根据其流动性在"其他流动资产"或"其他非流动资产"项目中填列。

"一年内到期的非流动资产""一年内到期的非流动负债"项目，应根据有关非流动资产或非流动负债项目的明细科目分析填列。

"未分配利润"项目，应根据"利润分配"科目中所属的"未分配利润"明细科目余额填列。

4. 根据总账科目和明细科目余额分析计算填列

"其他债权投资"项目，应根据"其他债权投资"科目的明细科目余额分析填列。将于一年内到期的长期债权投资的期末账面价值，在"一年内到期的非流动资产"项目反映。企业购入的一年内到期的以公允价值计量且其变动计入其他综合收益的债权投资的期末账面价值，在"其他流动资产"项目反映。

"长期借款"项目，根据"长期借款"总账科目余额扣减"长期借款"科目所属明细科目中将于一年内到期的长期借款部分后的金额填列。将于一年内到期的长期借款部分填列在"一年内到期的非流动负债"项目内。

提示与说明

在实际工作中，如果企业的预收账款不多，也可将应收账款与预收账款都记录在应收账款账簿中，编制资产负债表时，需根据应收账款与预收账款的明细账分析填列。

"其他流动资产""其他流动负债"项目，应根据有关总账科目及有关科目的明细科目期末余额分析填列；"其他非流动负债"项目，应根据有关科目的期末余额减去将于一年内（含一年）到期偿还数后的金额填列。

5. 根据有关科目余额减去其备抵科目余额后的净额填列

"持有待售资产""债权投资""长期股权投资""商誉"项目，应根据有关科目的期末余额填列，已计提减值准备的，还应扣减相应的减值准备。

"投资性房地产""无形资产"等项目，应根据相关科目的期末余额扣减相关的累计折旧、累计摊销后的金额填列，已计提减值准备的，还应扣减相应的减值准备。

"固定资产"项目，应根据"固定资产"科目的期末余额减去"累计折旧"和"固定资产减值准备"科目的期末余额以及"固定资产清理"科目的期末余额后的金额填列。

"在建工程"项目，应根据"在建工程"和"工程物资"科目的期末余额合计数减去"在建工程减值准备"和"工程物资减值准备"科目的期末余额后的金额填列。

"长期应收款"项目，应根据"长期应收款"科目的期末余额，减去相应的"未实现融资收益"科目和"坏账准备"科目所属相关明细科目期末余额后的金额填列；"长期应付款"项目，应根据"长期应付款"科目的期末余额，减去相应的"未确认融资费用"科目期末余额后的金额，以及"专项应付款"科目的期末余额填列。

6. 综合运用上述填列方法分析计算填列

涉及的项目主要有："应收票据""应收账款"项目，应根据"应收票据"科目余额和"应收账款"与"预收账款"科目所属明细科目的期末借方余额合计数，减去"坏账准备"科目中相关坏账准备期末余额后的金额填列。"其他应收款"项目，应根据"应收利息""应收股利""其他应收款"科目的期末余额合计数，减去"坏账准备"科目中相关坏账准备期末余额后的金额填列。

“存货”项目的金额=“材料采购”科目的期末余额+“在途物资”科目的期末余额+“原材料”科目的期末余额±“材料成本差异”科目的期末余额+“生产成本”科目的期末余额+“周转材料（包装物和低值易耗品）”科目的期末余额+“发出商品”科目的期末余额+“库存商品”科目的期末余额+“委托加工物资”科目的期末余额-“存货跌价准备”科目的期末余额。

“应付票据”“应付账款”项目，应根据“应付票据”科目的期末余额以及“应付账款”和“预付账款”科目所属的相关明细科目的期末贷方余额合计数填列。

“合同资产”和“合同负债”项目，应根据“合同资产”科目和“合同负债”科目的明细科目期末余额分析填列。同一合同下的合同资产和合同负债应当以净额列示。其中净额为借方余额的，应根据其流动性在“合同资产”或“其他非流动资产”项目中填列，已提减值准备的，还应减去“合同资产减值准备”科目中相应的期末余额后的金额填列；如果净额为贷方余额的，应当根据其流动性在“合同负债”或“其他非流动负债”项目中填列。

“其他非流动资产”项目，应根据有关科目的期末余额减去将于一年内（含一年）收回数后的金额，如“合同取得成本”科目和“合同履约成本”科目的明细科目中初始确认时摊销期限在一年或一个正常营业周期以上的期末余额，减去“合同取得成本减值准备”科目和“合同履约成本减值准备”科目中相应的期末余额填列。

四、资产负债表编制实例

【例 13.1】 长江公司为股份有限公司，其 20×3 年 1 月 1 日有关科目的余额见表 13.3。

1. 资料。

长江公司为增值税一般纳税人，适用的增值税税率为 13%，所得税税率为 25%，原材料采用实际成本核算。当年应收账款未提取坏账准备，其他的如存货、固定资产、无形资产等资产都没有计提资产减值准备。

长江公司 20×3 年发生的经济业务如下。

（1）从 A 工厂购入原材料一批，价款 1 250 000 元，增值税进项税额 162 500 元，共计 1 412 500 元，原已预付材料款 650 000 元，余款 762 500 元用银行存款支付，材料尚未收到。

（2）收到从 B 工厂购进的原材料一批，实际成本 1 500 000 元，材料已验收入库，货款已于上月支付。

（3）用银行汇票支付方式购入原材料，购入的材料价款共计 1 240 000 元，增值税进项税额 161 200 元，原材料已验收入库，公司收到开户银行转来银行汇票多余款收账通知，通知上注明多余款项为 28 000 元。

（4）购入不需安装的设备一台，增值税专用发票上注明价款 785 000 元、增值税 102 050 元，设备的包装费及运费共计 10 000 元（假设运费不考虑增值税），均已用银行存款支付，设备已交付使用。

（5）收到银行通知，用银行存款支付到期的商业承兑汇票 1 075 000 元，支付应付账款 1 625 000 元。向 A 工厂购进的原材料已经验收入库。

（6）向东宇工厂赊销产品一批，销售价款 3 500 000 元，增值税销项税 455 000 元，该产品的实际成本为 2 100 000 元，产品已经发出，款项暂未收到。

（7）公司购入一批股票，作为交易性金融资产核算和管理，实际支付价款 532 000 元，另发生相关税费（交易费用）8 300 元，均以银行存款支付。

（8）企业购入一条需要安装的生产线，收到的增值税专用发票注明生产线设备价款 1 600 000 元，增值税进项税额 208 000 元，款项已通过银行转账支付。

（9）企业安装生产线领用工程物资 1 600 000 元，发生应付职工薪酬 2 200 000 元。

（10）银行通知，向东宇工厂赊销产品的全部款项 3 955 000 元，收到 2 000 000 元，剩余欠款 1 955 000 元以后再归还。

（11）基本生产车间领用原材料 6 500 000 元，全部用于产品生产。

（12）分配本期应付职工工资 2 400 000 元（不包括在建工程人员工资），其中，生产工人工资 2 160 000 元，车间管理人员工资 100 000 元，行政管理人员工资 140 000 元。

（13）分配本期职工福利费 644 000 元，其中生产工人福利费 302 400 元，车间管理人员福利费 14 000 元，企业管理人员福利费 19 600 元，在建工程人员福利费 308 000 元。

（14）用银行存款发放职工工资 4 600 000 元，其中包括支付在建工程人员工资 2 200 000 元。

（15）生产线安装完工交付使用。

（16）因故报废一栋厂房，残值变卖价款 500 000 元存入银行，设备原价 1 000 000 元，已提折旧 425 000 元，用银行存款 2 000 元支付清理费用。假定不考虑相关税费。

（17）按规定计提本期固定资产折旧 400 000 元，其中，生产车间 320 000 元，管理部门 80 000 元。

（18）提取无形资产摊销 200 000 元。

（19）向华星工厂销售产品一批，价款 6 300 000 元，增值税销项税 819 000 元，款项收到存入银行，该批产品的实际成本为 3 780 000 元。

表 13.3 科目余额表

20×3 年 1 月 1 日　　（单位：元）

科目名称	借方余额	科目名称	贷方余额
库存现金	21 000	短期借款	3 300 000
银行存款	7 837 000	应付票据	3 800 000
其他货币资金	3 142 000	应付账款	7 200 000
交易性金融资产	2 300 000	预收账款	3 400 000
应收票据	3 900 000	其他应付款	349 000
应收账款	6 200 000	应付利息	500 000
坏账准备	−31 000	应付职工薪酬	2 000 000
预付账款	2 300 000	应交税费	550 000
原材料	4 365 000	长期借款	11 000 000
库存商品	7 235 000	股本	16 000 000
在途物资	1 500 000	资本公积	2 868 000
长期股权投资	298 000	盈余公积	800 000
固定资产	10 700 000	利润分配（未分配利润）	900 000
累计折旧	−900 000		
无形资产	4 100 000		
累计摊销	−300 000		
合　计	52 667 000	合　计	52 667 000

（20）将本期制造费用 434 000 元全部转入生产成本，计算并结转本期完工产品成本 9 396 400 元。本期没有期初在产品，生产的产品全部完工入库。

（21）偿还短期借款本金 1 500 000 元，利息 45 000 元，共计 1 545 000 元。借款利息原已记入“应付利息”科目。

（22）用银行存款归还到期的长期借款本金 2 100 000 元。

（23）公司出售一批交易性金融资产，扣除相关税费后实际收到 1 860 000 元，该投资的成本为 1 581 000 元，公允价值变动增值为 241 800 元，出售收益为 37 200 元。

（24）公司向环宇工厂销售产品一批，价款 2 310 000 元，增值税销项税 300 300 元，收到 2 610 300 元的银行承兑汇票一张。该批产品的实际成本为 1 386 000 元。

（25）用银行存款支付广告宣传费 260 000 元。

（26）公司将收到环宇工厂的银行承兑汇票拿到开户银行贴现，支付贴现利息 135 000 元。

（27）用银行存款支付本年的财产保险费 84 000 元。

（28）本期产品销售应缴纳城市维护建设税 70 000 元、教育费附加 30 000 元。

（29）用银行存款缴纳增值税 1 000 000 元、城市维护建设税 70 000 元、教育费附加 30 000 元。

（30）年末交易性金融资产的公允价值为 1 009 200 元，应确认公允价值变动收益 47 000 元。

（31）结转本期第 6 笔业务向东宇工厂销售产品成本 2 100 000 元，第 19 笔业务向华星工厂销售产品成本 3 780 000 元，第 24 笔业务向环宇工厂销售产品成本 1 386 000 元，共计 7 266 000 元。

（32）生产车间盘亏一台设备，原价 350 000 元，已提折旧 281 000 元。假定不考虑相关税费。

（33）第（32）笔业务中盘亏的固定资产经批准将 69 000 元损失转为营业外支出。

（34）结转各收入、费用类科目，确定利润总额 3 755 300 元。

（35）计算本期应交所得税 938 825 元，将应交所得税转入“本年利润”科目。

（36）用银行存款缴纳所得税 938 825 元。
（37）年末结转实现的净利润 2 816 475 元到“利润分配——未分配利润”科目。
（38）按照净利润的 10%提取法定盈余公积、5%提取任意盈余公积，分配现金股利 750 000 元。
（39）将利润分配各明细科目的余额转入“利润分配——未分配利润”明细科目。

2. 根据以上经济业务编制会计分录。

（1）

借：在途物资	1 250 000	
应交税费——应交增值税（进项税额）	162 500	
贷：银行存款		762 500
预付账款		650 000

（2）

借：原材料	1 500 000	
贷：在途物资		1 500 000

（3）

借：原材料	1 240 000	
银行存款	28 000	
应交税费——应交增值税（进项税额）	161 200	
贷：其他货币资金——银行汇票存款		1 429 200

（4）

借：固定资产	795 000	
应交税费——应交增值税（进项税额）	102 050	
贷：银行存款		897 050

（5-1）

借：应付票据	1 075 000	
应付账款	1 625 000	
贷：银行存款		2 700 000

（5-2）

借：原材料	1 250 000	
贷：在途物资		1 250 000

（6）

借：应收账款	3 955 000	
贷：主营业务收入		3 500 000
应交税费——应交增值税（销项税额）		455 000

（7）

借：交易性金融资产	532 000	
投资收益	8 300	
贷：银行存款		540 300

（8）

借：工程物资	1 600 000	
应交税费——应交增值税（进项税额）	208 000	
贷：银行存款		1 808 000

（9）

借：在建工程	3 800 000	
贷：工程物资		1 600 000
应付职工薪酬——工资		2 200 000

（10）

借：银行存款	2 000 000	
贷：应收账款		2 000 000

（11）

借：生产成本　6 500 000

　　贷：原材料　6 500 000

（12）

借：生产成本　2 160 000

　　制造费用　100 000

　　管理费用　140 000

　　贷：应付职工薪酬——工资　2 400 000

（13）

借：生产成本　302 400

　　制造费用　14 000

　　管理费用　19 600

　　在建工程　308 000

　　贷：应付职工薪酬—职工福利　644 000

（14）

借：应付职工薪酬——工资　4 600 000

　　贷：银行存款　4 600 000

（15）

生产线成本=1 600 000+2 200 000+308 000=4 108 000（元）

借：固定资产　4 108 000

　　贷：在建工程　4 108 000

（16–1）

借：固定资产清理　575 000

　　累计折旧　425 000

　　贷：固定资产　1 000 000

（16–2）

借：固定资产清理　2 000

　　贷：银行存款　2 000

（16–3）

借：银行存款　500 000

　　贷：固定资产清理　500 000

（16–4）

借：营业外支出　77 000

　　贷：固定资产清理　77 000

（17）

借：制造费用　320 000

　　管理费用　80 000

　　贷：累计折旧　400 000

（18）

借：管理费用——无形资产摊销　200 000

　　贷：累计摊销　200 000

（19）

借：银行存款　7 119 000

　　贷：主营业务收入　6 300 000

　　　　应交税费——应交增值税（销项税额）　819 000

（20–1）

借：生产成本　434 000

　　贷：制造费用　434 000

（20–2）

借：库存商品　9 396 400

　　贷：生产成本　9 396 400

（21）

借：短期借款　1 500 000

　　应付利息　45 000

　　贷：银行存款　1 545 000

（22）

借：长期借款　2 100 000

　　贷：银行存款　2 100 000

（23–1）

借：银行存款　1 860 000

　　贷：交易性金融资产——成本　1 581 000

　　　　　　　　　　——公允价值变动　241 800

　　　　投资收益　37 200

（23–2）

借：公允价值变动损益　241 800

　　贷：投资收益　241 800

（24）

借：应收票据　2 610 300

　　贷：主营业务收入　2 310 000

　　　　应交税费——应交增值税（销项税额）　300 300

（25）

借：销售费用　260 000

　　贷：银行存款　260 000

（26）

借：银行存款　2 475 300

　　财务费用　135 000

　　贷：应收票据　2 610 300

（27）

借：管理费用　84 000

　　贷：银行存款　84 000

（28）

借：税金及附加　100 000

　　贷：应交税费——应交城市维护建设费　70 000

　　　　　　　——应交教育费附加　30 000

（29）

借：应交税费——应交增值税（已交税金）　1 000 000

　　　　　——应交城市维护建设税　70 000

　　　　　——应交教育费附加　30 000

　　贷：银行存款　1 100 000

（30）

借：交易性金融资产——公允价值变动　47 000

　　贷：公允价值变动损益　47 000

（31）

借：主营业务成本　7 266 000

　　贷：库存商品　7 266 000

（32）
借：累计折旧　281 000
　　待处理财产损溢——待处理固定资产损溢　69 000
　　贷：固定资产　350 000
（33）
借：营业外支出——固定资产盘亏　69 000
　　贷：待处理财产损溢——待处理固定资产损溢　69 000
（34-1）
借：主营业务收入　12 110 000
　　投资收益　270 700
　　贷：本年利润　12 380 700
（34-2）
借：本年利润　8 625 400
　　贷：主营业务成本　7 266 000
　　　　税金及附加　100 000
　　　　销售费用　260 000
　　　　管理费用　523 600
　　　　财务费用　135 000
　　　　公允价值变动损益　194 800
　　　　营业外支出　146 000
（35-1）
借：所得税费用　938 825
　　贷：应交税费——应交所得税　938 825
（35-2）
借：本年利润　938 825
　　贷：所得税费用　938 825
（36）
借：应交税费——应交所得税　938 825
　　贷：银行存款　938 825
（37）
借：本年利润　2 816 475
　　贷：利润分配——未分配利润　2 816 475
（38）
借：利润分配——提取法定盈余公积　281 647.50
　　　　　　——提取任意盈余公积　140 823.75
　　　　　　——应付股利　750 000
　　贷：盈余公积　422 471.25
　　　　应付股利　750 000
（39）
借：利润分配——未分配利润　1 172 471.25
　　贷：利润分配——提取法定盈余公积　281 647.50
　　　　　　　　——提取任意盈余公积　140 823.75
　　　　　　　　——应付股利　750 000

3. 根据会计分录填列 T 型账，计算各账户的本期发生额和期末余额。

（略）

4. 编制试算平衡表。

根据经济业务发生后的余额编制长江公司 20×3 年年末的试算平衡表，见表 13.4。

表 13.4 试算平衡表

编制单位：长江公司　　　　20×3 年 12 月 31 日　　　　（单位：元）

账户名称	期初余额		本期发生额		期末余额	
	借方	贷方	借方	贷方	借方	贷方
库存现金	21 000				21 000	
银行存款	7 837 000		13 982 300	17 337 675	4 481 625	
其他货币资金	3 142 000			1 429 200	1 712 800	
交易性金融资产	2 300 000		579 000	1 822 800	1 056 200	
应收票据	3 900 000		2 610 300	2 610 300	3 900 000	
应收账款	6 200 000		3 955 000	2 000 000	8 155 000	
坏账准备		31 000				31 000
预付账款	2 300 000			650 000	1 650 000	
原材料	4 365 000		3 990 000	6 500 000	1 855 000	
库存商品	7 235 000		9 396 400	7 266 000	9 365 400	
在途物资	1 500 000		1 250 000	2 750 000	0	
长期股权投资	298 000				298 000	
固定资产	10 700 000		4 903 000	1 350 000	14 253 000	
累计折旧		900 000	706 000	400 000		594 000
固定资产清理			577 000	577 000		
待处理财产损溢			69 000	69 000		
在建工程			4 108 000	4 108 000		
无形资产	4 100 000				4 100 000	
累计摊销		300 000		200 000		500 000
短期借款		3 300 000	1 500 000			1 800 000
应付票据		3 800 000	1 075 000			2 725 000
应付账款		7 200 000	1 625 000			5 575 000
预收账款		3 400 000				3 400 000
其他应付款		349 000				349 000
应付利息		500 000	45 000			455 000
应付职工薪酬		2 000 000	4 600 000	5 244 000		2 644 000
应付股利				750 000		750 000
应交税费		550 000	2 672 575	2 613 125		490 550
长期借款		11 000 000	2 100 000			8 900 000
股本		16 000 000				16 000 000
资本公积		2 868 000				2 868 000
盈余公积		800 000		422 471.25		1 222 471.25
利润分配（未分配利润）		900 000	1 172 471.25	2 816 475		2 544 003.75
本年利润			12 380 700	12 380 700		
生产成本			9 396 400	9 396 400		
制造费用			434 000	434 000		
工程物资			1 600 000	1 600 000		
主营业务收入			12 110 000	12 110 000		
主营业务成本			7 266 000	7 266 000		
税金及附加			100 000	100 000		
销售费用			260 000	260 000		
管理费用			523 600	523 600		

续表

账户名称	期初余额		本期发生额		期末余额	
	借方	贷方	借方	贷方	借方	贷方
财务费用			135 000	135 000		
公允价值变动损益			194 800	194 800		
投资收益			270 700	270 700		
营业外支出			146 000	146 000		
所得税费用			938 825	938 825		
合　计	53 898 000	53 898 000	106 672 071.25	106 672 071.25	50 848 025	50 848 025

5. 编制资产负债表。

根据以上长江公司 20×3 年年末的试算平衡表及科目余额表编制资产负债表，见表 13.5。

表 13.5　资产负债表

会企 01 表

编制单位：长江公司　　20×3 年 12 月 31 日　　（单位：元）

资　产	期末余额	上年年末余额	负债和所有者权益（或股东权益）	期末余额	上年年末余额
流动资产：			流动负债：		
货币资金	6 215 425	11 000 000	短期借款	1 800 000	3 300 000
交易性金融资产	1 056 200	2 300 000	交易性金融负债		
衍生金融资产			衍生金融负债		
应收票据	3 900 000	3 900 000	应付票据	2 725 000	3 800 000
应收账款	8 124 000	6 169 000	应付账款	5 575 000	7 200 000
应收款项融资			预收款项	3 400 000	3 400 000
预付款项	1 650 000	2 300 000	合同负债		
其他应收款			应付职工薪酬	2 644 000	2 000 000
存货	11 220 400	13 100 000	应交税费	490 550	550 000
合同资产			其他应付款	1 554 000	849 000
持有待售资产			持有待售负债		
一年内到期的非流动资产			一年内到期的非流动负债		
其他流动资产			其他流动负债		
流动资产合计	32 166 025	38 769 000	流动负债合计	18 188 550	21 099 000
非流动资产：			非流动负债：		
债权投资			长期借款	8 900 000	11 000 000
其他债权投资			应付债券		
长期应收款			其中：优先股		
长期股权投资	298 000	298 000	永续债		
其他权益工具投资			租赁负债		
其他非流动金融资产			长期应付款		
投资性房地产			预计负债		
固定资产	13 659 000	9 800 000	递延收益		
在建工程			递延所得税负债		
生产性生物资产			其他非流动负债		
油气资产			非流动负债合计	8 900 000	11 000 000
使用权资产			负债合计	27 088 550	32 099 000
无形资产	3 600 000	3 800 000	所有者权益（或股东权益）：		

续表

资　　产	期末余额	上年年末余额	负债和所有者权益（或股东权益）	期末余额	上年年末余额
开发支出			实收资本（或股本）	16 000 000	16 000 000
商誉			其他权益工具		
长期待摊费用			其中：优先股		
递延所得税资产			永续债		
其他非流动资产			资本公积	2 868 000	2 868 000
非流动资产合计	17 557 000	13 898 000	减：库存股		
			其他综合收益		
			专项储备		
			盈余公积	1 222 471.25	800 000
			未分配利润	2 544 003.75	900 000
			所有者权益（或股东权益）合计	22 634 475	20 568 000
资产总计	49 723 025	52 667 000	负债和所有者权益（或股东权益）总计	49 723 025	52 667 000

表 13.5 中资产负债表期末余额个别项目的计算如下（年初余额计算同理）：

“货币资金”项目=21 000+4 481 625+1 712 800=6 215 425（元）

“存货”项目=1 855 000+9 365 400=11 220 400（元）

应收账款项目=应收账款−坏账准备=8 155 000−31 000=8 124 000（元）

“固定资产”项目=14 253 000−594 000=13 659 000（元）

“无形资产”项目=4 100 000−500 000=3 600 000（元）

“其他应付款”项目=应付利息+应付股利+其他应付款=455 000+750 000+349 000

=1 554 000（元）

第三节　利　润　表

一、利润表的作用

利润表是反映企业在一定会计期间经营成果的报表。利润是一个综合性质量指标，它反映企业在一个会计期间的所有收入（广义）与所有费用（广义）相抵后的差额。它不仅能反映企业经济活动的结果，而且能在一定程度上表现企业的经营管理水平，同时又是企业利润分配的主要依据。因此，利润表是企业主要财务报表之一，每个企业都必须按期编制。

企业的赢利能力以及利润的发展趋势是企业生存和发展的关键，也是投资者和债权人关注的焦点。编制利润表具有以下主要作用。

（1）利润表可以反映企业的获利能力。利润表可以从总体反映企业的收入、费用及净利润（或亏损）的实现及构成情况，说明企业生产经营的收益和成本耗费情况，体现企业生产经营成果。报表使用者通过对企业前后时期利润表的比较，可以分析企业的赢利能力以及利润的未来发展趋势。

提示与说明

一般企业财务报表格式政策文件

（2）利润表可以考核企业生产经营成果。利润表有助于评价并预测企业偿债能力的强弱。企业的偿债能力受制于多种因素，而获利能力是决定偿债能力的一个重要因素。获利能力强，企业经营资产的流动性就好，偿债能力也就强。

（3）利润表可以考核企业的管理水平。通过对不同时期的利润及构成项目进行分析，可以找出影响利润增减变动的原因，还可以据此评价企业管理者的工作业绩，督促管理者及时改进经营管理，不断提高经济效益。

二、利润表的结构

利润表的编制基础是“收入–费用=利润”，按照权责发生制将一定期间的收入与同一会计期间相关的成本费用配比，计算出企业一定时期的净利润（或净亏损）。

利润表一般有两种：单步式利润表和多步式利润表。

1. 单步式利润表

单步式利润表是将当期所有的收入列在一起，然后将所有的费用列在一起，两者相减得出当期净损益的利润表。其优点是列式简单，计算方便，易于理解。其不足则在于没能反映出各类收入与费用之间的配比关系，无法揭示出各构成要素之间的内在联系，不便于报表使用者进行分析，也不利于同行业之间的报表比较。其格式见表13.6。

表13.6 利润表（单步式）

编制单位：　　　　年　　月　　（单位：元）

项　　目	本期金额	上期金额
一、收入		
主营业务收入		
其他业务收入		
投资收益		
二、费用		
主营业务成本		
其他业务成本		
税金及附加		
管理费用		
销售费用		
财务费用		
所得税费用		
三、净利润		

2. 多步式利润表

多步式利润表通过对当期的收入以及费用、支出项目按性质加以归类，按利润形成的主要环节列示一些中间性利润指标，分步计算当期净损益，先计算营业利润，再计算利润总额，最后得出净利润。多步式利润表的优点是，能够向报表使用者提供具有结构性的信息，便于其对企业生产经营情况进行分析，有利于不同企业之间进行比较。我国企业会计准则规定利润表采用多步式。

此外，为了使报表使用者通过比较不同期间利润的实现情况，判断企业经营成果的未来发展趋势，企业需要提供比较利润表，就每个项目再分为“本期金额”和“上期金额”两栏分别列示。其格式见表13.7。

表13.7 利润表（多步式）

会企02表

编制单位：　　　　______年___月　　　　（单位：元）

项　　目	本期金额	上期金额
一、营业收入		
减：营业成本		
税金及附加		
销售费用		
管理费用		
研发费用		
财务费用		
其中：利息费用		
利息收入		
加：其他收益		
投资收益（损失以“–”号填列）		

续表

项　目	本期金额	上期金额
其中：对联营企业和合营企业的投资收益		
以摊余成本计量的金融资产终止确认收益（损失以“-”号填列）		
净敞口套期收益（损失以“-”号填列）		
公允价值变动收益（损失以“-”号填列）		
资产减值损失（损失以“-”号填列）		
信用减值损失（损失以“-”号填列）		
资产处置收益（损失以“-”号填列）		
二、营业利润（亏损以“-”号填列）		
加：营业外收入		
减：营业外支出		
三、利润总额（亏损总额以“-”号填列）		
减：所得税费用		
四、净利润（净亏损以“-”号填列）		
（一）持续经营净利润（净亏损以“-”号填列）		
（二）终止经营净利润（净亏损以“-”号填列）		
五、其他综合收益的税后净额		
（一）不能重分类进损益的其他综合收益		
1. 重新计量设定受益计划变动额		
2. 权益法下不能转损益的其他综合收益		
3. 其他权益工具投资公允价值变动		
4. 企业自身信用风险公允价值变动		
……		
（二）将重分类进损益的其他综合收益		
1. 权益法下可转损益的其他综合收益		
2. 其他债权投资公允价值变动		
3. 金融资产重分类计入其他综合收益的金额		
4. 其他债权投资信用减值准备		
5. 现金流量套期储备		
6. 外币财务报表折算差额		
……		
六、综合收益总额		
七、每股收益：		
（一）基本每股收益		
（二）稀释每股收益		

在多步式利润表中，企业的净利润是根据以下步骤计算出来的。

（1）计算营业利润，公式如下。

营业利润=营业收入-营业成本-税金及附加-销售费用-管理费用-研发费用-财务费用-资产减值损失-信用减值损失+其他收益+投资收益+公允价值变动收益+资产处置收益

（2）计算利润总额，公式如下。

利润总额=营业利润+营业外收入-营业外支出

（3）计算净利润，公式如下。

净利润=利润总额-所得税费用

三、利润表的编制

1. “上期金额”栏的填列方法

利润表“上期金额”栏内各项目数字应根据上年该期利润表“本期金额”栏内所列数字填列。如果上年度利润表的项目名称和内容与本年度利润表不一致，应对上年度利润表项目的名称和内容按本年度的规定进行调整，填入报表的“上期金额”栏。

2. “本期金额”栏的填列方法

利润表“本期金额”栏各项目主要根据各损益类科目的发生额分析填列，具体方法如下。

（1）“营业收入”项目，反映企业经营主要业务和其他业务所确认的收入总额。本项目应根据“主营业务收入”和“其他业务收入”科目的发生额分析填列。

（2）“营业成本”项目，反映企业经营主要业务和其他业务所发生的成本总额。本项目应根据“主营业务成本”和“其他业务成本”科目的发生额分析填列。

（3）“税金及附加”“销售费用”“管理费用”“财务费用”“资产减值损失”“信用减值损失”“其他收益”“投资收益”“净敞口套期收益”“公允价值变动收益”“资产处置收益”“营业外收入”“营业外支出”“所得税费用”等项目，应根据有关损益类科目的发生额分析填列。

（4）“研发费用”项目，反映企业进行研发和开发过程中发生的费用化支出。该项目应根据“管理费用”科目下的“研究费用”明细科目的发生额以及“管理费用”科目下的“无形资产摊销”明细科目的发生额分析填列。

（5）“财务费用”项目下的“利息费用”和“利息收入”明细项目，应根据“财务费用”科目的相关明细科目的发生额分析填列。

（6）“其中：对联营企业和合营企业的投资收益”项目，应根据“投资收益”科目所属的相关明细科目的发生额分析填列。

（7）“（一）持续经营净利润”和“（二）终止经营净利润”项目，应按照《持有待售的非流动资产、处置组和终止经营准则》的相关规定分别列报。

（8）“其他综合收益的税后净额”项目及其各组成部分，应根据“其他综合收益”科目及其所属明细科目的本期发生额分析填列。

（9）“营业利润”“利润总额”“净利润”项目，应根据利润表中相关项目计算填列。

（10）“综合收益总额”项目，反映企业净利润与其他综合收益的合计金额。

（11）“基本每股收益”和“稀释每股收益”项目，应根据《每股收益准则》规定计算的金额填列。

3. 利润表编制举例

【例 13.2】根据例 13.1 长江公司 20×3 年发生的经济业务及 12 月 31 日的试算平衡表编制利润表，见表 13.8。

表 13.8 利润表

会企 02 表

编制单位：长江公司　　20×3 年 12 月　　（单位：元）

项　目	本期金额	上期金额（略）
一、营业收入	12 110 000	
减：营业成本	7 266 000	
税金及附加	100 000	

续表

项　　目	本期金额	上期金额（略）
销售费用	260 000	
管理费用	523 600	
研发费用		
财务费用	135 000	
其中：利息费用	135 000	
利息收入		
加：其他收益		
投资收益（损失以“-”号填列）	270 700	
其中：对联营企业和合营企业的投资收益		
以摊余成本计量的金融资产终止确认收益（损失以“-”号填列）		
净敞口套期收益（损失以“-”号填列）		
公允价值变动收益（损失以“-”号填列）	-194 800	
资产减值损失（损失以“-”号填列）		
信用减值损失（损失以“-”号填列）		
资产处置收益（损失以“-”号填列）		
二、营业利润（亏损以“-”号填列）	3 901 300	
加：营业外收入		
减：营业外支出	146 000	
三、利润总额（亏损总额以“-”号填列）	3 755 300	
减：所得税费用	938 825	
四、净利润（净亏损以“-”号填列）	2 816 475	
（一）持续经营净利润（净亏损以“-”号填列）	2 816 475	
（二）终止经营净利润（净亏损以“-”号填列）		
五、其他综合收益的税后净额		
（一）不能重分类进损益的其他综合收益		
1. 重新计量设定受益计划变动额		
2. 权益法下不能转损益的其他综合收益		
3. 其他权益工具投资公允价值变动		
4. 企业自身信用风险公允价值变动		
……		
（二）将重分类进损益的其他综合收益		
1. 权益法下可转损益的其他综合收益		
2. 其他债权投资公允价值变动		
3. 金融资产重分类计入其他综合收益的金额		
4. 其他债权投资信用减值准备		
5. 现金流量套期储备		
6. 外币财务报表折算差额		
……		
六、综合收益总额	2 816 475	
七、每股收益：		
（一）基本每股收益		
（二）稀释每股收益		

表 13.8 中的个别项目计算如下：

“公允价值变动收益”项目=（30）47 000-（23）241 800=-194 800（元）

"投资收益"项目=（23）37 200+（23）241 800-（7）8 300=270 700（元）

注：计算式中的括号序号为例 13.1 中经济业务的序号。

提示与说明

企业的利润表反映了企业收入的获得与成本费用的耗费情况，但从企业实际现金流动看，企业获得收入并不意味着实际收到现金。这就是有的企业经营情况良好，赢利能力很强，却又无法偿还到期债务的原因。另外，利润表能够反映本期筹资活动和投资活动的损益，但不能说明筹资活动与投资活动提供或运用了多少现金。因此，利润表具有一定的局限性。现金流量表的编制可以弥补利润表的不足。

第四节　现金流量表

一、现金流量表概述

（一）现金流量表的来历及概念

20 世纪 50 年代以后，随着经济的快速发展，市场竞争日益加剧，生存成为企业的首要目标，企业的投资者、债权人和管理当局越来越关注企业偿还债务的能力，而资产负债表和利润表所提供的信息已经不能完整地反映企业的偿债能力和生存能力。会计环境的巨大变化迫使人们开始关注有关反映企业财务状况变动情况的信息。

自 20 世纪 70 年代以来，一些业绩良好的企业频频出现流动性危机，有的甚至因此而破产，这引起了人们对企业现金流量的关注，人们也认识到权责发生制的局限性。20 世纪 70 年代出现了财务状况变动表，20 世纪 80 年代后期现金流量表替代了财务状况变动表，有关现金流量的信息成为决策者关注的焦点。现金及其等价物如同企业的血液，它是一个会计主体维系正常、持续经营和发展的重要因素。如果一个企业销售很好，但是销售款长期无法收回，导致企业的流动资金长期被人占用，就会给企业按期偿付债务、支付股利以及进入下一轮生产循环带来很大困难。资产负债表和利润表是按权责发生制编制的，其不反映企业当期现金流入、流出以及增减变化的情况，无法为管理当局以及投资者、债权人提供企业现金流动发展趋势的重要信息。而现金流量表采用收付实现制编制，通过现金流量来反映和揭示企业的经营状况，便于投资者、债权人更合理地评价企业的经营状况、创现能力、筹资能力和资金实力。

现金流量表是反映企业在一定会计期间现金及现金等价物流入和流出情况的财务报表。

企业编制现金流量表的目的是为报表使用者提供企业一定会计期间内现金和现金等价物流入和流出的信息，以便于报表使用者了解和评价企业获取现金和现金等价物的能力，并据以预测企业未来现金流量。

（二）现金流量表的作用

现金流量表的作用主要体现在以下几个方面。

1. 有助于分析企业收益质量

利润表中列示的净利润指标反映了一个企业的经营成果。但是，利润表是按照权责发生制原则编制的，它不能反映企业经营活动产生了多少现金，并且没有反映投资活动和筹资活动对企业财务状况的影响。现金流量表是以收付实现制为基础编制的。一般来说，净利润增加，现金流量净额也应增加，但在某些情况下，企业虽然销售了大量商品，货款却没能及时收回，由此影响企业资金周转，收益质量不佳。因此，通过现金流量表可以掌握企业经营活动、投资活动和筹资活动的现金流量，将经营活动产生的现金流量与净利润相比较，就可以从现金流量的角度了解净利润的质量。

2. 有助于评价企业的支付能力和偿债能力

利润表按权责发生制反映企业一定期间的经营成果，虽然获利的多少在一定程度上表明了企业具有的支付能力，但往往获得的经营成果中有些并没有实实在在的现金流入。所以企业在一定期间内获得的利润并不代表企业真正具有的偿债能力或支付能力。在某些情况下，虽然企业利润表上反映的经营业绩很可观，但因发生财务困难不能偿还到期债务；还有些企业虽然利润表上反映的经营成果并不乐观，却有足够的偿付能力。现金流量表采用收付实现制编制，反映现金的实际流入和流出，因此，通过对企业所产生的现金流入信息和现金流出信息的分析，可以对企业的偿债能力、支付能力作出更准确、可靠的评价。

3. 有助于预测企业未来获取现金的能力

一个正常经营的企业，在创造利润的同时，还应创造现金收益。现金流量表反映企业一定期间内的现金流入和流出的整体情况，说明企业现金是从哪里来的，运用到哪里去。现金流量表中经营活动产生的现金流量代表企业运用其经济资源创造现金流量的能力，便于分析一定期间内产生的净利润与经营活动产生现金流量的差异；投资活动产生的现金流量代表企业运用资金对外投资产生现金流量的能力以及购置和处置固定资产、无形资产等长期资产引起的现金流量；筹资活动产生的现金流量代表企业通过筹资获得现金流量的能力。通过现金流量表及其他财务信息，可以分析企业未来获取或支付现金的能力。如企业通过银行借款筹得资金，从本期现金流量表中反映为现金流入，也意味着未来偿还借款时要流出现金。又如，本期应收未收的款项，在本期现金流量表中虽然没有反映为现金的流入，但意味着未来将会有一定量的现金流入。

4. 有助于分析和评价企业的投资活动和筹资活动

现金流量表的投资活动与资产负债表的投资活动涵盖的范围不同，前者包括对外投资（如长期股权投资）和对内投资（如扩建生产流水线），后者局限于对外投资。筹资活动是企业根据财力的需求而进行直接融资或间接融资的行为。一般来说，企业的投资和融资活动都根据经营活动决策和安排。因此，对现金流量表揭示的投资活动所产生的现金流量信息，以及筹资活动所产生的现金流量信息，可以结合经营活动所产生的现金流量信息和企业净收益进行具体分析，从而判断和评价企业的投资活动和筹资活动所起的作用（例如，对提升企业的整体获利能力有什么影响，是否过度扩大企业投资规模，从而增加了企业的财务风险等），并为未来的投资决策和筹资决策提供依据。

（三）现金流量表的编制基础

现金流量表是以现金为基础编制的。现金流量表所指的“现金”概念是广义的现金概念，不仅包括企业的库存现金，还包括可随时用于支付的银行存款以及现金等价物，其具体内容如下。

（1）现金，是指企业库存现金以及可以随时用于支取的存款，包括库存现金、银行存款和其他货币资金（外埠存款、银行汇票存款、银行本票存款等）。不能随时用于支取的存款不属于现金。

（2）现金等价物，是指企业持有的期限短、流动性强、易于转换为已知金额现金、价值变动风险很小的投资。这里的期限短一般是指从购买日起三个月内到期。现金等价物通常是指企业购买的在三个月内到期的短期债券投资。企业持有的股票由于变现的金额通常不确定，所以不属于现金等价物。

（3）现金流量，是指一定会计期间企业现金和现金等价物的流入和流出金额。现金流入量和流出量的差额为现金净流量。需要注意的是，企业现金（广义）的内部转换不会产生现金的流入和流出，如企业从银行提取现金、用现金购买将于三个月内到期的债券等不产生现金流量。

二、现金流量表的结构

现金流量表在结构上将企业一定期间产生的现金流量分为三类：经营活动产生的现金流量、投资活动产生的现金流量和筹资活动产生的现金流量。

（1）经营活动产生的现金流量，是指企业投资活动和筹资活动以外的所有交易和事项产生的现金流入和流出量，包括销售商品、提供劳务、经营租赁等活动收到的现金，购买商品、接受劳务、制造产品、广告宣传、缴纳税金等活动支付的现金。在现金流量表中，经营活动产生的现金流量应当按照经营活动的现金流入和流出的性质分项列示。

（2）投资活动产生的现金流量，是指企业长期资产的购建和对外投资活动（不包括现金等价物范围的投资）的现金流入和流出量，包括收回投资、取得投资收益、处置固定资产及无形资产等活动收到的现金，购建固定资产、无形资产等长期资产和对外投资等活动所支付的现金等。在现金流量表中，投资活动产生的现金流量应当按照投资活动的现金流入和流出的性质分项列示。

（3）筹资活动产生的现金流量，是指企业接受投资和借入资金导致的现金流入和流出量，包括接受投资、借入款项、发行债券等活动收到的现金，偿还借款、偿还债券、支付利息、分配股利等活动支付的现金等。在现金流量表中，筹资活动产生的现金流量应当按照筹资活动的现金流入和流出的性质分项列示。

我国企业现金流量表的基本格式见表 13.9，现金流量表补充资料见表 13.10。

表 13.9　现金流量表

会企 03 表

编制单位：　　　　______年___月　　　　（单位：元）

项　　目	本期金额	上期金额
一、经营活动产生的现金流量：		
销售商品、提供劳务收到的现金		
收到的税费返还		
收到其他与经营活动有关的现金		
经营活动现金流入小计		
购买商品、接受劳务支付的现金		
支付给职工以及为职工支付的现金		
支付的各项税费		
支付其他与经营活动有关的现金		
经营活动现金流出小计		
经营活动产生的现金流量净额		
二、投资活动产生的现金流量：		
收回投资收到的现金		
取得投资收益收到的现金		
处置固定资产、无形资产和其他长期资产收回的现金净额		

续表

项　　目	本期金额	上期金额
处置子公司及其他营业单位收到的现金净额		
收到其他与投资活动有关的现金		
投资活动现金流入小计		
购建固定资产、无形资产和其他长期资产支付的现金		
投资支付的现金		
取得子公司及其他营业单位支付的现金净额		
支付其他与投资活动有关的现金		
投资活动现金流出小计		
投资活动产生的现金流量净额		
三、筹资活动产生的现金流量：		
吸收投资收到的现金		
取得借款收到的现金		
收到其他与筹资活动有关的现金		
筹资活动现金流入小计		
偿还债务支付的现金		
分配股利、利润或偿付利息支付的现金		
支付其他与筹资活动有关的现金		
筹资活动现金流出小计		
筹资活动产生的现金流量净额		
四、汇率变动对现金及现金等价物的影响		
五、现金及现金等价物净增加额		
加：期初现金及现金等价物余额		
六、期末现金及现金等价物余额		

表 13.10　现金流量表补充资料　　（单位：元）

补充资料	本期金额	上期金额
1. 将净利润调节为经营活动现金流量		
净利润		
加：资产减值准备		
固定资产折旧		
无形资产摊销		
长期待摊费用摊销		
处置固定资产、无形资产和其他长期资产的损失（收益以“–”号填列）		
固定资产报废损失（收益以“–”号填列）		
公允价值变动损失（收益以“–”号填列）		
财务费用（收益以“–”号填列）		
投资损失（收益以“–”号填列）		
递延所得税资产减少（增加以“–”号填列）		
递延所得税负债增加（减少以“–”号填列）		
存货的减少（增加以“–”号填列）		
经营性应收项目的减少（增加以“–”号填列）		
经营性应付项目的增加（减少以“–”号填列）		
其他		

续表

补充资料	本期金额	上期金额
经营活动产生的现金流量净额		
2. 不涉及现金收支的重大投资和筹资活动		
债务转为资本		
一年内到期的可转换公司债券		
融资租入固定资产		
3. 现金及现金等价物净变动情况		
现金的期末余额		
减：现金的期初余额		
加：现金等价物的期末余额		
减：现金等价物的期初余额		
现金及现金等价物净增加额		

三、现金流量表的编制

（一）现金流量表的编制方法

编制现金流量表时，列报经营活动现金流量的方法有直接法和间接法两种。在直接法下，一般以利润表中的营业收入为起算点，调整与经营活动有关的项目的增减变动，然后计算出经营活动的现金流量。在间接法下，以利润表中的净利润为起算点，通过净利润加减调整项目得出现金流量，实际上是将权责发生制下确定的净利润调整为现金净流入，并且剔除投资活动和筹资活动对现金流量的影响。

采用直接法编报的现金流量表，便于分析企业经营活动产生现金流量的来源和用途，预测企业现金流量的前景；采用间接法编报现金流量表，便于将净利润与经营活动产生的现金流量净额进行比较，了解净利润与经营活动产生现金流量差异的原因，从现金流量的角度分析净利润的质量。所以企业会计准则规定企业按直接法编制现金流量表，同时要求在附注中提供按间接法将净利润调节为经营活动现金流量的信息。

现金流量表的编制方法有工作底稿法、T 型账户法和直接分析填列法。

1. 工作底稿法

工作底稿法是以工作底稿为手段，以利润表和资产负债表为基础，结合有关科目的记录，对现金流量表的每一项目进行分析并编制调整分录，从而编制出现金流量表的一种方法。采用工作底稿法编制现金流量表的具体步骤如下。

第一步，将资产负债表的期初数和期末数过入工作底稿的期初数栏和期末数栏；将利润表中本期金额栏的数据过入工作底稿的期末数栏。

第二步，对当期业务进行分析并编制调整分录。编制调整分录时，以利润表中的项目为基础，从“营业收入”项目开始，结合资产负债表项目逐一进行分析。

在调整分录中，有关现金和现金等价物的事项，并不直接借记或贷记现金，而是按照现金流量表中的项目，分别记入“经营活动产生的现金流量”“投资活动产生的现金流量”“筹资活动产生的现金流量”的有关项目，借记表明现金流入，贷记表明现金流出。

第三步，将调整分录过入工作底稿中的相应项目。

第四步，核对工作底稿中各项目的调整分录。工作底稿资产负债表项目中资产项目的期初数加调整分录中的借方金额减贷方金额的余额，应当等于期末数；负债和所有者权益项目的期初数加调整分录中的贷方金额减借方金额的余额，应当等于期末数；借方项目和贷方项目合计数应当相等。

第五步，根据工作底稿中的现金流量表项目部分编制正式的现金流量表。

2. T型账户法

T型账户法是以利润表和资产负债表的数据为基础，对每一项目进行分析并编制调整分录，从而编制出现金流量表的一种方法。采用T型账户法编制现金流量表的具体步骤如下。

第一步，为所有的非现金项目（包括资产负债表项目和利润表项目）分别开设T型账户，并将各自的期末期初变动数过入相应账户。如果项目的期末数大于期初数，则将差额过入和项目余额相同的方向；反之，过入相反的方向。

第二步，开设一个大的“现金及现金等价物”T型账户，每边分为经营活动、投资活动和筹资活动三个部分，左边记现金流入，右边记现金流出。与其他账户一样，过入期末期初变动数。

第三步，以利润表项目为基础，结合资产负债表分析每一个非现金项目的增减变动，并据此编制调整分录。

第四步，将调整分录过入各T型账户，并进行核对，该账户借贷相抵后的余额与原先过入的期末期初变动数应当一致。

第五步，根据大的“现金及现金等价物”T型账户编制正式的现金流量表。

3. 直接分析填列法

直接分析填列法是指直接根据资产负债表、利润表和有关科目明细科目的记录，分析计算出现金流量表各项目的金额，并据以编制现金流量表的一种方法。

（二）现金流量表主要项目说明

1. 经营活动产生的现金流量

（1）“销售商品、提供劳务收到的现金”项目，反映企业因销售商品、提供劳务而实际收到的现金（含销售收入和向购买者收取的增值税销项税额），包括本期销售的商品、提供劳务收到的现金，以及前期销售和前期提供劳务本期收到的现金及本期预收的账款，应减去因退回本期销售的商品和前期销售本期退回的商品而收取的现金。企业销售材料和代购代销业务收到的现金也在本项目反映。

（2）“收到的税费返还”项目，反映企业收到返还的各种税费，包括所得税、增值税、消费税、教育费附加等返还款。

（3）“收到其他与经营活动有关的现金”项目，反映企业除上述各项外，收到的其他与经营活动有关的现金流入，如罚款收入、流动资产损失中由个人赔偿的现金收入、经营租赁收到的租金等其他与经营活动有关的现金流入，金额较大时应当单独列示。

（4）“购买商品、接受劳务支付的现金”项目，反映企业购买材料及商品、接受劳务实际支付的现金，包括本期购入材料及商品、接受劳务支付的现金（包括支付的增值税进项税额），以及本期偿付前期购入商品、接受劳务的应付款项和本期预付款项，减去本期购货退回收到的现金。

（5）“支付给职工以及为职工支付的现金”项目，反映企业实际支付给职工以及为职工支付的工资、奖金，各种津贴、补贴等职工薪酬（包括代扣代缴的职工个人所得税）等。但应由在建工程、无形资产负担的职工薪酬，以及企业支付给离退休人员的各项费用除外。

企业支付给离退休人员的各项费用，在“支付其他与经营活动有关的现金”项目中反映；企业支付给在建工程人员的工资，在“购建固定资产、无形资产和其他长期资产支付的现金”项目反映。

（6）“支付的各项税费”项目，反映企业按规定支付的各种税费，包括本期发生并支付的税费，以及本期支付以前各期发生的税费和预交的税金等，包括所得税、增值税、消费税、房产税、印花税和教育费附加等。

（7）“支付其他与经营活动有关的现金”项目，反映企业除上述各项目以外支付的其他与经营活动有关的现金支出，如经营租赁支付的租金，支付的差旅费、业务招待费、保险费、罚款支出等其他与经营活动有关的现金流出，金额较大的应单独列项反映。

2. 投资活动产生的现金流量

（1）“收回投资收到的现金”项目，反映企业出售、转让或到期收回除现金等价物以外的交易性金融资产、债权投资、其他债权投资、其他权益工具投资、长期股权投资、投资性房地产等收到的现金，但处置子公司及其他营业单位收到的现金净额除外。

（2）“取得投资收益收到的现金”项目，反映企业因股权投资而分得的现金股利，因子公司、联营企业、合营企业分配利润而收到的现金，以及因债权性投资所取得的现金利息收入。股票股利不在本项目反映。

（3）“处置固定资产、无形资产和其他长期资产收回的现金净额”项目，反映企业出售固定资产、无形资产和其他长期资产所取得的现金（包括因资产毁损而收到的保险赔偿收入），减去为处置这些资产而支付的相关费用后的净额。

（4）“处置子公司及其他营业单位收到的现金净额”项目，反映企业处置子公司及其他营业单位收到的现金，减去子公司及其他营业单位持有的现金和现金等价物以及相关处置费用后的净额。

（5）“购建固定资产、无形资产和其他长期资产支付的现金”项目，反映企业购买、建造固定资产，取得无形资产和其他长期资产所支付的现金（含增值税税款等），以及用现金支付应由在建工程和无形资产负担的职工薪酬，不包括为购建固定资产而发生的借款利息和融资租入固定资产支付的租赁费。

（6）“投资支付的现金”项目，反映进行权益性投资和债权性投资所支付的现金，包括企业取得的除现金等价物以外的交易性金融资产、债权投资、其他债权投资、其他权益工具投资而支付的现金，以及支付的佣金、手续费等交易费用，但取得子公司及其他营业单位支付的现金净额除外。

（7）“取得子公司及其他营业单位支付的现金净额”项目，反映企业购买子公司及其他营业单位购买出价中以现金支付的部分，减去子公司及其他营业单位持有的现金和现金等价物后的净额。

（8）“收到其他与投资活动有关的现金”“支付其他与投资活动有关的现金”项目，反映除上述第（1）至第（7）项目外收到或支付的其他与投资活动有关的现金流入或流出，金额较大的应单独列示。

3. 筹资活动产生的现金流量

（1）“吸收投资收到的现金”项目，反映企业以发行股票、债券方式筹集资金实际收到的款项，减去支付的佣金、手续费、印刷费等发行费用后的净额。

（2）“取得借款收到的现金”项目，反映企业举借各种短期、长期借款而收到的现金。

（3）“偿还债务支付的现金”项目，反映企业以现金偿还债务的本金。

（4）“分配股利、利润或偿付利息支付的现金”项目，反映企业实际支付的现金股利，以及支付给其他投资单位的利润或用现金支付的借款利息、债券利息。

（5）“收到其他与筹资活动有关的现金”“支付其他与筹资活动有关的现金”项目，反映企业除上述第（1）至第（4）项目外收到或支付的其他与筹资活动有关的现金流入或流出，金额较大的应单独列示。

4. 汇率变动对现金及现金等价物的影响

企业外币现金流量及境外子公司的现金流量折算为人民币时，采用现金流量发生日的汇率或按照系统合理的方法确定的、与现金流量发生日即期汇率近似的汇率，而现金流量表“现金及现金等价物净增加额”项目中外币现金净增加额是按资产负债表日的汇率折算的金额，这两者的差额即汇率变动对现金及现金等价物的影响。

（三）现金流量表编制示例

【例 13.3】 沿用例 13.1 和例 13.2 的资料以及编制的资产负债表和利润表，采用工作底稿法编制长江公司 20×3 年的现金流量表，具体步骤如下。

1. 设置工作底稿，将资产负债表的上年年末余额和期末余额过入工作底稿的期初数栏和期末数栏，将利润表的本期金额数过入工作底稿的期末数栏，见表 13.11。

2. 对当期业务进行分析并编制调整分录。编制调整分录以利润表的项目为基础，从“营业收入”项目开始，并结合资产负债表项目进行逐一分析和调整。

（1）分析调整营业收入，编制会计分录如下：

借：经营活动产生的现金流量——销售商品、提供劳务收到的现金　　11 729 300
　　应收账款　　1 955 000
　　贷：营业收入　　12 110 000
　　　　应交税费——应交增值税（销项税额）　　1 574 300

本期确认的营业收入为 12 110 000 元，增值税销项税额为 1 574 300 元。由于利润表中的营业收入是按权责发生制确认的，所以在编制现金流量表时应将其转换为收付实现制下的金额，将营业收入中没有实际收到现金的部分剔除。为此，应当调整应收账款、应收票据、预收账款等账户的记录。应收账款项目期末比期初增加 1 955 000 元，应减少经营活动产生的现金流入，应收票据、预收账款期末与期初相等不需进行调整。

（2）分析调整营业成本，编制会计分录如下：

借：营业成本　　7 266 000
　　应付票据　　1 075 000
　　应付账款　　1 625 000
　　应交税费——应交增值税（进项税额）　　633 750
　　贷：存货　　1 879 600
　　　　预付账款　　650 000
　　　　经营活动产生的现金流量——购买商品、接受劳务支付的现金　　8 070 150

将本期营业成本中没有实际支付现金的部分剔除，为此应当调整应付票据、应付账款、预付账款、存货等账户的记录。应付票据期末比期初减少 1 075 000 元，表明用于购买存货的现金流出增加 1 075 000 元；应付账款期末比期初减少 1 625 000 元，表明用于购买存货的现金流出增加 1 625 000 元；预付账款期末比期初减少 650 000 元，表明用于购买存货的现金流出减少 650 000 元；增值税进项税额 633 750 元（含固定资产生产线可以抵扣的进项税额 102 050 元），表明现金流出增加 8 070 150 元；存货减少 1 879 600 元，表明用于购买存货的现金流出减少 1 879 600 元。

（3）分析调整本年税金及附加，编制会计分录如下：

借：税金及附加　　100 000

　　贷：经营活动产生的现金流量——支付的各项税费　　100 000

该项目是本年支付的税金及附加（业务28）。

（4）分析调整销售费用付现，编制会计分录如下：

借：销售费用　　260 000

　　贷：经营活动产生的现金流量——支付其他与经营活动有关的现金　　260 000

利润表所列销售费用的金额与按收付实现制确认的金额相等（业务25）。

（5）分析调整管理费用，编制会计分录如下：

借：管理费用　　523 600

　　贷：经营活动产生的现金流量——支付其他与经营活动有关的现金　　523 600

管理费用中包含不涉及现金的支出项目，该调整分录先将管理费用金额转入“经营活动产生的现金流量——支付其他与经营活动有关的现金”项目中，至于不涉及现金的支出项目，后面再进行相应的调整。

（6）分析调整财务费用，编制会计分录如下：

借：财务费用　　135 000

　　贷：经营活动产生的现金流量——销售商品、提供劳务收到的现金　　135 000

本年的财务费用135 000元全是应收票据的贴现利息（业务26），调整分录（1）因为应收票据期末与期初相等没有进行调整，但是本期应收票据的贴现导致向银行支付了贴现利息，所以实际销售商品的现金流入减少135 000元。由于在调整应收票据时记入“经营活动产生的现金流量——销售商品、提供劳务收到的现金”项目中，所以要从“经营活动产生的现金流量——销售商品、提供劳务收到的现金”项目内转回，不能作为现金流入。

分析调整资产减值损失：由于当年没有计提资产减值损失，所以该项目不需要进行调整。

（7）分析调整公允价值变动收益，编制会计分录如下：

借：交易性金融资产　　47 000

　　贷：公允价值变动损益　　47 000

借：公允价值变动损益　　241 800

　　贷：投资收益　　241 800

公允价值变动损益影响净利润的确认，但不影响现金流量。资产负债表日交易性金融资产公允价值增加47 000元（业务30）；本期出售交易性金融资产，应调整公允价值变动损益241 800元（业务23），转入投资收益。

（8）分析调整投资收益，编制会计分录如下：

借：投资活动产生的现金流量——收回投资收到的现金　　1 860 000

　　贷：投资收益　　37 200

　　　　交易性金融资产　　1 822 800

借：交易性金融资产　　532 000

　　投资收益　　8 300

　　贷：投资活动产生的现金流量——投资支付的现金　　540 300

投资收益应从利润表的项目中调整出来，列入投资活动产生的现金流量中。本例的投资收益分为两个部分：一是购买交易性金融资产发生的8 300元（业务7）的交易费用，二是出售交易性金融资产获利37 200元（业务23）。

分析调整营业外收入：由于本期没有发生营业外收入，所以该项目不需要进行调整。

（9）分析调整营业外支出，编制会计分录如下：

借：投资活动产生的现金流量——处置固定资产、无形资产和其他长期资产收回的现金净额　　498 000

　　营业外支出　　77 000

　　累计折旧　　425 000

　　贷：固定资产　　1 000 000

借：营业外支出　69 000
　　累计折旧　281 000
　　贷：固定资产　350 000

本例中的营业外支出由两部分组成。一部分营业外支出是处置固定资产的损失 77 000 元（业务 16），处置过程中收到的现金应列入投资活动产生的现金流量中；另一部分营业外支出是固定资产盘亏产生的损失 69 000 元（业务 33），没有涉及现金流量。

（10）分析调整所得税费用，编制会计分录如下：

借：所得税费用　938 825
　　贷：应交税费　938 825

将利润表中的所得税费用调入应交税费。

（11）利润表中净利润的结转将在后面调整，除此之外，利润表的全部项目都已调整完毕，将利润表的所有调整分录逐一过入工作底稿。调整分录的数据对资产负债表的相关项目会产生影响，如果期初数加减调整分录的金额等于期末金额，则该资产负债表项目可以不再调整；否则，需继续进行调整。

将（1）~（10）笔调整分录过入工作底稿后，资产负债表的交易性金融资产、应收票据、应收账款、预付账款和存货项目已经调整完毕，应收股利、债权投资、其他债权投资、长期应收款等项目没有金额，无须进行调整。货币资金项目将在后面调整。下面调整固定资产项目。

（12）分析调整固定资产，编制会计分录如下：

借：固定资产　795 000
　　贷：投资活动产生的现金流量——购建固定资产、无形资产和其他长期资产支付的现金　795 000

借：固定资产　4 108 000
　　贷：投资活动产生的现金流量——购建固定资产、无形资产和其他长期资产支付的现金　3 800 000
　　　　应付职工薪酬——职工福利　308 000

本期固定资产的增加包括两个部分：一是购买设备支付现金 795 000 元（业务 4），二是通过在建工程完工转入的固定资产 4 108 000 元（业务 8、9、13、15）。本期处置和盘亏的固定资产已在分录（9）中进行了调整。

（13）分析调整累计折旧，编制会计分录如下：

借：经营活动产生的现金流量——购买商品、接受劳务支付的现金　320 000
　　（计入制造费用的折旧）
　　——支付其他与经营活动有关的现金　80 000
　　（计入管理费用的折旧）
　　贷：累计折旧　400 000

本期计提的累计折旧 400 000 元（业务 17），计入管理费用 80 000 元，计入制造费用 320 000 元。由于计入制造费用和管理费用的折旧不是付现费用，没有现金流出，前面（2）、（5）作为现金流出，应做转回调整。

（14）分析调整累计摊销，编制会计分录如下：

借：经营活动产生的现金流量——支付其他与经营活动有关的现金　200 000
　　贷：累计摊销　200 000

本期计提的累计摊销 200 000 元（业务 18），计入管理费用 200 000 元，没有现金流出，所以应做转回调整，理由同第（13）笔调整分录。

（15）分析调整短期借款，编制会计分录如下：

借：短期借款　1 500 000
　　贷：筹资活动产生的现金流量——偿还债务支付的现金　1 500 000

归还短期借款的本金和利息共 1 545 000 元（业务 21），此处只调整归还借款本金 1 500 000 元，不包括利息 45 000 元，利息一般在财务费用、应付利息中调整。

应付票据、应付账款已经在第（2）笔调整分录调整完毕。

（16）分析调整应付职工薪酬，编制会计分录如下：

借：经营活动产生的现金流量——购买商品、接受劳务支付的现金　2 576 400

——支付其他与经营活动有关的现金　159 600

贷：经营活动产生的现金流量——支付给职工以及为职工支付的现金　2 400 000

应付职工薪酬——职工福利　336 000

本期应付职工薪酬金额期末比期初增加 644 000 元，由职工福利费构成，包括生产人员和管理人员福利费 336 000 元，以及在建工程人员应该负担的 308 000 元，已在第（12）笔调整分录中调整，在建工程人员应该负担的工资 2 200 000 元也在第（12）笔调整分录中调整。上述分录中由于工资费用分配时已分别计入制造费用和管理费用，所以应进行补充调整。

（17）分析调整应交税费，编制会计分录如下：

借：应交税费　1 938 825

贷：经营活动产生的现金流量——支付的各项税费　1 938 825

本期支付的各种税费包括税金及附加 100 000 元，已交增值税 1 000 000 元，以及已交所得税 938 825 元。其中税金及附加 100 000 元已在利润表项目中调整，此调整分录只包括已交增值税和已交所得税。为了便于分析，企业应在日常核算时按应交税费的税种分设明细账，以方便获取分析所需数据。

（18）分析调整应付利息，编制会计分录如下：

借：应付利息　45 000

贷：筹资活动产生的现金流量——分配股利、利润或偿付利息支付的现金　45 000

本期支付的利息只有归还短期借款应支付的利息 45 000 元（业务 21）。

分析调整应付股利：应付股利本期没有支付现金，所以不需要进行调整，为了保证资产负债表的调整完整，将在后面进行调整。

（19）分析调整长期借款，编制会计分录如下：

借：长期借款　2 100 000

贷：筹资活动产生的现金流量——偿还债务支付的现金　2 100 000

本期归还了长期借款的本金 2 100 000 元（业务 22）。

（20）结转净利润，编制会计分录如下：

借：净利润　2 816 475

贷：未分配利润　2 816 475

（21）提取盈余公积及分配股利，编制会计分录如下：

借：未分配利润　1 172 471.25

贷：盈余公积　422 471.25

应付股利　750 000

（22）调整现金的净变化额，编制会计分录如下：

借：现金及现金等价物净增加额　4 784 575

贷：货币资金　4 784 575

本期货币资金期末比期初减少 4 784 575 元。

3. 将调整分录过入工作底稿的相应部分，见表 13.11。

表 13.11　现金流量表工作底稿　（单位：元）

项　目	期初数	调整分录		期末数
		借　方	贷　方	
一、资产负债表项目				
借方项目：				
货币资金	11 000 000		（22）4 784 575	6 215 425
交易性金融资产	2 300 000	（7）47 000 （8）532 000	（8）1 822 800	1 056 200
应收票据	3 900 000			3 900 000

续表

项　　目	期初数	调整分录		期末数
		借　　方	贷　　方	
应收账款	6 169 000	（1）1 955 000		8 124 000
预付账款	2 300 000		（2）650 000	1 650 000
应收利息				
应收股利				
其他应收款				
存货	13 100 000		（2）1 879 600	11 220 400
一年内到期的非流动资产				
其他流动资产				
债权投资				
其他债权投资				
长期应收款				
长期股权投资	298 000			298 000
其他权益工具投资				
投资性房地产				
固定资产	10 700 000	（12）4 903 000	（9）1 350 000	14 253 000
在建工程				
工程物资				
固定资产清理				
无形资产	4 100 000			4 100 000
开发支出				
商誉				
长期待摊费用				
递延所得税资产				
其他非流动资产				
借方项目合计	53 867 000			50 817 025
贷方项目：				
累计折旧	900 000	（9）706 000	（13）400 000	594 000
累计摊销	300 000		（14）200 000	500 000
短期借款	3 300 000	（15）1 500 000		1 800 000
交易性金融负债				
应付票据	3 800 000	（2）1 075 000		2 725 000
应付账款	7 200 000	（2）1 625 000		5 575 000
预收账款	3 400 000			3 400 000
应付职工薪酬	2 000 000		（12）308 000 （16）336 000	2 644 000
应交税费	550 000	（2）633 750 （17）1 938 825	（1）1 574 300 （10）938 825	490 550
应付利息	500 000	（18）45 000		455 000
应付股利			（21）750 000	750 000
其他应付款	349 000			349 000
一年内到期的非流动负债				
其他流动负债				
长期借款	11 000 000	（19）2 100 000		8 900 000

续表

项　　目	期初数	调整分录		期末数
		借　　方	贷　　方	
应付债券				
长期应付款				
专项应付款				
预计负债				
递延所得税负债				
其他非流动负债				
实收资本（或股本）	16 000 000			16 000 000
资本公积	2 868 000			2 868 000
减：库存股				
盈余公积	800 000		（21）422 471.25	1 222 471.25
未分配利润	900 000	（21）1 172 471.25	（20）2 816 475	2 544 003.75
贷方项目合计	53 867 000			50 817 025
二、利润表项目				
营业收入			（1）12 110 000	12 110 000
营业成本		（2）7 266 000		7 266 000
税金及附加		（3）100 000		100 000
销售费用		（4）260 000		260 000
管理费用		（5）523 600		523 600
财务费用		（6）135 000		135 000
资产减值损失				
公允价值变动收益（损失以“–”号填列）		（7）241 800	（7）47 000	–194 800
投资收益（损失以“–”号填列）		（8）8 300	（7）241 800 （8）37 200	270 700
营业外收入				
营业外支出		（9）146 000		146 000
所得税费用		（10）938 825		938 825
净利润（净亏损以“–”号填列）		（20）2 816 475		2 816 475
三、现金流量表项目				
（一）经营活动产生的现金流量				
销售商品、提供劳务收到的现金		（1）11 729 300	（6）135 000	11 594 300
收到的税费返还				
收到其他与经营活动有关的现金				
经营活动现金流入小计				11 594 300
购买商品、接受劳务支付的现金		（13）320 000 （16）2 576 400	（2）8 070 150	5 173 750
支付给职工以及为职工支付的现金			（16）2 400 000	2 400 000
支付的各项税费			（3）100 000 （17）1 938 825	2 038 825
支付其他与经营活动有关的现金		（13）80 000 （14）200 000 （16）159 600	（4）260 000 （5）523 600	344 000
经营活动现金流出小计				9 956 575
经营活动产生的现金流量净额				1 637 725

续表

项　　目	期初数	调整分录		期末数
		借　　方	贷　　方	
（二）投资活动产生的现金流量				
收回投资收到的现金		（8）1 860 000		1 860 000
取得投资收益收到的现金				
处置固定资产、无形资产和其他长期资产收回的现金净额		（9）498 000		498 000
处置子公司及其他营业单位收到的现金净额				
收到其他与投资活动有关的现金				
投资活动现金流入小计				2 358 000
购建固定资产、无形资产和其他长期资产支付的现金			（12）4 595 000	4 595 000
投资支付的现金			（8）540 300	540 300
取得子公司及其他营业单位支付的现金净额				
支付其他与投资活动有关的现金				
投资活动现金流出小计				5 135 300
投资活动产生的现金流量净额				−2 777 300
（三）筹资活动产生的现金流量				
吸收投资收到的现金				
取得借款收到的现金				
收到其他与筹资活动有关的现金				
筹资活动现金流入小计				
偿还债务支付的现金			（15）1 500 000 （19）2 100 000	3 600 000
分配股利、利润或偿付利息支付的现金			（18）45 000	45 000
支付其他与筹资活动有关的现金				
筹资活动现金流出小计				3 645 000
筹资活动产生的现金流量净额				−3 645 000
四、汇率变动对现金及现金等价物的影响				
五、现金及现金等价物净增加额		（22）4 784 575		−4 784 575
调整分录借贷合计		52 876 921.25	52 876 921.25	

4. 核对调整分录，借方贷方合计已经相等，资产负债表项目期初数加减调整分录中的借贷金额以后，也已等于期末数。

5. 根据工作底稿中的现金流量表项目部分编制正式的现金流量表，见表 13.12。

表 13.12　现金流量表

会企 03 表

编制单位：长江公司　　　　20×3 年度　　　　（单位：元）

项　　目	本期金额	上期金额（略）
一、经营活动产生的现金流量：		
销售商品、提供劳务收到的现金	11 594 300	
收到的税费返还	-	
收到其他与经营活动有关的现金		
经营活动现金流入小计	11 594 300	
购买商品、接受劳务支付的现金	5 173 750	
支付给职工以及为职工支付的现金	2 400 000	

续表

项　　目	本期金额	上期金额（略）
支付的各项税费	2 038 825	
支付其他与经营活动有关的现金	344 000	
经营活动现金流出小计	9 956 575	
经营活动产生的现金流量净额	1 637 725	
二、投资活动产生的现金流量：		
收回投资收到的现金	1 860 000	
取得投资收益收到的现金		
处置固定资产、无形资产和其他长期资产收回的现金净额	498 000	
处置子公司及其他营业单位收到的现金净额		
收到其他与投资活动有关的现金		
投资活动现金流入小计	2 358 000	
购建固定资产、无形资产和其他长期资产支付的现金	4 595 000	
投资支付的现金	540 300	
取得子公司及其他营业单位支付的现金净额		
支付其他与投资活动有关的现金		
投资活动现金流出小计	5 135 300	
投资活动产生的现金流量净额	−2 777 300	
三、筹资活动产生的现金流量：		
吸收投资收到的现金		
取得借款收到的现金		
收到其他与筹资活动有关的现金		
筹资活动现金流入小计		
偿还债务支付的现金	3 600 000	
分配股利、利润或偿付利息支付的现金	45 000	
支付其他与筹资活动有关的现金		
筹资活动现金流出小计	3 645 000	
筹资活动产生的现金流量净额	−3 645 000	
四、汇率变动对现金及现金等价物的影响		
五、现金及现金等价物净增加额	−4 784 575	
加：期初现金及现金等价物余额	11 000 000	
六、期末现金及现金等价物余额	6 215 425	

（四）采用分析填列法编制现金流量表

【例 13.4】 沿用例 13.1 和例 13.2 的资料以及编制的长江公司 20×3 年度资产负债表和利润表，采用分析填列法编制长江公司 20×3 年度的现金流量表，具体步骤如下。

1. 长江公司 20×3 年度现金流量表的各个项目金额，分析计算确定如下。

（1）销售商品、提供劳务收到的现金：

销售商品、提供劳务收到的现金=主营业务收入+应交税费——应交增值税（销项税额）
+(应收账款年初余额−应收账款期末余额)
+(应收票据年初余额−应收票据期末余额)
+(预收账款期末余额−预收账款年初余额)
−当期计提的坏账准备−票据贴现利息
=12 110 000+1 574 300+(6 200 000−8 155 000)
+(3 900 000−3 900 000)+(3 400 000−3 400 000)−135 000
=11 594 300（元）

（2）购买商品、接受劳务支付的现金：

购买商品、接受劳务支付的现金=主营业务成本+应交税费——应交增值税（进项税额）
+(存货期末余额–存货年初余额)
+(应付账款年初余额–应付账款期末余额)
+(应付票据年初余额–应付票据期末余额)
+(预付账款期末余额–预付账款年初余额)
–当期列入生产成本、制造费用的职工薪酬
–当期列入生产成本、制造费用的折旧费和固定资产修理费
=7 266 000+633 750+(11 220 400–13 100 000)
+(7 200 000–5 575 000)+(3 800 000–2 725 000)
+(1 650 000–2 300 000)–2 576 400–320 000
=5 173 750（元）

（3）支付给职工以及为职工支付的现金：

支付给职工以及为职工支付的现金=生产成本、制造费用、管理费用中的职工薪酬
+(应付职工薪酬年初余额–应付职工薪酬期末余额)
–[应付职工薪酬（在建工程）年初余额
–应付职工薪酬（在建工程）期末余额]
=2 400 000+336 000+(2 000 000–2 644 000)
–(2 200 000–2 508 000)=2 400 000（元）

由于本例中用现金支付职工薪酬总额为 4 600 000 元，其中计入生产成本、制造费用、管理费用中的职工薪酬为 2 400 000 元，其余 2 200 000 元是支付给在建工程人员的。职工福利 644 000 元没有支付现金，这也是应付职工薪酬期末比年初增加的原因。

（4）支付的各项税费：

支付的各项税费=当期所得税费用+税金及附加
+应交税费——应交增值税（已交税金）
=938 825+100 000+1 000 000=2 038 825（元）

（5）支付其他与经营活动有关的现金：

支付其他与经营活动有关的现金=其他管理费用+销售费用
=84 000+260 000=344 000（元）

经营活动产生的现金流量净额=11 594 300–(5 173 750+2 400 000+2 038 825+344 000)
=11 594 300–9 956 575=1 637 725（元）

（6）收回投资收到的现金：

收回投资收到的现金=交易性金融资产贷方发生额
+与交易性金融资产一起收回的投资收益
=1 822 800+37 200=1 860 000（元）

（7）处置固定资产、无形资产和其他长期资产收回的现金净额：

处置固定资产、无形资产和其他长期资产收回的现金净额=500 000–2 000=498 000（元）

（8）购建固定资产、无形资产和其他长期资产支付的现金：

购建固定资产、无形资产和其他长期资产支付的现金=用现金购买固定资产、工程物资的金额
+支付给在建工程人员的职工薪酬
=795 000+1 600 000+2 200 000
=4 595 000（元）

（9）投资支付的现金：

投资支付的现金=购买交易性金融资产的买价
+购买交易性金融资产的交易费用
=532 000 +8 300=540 300（元）

投资活动产生的现金流量净额=(1 860 000+498 000)–(4 595 000+540 300)
=–2 777 300（元）

（10）偿还债务支付的现金：

偿还债务支付的现金=归还短期借款本金+归还长期借款本金

=1 500 000+2 100 000=3 600 000（元）

（11）分配股利、利润或偿付利息支付的现金：

分配股利、利润或偿付利息支付的现金=支付的现金股利+支付的利息=45 000 元

筹资活动产生的现金流量净额=0−(3 600 000+45 000) =−3 645 000（元）

将以上采用直接分析填列法计算出的数据填列长江公司 20×3 年的现金流量表，见表 13.13。

2. 将净利润调整为经营活动现金流量各项目的计算如下。

（注：所计算出的数据用于填列现金流量表的补充资料）

当年没有提取资产减值准备，该项目不必计算。

（1）固定资产折旧=320 000+80 000=400 000（元）。

（2）无形资产摊销=200 000 元。

表 13.13　现金流量表

会企 03 表

编制单位：长江公司　　20×3 年度　　（单位：元）

项　　目	本期金额	上期金额（略）
一、经营活动产生的现金流量：		
销售商品、提供劳务收到的现金	11 594 300	
收到的税费返还		
收到其他与经营活动有关的现金		
经营活动现金流入小计	11 594 300	
购买商品、接受劳务支付的现金	5 173 750	
支付给职工以及为职工支付的现金	2 400 000	
支付的各项税费	2 038 825	
支付其他与经营活动有关的现金	344 000	
经营活动现金流出小计	9 956 575	
经营活动产生的现金流量净额	1 637 725	
二、投资活动产生的现金流量：		
收回投资收到的现金	1 860 000	
取得投资收益收到的现金		
处置固定资产、无形资产和其他长期资产收回的现金净额	498 000	
处置子公司及其他营业单位收到的现金净额		
收到其他与投资活动有关的现金		
投资活动现金流入小计	2 358 000	
购建固定资产、无形资产和其他长期资产支付的现金	4 595 000	
投资支付的现金	540 300	
取得子公司及其他营业单位支付的现金净额		
支付其他与投资活动有关的现金		
投资活动现金流出小计	5 135 300	
投资活动产生的现金流量净额	−2 777 300	
三、筹资活动产生的现金流量：		
吸收投资收到的现金		
取得借款收到的现金		
收到其他与筹资活动有关的现金		
筹资活动现金流入小计		

续表

项目	本期金额	上期金额（略）
偿还债务支付的现金	3 600 000	
分配股利、利润或偿付利息支付的现金	45 000	
支付其他与筹资活动有关的现金		
筹资活动现金流出小计	3 645 000	
筹资活动产生的现金流量净额	−3 645 000	
四、汇率变动对现金及现金等价物的影响		
五、现金及现金等价物净增加额	−4 784 575	
加：期初现金及现金等价物余额	11 000 000	
六、期末现金及现金等价物余额	6 215 425	

（3）处置固定资产、无形资产和其他长期资产的损失=575 000+2 000−500 000=77 000（元）。

（4）固定资产盘亏损失=69 000 元。

（5）公允价值变动损失=241 800−47 000=194 800（元）。

（6）投资损失（减：收益）=8 300−(241 800+37 200)=−270 700（元）。

（7）存货的减少=13 100 000−11 220 400=1 879 600（元）。

（8）经营性应收项目的减少=应收账款（6 169 000−8 124 000）+预付账款（2 300 000−1 650 000）=−1 955 000+650 000=−1 305 000（元）。

（9）经营性应付项目的增加=应付票据（2 725 000−3 800 000）+应付账款（5 575 000−7 200 000）+应交税费（490 550−550 000）+应付职工薪酬中的职工福利（336 000）=−1 075 000−1 625 000−59 450+336 000=−2 423 450（元）。

注：计入生产成本、制造费用、管理费用中的职工薪酬共为 2 736 000 元，其中工资 2 400 000 元实际支付了现金，而职工福利 336 000 元没有实际支付，虽然影响利润，但是没有现金流出。

提示与说明

采用间接法计算填列现金流量表的补充资料时，计算过程中应注意以下内容。

（1）经营性应收项目的减少，反映包括应收票据、应收账款、预付账款和其他应收款等期初与期末的差额，期末数大于期初数的差额表示增加用“−”号填列。

（2）经营性应付项目的增加，反映包括应付票据、应付账款、预收账款、其他应付款、应付职工薪酬和应交税费等期末与期初的差额，期末数小于期初数的差额表示减少用“−”号填列。

根据以上计算结果填列现金流量表的补充资料，见表 13.14。

表 13.14　现金流量表补充资料

会企 03 表

编制单位：长江公司　　20×3 年度　　（单位：元）

补充资料	本期金额	上期金额（略）
1. 将净利润调节为经营活动现金流量		
净利润	2 816 475	
加：资产减值准备		
固定资产折旧	400 000	
无形资产摊销	200 000	
长期待摊费用摊销		
处置固定资产、无形资产和其他长期资产的损失（收益以“−”号填列）	77 000	
固定资产报废损失（收益以“−”号填列）	69 000	

续表

补充资料	本期金额	上期金额（略）
公允价值变动损失（收益以“–”号填列）	194 800	
财务费用（收益以“–”号填列）		
投资损失（收益以“–”号填列）	–270 700	
递延所得税资产减少（增加以“–”号填列）		
递延所得税负债增加（减少以“–”号填列）		
存货的减少（增加以“–”号填列）	1 879 600	
经营性应收项目的减少（增加以“–”号填列）	–1 305 000	
经营性应付项目的增加（减少以“–”号填列）	–2 423 450	
其他		
经营活动产生的现金流量净额	1 637 725	
2. 不涉及现金收支的重大投资和筹资活动		
债务转为资本		
一年内到期的可转换公司债券		
融资租入固定资产		
3. 现金及现金等价物净变动情况		
现金的期末余额	6 215 425	
减：现金的期初余额	11 000 000	
加：现金等价物的期末余额		
减：现金等价物的期初余额		
现金及现金等价物净增加额	–4 784 575	

视野拓展

企业破产的威胁主要来自两个方面：一是收不抵支，扭亏无期，资本减值，以致主动清算；二是现金持有量过低，不能偿还到期债务，以致被动破产。

现金持有量是一把双刃剑。一方面，现金是最好的支付手段，现金持有量过少，就会危及企业的生存；另一方面，现金的营利性最差，所以持有现金是奢侈的行为。

同样，赢利也是一把双刃剑。一方面，赢利是企业的生存之本和发展之源，所以企业一定要赢利。只有赢利，企业才能够强盛。另一方面，企业有赢利并不等于有现金。赢利转化为现金才是“修成正果”，所以，在企业的财务管理中，应当坚持两手抓，一手抓赢利，另一手抓现金，两手都要硬。

思考：现金流量表能够帮助我们判断企业收益的质量吗？

第五节　所有者权益变动表

一、所有者权益变动表的意义

1. 所有者权益变动表的概念

所有者权益变动表也称为股东权益变动表，是反映企业在一定期间所有者权益各组成部分增减变动情况的报表。

所有者权益变动表用来全面反映一定时期所有者权益变动的情况，不仅包括所有者权益总量的增减变动，还包括所有者权益增减变动重要的结构性信息，使报表使用者能够准确地掌握所有者权益增减变动的根源。

2. *所有者权益变动表的作用*

所有者权益变动表既反映企业的综合收益，又反映所有者权益的增减变动；既反映所有者权益增减变动的结果，又揭示所有者权益增减变动的动态过程；既是资产负债表中所有者权益各项目的详细说明，又是利润表中利润分配的进一步延伸。因此，所有者权益变动表是一个内容丰富、信息量大的综合性财务报表，其作用主要体现在以下几个方面。

（1）所有者权益变动表将影响企业所有者权益的各种因素列示出来，包括综合收益总额，所有者投入和减少资本，以及会计政策变更、会计差错更正对所有者权益产生的影响，使会计信息使用者（尤其是股东）明白资产负债表中所有者权益各项目如何由年初数变成年末数。从这一点上说，所有者权益变动表是对资产负债表的必要补充。

（2）从所有者权益变动表中可以清楚地了解到企业利润的分配去向及其对期末所有者权益的影响。从这个意义上说，所有者权益变动表是利润表的进一步延伸。

（3）所有者权益变动表在一定程度上解释了为什么利润（或亏损）不是导致所有者权益增减变动的唯一原因，将“脱节”的利润表与资产负债表很好地衔接起来。

二、所有者权益变动表的结构

所有者权益变动表以矩阵的形式列示企业所有者权益增减变动的情况。它一方面列示导致所有者权益变动的交易或事项；另一方面按照所有者权益各组成部分（包括实收资本或股本、资本公积、盈余公积、未分配利润等）及其总额列示交易或事项对所有者权益的影响。此外，所有者权益变动表将各项目分为“本年金额”和“上年金额”两栏分别填列，以便于信息使用者进行比较分析。

所有者权益变动表至少应当单独列示反映下列信息：①综合收益总额；②会计政策变更和差错更正的累积影响金额；③所有者投入资本和向所有者分配利润等；④提取的盈余公积；⑤实收资本或股本、资本公积、盈余公积、未分配利润的期初和期末余额及其调节情况。所有者权益变动表的具体格式见表 13.15。

三、所有者权益变动表的填列方法

1. *“上年金额”栏的填列方法*

所有者权益变动表“上年金额”栏内的各项数字应根据上年度所有者权益变动表“本年金额”栏内所列数字填列。如果上年度所有者权益变动表规定的各个项目的名称和内容与本年度不相一致，应对上年度所有者权益变动表各项目的名称和内容按本年度的规定进行调整，填入所有者权益变动表的“上年金额”栏内。

2. *“本年金额”栏的填列方法*

所有者权益变动表“本年金额”栏内各项数字一般应根据“实收资本（或股本）”“其他权益工具”“资本公积”“盈余公积”“其他综合收益”“利润分配”“库存股”“以前年度损益调整”等科目的余额分析填列。

表 13.15 所有者权益变动表

会企 04 表

编制单位：长江公司

20×3 年度

（单位：元）

项目	本年金额											上年金额（略）										
	实收资本（或股本）	其他权益工具			资本公积	减：库存股	其他综合收益	专项储备	盈余公积	未分配利润	所有者权益合计	实收资本（或股本）	其他权益工具			资本公积	减：库存股	其他综合收益	专项储备	盈余公积	未分配利润	所有者权益合计
		优先股	永续债	其他									优先股	永续债	其他							
一、上年年末余额	16 000 000				2 868 000		0		800 000	900 000	20 568 000											
加：会计政策变更																						
前期差错更正																						
其他																						
二、本年年初余额	16 000 000				2 868 000				800 000	900 000	20 568 000											
三、本年增减变动金额（减少以“–”号填列）																						
（一）综合收益总额										2 816 475	2 816 475											
（二）所有者投入和减少资本																						
1. 所有者投入的普通股																						
2. 其他权益工具持有者投入资本																						
3. 股份支付计入所有者权益的金额																						
4. 其他																						
（三）利润分配																						
1. 提取盈余公积									422 471.25	–422 471.25												
2. 对所有者（或股东）的分配										–750 000	–750 000											
3. 其他																						
（四）所有者权益内部结转																						
1. 资本公积转增资本（或股本）																						
2. 盈余公积转增资本（或股本）																						
3. 盈余公积弥补亏损																						
4. 设定受益计划变动额结转留存收益																						
5. 其他综合收益结转留存收益																						
6. 其他																						
四、本年年末余额	16 000 000				2 868 000				1 222 471.25	2 544 003.75	22 634 475											

3. 所有者权益变动表编制示例

【例 13.5】 承例 13.1 和例 13.2，编制长江公司的所有者权益变动表，见表 13.15。

第六节 财务报表附注

一、财务报表附注的作用

财务报表附注是对资产负债表、利润表、现金流量表和所有者权益变动表等报表中列示项目的文字描述或明细资料，以及对财务报表本身无法或难以充分表达的内容和项目所做的补充说明和详细解释。附注是财务报告的重要组成部分，其作为表外信息的主要形式，是信息披露必不可少的内容。

财务报表附注是为了便于财务报表使用者理解财务报表的内容而对财务报表的编制基础、编制依据、编制原则和方法及主要项目等所做的解释。它是对财务报表的补充说明，是财务报告的重要组成部分。例如，对于一种经济业务，可能存在不同的会计原则和会计处理方法，也就是说有不同的会计政策可供选择。如果不在附注中交代财务报表中这些项目采用什么原则和方法确定，就不便于财务报表使用者正确理解财务报表。

企业的财务报表是遵循特定的会计准则，采用规范、通用的格式编制的，具有综合性、规范性等优点。但是随着市场经济的日益发达，大量非财务资料和非货币计量资源对企业经营决策同样具有重要作用，这些信息在财务报表中无法体现。因此，企业财务报表附注成为我国企业会计信息披露的重要方式和了解企业会计信息的重要工具。

二、财务报表附注的内容

按照我国企业会计准则的规定，报表附注中至少应披露下列内容。

（一）企业的基本情况

企业的基本情况主要包括：①企业注册地、组织形式和总部地址；②企业的业务性质和主要经营活动；③母公司以及集团最终母公司的名称；④财务报表的批准报出者和批准报出日。

（二）财务报表的编制基础

财务报表的编制基础主要说明以下内容：①会计年度；②记账本位币；③会计计量所运用的计量基础；④现金和现金等价物的构成。

（三）遵循企业会计准则的声明

企业应当明确说明编制的财务报表符合企业会计准则体系的要求，真实、公允地反映了企业的财务状况、经营成果和现金流量等有关信息，以此明确企业编制财务报表所依据的制度基础。

（四）重要会计政策和会计估计

企业应当披露采用的重要会计政策和会计估计，不重要的会计政策和会计估计可以不披露。

1. 重要会计政策的说明

由于企业经济业务的复杂性和多样性，一些经济业务可以有多种会计处理方法，即可供选择的会计政策不止一种。企业在发生这些经济业务时，必须从允许的会计处理方法中选择适合本企业特点的会计政策。企业选择了不同的会计处理方法，可能极大地影响企业的财务状况和经营成果，进而会编制出不同的财务报表。为了帮助使用者理解，有必要对这些会计政策进行披露。应该特别指出的是，说明会计政策时还需披露下列两项内容。

（1）财务报表项目的计量基础。会计的计量属性包括历史成本、重置成本、可变现净值、现值和公允价值，采用不同的计量属性会直接影响报表使用者的分析，这项披露要求便于使用者了解企业财务报表的项目是按何种计量属性基础予以计量的，如存货是按历史成本还是按可变现净值计量等。

（2）会计政策的确定依据。其主要是指根据企业运用会计政策过程中所作出的对报表中确认项目金额最具影响的判断。例如，企业如何判断持有的金融资产是交易性金融资产而不是债权投资等；又如，企业如何判断与租赁资产相关的所有风险和报酬已转移给企业，达到符合融资租赁的标准；再如，企业投资性房地产的判断标准是什么等。这些判断对其在报表中确认的项目具有重要影响。

2. 重要会计估计的说明

企业应当披露会计估计中所采用的关键假设和不确定因素的确定依据。这些关键假设和不确定因素在下一会计期间很可能会导致资产、负债账面价值进行重大调整。例如，固定资产可收回金额需根据公允价值减去处置费用后的净额与预计未来现金流量的现值两者之间的较高者确定，在计算资产未来现金流量的现值时需要对未来现金流量进行预测，并选择适当的折现率，应当在附注中披露未来现金流量预测所采用的假设及其依据、所选择的折现率为什么是合理的等。强调这一披露要求有助于提高财务报表的可理解性。

（五）会计政策和会计估计变更以及差错更正的说明

会计政策和会计估计的变更是指在不同的会计期间对相同的交易或事项采用不同的会计政策和不同的会计估计。会计政策和会计估计的变更通常会影响企业的财务状况和经营成果，导致财务报表有关项目的比较资料缺少可比性，因而可能会引起报表使用者的误解。企业应当按照《会计政策、会计估计变更和差错更正准则》及其应用指南的规定，披露会计政策、会计估计变更以及差错更正的有关情况。

（六）报表重要项目的说明

企业应当以文字和数字描述相结合的方法，尽可能以列表形式披露报表重要项目的构成或当期增减变动情况。对报表重要项目的明细说明，应当按照资产负债表、利润表、现金流量表、所有者权益变动表的顺序以及报表项目列示的顺序进行披露，应采用文字和数字描述相结合的方式进行披露，并与报表项目相互参照。

（七）其他需要说明的重要事项

其他需要说明的重要事项主要包括或有事项、资产负债表日后非调整事项、关联方关系及其交易等。

（八）有助于财务报表使用者评价企业管理资本的目标、政策及程序的信息

（略）

视野拓展

为了给我国宏观经济决策提供科学数据支持，为广大投资者提供价值投资、安全投资指导，商务部国际贸易经济合作研究院采用 Themis 技术，根据全部我国非金融上市公司财务数据，长期跟踪分析我国非金融类上市公司每个季度整体、产业、行业、地区财务安全状况和所有上市公司的个体财务安全状况，并每年发布非金融类上市公司财务安全评估报告。推荐读者课外通过网络以“中国非金融类上市公司财务安全评估报告”为关键词搜索最近两年的报告，并进行阅读分析。

本章小结

财务报表是对企业财务状况、经营成果和现金流量的结构性表述，是企业对外披露财务信息的主要手段。财务报表至少应当包括资产负债表、利润表、现金流量表、所有者权益（股东权益）变动表和附注。财务报表的编制必须做到数字真实、内容完整、说明清楚和报送及时。财务报表的主要作用是提供会计信息，并满足会计信息使用者的需要。

资产负债表是反映企业在某一特定日期（月末、季末、半年末、年末）财务状况的报表。企业应采用账户式格式编制资产负债表。资产负债表应根据当期会计账簿资料中资产、负债、所有者权益类科目的余额填列。填列的方法可以直接根据总账科目的余额填列、根据总账科目余额计算填列、根据明细科目的余额计算填列、根据总账科目和明细科目余额分析计算填列、根据有关科目减去其备抵科目余额后的净额填列等。

利润表是反映企业在一定会计期间经营成果的报表。利润表可以反映企业的获利能力、经营成果和企业的管理水平。我国企业利润表采用多步式格式。利润表各项目的填列一般根据企业损益类科目发生额分析计算填列。

现金流量表是反映企业一定会计期间现金和现金等价物流入和流出的报表。现金流量表由主表和补充资料组成。现金流量按其产生的原因和支付的用途不同，分为以下三大类：经营活动产生的现金流量、投资活动产生的现金流量、筹资活动产生的现金流量。现金流量表的编制可以采用直接法和间接法。我国会计准则要求企业按直接法编制现金流量表，并在补充资料中提供用间接法将净利润调节为经营活动现金流量的信息。

所有者权益变动表是反映企业在一定会计期间所有者权益变动情况的报表。所有者权益变动表不仅反映所有者权益总量的增减变动，还反映所有者权益增减变动重要的结构性信息，使报表使用者能够准确地掌握所有者权益增减变动的根源。所有者权益变动表内各项数字一般应根据“实收资本（或股本）”“资本公积”“盈余公积”“利润分配”“库存股”“以前年度损益调整”科目的余额分析填列。

财务报表附注是对资产负债表、利润表、现金流量表和所有者权益变动表等报表中列示项目的文字描述或明细资料，是对财务报表本身无法或难以充分表达的内容和项目所作出的补充说明和详细解释。附注可以帮助使用者理解财务报表，修正已获取的财务报表信息。

复习思考

1. 财务报表编制的目的和要求有哪些？
2. 简述资产负债表的意义和结构。
3. 资产负债表各项目的填列方法有哪些？
4. 利润表的意义和结构是什么？如何编制利润表？
5. 利润与现金有什么关系？
6. 现金流量如何分类？编制现金流量表的意义是什么？
7. 现金流量表的编制方法包括哪些？
8. 所有者权益变动表的结构是什么？
9. 财务报表附注的内容有哪些？

基本训练

一、单选题

1. 利润表是反映（　　）的报表。

A. 企业一定期间经营成果　　B. 特定日财务状况

C. 某一特定日的经营成果　　D. 有关现金流入流出的信息

2. 下列不属于利润表中“营业外支出”项目的是（　　）。

A. 捐赠支出　　B. 非常损失　　C. 罚款支出　　D. 业务招待费

3. 某企业“应收账款”科目月末借方余额 40 000 元，其中“应收甲公司账款”明细科目借方余额 60 000 元，“应收乙公司账款”明细科目贷方余额 20 000 元；“预收账款”科目月末贷方余额 15 000 元，其中“预收 A 工厂账款”明细科目贷方余额 25 000 元，“预收 B 工厂账款”明细科目借方余额 10 000 元。该企业月末资产负债表中，“应收账款”的金额为（　　）元。

A. 40 000　　B. 70 000　　C. 60 000　　D. 50 000

4. 下列项目中，不符合现金流量表中现金概念的是（　　）。

A. 企业银行本票存款　　B. 企业银行汇票存款

C. 不能随时用于支付的存款　　D. 企业购入三个月内到期的国债

5. 下列选项中，包括在资产负债表的“货币资金”项目中的是（　　）。

A. 银行本票存款　B. 银行承兑汇票　　C. 商业承兑汇票　　D. 交易性金融资产

6. 企业 20×7 年 10 月 31 日“生产成本”科目借方余额 50 万元，其中，“原材料”科目借方余额 30 万元，“材料成本差异”科目贷方余额 2 万元，“委托代销商品”科目借方余额 10 万元，“工程物资”科目借方余额 20 万元，则资产负债表“存货”项目的金额为（　　）万元。

A. 90　　B. 88　　C. 108　　D. 110

7. 下列项目中，不应在资产负债表的“存货”项目中反映的是（　　）。

A. 生产成本　　B. 发出商品　　C. 材料采购　　D. 工程物资

8. 下列各项中，属于企业经营活动中产生的现金流量是（　　）。

A. 收到的税费返还款　　B. 取得借款收到的现金

C. 分配股利支付的现金　　D. 处置固定资产收到的现金

9. 下列项目中，属于投资活动产生的现金流出是（　　）。

A. 购买固定资产所支付的现金　　B. 分配股利所支付的现金

C. 支付的所得税款　　D. 融资租赁所支付的现金

10. 所有者权益变动表（　　）企业所有者权益增减变动的情况。

A. 以账户的形式列示　　B. 以直接法的形式列示

C. 以矩阵的形式列示　　D. 以间接法的形式列示

二、多选题

1. 下列各项中，影响企业“营业利润”项目的有（　　）。

A. 销售费用　　B. 管理费用　　C. 投资收益　　D. 所得税费用

2. 下列各项中，应在所有者权益变动表中反映的项目有（　　）。

A. “所有者投入的普通股”　　B. “综合收益总额”

C. “直接计入当期损益的损失”　　D. “盈余公积转增资本”

3. 下列属于利润表中“营业外收入”项目的有（　　）。

A. 固定资产盘盈　B. 罚没收入　C. 处置固定资产净收益　D. 存货盘盈

4. 资产负债表的数据，可以（　　）。

A. 直接从总账科目的余额获得

B. 根据明细科目的余额分析计算获得

C. 根据几个总账科目的余额计算获得

D. 根据总账科目和明细科目余额分析计算获得

5. 下列会计科目中，在编制资产负债表时应列入“存货”项目的有（　　）。

A. “在途物资”　B. “发出商品”　C. “委托加工物资”　D. “工程物资”

6. 下列资产负债表项目中，根据总账余额直接填列的有（　　）。

A. “短期借款”　B. “实收资本”　C. “应收票据”　D. “应收账款”

7. 下列各项中，属于现金流量表中投资活动产生的现金流量的有（　　）。

A. 购建固定资产支付的现金

B. 转让无形资产所有权收到的现金

C. 购买三个月内到期的国库券支付的现金

D. 收到被投资单位分派的现金股利

8. 根据现行会计准则的规定，下列各项中，属于企业经营活动产生的现金流量的有（　　）。

A. 收到的出口退税款　　B. 收到长期股权投资的现金股利

C. 用银行存款购入三个月内到期债券　　D. 出租无形资产使用权取得的收入

9. 下列各项中，对现金流量表的编制描述正确的有（　　）。

A. 现金流量表的编制方法有直接法和间接法

B. 直接法下，一般以利润表中的营业收入为起算点

C. 在间接法下，一般以净利润为起算点

D. 现金流量表只能采用工作底稿法编制

10. 财务报表附注是财务报告的重要组成部分，具有（　　）的作用。

A. 便于财务报表使用者正确理解财务报表

B. 能够提供非财务资料和非货币计量资料

C. 是对财务报表的补充说明

D. 附注也是表内信息的主要形式

三、判断题

1. 资产负债表中的“固定资产”项目应包括融资租入固定资产的价值。（　　）

2. “利润分配”总账的年末余额不一定与相应的资产负债表中“未分配利润”项目的数额一致。（　　）

3. 利润表中“税金及附加”项目不包括增值税。（　　）

4. 资产负债表中确认的资产都是企业拥有的。（　　）

5. 所有者权益变动表只是反映企业一定期间未分配利润的增减变动情况的报表。（　　）

6. 现金流量表工作底稿中调整分录的借方金额与贷方金额应该相等。（　　）

7. 资产负债表中“应付账款”“预付款项”项目应直接根据该科目的总账余额填列。(　　)

8. “长期股权投资”项目应根据“长期股权投资”科目的期末余额，减去“长期股权投资减值准备”科目的期末余额后的金额填列。(　　)

9. 现金流量表中“销售商品、提供劳务收到的现金”项目不包括预收款项的期初与期末余额的差额。(　　)

10. 企业从银行提取现金、将现金存入银行等业务是影响经营活动现金流量的因素。(　　)

四、业务题

1. 环宇公司20×3年年末试算平衡表和科目余额表见表13.16和表13.17。

表13.16　试算平衡表

20×3年12月31日　　　　(单位：元)

账户名称	期初余额		本期发生额		期末余额	
	借方	贷方	借方（略）	贷方（略）	借方	贷方
库存现金	18 000				16 000	
银行存款	6 837 000				5 577 600	
其他货币资金	342 000				1 082 000	
交易性金融资产	2 200 000				1 520 000	
应收票据	2 450 000				2 105 800	
应收账款	4 850 000				5 230 000	
坏账准备		61 000				75 000
预付账款	620 000				750 000	
原材料	4 365 000				3 854 000	
库存商品	6 235 000				7 326 000	
在途物资	560 000				780 000	
长期股权投资						
固定资产	11 740 000				13 315 000	
累计折旧		1 000 000				1 230 000
固定资产清理						
待处理财产损溢						
在建工程						
无形资产	2 100 000				3 120 000	
累计摊销		500 000				870 000
短期借款		4 710 000				2 820 000
应付票据		2 433 000				1 527 000
应付账款		3 470 000				4 341 000
预收账款		2 239 000				3 200 000
其他应付款		596 000				426 000
应付利息		290 000				365 000
应付职工薪酬		1 470 000				1 750 000
应付股利		385 000				539 000
应交税费		437 500				755 800
长期借款		5 130 000				6 340 000
股本		12 000 000				12 000 000

续表

账户名称	期初余额		本期发生额		期末余额	
	借方	贷方	借方（略）	贷方（略）	借方	贷方
资本公积		4 223 000				4 223 000
盈余公积		2 000 000				2 200 000
利润分配（未分配利润）		1 372 500				2 014 600
合　计	42 317 000	42 317 000			44 676 400	44 676 400

表 13.17　科目余额表

20×3 年 12 月 31 日　　　　（单位：元）

总账科目	明细科目	期末余额	总账科目	明细科目	期末余额
应收账款	甲公司	3 045 000	应付账款	C 公司	1 670 000
	乙公司	2 445 000		D 公司	2 831 000
	丙公司	−260 000		E 公司	−160 000
	余额	5 230 000		余额	4 341 000
预付账款	A 公司	320 000	预收账款	F 公司	−100 000
	B 公司	430 000		G 公司	2 060 000
	余额	750 000		H 公司	1 240 000
				余额	3 200 000

基本训练用空白财务报表

（人邮教育社区本书页面内可下载本文档）

要求：根据以上环宇公司 20×3 年年末的试算平衡表及科目余额表编制资产负债表。

2. 环宇公司 20×3 年 12 月有关账户的发生额见表 13.18。环宇公司的所得税税率为 25%。

表 13.18　损益类账户发生额汇总表

20×3 年 12 月 31 日　　　　（单位：元）

账户名称	本月发生额		1—11 月累计数	
	借方发生额	贷方发生额	借方发生额	贷方发生额
主营业务收入		5 000 000		49 000 000
其他业务收入		800 000		8 200 000
投资收益		450 000		850 000
营业外收入		30 000		170 000
主营业务成本	3 000 000		25 000 000	
税金及附加	254 000		2 786 000	
其他业务成本	650 000		2 350 000	
销售费用	785 000		8 215 000	
管理费用	680 000		7 520 000	
财务费用	300 000		3 000 000	
资产减值损失			45 000	
公允价值变动收益				380 000
营业外支出	21 000		399 000	
所得税费用	215 000		2 253 750	

要求：根据环宇公司损益类账户发生额汇总表的有关资料编制利润表。

3. 表 13.19 及表 13.20 分别是柳林公司 20×3 年 12 月 31 日的资产负债表及 20×3 年度的利润表。

表 13.19　资产负债表

会企 01 表

编制单位：柳林公司　　20×3 年 12 月 31 日　　（单位：元）

资　产	期末余额	上年年末余额	负债和所有者权益（或股东权益）	期末余额	上年年末余额
流动资产：			流动负债：		
货币资金	1 270 000	1 140 000	短期借款	800 000	1 300 000
交易性金融资产	560 000	300 000	交易性金融负债		
衍生金融资产			衍生金融负债		
应收票据	900 000	850 000	应付票据	725 000	800 000
应收账款	1 240 000	1 750 000	应付账款	1 575 000	1 200 000
应收款项融资			预收款项	750 000	480 000
预付款项	650 000	560 000	合同负债		
其他应收款			应付职工薪酬	132 000	300 000
存货	2 620 000	2 100 000	应交税费	380 000	550 000
合同资产			应付利息	85 000	50 000
持有待售资产			应付股利	450 000	0
一年内到期的非流动资产			其他应付款	69 000	79 000
其他流动资产			持有待售负债		
流动资产合计	7 240 000	6 700 000	一年内到期的非流动负债		
非流动资产：			其他流动负债		
债权投资			流动负债合计	4 966 000	4 759 000
其他债权资产			非流动负债：		
长期应收款			长期借款	1 900 000	2 100 000
长期股权投资	298 000	298 000	应付债券		
其他权益工具投资			其中：优先股		
其他非流动金融资产			永续债		
投资性房地产			租赁负债		
固定资产	5 910 000	4 800 000	长期应付款		
在建工程			预计负债		
生产性生物资产			递延收益		
油气资产			递延所得税负债		
使用权资产			其他非流动负债		
无形资产	1 600 000	1 800 000	非流动负债合计	1 900 000	2 100 000
开发支出			负债合计	6 866 000	6 859 000
商誉			所有者权益（或股东权益）：		
长期待摊费用			实收资本（或股本）	3 150 000	3 150 000
递延所得税资产			其他权益工具		
其他非流动资产			其中：优先股		
非流动资产合计	7 808 000	6 898 000	永续债		
			资本公积	2 752 500	1 860 000

续表

资　　产	期末余额	上年年末余额	负债和所有者权益（或股东权益）	期末余额	上年年末余额
			减：库存股		
			其他综合收益		
			专项储备		
			盈余公积	1 170 050	1 070 000
			未分配利润	1 109 450	659 000
			所有者权益（或股东权益）合计	8 182 000	6 739 000
资产总计	15 048 000	13 598 000	负债和所有者权益（或股东权益）总计	15 048 000	13 598 000

其中，当年提取坏账准备 65 000 元，累计折旧 530 000 元，累计摊销 200 000 元。

注：为了方便现金流量表的编制，资产负债表中的个别项目未进行合并。

表 13.20　利润表

会企 02 表

编制单位：柳林公司　　20×3 年度　　（单位：元）

项目	本期金额	上期金额（略）
一、营业收入	11 000 000	
减：营业成本	7 500 000	
税金及附加	200 000	
销售费用	360 000	
管理费用	1 350 000	
研发费用		
财务费用	135 000	
其中：利息费用	135 000	
利息收入		
信用减值损失（损失以“–”号填列）	65 000	
资产减值损失（损失以“–”号填列）		
加：公允价值变动收益（损失以“–”号填列）	0	
投资收益（损失以“–”号填列）	–68 000	
其中：对联营企业和合营企业的投资收益		
以摊余成本计量的金融资产终止确认收益（损失以“–”号填列）		
二、营业利润（亏损以“–”号填列）	1 322 000	
加：营业外收入	78 000	
减：营业外支出	66 000	
三、利润总额（亏损总额以“–”号填列）	1 334 000	
减：所得税费用	333 500	
四、净利润（净亏损以“–”号填列）	1 000 500	
五、其他综合收益的税后净额	0	
（一）以后不能重分类进损益的其他综合收益项目	0	
（二）以后将重分类进损益的其他综合收益项目	0	
六、综合收益总额		
七、每股收益：	（略）	
（一）基本每股收益		
（二）稀释每股收益		

柳林公司其他相关资料如下。

第一，20×3 年利润表有关项目的明细资料如下。

（1）税金及附加 200 000 元，实际缴纳 200 000 元。

（2）管理费用的组成：职工薪酬 380 000 元，无形资产累计摊销 200 000 元，固定资产累计折旧 120 000 元，支付的其他费用 650 000 元。

（3）财务费用的组成：支付借款利息 135 000 元。

（4）资产减值损失的组成：计提坏账准备 65 000 元。上年年末坏账准备余额为 61 000 元。

（5）投资收益的组成：出售交易性金融资产（股票）的投资收益为−68 000 元。自公允价值变动损益结转的公允价值损失与持有交易性金融资产的公允价值收益刚好相抵。购买交易性金融资产的交易费用为 15 000 元。

（6）营业外收入的组成：处置固定资产净收益 78 000 元，其处置固定资产原价为 650 000 元，累计折旧 300 000 元，收到处置收入 428 000 元，假定不考虑与固定资产处置相关的税费。

（7）营业外支出的组成：报废固定资产净损失 66 000 元，其固定资产账面价值为 200 000 元，累计折旧 134 800 元，支付清理费用 2 000 元，收到残值收入 1 200 元。

（8）利润表中的销售费用 360 000 元到年底已经全部支付。

（9）当期所得税费用为 333 500 元。

第二，20×3 年年末资产负债表有关项目的明细资料如下。

（1）本期购买交易性股票本金 680 000 元，出售收回交易性股票本金 420 000 元。同时出现投资亏损 68 000 元。

（2）存货中生产成本、制造费用的组成：职工薪酬 2 380 000 元，累计折旧费用 410 000 元。

（3）应交税费的组成：本期实际支付增值税进项税额 640 000 元，本期实际收到增值税销项税额 930 000 元，已缴纳增值税 385 700 元，税金及附加实际缴纳 200 000 元，所得税实际缴纳 333 500 元，应交所得税期初余额为 0。

（4）应付职工薪酬期初、期末都没有应付在建工程人员的部分。当期列入生产成本、制造费用的职工薪酬为 2 380 000 元，列入管理费用的职工薪酬为 380 000 元。

（5）本期计提借款利息 405 000 元，实际支付借款利息 135 000 元。

（6）本期用银行存款购买固定资产 2 490 000 元。

（7）本期用银行存款归还短期借款 500 000 元，归还长期借款 200 000 元。

要求：根据以上资料，采用分析填列的方法，编制柳林公司 20×3 年的现金流量表。

五、案例分析题

【案例 1】

表 13.21 为随意抽取的我国沪、深两市上市公司 2010 年半年报中利润表的净利润数据以及现金流量表中经营活动产生的现金流量净额数据。从表 13.21 可以看出，随意抽取的上市公司经营活动产生的现金净流量和净利润之间均存在较大的差异，有 7 家上市公司还出现了净利润和经营活动产生的现金流量净额两个数据一正一负的情况。

表 13.21　部分上市公司净利润和现金流量对比情况　（单位：元）

股票代码	股票名称	2010 年上半年净利润	2010 年上半年经营活动产生的现金流量净额
000768	西飞国际	126 575 787.36	−1 109 847 257.89
000790	华神集团	3 924 676.98	22 280 634.39

续表

股票代码	股票名称	2010 年上半年净利润	2010 年上半年经营活动产生的现金流量净额
600211	西藏药业	4 251 292.65	−44 008 437.68
002364	中恒电气	16 816 220.23	−24 287 817.84
600894	广钢股份	46 422 147.49	85 249 988.70
600261	浙江阳光	97 034 472.96	22 319 309.70
600470	六国化工	46 497 219.80	−283 869 020.97
600353	旭光股份	8 083 895.05	39 573 191.09
000591	桐君阁	13 433 790.92	−43 236 722.96
000558	莱茵置业	40 460 919.64	−73 978 625.75
002255	海陆重工	57 566 365.67	−2 182 795.21

要求：根据上述资料回答并分析以下问题。

（1）企业净利润应该如何计算？现金流量表中经营活动产生的现金流量净额应该如何计算？

（2）会计利润和现金净流量产生的差异说明了什么问题？这些差异对企业的生产经营有什么影响？

【案例 2】

据《长江商报》2021 年 3 月 19 日报道（徐佳）丽人丽妆是国内一家化妆品网络零售服务商，公司主要接受品牌方委托，在线上开设、运营官方旗舰店，实现产品的在线销售。截至 2020 年末，丽人丽妆已经与雪花秀、雅漾、施华蔻、兰芝等超过 60 个品牌达成合作关系。在两次首次公开募股之后，2020 年 6 月 4 日，丽人丽妆成功过会，并于 9 月 29 日在沪市主板挂牌上市。

3 月 17 日晚间，丽人丽妆发布上市后的首份年报。2020 年丽人丽妆年报显示，实现营业收入近 46 亿元，同比增长 18.72%；归属于上市公司股东的净利润（以下称“净利润”）为 3.39 亿元，同比增长 18.7%；扣除非经常性损益后的净利润为 3.09 亿元，同比增长 41.72%。但由于存货增长较快，报告期内公司经营活动产生的现金流量净额为 1.75 亿元，同比减少 20.52%，占当期净利润的比例仅为 51.6%。

要求：根据丽人丽妆公司以上资料回答下列问题。

（1）分析企业的现金流量净额、净利润。现金流量净额占当期净利润的比例说明了什么？

（2）分析丽人丽妆为什么净利润同比增加 18.7%，现金流量净额却同比减少 20.52%，与净利润增速相背离。

【案例 3】

请从互联网上找一家公司的年度财务报告，分析并回答以下问题。

（1）在这家公司的资产负债表上，哪项资产的金额最大？为什么公司在这项资产上做了大笔投资？资产负债表上的项目，哪三项变动的百分比最大？

（2）该公司利润表反映的是净利润还是净亏损？净利润或净亏损占营业收入的比重为多少？利润表上的项目，哪三项变动的百分比最大？

（3）从报表附注中选择三项内容，说明它们对信息使用者进行决策有何影响。

（4）你认为这家公司的优势和劣势何在？为什么？

附　　录

基本训练参考答案

自测试卷

A 卷及答案

B 卷及答案

更新勘误表和配套资料索取示意图

说明 1：本书配套教学资料存于人邮教育社区（www.ryjiaoyu.com），资料下载有教师身份、权限限制（身份、权限需网站后台审批，参见示意图）。

说明 2：“用书教师”，是指为学生订购本书的授课教师。

说明 3：本书配套教学资料将不定期更新、完善，新资料会随时上传至人邮教育社区本书相应的页面内。

说明 4：扫描二维码可查看本书现有“更新勘误记录表”“意见建议记录表”。如发现本书或配套资料中有需要更新、完善之处，望及时反馈，我们将尽快处理！

更新勘误及意见建议记录表

咨询邮箱：13051901888@163.com

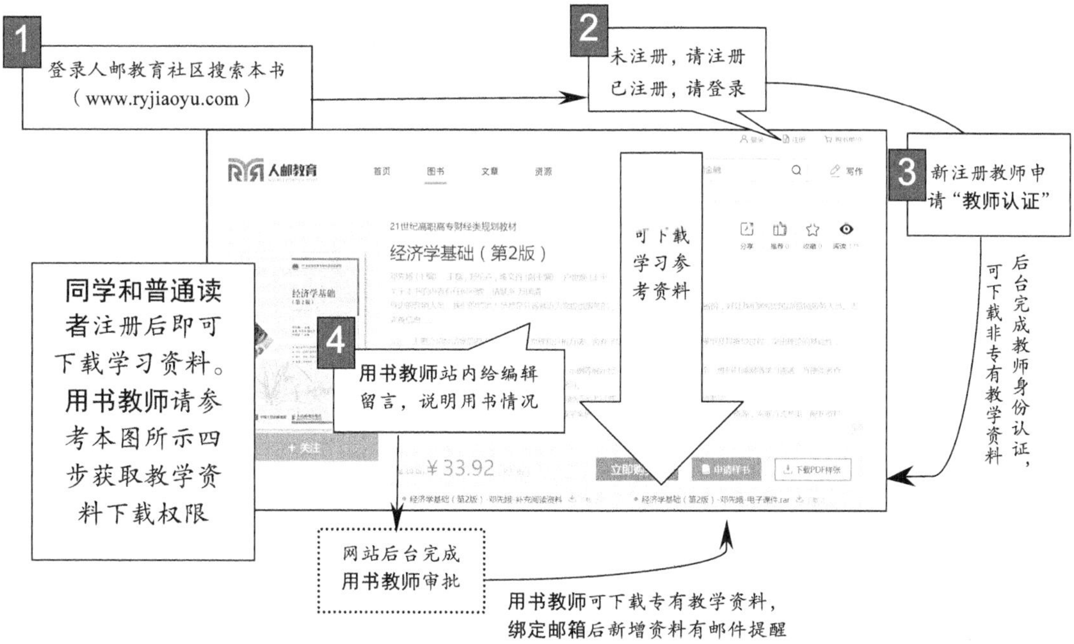

主要参考文献

[1] 财政部，2020. 企业会计准则（合订本）. 北京：经济科学出版社.

[2] 财政部会计司编写组，2010. 企业会计准则讲解. 北京：人民出版社.

[3] 财政部会计资格评价中心，2021. 中级会计实务. 北京：经济科学出版社.

[4] 财政部中财传媒，2018. 会计应试指导. 北京：中国财政经济出版社.

[5] 陈信元，2013. 会计学. 4 版. 上海：上海财经大学出版社.

[6] 戴德明，林钢，赵西卜，2018. 财务会计学. 10 版. 北京：中国人民大学出版社.

[7] 刘永泽，陈立军，2018. 中级财务会计. 6 版. 大连：东北财经大学出版社.

[8] 杨有红，欧阳爱萍，2019. 中级财务会计. 5 版. 北京：北京大学出版社.

[9] 赵德武，2018. 会计学. 9 版. 成都：西南财经大学出版社.

[10] 中国注册会计师协会，2020a. 财务成本管理. 北京：中国财政经济出版社.

[11] 中国注册会计师协会，2020b. 会计. 北京：中国财政经济出版社.